HERMES

在古希腊神话中，赫耳墨斯是宙斯和迈亚的儿子，奥林波斯神们的信使，道路与边界之神，睡眠与梦想之神，亡灵的引导者，演说者、商人、小偷、旅者和牧人的保护神……

西方传统 经典与解释
Classici et Commentarii

HERMES

色诺芬注疏集
Xenophontis opera omnia
cum commentariis

刘小枫 甘阳 ● 主编

苏格拉底式的君主色诺芬

——《居鲁士上行记》的论证

Xenophon the Socratic Prince
The Argument of the *Anabasis of Cyrus*

[加] 布泽蒂 Eric Buzzetti | 著

高挪英 杨志城 | 译

华夏出版社

古典教育基金·"传德"资助项目

"色诺芬注疏集"出版说明

古希腊伟大的著作家色诺芬（Xenophon，约公元前430-350年）是苏格拉底的两位最善于通过写作从事文教的学生之一，传下的著作体裁多样：有史称西方自传体小说开山之作的《居鲁士上行记》，有承续修昔底德笔法而修的史书《希腊志》，有长篇政治教育小说《居鲁士的教育》，还有以苏格拉底为作品主角的"苏格拉底文学"四篇，以及若干主题广泛的短作（如《斯巴达政制》《邦国资源》《希耶罗王》《阿格西劳王》《骑术》《狩猎术》等等）。

自希腊化时期以来，色诺芬就添列无可争议的古希腊经典作家之位，其著作内容高贵典雅、文笔质朴清新，从古罗马时代到近代一直都是西方古典文学的基础范本。锡德尼在说到历史上纪事作家（希罗多德、李维）的笔法时曾留给我们这样一句话：

> 色诺芬卓越地虚构了另一个这种计谋……我很愿意知道，如果你有机会用这样的正当欺蒙来为你的君王服务，你为什么不同样向色诺芬的虚构学习，偏偏要向别人的真实学习呢？事实上，向色诺芬学习还要好些，因为这样可以保住鼻子。(锡德尼，《为诗一辩》，钱学熙译，人民文学版1964，页26)

自笛卡儿-康德-黑格尔以来，"形而上学"在西方文教制度中逐渐僭取了支配地位。不谈"形而上学"的色诺芬逐渐遭遇冷落,人们不再视他为地位很高的古希腊经典作家,取而代之的是苏格拉底之前的自然哲人——这也好理解:汉语文教界与西方文教制度接榫时,接手的是以现代形而上学为基础的自然科学和人文–社会科学。无怪乎我们会跟着西方形而上学的后代,对色诺芬视而不见。

晚近二十年来,恢复古典自由教育的风气日盛,西方学界整理、注疏、读解色诺芬的著作再次蔚然成风,成就可观。"色诺芬注疏集"志在成就汉译色诺芬著作全编,广采西方学界晚近成果,不拘形式(或采译疏体专著,或编译笺注体译本,或汇集各类义疏),不急于求成,务求踏实稳靠,以裨益于端正教育风气、重新认识西学传统和我国文教事业的全新发展。

古典文明研究工作坊
西方典籍编译部甲组
2004年11月

致敬布鲁尔(Christopher Bruell)

"……他还说,这将有助于变得更好。"
("...καὶ ἔφη συννοίσειν ἐπὶ τὸ βέλτιον.")

目 录

译者前言　*1*

关于文中希腊语的说明　*1*

致　谢　*3*

"重启政治哲学"丛书编者序言　*5*

导论:政治生活与苏格拉底式的教育　*9*
 1 统治中的道德与利益:高贵与好　*10*
 2 色诺芬的笔法:隐微写作的问题　*19*
 3 色诺芬的笔法:《上行记》的各种抄本　*36*
 4 《上行记》研究近况　*52*

第一部分　居鲁士的王权统治

第一章　"神般的王"(《上行记》卷一)　*65*
 1.1 力挺既高贵又好的王　*65*
 1.2 居鲁士及其友人:克勒阿尔科斯、梅侬、普罗克色诺斯、克色尼阿斯和帕西翁　*72*
 1.3 居鲁士的上行与色诺芬的下行　*83*
 1.4 波斯之财富与希腊之自由:征战巴比伦　*96*

1.5　统合高贵与好：神般的王　　*106*

第二部分　克勒阿尔科斯的王权统治

第二章　"虔敬的王"（《上行记》卷二）　　*121*
2.1　克勒阿尔科斯与忒奥庞普斯：德性与武器　　*123*
2.2　克勒阿尔科斯的优点和弱点　　*133*
2.3　克勒阿尔科斯与提萨斐尔涅斯：希望以及与神的友谊　　*147*
2.4　独高贵而无好：普罗克色诺斯　　*161*
2.5　独好而无高贵：梅侬　　*165*

第三部分　色诺芬的王权统治："苏格拉底式的王"

第三章　虔敬（《上行记》卷三）　　*171*
3.1　色诺芬是苏格拉底式的人物？　　*173*
3.2　色诺芬、宙斯王与阿波罗　　*182*
3.3　德性、虔敬与自由　　*197*
3.4　成功、失败与神意　　*215*

第四章　勇敢（《上行记》卷四）　　*224*
4.1　必然性与高贵（勇敢）　　*226*
4.2　必然性的终结　　*254*

第五章　正义（《上行记》卷五）　　*268*
5.1　正义、私利与公共的好　　*270*
5.2　希腊礼法、莫绪诺齐亚礼法与自然　　*282*

5.3　希腊礼法、建城与好　　302
　　5.4　正义与好　　321

第六章　感恩(《上行记》卷六)　　327
　　6.1　感恩、舞蹈与哲学　　328
　　6.2　军队的感恩与色诺芬的感恩　　339
　　6.3　对诸神的负恩和对人的负恩　　346
　　6.4　弥补对诸神的负恩　　354
　　6.5　感恩与好　　366

第七章　爱士兵(《上行记》卷七)　　381
　　7.1　爱士兵与好　　383
　　7.2　哲人的宽宏大量　　402
　　7.3　爱士兵者色诺芬　　408
　　7.4　于开端处收尾:苏格拉底式的人物色诺芬　　427

结论:《居鲁士上行记》的论证　　437

附录一　为什么色诺芬是"叙拉古的忒弥斯托革涅斯"?　　446
附录二　论《上行记》七卷五十一章的划分出自色诺芬　　463
附录三　万人军有多少人?　　467

参考文献　　472

索　引　　478

译者前言

某种程度上，布泽蒂（Eric Buzzetti）这部疏解《居鲁士上行记》的专著是对施特劳斯《色诺芬的〈上行记〉》一文的拓展和细化。《上行记》文风简洁清新，叙事流畅，而施特劳斯的疏解长文则将模仿色诺芬演绎到极致，其大部分篇幅看起来只是在复述文本，简明扼要、点到为止。色诺芬的故事讲得文从字顺，施特劳斯的义疏看上去简单明了，但作为初学者，无论是读《居鲁士上行记》还是施特劳斯的《色诺芬的〈上行记〉》，都难免留存满肚子困惑。布泽蒂追随施特劳斯，深入文本与研究传统，也经历了一番充满艰辛和愉悦的上行之旅，他的解读更加细致充分，读上去经常给人带来豁然开朗的感觉，更令人觉得亲切。

布泽蒂在导言中开宗明义，《上行记》是一部政治哲学作品，其内容是苏格拉底式的教育在政治生活中的应用。色诺芬是苏格拉底的学生，而且全面深入地参与过政治生活，建立了流芳百世的政治功业，他发挥了苏格拉底式的教育的实际效用。就此而言，

> 色诺芬将自己政治上的成功转化成哲学与城邦间的桥梁。

《上行记》作为哲学辩护作品的真正意义正在于此，它向世人展示：哲学有益于政治。但在布泽蒂看来，其意义还不止于此：色诺芬

是一个与苏格拉底精神气质相同的人，他追问的是苏格拉底追问的问题，答案也几乎与苏格拉底一致。《上行记》更重要的主旨是哲学教育或哲学引导，意在将有探究天分和热情的青年人引向苏格拉底式的哲学生活，故而，《上行记》最后一卷尤其是最后一章颇令人失望——在布泽蒂看来，这意在揭示政治生活的缺陷，以及哲学生活才是最好的生活。

  施特劳斯的解经事业出于强烈的现实关怀。在疏解过程中，布泽蒂还厘清了色诺芬的古代政治现实主义与马基雅维利的现代政治现实主义之间的共识和分歧，当然，分歧才是根本性的。在布泽蒂看来，哲人色诺芬在《上行记》中是从"统合或调和高贵与好、道德与利益"这个问题出发来审视政治生活。而马基雅维利的主张是：既然政治生活中的恶不可避免，那么，政治就无需再费神思虑属于应然的道德问题，而必须以面对现实为要务。这就是马基雅维利的现代式政治现实主义。马基雅维利似乎以色诺芬的政治现实主义为源头，他数次征引色诺芬，以色诺芬《居鲁士的教育》中的大居鲁士形象作为统治者的典范，还有一次谈及《论僭政》。然而，《上行记》中的色诺芬同样是一位享有盛名的统治者，马基雅维利却从未提到一点：正义及其实现是《上行记》中的色诺芬始终孜孜以求的目标。

  本书的翻译得到友人的慷慨相助，特在前言中致谢。著作中的法文部分由崔嵬帮忙译出，他收到文本后很快译就。碰到文义拿捏不准的情况，我常常向程志敏、陈明珠、黄薇薇、黄群、吴明波、张爽请教，感谢他们为我纠正错误和给予我提点。感谢王卓通读全稿并提出修改建议。

高挪英

关于文中希腊语的说明

文中《上行记》的各处译文均出自我手。至于那些更长的段落，我常常选择参考安伯勒（Wayne Ambler）的译文。① 他的色诺芬译文信实典雅，堪为典范，我很快就意识到自己无望与之比肩。凡是借用之处，均予以注明。

我一一对应地转写了文中的希腊语专名。比如说，我会写成Klearchos、Mossunoikoi、Kentritēs，而不是更为通用的Clearchus、Mossynoecians（滂沱斯地区的一个部族）和Centrites（亚美尼亚的一条河）。关于这些专名的哲学意蕴，我会在导言中加以探讨。因而，我已经试图尽可能地紧贴希腊原文，好让读者能够探究这种意蕴。然而，至于那些广为人知的人名或地名，比如居鲁士、阿尔喀比亚德、苏格拉底、拜占庭或底格里斯，我仍沿用通常的拉丁写法。写成Kūros、Alkibiadēs、Sōkratēs、Buzantion、Tigrēs虽然会更准确，但会引起不必要的麻烦，在某些情况下还会令人困惑。但读者应该铭记于心的是：像"居鲁士"这样一个人名，会激发人们想起一个手握至高"权力"或

---

① *Xenophon*: *The Anabasis of Cyrus*, translated and annotated by Wayne Ambler, Ithaca, NY: Cornell University Press, 2008.

"权威"①的男人。

拙著基于以下校勘整理本：丁多尔夫(L. Dindorf),②格莫尔(G. Gemoll),③马尚特(E. C. Marchant),④胡德(C. Hude),⑤麦斯克雷(P. Masqueray)。⑥我们有必要返回丁多尔夫的校勘本，它的校勘记(apparatus criticus)尽管时间上较早，却最完整地反映出巴黎本1640(C)上的读法，这可是《上行记》唯一的最佳抄本。在这些现代校勘本之中，当属麦斯克雷的校勘本用处最大、最为完整。他的校勘记，尽管不如丁多尔夫那般全面地反映出巴黎本1640(C)上的读法，却更完整地反映出那些较差抄本(inferior manuscripts)上的读法，也更易读。胡德/佩特斯的校勘本也有价值，尽管比起麦斯克雷的版本，其校勘记没那么精当和准确。胡德/佩特斯版本比其他校勘者更经常地保留了较差抄本的内容。今日使用最广泛的马尚特本实际上用处有限，因为它未能足够充分地反映抄本的传承关系(manuscript tradition)。

---

① Kūros, Kurios：对比色诺芬《希腊志》(5.3.24)、《回忆》(1.4.9)、《居鲁士的教育》(8.2.17)。[译按]Kūros除了意指"居鲁士"之外，还有"主宰权"和"权力"等含义。Kurios有"有权力的""权威性的"等含义。

② Dindorf, *Xenophtis Expeditio Cyri*, *Ex Recensione Et Cum Annotationibus*, Oxford: Oxford University Press, 2nd ed, 1855.

③ Gemoll, *Xenophtis Expeditio Cyri*, Editio Maior. Leipzig: Teubner, 2nd ed, 1909.

④ Marchant, *Xenophontis Opera Omnia. Expeditio Cyri*, Vol. 3, Oxford: Oxford University Press, 1904.

⑤ Hude, *Xenophontis Expeditio Cyrus*; *Anabasis*, 1930; revised by J. Peters, Leipzig: Teubner, 1972.

⑥ Masqueray, *Xénophon: Anabase*, Paris: Société d'Éditon, Les Belles Lettres, 1930.

致　谢

若无众多友人相助，拙著无法完成。"重启政治哲学"丛书的编者潘戈（Thomas Pangle）和伯恩斯（Timothy Burns）老早就表明了他们的兴趣，还使得出版过程如我所希望的那样平稳顺遂。潘戈还对初稿做了大量评论，而伯恩斯每一阶段都在帮我。安伯勒曾通读书稿，给我提供了许多有价值的建议。他对色诺芬的精通和他一向良好的判断力减少了我的许多错误。

另外一些友人阅读了部分书稿，他们的批评令我受益，包括巴特莱特（Robert C. Bartlett）、弗克纳尔（Robert K. Faulkner）、克莱特勒（Kate Kretler）、斯陶费尔（Devin Stauffer）。我还要向迈尔（Heinrich Meier）致谢，感谢他让我获得西门子（Carl Friedrich von Siemens）基金的资助，在2011年6月邀我到慕尼黑举办色诺芬讲座。正是由于这个机缘，我写出了这部著作的论证梗概，促使我最终完成此书。

对于在智识上所受的最大助益，我已经在献辞中表达了感激之情。若没有布鲁尔（Christopher Bruell）的慷慨襄助和智慧，此书不可能完成。愿他在此书中体察到我的友爱之情和感恩之心。最后但同样重要的是，我要向家人致谢，感谢他们的爱和不时付出的忍耐，这给了我力量。感谢我的妻子凯特（Kate）和我们的两个淘气包儿子亨利（Henri）和萨穆尔（Samuel），有他们在，研究《上行记》的过程更加有趣愉悦，否则的话，将会是另一番情形。他们的爱于我乃无价之宝。

"重启政治哲学"丛书编者序言

[xv]帕尔格雷夫(Palgrave)出版社创立这套"重启政治哲学"丛书,初衷在于应对后现代主义的挑战,后现代主义质疑我们是否有可能为政治生活做理性奠基和理性指引。这种令人兴奋的挑战引得人们认真、彻底地重新审视经典文本,不仅有政治哲人的文本,还有诗人、艺术家、神学家、科学家以及其他思想者的文本,虽然后面这些人在传统上可能并未被视为政治理论家。这套丛书出版的研究成果正致力于接续这一大业,重新审视经典文本,恢复政治生活的理性(civic reason)的古典根基。

此外,我们也会推出致力澄清现代哲学的理性主义之优缺点的研究成果。丛书中的义疏研究成果特别关注历史语境和语言(historical context and language),也特别关注审查迫害及作者对教化的关切如何促使审慎的思想者在极其多样的文化境况中采用多面的写作策略,从而让不同的读者各得其宜。因为不同的读者,其接受非正统思想的程度也有相应的差异。那些尝试回答人类境况中最深邃恒久的问题,从而给人类的境况带来光明的著作,还有那些(在现代时期)为当代政治、社会和经济生活奠定根基的著作,无论是古代的、中古的、近代早期的,还是近代晚期的,本丛书都会尝试提供细致的绎读。

关于政治哲学的创立者苏格拉底,只有三位思想家关于他的作品得以完整留存,其中就包括色诺芬,另外两人是柏拉图和阿里斯托芬。

色诺芬的作品长期以来都受到众多政治哲人的仰慕和喜爱，但在过去一段时间里开始遭人嫌恶，此过程与隐微写作最深层的理由逐渐丧失几乎同步，这一点真是耐人寻味。近来的色诺芬研究正得益于这些理据的恢复使色诺芬作品重获以往的地位。布泽蒂的《苏格拉底式的君主色诺芬》为这项事业做出了重大贡献。

此乃首次以一本书的篇幅疏解《上行记》，它严肃对待色诺芬的苏格拉底式教育，因此也严肃对待在人类现实政治的领导事务中出现的属于政治哲学的核心议题。[xvi]布泽蒂的论证既新颖又令人信服，富有意义地拓展了近来的色诺芬研究，包括从苏格拉底出发色诺芬与马基雅维利之间的共识与分歧。布泽蒂显示出自己深刻理解了色诺芬的作品整体，在分析《上行记》的过程中，他熟练而低调地化用了这种理解。所有讲授《上行记》的人、色诺芬作品的研究者、古典政治哲学与政治哲学史研究者、古典学者和历史学者，都会对本书很感兴趣。

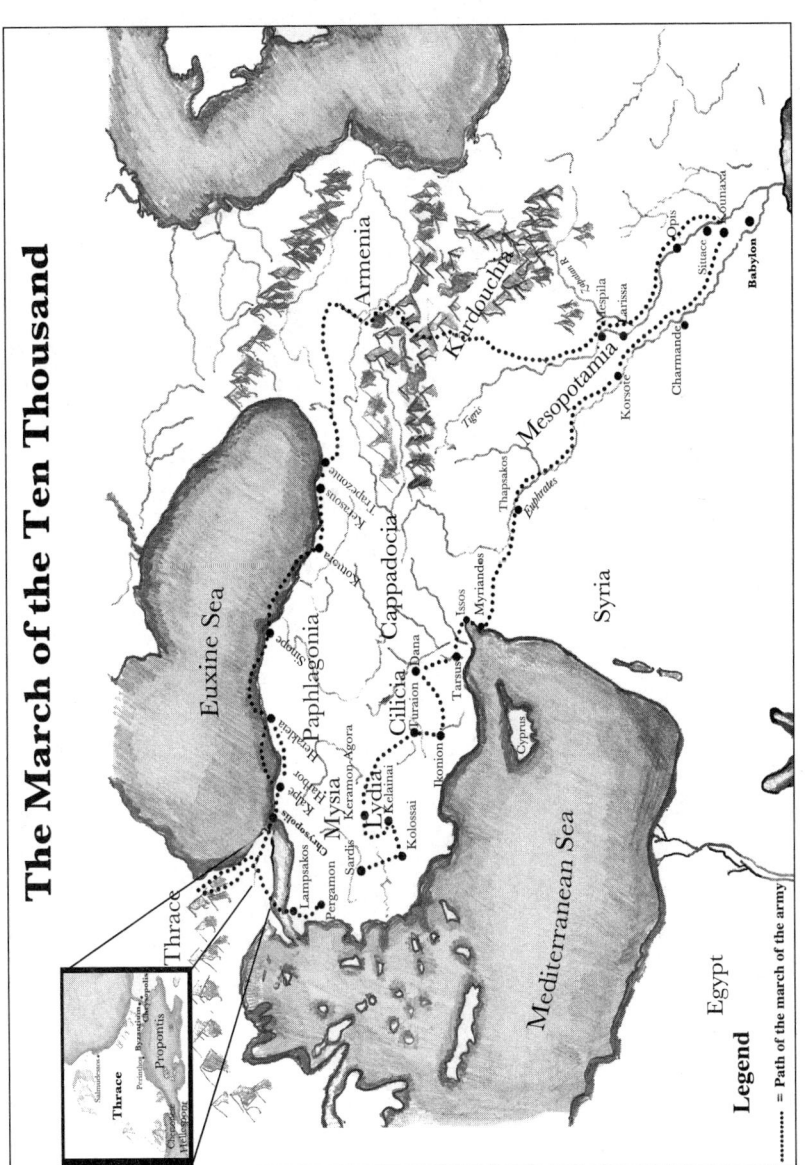

万人军行军路线图

导论:政治生活与苏格拉底式的教育

[1]如今,人们普遍质疑,人类理性的能力是否足以回答古老的苏格拉底式追问,即何为"最好的生活方式"。但即便在这样一个时代,新一代的读者还是重新发现了色诺芬那静默的智慧(quiet wisdom),从中收获了益处和快乐。在最近这两个世纪的大部分时间里,色诺芬受到学术权威的责难,他们认为他是一个雅典叛国者、半吊子的苏格拉底门徒,在道德和虔敬方面都是个伪善者。然而,最近几十年里,一些富有价值的研究向这种轻率的责难提出了挑战,并且开始为色诺芬恢复他从古代到19世纪一直享有的非凡声誉——杰出的将军和真正的哲人。今人常把《居鲁士上行记》看作色诺芬的杰作,我的疏解旨在为恢复一名古代伟人的地位尽绵薄之力。

《居鲁士上行记》讲述了一则值得回忆的故事。我们的主人公是一名年轻的雅典人,又是苏格拉底的学生,他受邀前去小亚细亚参加波斯大王的胞弟小居鲁士组织的一次军事行动。此次出征的目的,据说是平息居鲁士领地上的一次叛乱。可是,居鲁士真实而隐秘的目的,实际上是推翻其兄长,取而代之成为波斯大王。《上行记》讲述的故事如下:居鲁士集结起一小股希腊雇佣军,即所谓的万人军,带领他们从小亚细亚海岸出发,穿越阿拉比亚(Arabia)的不毛之地,上行至巴比伦的门户,在此与其兄长兵戎相见。这支希腊雇佣军取得了显著的胜利,可是,在居鲁士战死沙场后,这场胜利就成了皮鲁斯式

（Pyrrhic）的胜利。①雪上加霜的是，波斯人很快用诡计诱杀了希腊人的诸位将领。彼时彼刻，万人军眼看要身陷绝境：孤军一支，群龙无首，身处充满敌意的波斯腹地。此时，默默无名的色诺芬挺身而出。当选为将领后，[2]他成功克服了无数危险，带领军队到达安全之地："海！海！"《上行记》讲述的这个极其宏大的逆境生存故事，从古代一直流传至今。

1 统治中的道德与利益：高贵与好

然而，《上行记》绝不仅仅是一个值得回忆的故事。本研究的目的就是表明它还是一部政治哲学作品，而且首先探究的是苏格拉底式的教育的政治意义（political relevance）。《上行记》的内容之一，就是分析苏格拉底的一名杰出学生，在接受过苏格拉底式的教育之后，如何变得更有能力统治人。色诺芬和柏拉图在各自的作品中都将苏格拉底刻画为一名教授政治事务的教师。在他们笔下，苏格拉底向潜在的学生介绍自己时就以教师自称，他教授的是有时被称作"王者的或属于王者的技艺"，即用知识进行统治的技艺。②因此，我们有理由想一下：苏格拉底教授的这种技艺为色诺芬的成功做出了什么贡献——如果有贡献的话？色诺芬如何为进行统治做好准备？这个问题是本

---

① [译注]Pyrrhic victory指付出极高代价换来的胜利，几乎已不是胜利。公元前279年，厄庇鲁斯（Epirus）王皮鲁斯（Pyrrhus）在阿斯库鲁姆（Asculum）的战斗中打败罗马人，但他自己认为这是得不偿失的胜利。见普鲁塔克，《希腊罗马名人对比列传·皮鲁斯传》。

② 例如，《回忆》1.6.15，4.2，特别是4.2.11；柏拉图《阿尔喀比亚德前篇》的开篇；这里所说的技艺指王者的技艺（basilikē technē）。

研究的核心。但我还阐明了一种更具悖论色彩的论证路线。我主张，在色诺芬文字简练的著作当中，《上行记》意在充当一篇通向哲学的引言，其最高目标并非为政治或践行统治作准备，而是教化野心，促使高尚又有天赋的年轻人去思考苏格拉底所代表的人生选项。换言之，《上行记》以批判政治生活的形式，将人引向哲学。这个论断现在看上去一定很矛盾，我希望可以使它变得不那么矛盾。

* * *

在《上行记》中，作者如何处理政治生活？让我们从思考这个问题开始。在此，把最有名的论统治的著作，即马基雅维利的《君主论》放在心间或有助益。在《君主论》第十五章的一个著名段落中，马基雅维利宣称，一名君主如果想维持自己的权力，就得学会有能力不做好人。马基雅维利断定，道德与利益不可能完全调和，因为人类的处境不允许。君主必须学会做坏人。这当然是一个恒久的议题：一名统治者可能既是好人，又能有效地施行统治吗？色诺芬如何看待这个问题？[3]难道色诺芬同意马基雅维利的这一说法，即道德与利益不能在统治中并且通过统治得到统合或调和？

本研究将表明，《上行记》就是从这个问题出发检审政治生活。这部作品概述了三种类型的统治，描述了居鲁士、克勒阿尔科斯（Klearchos）和色诺芬这三个人的统治，他们相继作为事实上统治万人军的王，如何努力调和道德与利益。当然，三种类型中，色诺芬本人的统治最重要。《上行记》后五卷记述了色诺芬的经历。但《上行记》也呈现了其他两种不同的统治类型。卷一记述波斯大王的胞弟居鲁士的统治，他在争夺巴比伦的战斗突然战死(1.8)。①卷二记述克勒阿

---

① ［译按］括号中的编号指《上行记》相关段落的文本位置。从左到右，第一个阿拉伯数字代表第几卷，第二个代表第几章，第三个代表第几节。

尔科斯的统治,这个拉刻岱蒙人接替居鲁士,但在卷二末尾因中圈套而被杀害。我意在表明,《上行记》清楚展现了根据色诺芬的看法,这三种类型的统治如何应对——或失于应对——调和道德与利益的挑战。用色诺芬自己会用的表述来说,《上行记》记述了这三位统治者如何努力调和"高贵与好"(the noble with the good)。不过,向前推进之前,让我先试着简要地描述这三种类型的统治的情况。

居鲁士代表第一种类型。我称他为"神般的王"(Godlike King)。这种称呼旨在表明居鲁士拒绝传统的诸神——一些场景透露了他的不虔敬,还表明他试图变成凡间的某种神。他渴望变成一位全能全知的王,统治人类当中相当大的一部分人。事实上,这部作品的标题"居鲁士的上行",不仅指一次向内陆高地的行军(这毫无疑问),还指一个人的上升,这个人假如赢得波斯王位,便会处于分施(dispense)某种俗世之神佑的位置上。居鲁士若成为波斯大王,将会处于这样的位置上:他可以对治下的芸芸众生按品行(merit)来施行赏罚。他将能够(至少在原则上)调和高贵与好,因为在相当大的一部分人类中间,德性的好处不会受到质疑。换言之,"居鲁士王"可以代替"宙斯王"。

然而,问题也随之而来:"居鲁士的上行"预示着普遍正义的开端吗?难道在色诺芬看来,建立一种凡人的王权,一种绝对统治、高尚、统辖广泛地域的凡人王权,就能够解决正义问题吗?《上行记》卷一就处理这个问题。本研究的第一部分,即第一章,分析了这个问题。

拉刻岱蒙人克勒阿尔科斯代表第二种统治类型。我称其为虔敬的王(Pious King)。与居鲁士形成鲜明对照,克勒阿尔科斯拜倒在宙斯王面前并且礼敬这位神。他信任更高的审慎,信任自己所视为万王之王的正义的神意[the just providence]。[4]这意味着他经常通过献祭和求问神谕来咨询宙斯。可是,虔敬掌握着成功调和高贵与好的答案吗？虔敬的王优于神般的王吗？克勒阿尔科斯恪守他所认为的诸神对他发出的要求，即恪守虔敬和德性，希望以此获得诸神的支持和帮助。这种希望有根据吗？不消说，马基雅维利会嘲讽任何这样的想法。每一个读过《君主论》的读者都知道，马基雅维利力劝统治者依靠他自己的武器。他在《君主论》第十三章写到，他们应该模仿大卫王，用自己的投石器和自己的短刀与歌利亚（Goliath）搏斗。然而，色诺芬赞同这种仰赖天上武器的统治者吗？毕竟，色诺芬在今日依旧被看作虔敬的典范。①可是，我们会发现，色诺芬记述了克勒阿尔科斯在判断上的严重失误，该失误酿成了致命的后果（2.5）。莫非色诺芬实际上是在批评虔敬的王权统治？《上行记》卷二就处理这个问题，本研究的第二部分即第二章会分析该问题。

色诺芬本人代表着第三种统治类型。我称他为苏格拉底式的王。《上行记》的主体部分记述了他如何努力统合或调和高贵与好。整个后五卷都在记述和分析色诺芬的统治。具体而言，这五卷的每一卷都揭示了他如何调和某种特定德性的诉求与安全及政治利益的要求。例如，卷三是关于虔敬德性的，因为它向我们展示了色诺芬如何调和虔敬与政治上的好（political good），包括他自己的虔敬和士兵的虔敬。卷四是关于勇敢的，卷五是关于正义的，卷六是关于感恩的，卷七则关

---

① 例如，参Waterfield, *Xenophon's Retreat: Greece, Persia and the End of the Golden Age*, Harvard University Press, 2006, pp. 42–43; George Cawkwell, "Introduction", in *The Persian Expedition*, translated by Rex Warner, with an Introduction and Notes by George Cawkwell, London: Penguin Books, 1979, p. 45; Robert Parker, "One Man's Piety: The Religious Dimension of the Anabasis", in *The Long March: Xenophon and the Ten Thousand*, edited by Robin Lane Fox, New Haven, CT: Yale University Press, 2004, pp. 131–153。

乎色诺芬称之为"爱士兵"的那种德性。① 色诺芬在每一卷都向我们展示了他作为一名统治者,如何调和该卷所提到的德性或品质与政治上的好之间的冲突。因此,本研究的第三部分会分析虔敬(卷三)、勇敢(卷四)、正义(卷五)、感恩(卷六)、爱士兵(卷七)。这部分的各章会分别考虑每一种品质在这位苏格拉底式的王的统治中被赋予的位置。

本研究首次揭开了我所理解的《上行记》的真正谋篇(plan),即色诺芬创作这部作品时所设计的谋篇。我要表明,《上行记》不仅仅是一部编年体史著和战争回忆录——我当然乐意承认它同样是这两种东西——最重要的是,它是一种论证(an argument)或逻格斯(logos),②是在编年史和战争回忆录中展开且通过这两者展开的一种论证或逻格斯。因此,作品中林林总总的事件,加上写作这些事件的方式,都反映出这种论证的不同阶段和不同要求。[5]有时一些小事被详加描述,大事却简略地几笔带过,在此只举一例。在远征临近结束时,色诺芬让读者见证了一场会饮,主要内容是士兵跳舞的场面,篇幅稍长(6.1.4–13)。场景的确有趣。但色诺芬为什么非要如此详细地描述呢?莫非舞蹈在某种意义上对于《上行记》的论证来说有重要意义?我在本书第六章将表明,这个看上去无足轻重的场景,传达的正是色诺芬在《上行记》中呈现他自己时所遵循的原则。这个情节透露出,色诺芬认为自己是苏格拉底式的人,是身穿军服的"跳舞的哲人"。更宽泛而言,本研究表明,一些小场景,包括与远征本身联系很微弱或者没有明显关联的离题话,实际上都是《上行记》中哲学论证

---

① [译按] "爱士兵"的希腊文为 philostratiōtēs,见《上行记》7.6.4 和 7.6.39,英文为 the love of the soldier。

② 《上行记》作为逻格斯,参 2.1.1,3.1.1,4.1.1,5.1.1,7.1.1。

的关键阶段。①

《上行记》真正的谋篇体现出一种三阶段论证，可以先简略总结如下：

  I. 居鲁士的王权统治（卷一）
    在神般的王的统治中并通过神般的王的统治来调和高贵与好
  II. 克勒阿尔科斯的王权统治（卷二）
    在虔敬的王的统治中并通过虔敬的王的统治来调和高贵与好
  III. 色诺芬的王权统治（卷三至卷七）②
    在苏格拉底式的王的统治中并通过苏格拉底式的王的统治来调和高贵与好
    1 虔敬（卷三）
    2 勇敢（卷四）
    3 正义（卷五）
    4 感恩（卷六）
    5 爱士兵（卷七）

---

① 例如，那段关于斯基卢斯（Skillous）的著名离题话，见5.3。
② 对比《上行记》第三部分含蓄的谋篇和《阿格西劳斯》（同样是一部献给模范王者的著作）明显的谋篇，读者将会发现有趣之处。这里只需指出，在《阿格西劳斯》中，色诺芬以虔敬品质开始他对这位斯巴达国王的德性或品质的叙述（见《阿格西劳斯》第三章开端，以及第十章第二节和第十一章第一节）。这有助于我们确信《上行记》的第三卷，即叙述色诺芬的王权统治的第一卷，其主题是虔敬。

我的《上行记》绎读一定会遭到许多人的反对。① 请允许我暂时只考虑其中的两种反对意见。有人会主张，[6] 色诺芬并非真正的苏格拉底门徒，不应该从他所受教育的视角去看待他在政治上的成功。的确，有少数学者在其《上行记》研究中强调过教育这个主题，他们将色诺芬的成功与他所受的雅典式教育联系在一起。② 毕竟，色诺芬在《上行记》唯一最重要的场景中选择离开苏格拉底（和哲学生活），前去结交居鲁士（并参与政治生活），这个事实似乎证明色诺芬将政治生活看得高于哲学生活(3.1)。这种选择难道不是证明，色诺芬甚至未能理解苏格拉底关于哲学优越性的说法吗？既然如此，我如何能够有理有据地称色诺芬为苏格拉底的门徒呢？

第二条反对意见则会强调，色诺芬实际上从未被选为军队的唯一统治者。色诺芬严肃地考虑过升任"唯一统治者"之事，但此事从

---

① 我宣称自己已经发现了《上行记》真正的谋篇，这当然表明是色诺芬本人将《上行记》划分为七卷的。时常也有反对的论断出现，例如，见 Masqueray, *Xénophon: Anabase*, p. 6 和 Paul Couvreur, *Anabase: Texte Grec Revu et Publie avec une Introduction et des Notes*, Hachette: Paris, 1929, p.104, 注释1和其他许多地方。但我还没见过真正有分量的论证能反驳我的这一观点。Masqueray虽怀疑七卷划分法出自色诺芬本人，但他也承认古人比如Hérodien, Harpocration, Diogène, Athénée提到过这种划分（见页6）。在我看来，Høeg已经强有力地阐述了正确的观点，见 Høeg, "Xenophontos Kurou Anabasis. Œuvre anonyme ou pseudonym ou orthonyme？" *Classica et Mediaevalia* 11, 1950, pp. 162-164。七卷划分法见于任何一份完整的抄本。进一步的讨论参本书附录二。

② 特别参看 G. Grote, *Greece*, New York: Peter Fenelon Collier (in twelve vols), 1899–1900, vol. 9, p. 87。还有 Erbse, "Xenophon's *Anabasis*," in *Xenophon*, edited by V. J. Gray, Oxford: Oxford University Press, 2010, p. 491。明显的例外是Bruell，见其，"Xenophon", in *History of Political Philosophy*, edited by L. Strauss and J. Cropsey, Chicago: University of Chicago Press, 1987。

未实现(对比6.1.31)。既然如此,我又如何能够有理有据地称他为王呢?

我将表明,色诺芬决定与居鲁士结交(并离开苏格拉底),这不是拒绝哲学的结果,而是部分由于如下现实,即公元前401年的雅典,对一名苏格拉底门徒而言,已是危险之地。色诺芬离开几个月后,雅典审判并处决了苏格拉底,此事令人震撼地表明了这种危险。我们将征引文本证据,来表明色诺芬的决定离开必须从如下角度去看待:他在家乡前途暗淡。将色诺芬的成功归因于他接受的雅典教育,这也不充分,因为万人军中还有其他雅典人,但唯独色诺芬挺身而出,直面拯救这支军队的挑战。我们最好立足于作者的明确表述,即苏格拉底对他来说至关重要,来确定我们的主张。事实上,在我们上面提到的《上行记》最重要的情节中,色诺芬表明,在加入居鲁士与普罗克色诺斯(Proxenos)之前,他征询过苏格拉底而非任何其他人的意见(3.1.4-10)。色诺芬不露声色地将自己呈现为苏格拉底的门徒。

第二条反对意见的确属实,即色诺芬从未当选为万人军的唯一统治者,但并未击中要害。色诺芬在卷五的确行使着事实上的王权。[1]另外,[7]若说他从未当选为"唯一统治者",那么居鲁士和克勒阿尔科斯的情况也一样(比较2.2.5)。实际上,据色诺芬记述,苏格拉底曾经说过,使人成为王者的不是选举,确切地说是关于如何统治的知识。[2]

---

[1] 众将领之首(primus inter pares)拉刻岱蒙人凯里索弗斯(Cheirisophos)有相当长的一段时间不在军中,期间是色诺芬在行使王权。由于这个很少被注意到的事实,卷五成了以色诺芬的统治为主题的后五卷中最重要的一卷。凯里索弗斯在卷五开篇离开,两个月以后,在卷六开篇返回军中。

[2] 见《回忆》3.9.10和3.1.4。

我们会看到色诺芬也持有相同观点。①

然而，有人会问，苏格拉底式的教育确切来说是什么？我似乎必须先回答这个问题，然后才能分析色诺芬在《上行记》中如何运用他所受的苏格拉底式教育。看起来我必须通过研究色诺芬的苏格拉底著作来详细阐述我的回答。然而，出于一些理由——其中并非最无关紧要的一个理由是，我的任务会变得不可实现——我将不会在此采取这种路径，尽管我会时常提及色诺芬的四部苏格拉底著作，即《回忆》《治家者》《会饮》和《苏格拉底在法官面前的申辩》。尽管我还会解析这些作品中的一些关键段落，但我通常是直接观察色诺芬本人这个由苏格拉底教出的成品，即我们在《上行记》中看到的样子。

我若在开篇阐明我所说的苏格拉底式的教育意指什么，这不会有什么错，根据色诺芬在《回忆》中的表述，可以说，苏格拉底式的教育就其核心而言，在于通透地探究什么是德性，而全面反思高贵与好的特征、高贵与好之间的关系，则是这种探究的部分内容（《回忆》1.1.16）。实际上，色诺芬在《治家者》中表明，苏格拉底一度渴望与既高贵又好的人伊斯霍马霍斯（Ischomachos）交谈，为的是弄清"在他身上好与高贵如何相连"（《治家者》6.15）。换言之，我称之为高贵与好的这个问题，不过是以另一种方式提及了那个古老的苏格拉底式问题："什么是德性？"本研究的目标之一，就是分析苏格拉底式的德性探究所带来的政治上的好处和结果。

---

① 根据珀修斯电子库（Perseus Digital Project）的计算，"王"（BASILEUS）这个单词至少出现过144次，这一迹象表明王权是《上行记》的主题。这一频率明显超过了该词在《居鲁士的教育》中的出现频率（至少100次），而后者的总篇幅比《上行记》多出大概四分之一。当然，《居鲁士的教育》毫无疑问关注王权及其建立这个主题。

2 色诺芬的笔法：隐微写作的问题

在疏解《上行记》之前，我必须先解释我如何阅读色诺芬。既然这个论题很重要，我的解释也必须夯实。在现时代，[8]没有任何一个色诺芬的义疏者比哲人施特劳斯更有影响、更饱受争议。他重新发现了隐微写作技艺，宣称色诺芬践行了这门技艺，对此，有一部分人接受，另一部分人则强烈抵制。① 我在智识上受益于施特劳斯，对此表示感谢，乃乐事一件。色诺芬是一位隐微作家，能够驾驭形式最精巧的反讽，施特劳斯是第一个详细阐发这一点的人——这两点是本研究的前提，本研究还要为之辩护。然而，我承认我跟一些评论家有同感，这些评论家指责施特劳斯的学生和追随者有时利用隐微写作模糊或曲解了——而非阐明了——过往的伟大文本。例如，一个特定章节位于一部著作的中间位置——我们可以提到施特劳斯的一个饱受中伤的解释学原则——这其实并不能论证任何东西。这是事实，而且是不太有趣的事实。然而，事实可能会以一些程式（patterns）出现，那么这些程式就应该成为我们悉心考察的对象。

我希望尽可能富有成效并且不挑起争执地处理隐微写作这个问题。为了达成目的，我将会思考色诺芬如何处理虔敬和诸神这个问题。我们会发现，《上行记》描述的三种类型的王权统治，在一个问题上有深刻分歧，即虔敬和诸神在统治中应该占有什么样的位置（实际上我们会看到，高贵与好这个问题最终无法与虔敬分离）。如果我们发现色诺芬论及虔敬和诸神时表现得克制有度，这当然不是什么特别

---

① 近来最激烈且最广泛的批评出自 V. J. Gray，见其 *Xenophon's Mirror of Princes: Reading the Reflections*, Oxford: Oxford University Press, 2011。

令人惊讶的事。我们已经提到过苏格拉底的命运,雅典判处他死刑,理由之一就是他不信奉城邦所信奉的诸神。再说,苏格拉底在西方不是第一个遭到政治-宗教迫害的哲人,也不会是最后一个。如今我们这些自由民主时代的公民重新发现,虔敬的索命之毒(pious virulence)在中断两百多年之后,今日又以某些显然不同于其前现代的形式出现,它们对待理性、哲学和世俗统治的立场并非无先例可循。

这些新动态应该促使我们认真考虑,要以开放的态度面对色诺芬以隐微术写作的可能性,因为色诺芬作为一个思想者和写作者,面对的是一个彻彻底底的虔敬世界,它在某些方面类似今日的伊斯兰世界。普通希腊读者所持的虔敬和道德方面的观点,尚未被任何类似于启蒙运动的事物转变,即尚未被那个"将宗教从灵魂中剥离"(孟德斯鸠语)的现代事业转变。①换言之,想要期待色诺芬完全开诚布公,[9]这不理智,即便我们至少能够表明他在虔敬和道德事务上拒斥当时普遍接受的观念。因为,严肃地谈论王权统治,就要求反思谁(或者什么)是最高的王;②另外,王权统治还出于其他原因是个微妙的主题:它可能会冒犯民主分子敏感的神经。③

许多读者会觉得,上面这些考虑可能看似有道理,然而无法令人

---

① 《论法的精神》,卷25,第12章。[译按]中译见《论法的精神》(下),许明龙译,北京:商务印书馆,2016。

② 阿里斯托芬幽默地处理了这个主题,参《云》第380-382行及剧中其他各处。

③ 真正的王是"王者技艺"的实践者,但这种技艺指向智慧之人的统治。参《回忆》1.2.58,那里援引了《伊利亚特》2.188-191和2.198-202。在《回忆》的这个段落里,色诺芬略而不引《伊利亚特》2.204-206,该段是奥德修斯在赞美王者的统治而贬低民主制,因为"一群人统治不是什么好事情"。同参柏拉图《王制》488b6-8。[译按]《伊利亚特》引文,见荷马,《伊利亚特》,罗念生、王焕生译,北京:人民文学出版社,2003,页33。

信服。因为,纵然我们抛开色诺芬是否挑战他那个时代普遍接受的观念这个问题不论——他的书中难道不是有很多证据表明了他的虔敬和道德合乎传统吗？——对于一个作者可能会在字里行间传达自己的思考,许多人还是会感到困惑或满腹狐疑。为什么会选择向大多数读者隐匿自己的见解,只向少数悉心阅读的读者透露呢？一本著作的目标是启发他人、传达知识,而不是误导读者。如果智识人缺乏公开挑战时代正统的勇气,社会进步何以产生？隐微写作难道不是误人的或清高的精英主义分子的做派吗？这些精英分子认为,普罗大众的智力不足以理解真理并从中受益。再说,这种做派不就表明那些被隐藏的观念都是名声败坏的吗？最后一点,只有那些对古代抄本已遭到破损这一事实视而不见的人,才会把那些所谓的隐微写作的"证据",即那些细微的文本上的暗示当作证据。这些证据实际上是瑕疵,或是抄工的笔误。

隐微写作的支持者必须直面这些有力的反对意见,我也正有意于此。不过,心胸开阔的批评者必须面对一种可能性,即他们对隐微写作理念的敌视,反映出他们受到了穆尔(John Stuart Mill)的一个著名说法的影响。穆尔认为,在一个文明化的社会中,言论应该是自由的,因为真理将会完胜谬误——如果准许双方在思想的市场上公开碰撞的话——还因为真理的取胜对社会有益,且有助于智识的进步。[1]不管我们这些自由国家的公民是否喜欢,穆尔的自由主义进步观并非色诺芬的看法。我希望在本研究中表明,色诺芬接受的是柏拉图-苏格拉底式的观点,这种观点在柏拉图的《王制》中以令人难忘的方式得到陈述:每一个政治共同体都类似光线昏暗的洞穴。总是只有少数人

---

[1] 见 John Stuart Mill, *On Liberty and other Essays*, edited with an Introduction by John Gray, Oxford: Oxford University Press, 1998。

既有能力又有意愿解脱奴役他们心智的镣铐,[10]上行至自然的阳光下。追求真理与洞穴墙上"影子"的权威之间有着永久的张力,践行隐微写作正是部分由于这种张力的缘故。

可以确定,我们现代读者未必非得接受这种苏格拉底-柏拉图-色诺芬式的观点。我们甚至可能一门心思反对它,启蒙思想家康德或后来的穆尔就是这样反对它的。但如果作者已经给出一些线索表明自己接受这种观点,那么,我们阅读他的作品时,还是必须让这一事实从始至终引导我们的解读。历史的客观性不可能立足于其他根基之上,相应地,失败的阅读则肯定会歪曲作者的思想。然而,我欣然承认,提供证据的重担就落在和我一样声称色诺芬是隐微作家的那些人肩上。

为了完成这一重任,我会考虑色诺芬在《上行记》的字里行间传达思想时运用的一系列写作技巧。在这一节剩余的篇幅中,我将考察色诺芬如何描述居鲁士对待诸神的态度。在这个简短的案例分析之后,我会更笼统地分析他的写作方式(第二节)。① 然后,我会思考《上

---

① 关于色诺芬的写作方式,我受益于几位学者的讨论,其中包括R. Bartlett, "Editor's Introduction," in *The Shorter Socratic Writings*, NY: Cornell University Press, Ithaca, 1996, pp. 1-8; Bruell, "Xenophon", in *History of Political Philosophy*, edited by L. Strauss and J. Cropsey, pp. 90-117; J. Dillery, *Xenophon and the History of his Times*, London and New York, 1995; M. A. Flower, *Xenophon's Anabasis, or The Expedition of Cyrus*, Oxford, 2012; L. Gautier, *La Langue de Xénophon*, Gevena: Albert Kündig, 1911; W. E. Higgins, *Xenophon the Athenian: The Problem of the Individual and the Society of the Polis*, Albany, 1977; S. W. Hirsch, *The Friendship of the Barbarians: Xenophon and the Persian Empire*, Hanover: University Press of New England, 1985; C. Nadon, *Xenophon's Prince: Republic and Empire in the Cyropaedia*, Berkeley, CA: Berkeley University Press, 2001; G. Proietti, *Xenophon's Sparta*, Leiden: E. J. Brill, 1987;还有施特劳斯疏解色诺芬的一些作品。

行记》的抄本传承，但目标依然是挖掘色诺芬在《上行记》中运用了何种写作技巧来不动声色地传达他的观点(第三节)。最后，我会考察近来研究《上行记》的学术成果，目的在于表明，我们必须将《上行记》当作关于苏格拉底式的统治的研究和引人进入哲学的导言，这一点很重要(第四节)。

（1）例证研究：色诺芬如何描述居鲁士对待诸神的态度

在居鲁士与万人军向巴比伦行军途中的早期，他们到达培尔塔斯(Peltas)城，在此地停留三日。色诺芬如下描述这一场景：

> 在这几天里，阿尔卡狄亚人(Arcadian)克色尼阿斯(Xennias)举行了吕开亚节(Lukaia)的献祭，还举行了体育竞赛。奖品是金刮子。甚至居鲁士也观看了竞赛。(1.2.10)

这段文字看起来完全没有冒犯之意：万人军庆祝节日，在一名重要的希腊将领克色尼阿斯的主持下向吕开亚的宙斯(Zeus Lukaion)敬献祭品。他们还举行了体育竞技会，居鲁士在一旁观看。[11]但色诺芬一掠而过的一处细节却并非没有冒犯之意。我们来重写这个段落，删掉所有不必要的内容：

> ……阿尔卡狄亚人克色尼阿斯举行了吕开亚节的献祭，并举行了体育竞赛(agōna)……居鲁士观看了体育竞赛(agōna)。

这个经过剪辑的版本凸显出色诺芬仅仅略加暗示的内容：居鲁士观看了体育竞赛，而且仅仅是观看了体育竞赛。居鲁士公开表现出对吕开亚节的冷淡态度。先提及吕开亚节，然后略而不提，用这种简单的手法，色诺芬得以透露出居鲁士的冷淡态度。这莫非意味着居鲁士不仅不关心宗教节日,更一般而言,他也不关心神吗?

下此定论当然为时过早。色诺芬可能只是在这里犯了为文草率的毛病。另外,也可能有人反驳说,居鲁士不关心吕开亚节并非什么重要的事:他毕竟是波斯人,而这个节日敬献的是一位希腊神(吕开亚人的宙斯)。为了回应这些质疑,让我们思考一下卷一靠后面的一个段落,它会帮助我们进一步坐实对居鲁士的初步怀疑。

在这一段中,色诺芬记述了居鲁士与拉刻岱蒙人克勒阿尔科斯之间的私下谈话,后者是居鲁士军中最重要的希腊将领。对话发生在居鲁士接近巴比伦、波斯王位之战看似即将来临的时候。

[克勒阿尔科斯说:]"居鲁士啊,你认为你的哥哥会与你开战吗?""会的,宙斯在上!"居鲁士说,"只要无论如何他还是大流士和芭玉萨蒂斯(Parysatis)的儿子和我的兄长,如果不打仗的话,我就得不到这些东西[即波斯王位]。(1.7.9,强调乃笔者所加)

我们再次遇到一个看似完全不冒犯神的段落。然而,这是一个引人注目的段落,因为其中有一段由于足够重要而值得转述的居鲁士与人的私下谈话,而这样的谈话不多。然而,色诺芬为何强调这次私下交谈呢?难道作者希望强调居鲁士为自己的世系或自己家庭的德性而感到自豪?还是说,居鲁士可能质疑其兄长的合法性?[1]引人注意的是,居鲁士这个波斯人竟用希腊式的誓言"宙斯在上"来发誓,因此,他的波斯出身不足以解释在我们刚考察过的段落中,他为何冷落吕开

---

[1] Thomas Braun, "Xenophon's Dangerous Liaisons," in *The Long March: Xenophon and the Ten Thousand*, edited by R. L. Fox, pp. 97-130, Braun在这个场景中看到了"某种带有骑士风范的争论",见页125。

亚人的宙斯。①

那么,如何解决我们之前面临的那个更大的难题呢?我认为,解决之道已从如下方面传达出来。[12]转述完居鲁士与克勒阿尔科斯的交谈之后,色诺芬在好几段话之后写道:居鲁士叫来那个名为西拉诺斯(Silanos)的希腊卜士,赐给他一大笔钱(1.7.18)。作者告诉我们,居鲁士这么做,是因为十一天之前这位卜士曾向居鲁士预言,国王阿尔塔克瑟尔克瑟斯(Artaxerxes)在接下来的十日之内不会来战。西拉诺斯是以占卜的方式向诸神求问之后作此预言的。对于这次占卜,居鲁士回复如下:

> 那么,[我兄长]此后将不再来战,如果这十日之内他不开战的话。但是,如果你说对了,我就赐你十塔兰特。(1.7.18)

到了第十一日,战争仍未爆发,居鲁士立即按许诺的数目赏钱给西拉诺斯,因为此人预测精准。

我们必须从居鲁士讲给卜士西拉诺斯听的那番话,来理解居鲁士与克勒阿尔科斯的私下交谈。或者不如这样说:一旦我们还原出色诺芬故意颠倒的这两次对话的时间次序,这场私下交谈的意涵就清楚了。在时间次序上占先的是居鲁士讲给西拉诺斯听的那番话,即如果他的兄长真的要战,必定会在十日之内来战,再往后就太迟了。然后才是居鲁士私下言之凿凿地告诉克勒阿尔科斯的那番话:他的兄长肯定来战,"只要他还是大流士和琶玉萨蒂斯的儿子和我的兄长"。 因

---

① 在《治家者》4.24,色诺芬让居鲁士所发的誓言更具历史精确性,"弥忒拉(Mithra)在上!"波斯人阿尔塔巴佐斯(Artabadzos)在《居鲁士的教育》7.5.53以同一誓言的加强格起誓。除非是我搞错了,大居鲁士总是以希腊诸神的名义发誓。

此很清楚，居鲁士认为他的兄长肯定会在十天内来战，因为如果真的要战，他必须在接下来的十日之内开战。然而，这意味着居鲁士确定那位卜士是错的。他根本不信西拉诺斯的占卜。①

因此，难怪居鲁士在与克勒阿尔科斯的交谈中以"宙斯在上"发誓，这是他在《上行记》中唯一一次这样发誓。②这个誓言绝非在表明居鲁士的虔敬，而是提醒我们注意居鲁士拒绝神的预兆。虽然拒绝，居鲁士依然奖赏这个说"对"了的卜士。换言之，如果以原本的正确时间顺序来对观这两次谈话，我们便可以清楚看到：居鲁士全然（in toto）拒绝那些卜士的指引。色诺芬采用简单的权宜之计调换了两次对话的顺序，以此来隐藏两次对话的内涵。如果作者像我刚才做的那样，先叙述居鲁士对卜士说的那番话，那么，居鲁士后来在私人交谈中对克勒阿尔科斯说的那番言之凿凿的话，其含义就显而易见了。但一旦对话的次序倒过来，其含义就不清楚了。

现在是时候来理解，色诺芬在居鲁士的诔文中何以对后者是否虔敬保持沉默（1.9）。③［13］色诺芬的沉默也得到另外一些线索的确证。④

---

① 1.7.14确证了这个结论。

② ［原注22］居鲁士在1.4.8还发过一个誓，"诸神在上"。关于这次发誓的解释，请参考本书英文版第一章第47页的原注21。

③ ［原注23］Strauss, "Xenophon's *Anabasis*", in *Studies in Platonic Political Philosophy*, with an Introduction by Thomas Pangle, Chicago: University of Chicago Press, 1983, p. 107. 然而，《上行记》有一处地方提到居鲁士可能祈祷过(1.9.11)。参本书英文版页68原注89。［译按］该文的中译见《柏拉图式政治哲学研究》，北京：华夏出版社，2012。

④ 例如，文中一次都没提到所谓的"玛戈"（Magi）(波斯的祭司阶层)，也没有提到居鲁士军中有任何其他祭司。相比之下，在大居鲁士的军队里，到处都是玛戈，参《居鲁士的教育》，4.5.51, 4.6.11, 5.3.4, 7.3.1, 7.5.35, 7.5.57, 8.1.23, 8.3.11，还有8.3.24。

居鲁士的不虔敬可谓其上行的消极面。此外,居鲁士的不虔敬还将他与克勒阿尔科斯这种统治者区别开来——西拉诺斯大胆预言波斯国王十日之内不会来战,这显然使克勒阿尔科斯有所动摇。读者要意识到,色诺芬习惯于间接暗示——仅仅是间接暗示——统治者身上的阴暗面或有违传统的那一面,比如他对居鲁士就是以同情的笔触来加以描写,不然我们将无法理解居鲁士的不虔敬(和这种不虔敬在他统治中扮演的角色)。有人提出,色诺芬有英雄崇拜的倾向,不但因为他将统治者分为两类,"正面人物"(goodies)与"反面人物"(baddies),还因为他的"正面人物"好得毫不含混。① 然而,我们在这里看到,色诺芬并非看不到某个"正面人物"身上不受其同时代人欢迎或明显遭到反对的特性,即便色诺芬本人并不反对这一特性。

(2)"据说""重复"和"省略"

现在让我们扩大讨论内容,探讨一下色诺芬采用哪些写作技巧来隐微地传达自己的思想。第一个此类技巧是运用"据说"(legetai)这个单词。② 色诺芬经常写道,某件事情"据说"发生过,或某个人"据说"是这样的。③ 当然,"据说"的东西可能对,也可能不对。有时候色诺芬用这个单词表示他不清楚这件事情,或者转述一种他不知道是真是假的传说或流言。比如,他写道,波斯国王的军队"据说"多达一百二十万,居鲁士"据说"与某个西里西亚王后有染(1.7.11,1.2.12)。因为色诺芬明白知识与道听途说之间的差异,所以,他通过

---

① 例如参G. Wylie, "Cunaxa and Xenophon", *L' Antiquité* 61, 1992, p. 117。

② Strauss, "Xenophon's *Anabasis*", in *Studies in Platonic Political Philosophy*, pp. 107-108.

③ 比如,《上行记》1.2.8, 1.8.20, 2.6.8, 2.6.29, 3.4.11, 4.1.3, 6.2.1, 6.2.2。色诺芬有时会用另一种表达"他们说"(ephasan),如4.3.12, 5.2.31。

其散文的准确性传达这种差异。① 有时候,色诺芬用"据说"来暗示他本人怀疑此说法,或者暗示自己知道这些事情并非如传言所说的那样。例如,他写道,"据说"希腊将领梅侬(Menon,旧译"美诺"),即把自己的希腊同胞出卖给波斯人的那个人,[14]并没有收获他叛变的果实,恰恰是梅侬帮助过的波斯大王,在折磨他整整一年之后,才将他处死(2.6.29)。然而,"据说"梅侬命运如此。我们是否应当理解为,梅侬的结局可能更幸福或没那么悲惨? 这可以解释为什么色诺芬"省略不提"梅侬死时的年纪,却交代了其他每位遭谋杀的将领死时的年龄吗?② 为了避免在这件事情上有任何疑窦,西西里的狄俄多儒斯(Diodorus Siculus)和普鲁塔克双双确证:梅侬没有与那些他曾经背叛的将领一道被波斯大王处死。③

---

① Cawkwell认为,"色诺芬在一定程度上靠道听途说来经历",其意思是说,色诺芬无法分辨道听途说得来的证据与亲身的经历,见Cawkwell, "Introduction," p. 24。这种观点会误导人而且没什么分量。关于色诺芬表达的精确性,一个短小但典型的例子,见1.4.4。

② 对比2.6.29,2.6.15,2.6.20,2.6.30。

③ Diodorus,《史集》(*The Library of History*),14.27.2;普鲁塔克,《希腊罗马名人对比列传·阿尔塔克瑟尔克瑟斯传》,章22。普鲁塔克的叙述明显基于克忒西阿斯(Ktesias)的记叙,后者是波斯王庭的一名希腊医生,他的《波斯志》(*Persika*)现在只剩下出自后世作者的简短纲要,特别是公元9世纪的一位学者,即君士坦丁主教弗提乌斯(Photius)。色诺芬两次提及克忒西阿斯(1.8.26–27),因此,他知道梅侬并没有被处死(见弗提乌斯的纲要,卷21–23的纲要明确讲到梅侬被赦免)。然而,应该说明的是,普鲁塔克质疑克忒西阿斯的可信性(《阿尔塔克瑟尔克瑟斯传》,章51),尽管不是在梅侬是否幸存这件事上质疑克忒西阿斯。Braun也怀疑克忒西阿斯所记的真实性,见Braun, "Xenophon's Dangerous Liaisons," p. 123。色诺芬在《居鲁士的教育》中凭靠克忒西阿斯的说法,参Hirsch, *The Friendship of the Barbarians: Xenophon and the Persian Empire*, pp. 83–84。

因而，我们有不显眼却确定无疑的证据表明，色诺芬运用"据说"这个表达式，是为了美化政治世界。比起他知道的真实情况，他塑造的政治世界看上去更支持道德和虔敬。借助这个短语，他能够暗示出那种未经粉饰的真相——就这个例子而言，他质疑了诗人式的对正义的想象——同时向粗心的读者呈现出一幅更乐观的画面。如果说色诺芬明白他的"正面人物"的阴暗面，那么，他对其"负面人物"的成就也不会视而不见。①

当然，要理解色诺芬为什么以这种方式写作并非易事。毕竟，隐藏政治世界的丑陋不是有风险吗？[15]公开描述这种丑相，或许用马基雅维利的方式（可以说他夸大了政治的丑相），以便唤起读者的注意，不是更好吗？通过自己所采取的写作方式，色诺芬对品质高尚但不够小心谨慎的读者设置了一个陷阱，或看上去是如此。

---

① Sandridge 并没有考虑色诺芬把"据说"用作一种写作技巧，他关于《居鲁士的教育》的研究就是如此。这导致他忽视了一个重要的内容：色诺芬（《居鲁士的教育》1.2.1）实际上从未以自己的名义说过大居鲁士"最仁爱（philanthrōpotatos），最好学（philomathestatos），最爱荣誉（philotimotatos）"，见 Sandridge, *Loving Humanity, Learning and Being Honored: The Foundations of Leadership in Xenophon's Education of Cyrus*, Cambridge: Center for Hellenic Studies, Trustees for Harvard University, 2012。

色诺芬确实说过的内容是："蛮人甚至直到今天还在传说或传唱"居鲁士拥有一颗禀有这三种品质的灵魂。实际上，色诺芬关于大居鲁士首先表明的内容就包括下面这一点：居鲁士尤其不是"最好学习"正义（《居鲁士的教育》1.3.15–18）。色诺芬将巨大的政治野心，与缺乏正义或德性知识的爱，即缺乏智识和道德上的严谨联系在一起。同样请注意，《居鲁士的教育》1.4.1 没有提到"好学"——色诺芬刚在前文（《居鲁士的教育》1.3.15–18）表明，居鲁士缺乏对正义知识的爱——而"仁爱"和"爱荣誉"都有提到。再次谈及居鲁士的"好学"时（《居鲁士的教育》1.4.3），色诺芬清楚表明，这种"好学"并未包括正义这个主题：居鲁士必定是受到教师的强迫才学习正义。

色诺芬作品的义疏者必须直面这个难题。在本研究中，我会论证，色诺芬对政治世界的描述，反映出他认为当以何种恰当的方式，去教育读者当中那些最好且最有前途的人，同时又不摒弃他的政治责任。色诺芬引人入胜的写作方式绝非反映出一种天真或说教的冲动，而是植根于他的仁爱（humanity），以及他愿意将已经准备妥当的年轻人引上哲学道路。这种写作方式还反映出他的品味。在《上行记》(5.8.26)中，色诺芬说"记住好事多于记住坏事，是高贵的，是正义的，是虔敬的，也是更快乐的"，这句话出自他最值得铭记的一段演说。作为《上行记》的作者，色诺芬遵守了这条关于过往回忆的美丽格言。

让我们转向另一种写作技巧。色诺芬常常会重复先前的说法，表面上是重复，实际上是修改前面的说法。他在对万人军发表演说时特别喜欢用这种技巧。作为叙述者，色诺芬会讲述一件事情（或自己对事件的个人想法），然后他表明，关于同一件事情，他会向士兵提供某种略微不同的讲述。例如，色诺芬偶尔会在他的演讲中将一些事件归功于诸神，同时又不动声色地在自己的叙事中将同样的事件归因于盲目的"机运"或"运气"（tuchē）。至少可以说，他公开表达的虔敬想法并不总是可以按表面意思来理解。①当然，这并不证明色诺芬不是虔敬之人。它仅仅证明，他有时候将自己相信必须归因于机运的事情归功于诸神。这也不证明他就是个无赖：毕竟他在叙述中确实告诉了我们真相。毋宁说，"重复"技巧用于表明色诺芬在何处以及如何迁就手下的看法——常常是为了提振他们的士气——从而帮助读者去探寻真相与审慎的统治是否相一致。换言之，色诺芬用"重复"技巧来

---

① 对比6.3.6与6.3.18，对比6.1.20与6.1.26。同参5.2.24–25。关于"机运"（tuchē）与"[神的]意图/设计"（gnōmē）之间的区别，见《回忆》1.4.4以下，特别是1.4.6的结尾。

分析高贵与好这个问题的一个方面。

色诺芬在叙事内部采用了"重复"这种模式。例如,第一次面向集合起来的军队发表演讲时,[16]他提出一些建议,并分别诉诸三次不同的表决。转述前两次表决时,色诺芬写的是"所有人都举手":这两条提议都一致通过(3.2.9和3.2.33)。第三次表决关乎是否采纳一个有争议的战术,然而在转述这次表决结果时,色诺芬写的是"它被采纳了"。措辞的变化暗示存在反对意见(3.2.38)。粗心的读者容易得出这样的印象:色诺芬在第一天统治时就获得了完全的和预先注定的成功。然而,他的准确表达让我们能够看出,他曾在何时需要克服反对意见。①

如果说色诺芬有时候会"重复"自己的说法,那么,我们知道他也会略去不提他先前让我们有所期待的某些信息。我们已经看到他如何运用"省略"法,来更加吸引人地描绘居鲁士及梅侬的命运。然而,这种技巧还有更广泛的使用。到达黑海时,色诺芬向士兵发表演讲,给出五条提议,五条提议皆关系到他们今后应该如何处理军队事务(5.1.5–14)。在每一条提议之后,色诺芬都写到提议"被采纳":每一条提议都通过了,尽管顶着一些反对意见。然而,有一条提议(即色诺芬演讲里的第三条提议)后面没有这些字,实际上是什么字都没有。色诺芬向士兵提议继续守卫营地,他说,尽管现在已经到达黑海,他们仍然受到敌人的威胁。色诺芬作为作者沉默不提该提议被采纳的情况,反映出士兵对此提议置之不理,他们任由自己去妄想现在安全了,故而可以放下戒备,他们罔顾实际情况。

---

① 色诺芬有时运用这个技巧来重提过往发生的事(history),对照7.6.14与7.3.14。

(3)位居中央

现在让我们来思考另一种写作技巧,它在许多读者看来都会显得古怪:色诺芬作品中凡是"位居中央"的内容都特别重要。① 用"位居中央"这个表达,我的意思是说,解读者必须总是用心计算数量,比如一个列表或列举的内容有多少条目,一个特定的段落中有多少种观点,一卷书有多少章等等,并且必须特别留意任何"位居中央"的内容。例如,一个列表若包含三个条目,我们就得特别关注第二项,一个段落若包含五个观点,我们就得特别关注第三个。既然这种技巧非但古怪,而且饱受争议,我就从一个不那么让人觉得陌生的角度来讨论好了。

[17]法庭修辞的一条著名规则是,好律师会以强有力的陈词开始他的诉状,然后以强有力的陈词收尾。他会试着把弱些的论据"藏"在中间的某个地方。这条规则的依据在于,法官的注意力处于顶峰时(诉状的开端和结尾),律师最好陈述最强的论点,当法官的注意力不可避免地分散时,那就最好让弱些的论点来走过场。实际上,这条规则有时今天的法学院还会教,苏格拉底自己也在《回忆》的一个段落里提到过,不幸的是,各抄本在此处有分歧。② 然而,我们没有必要证明这

---

① 重新发现这种技巧,我受益于施特劳斯。

② 这个段落是《回忆》3.1.7–11。苏格拉底在此将一场精心准备的演讲与一栋建设得当的房子及一支秩序井然的军队进行对比。他说,为了获得有用的房子,你应该把最结实的材料用在地基和房顶上,例如石材和黏土,而更弱些的那些易腐烂或磨损的材料(例如木材和砖),最好用在中间部分。同理,将军应该把最好的部队安排在军队的一头一尾,把弱些的部队放在中间,这样一来,中间部分就前有人引、后有人推。就在抄本有分歧的那个段落,苏格拉底接着说,这条原则不仅适用于建设得当的房子和秩序井然的军队,也适用

个段落的真实性。将其所包含的暗示当作一个可以启发人的假设就够了:有没有证据表明,当色诺芬在《上行记》中向军队或其他听众发表长篇演讲时,他把更弱些的论点放在"中间"了呢?

我们难以避免得出如下结论:色诺芬的确这么做。早在第一次演讲里就有一个小而典型的例子。色诺芬试图鼓励最近遭谋杀的普罗克色诺斯麾下的众百夫长,他告诉他们,他们完全可以怀着比敌人更大的信心向波斯人开战。何以有信心?色诺芬提供了理由。其中一个次要的理由是:

> 我们的身体[比波斯人的]更有能力承受寒热辛劳。(3.1.23)

即便健壮的希腊人比波斯人更有能力承受"寒"与"辛劳",但他们也更有能力承受美索不达米亚的酷"热"吗?这一点很难令人相信。

第二个例证更加关键。沿黑海行军时,一名使者来到万人军中,要求他们停止伤害滂沱斯地区的某一座城,色诺芬被要求发表演讲予以回应。使者以战争相威胁(参5.5.13以下),色诺芬则以其人之道还治其人之身。他警告使者,万人军历来将那些不为他们开放市场(这座城市没有为他们开放市场)的人统统视为敌人。他们如此行事是出于必然,而非出于肆心(hubris),因为他们必须获得给养。[18]为了给这个没怎么掩饰的威胁增加威力,色诺芬列举了万人军在撤退期间如何遭遇三个"十分令人胆寒"的部族,相继视之为敌并且打败了他们:"卡尔杜奇亚人、陶奇亚人和卡尔丹人"(the Kardouchoi, the Taochoi,

---

于安排得当的演讲:弱些的材料应该总是放"在中间"(3.1.11, legein,我相信这是正确的读法,见于五种不同的抄本,参Hude的校勘记, Hude, *Xenophontis. Commentarii*, Stuttgart: Teubner, 1985)。

the Chaldeans,5.5.17)。然而,根据卷四的叙述,位于中间的陶奇亚人极为软弱,几乎没有武装起来(4.7.1-14,特别是4.7.5)。① 色诺芬的演讲又一次在中间部分插入了无说服力的论据。

还有第三个例证。在后来发表的一次演讲中,色诺芬试图说服军队与一个名为色乌忒斯(Seuthes)的忒拉刻(旧译"色雷斯")首领一同征战,做色乌忒斯的有薪雇佣军,而非服从驻拜占庭的拉刻岱蒙总督,当时那位总督想让万人军去滂沱斯地区一个名为刻尔索涅索斯(Chersonese)的地方。但色诺芬认为在当时的情况下听从色乌忒斯的提议要好得多(7.2.15)。为了说服士兵,色诺芬重提拉刻岱蒙总督对他们犯下的三桩罪行(7.3.3),而第二并且位居中间的那桩罪行是另一个拉刻岱蒙人干的,他在军饷的事情上欺骗了万人军。而驻扎拜占庭的那位总督与这件事一点干系也没有!② 色诺芬以此方式,在演讲的中间部分诋毁那位总督——无可否认,那位总督是个恶棍。色诺芬之所以这么做,意在克服士兵的抵制。

第四个例证位于《上行记》靠前些的部分,色诺芬在此试图说服普罗克色诺斯手下的那些百夫长全力与波斯人作战,不要再有任何妄想,以为可以跟无信的波斯大王议和。色诺芬警告说,一旦他们落入波斯大王之手,他们就必须做最坏的打算。他列举了三条理由,第二条并且位居中间的理由是:由于希腊人前来征讨波斯大王,目的是奴役他,而且如果能做到的话还要杀掉他,所以,波斯大王是不会饶恕他

---

① 在作者笔下,卡尔杜奇亚人和卡尔丹人都善战,见4.3.2,4.3.4。

② 是拉刻岱蒙的海军司令阿那克西比奥斯(Anaxibios)犯下了这桩罪行,而非拉刻岱蒙总督阿里斯塔尔科斯(Aristarchos)。色诺芬还在演讲中考虑了三种选择,跟随色乌忒斯(不服从阿里斯塔尔科斯)是第二个和中间的那个选择。

们的(3.1.17–18)。① 但色诺芬清楚地说过(在叙述中),希腊人随居鲁士出征时,并不知道他的统治野心,而且当他们发现这种野心之后,他们是出于羞耻心(色诺芬强调)才继续跟随居鲁士,并不是为了奴役或杀死波斯王(3.1.10)。因此,色诺芬在演讲的中间部分夸大了万人军咎由自取的这一面。色诺芬这么做是要防患于未然,免得万人军想要去取悦波斯大王,这是一种危险的诱惑(3.1.10)。

最后,第五个例证,请回忆一下那场演讲,色诺芬在其中向士兵提议保持营地周围的防卫,尽管军队已到黑海。色诺芬对该提议被接受的情况保持沉默,不动声色地表明该提议遭到了士兵的拒绝。[19]它是那天付诸表决的五条提议中的第三条。色诺芬的说服能力事实上在中间部分没有奏效(5.1.5–14)。

我在这次研究中可以举出好几打的例子,来说明色诺芬如何运用"位居中间"这种技巧。这些例子综合起来,已可以证明色诺芬在他的演讲中运用了这种技巧。但我希望在此补充两点。第一,如果读者还是不相信色诺芬使用了这种技巧,我请他们保持开放的心态。我承认到目前为止所举的例证尚未证实我的主张,但我希望,他们能够面对我也许是对的这种可能性,从而培养一种开放心态。第二,我认为色诺芬并不是仅仅在演讲中运用这种技巧,他在叙事中也用:毕竟,叙事也是言辞,是面对读者的言辞。正如他在演讲中所做的那样,色诺芬也用"位居中间"的技巧,让读者注意他论证中的薄弱之处,或者透露他对政治世界那充满希望的描述在哪一点上可能无法实现。此处举一个例子肯定就够了。

"反面人物"梅侬是唯一被波斯国王逮捕但没有被处决的希腊将领。他还是受到赞美(或指责)的五位将领中的第三位(2.6)。我相信,

---

① 通过三个连续的修辞性设问,色诺芬同样表明了他的理由。

梅侬占据中间位置,是因为他代表着某种对平常的虔敬和道德的挑战。尽管《上行记》"首恶"(arch-baddie)的名号于梅侬乃名副其实,但梅侬"成功"了,而其他人失败了,比如高贵的普罗克色诺斯。将梅侬置于中间位置,以此让读者注意到他活了下来。梅侬的存活继而逼迫我们去思考:色诺芬这位苏格拉底式的王,是否有能力综合普罗克色诺斯的高贵与梅侬的"成效"呢?他能够在卡律布狄斯(Charybdis)高贵的失败与斯库拉(Scylla)罪恶的胜利之间开出一条路来吗?"位居中间"的修辞技巧因此指向了《上行记》旨在探究的最重要的问题。

3 色诺芬的笔法:《上行记》的各种抄本

色诺芬运用的一些写作手法,最好联系《上行记》的抄本传承(manuscript tradition)[①]一起讨论。这份文本流传到我们手上,共有大概十五种抄本,分为两个族系(families):(1)巴黎族系,其主要代表有抄本B、抄本A、抄本E,尤其重要的是抄本C;(2)意大利族系,现在人们认为这一系抄本的主要代表是抄本F和抄本M。尽管意大利族系稍微古老些,[②][20]但古典语文学者(在20世纪早期之前)还是认为巴黎

---

① 关于抄本传承,Masqueray的探讨很有帮助,见Masqueray, *Xénophon: Anabase*, pp. 29–40,笔者从中受益,心怀感激。

② 抄本F和抄本M源自12世纪(或者说抄本M源自13世纪早期)。抄本C抄写于1320年。但据Masqueray的说法,抄本C源于9世纪的一份祖本(archetype),见Masqueray, *Xénophon: Anabase*, p. 30。关于抄本F的年代尚有一些分歧,Bizos认为它可以追溯至10世纪下半叶(见 *Xénophon : Cyropédie*, Paris: Société d'Édition "Les Belles Lettres",1972,卷一,页lv)。

族系的抄本更佳，因此，这一系的抄本以"更佳抄本"（meliores）而闻名。一些主要的校勘整理本（textual editions）以这一族系中最好且最重要的抄本 C 为底本。

然而，这一近乎学术共识的看法在 1903 年受到冲击，那年在奥克西林库斯（Oxyrhynchus）出土了一个莎草纸本，据认为可以追溯至公元 2 或 3 世纪，该抄本包含《上行记》的部分内容。[1] 在这两组抄本有分歧的那些段落里，莎草纸本相对更经常与意大利族系的抄本一致。[2] 既然这个莎草纸本被认为比所有现存抄本都早了大约一千年之久，古典语文学者便开始更加看重意大利族系的抄本，因为这一族系的有些抄本异文（variants）明显出自更古老的时代。[3] 后来的校勘者已经更为均平地看待这两系抄本。胡德/佩特斯（1972）的校勘本甚至有几处地方还更倾向于意大利族系的抄本 F 和抄本 M。

在研究过《上行记》的不同抄本异文后，笔者确信丁多尔夫、格莫尔和其他古典语文学者所持的更早的观点正确。《上行记》最好的抄本是 1640 年的巴黎族系的抄本 C〔Parisinus 1640（C）〕。[4] 一般而言，我们必须承认，抄本 C 常常比抄本 F 和抄本 M "更不顺畅"（bumpier）。

---

[1] 见奥克西林库斯莎草纸（P. Oxy），III，463。莎草纸内所有的《上行记》文本内容，见 Paap, *The Xenophon Papyri*, Leiden: E. J. Brill, 1970。奥克西林库斯莎草纸 463 的内容包括《上行记》6.6.9–10 和 6.6.15–24。

[2] 根据 Paap 的说法，莎草纸本与意大利族系的抄本有五处相合，但与巴黎族系的抄本只有三处相合（见 *The Xenophon Papyri*, 页 11）。

[3] 也要考虑 5.3 结尾处的碑刻文字。Masqueray 讨论了铭文证据，见 Masqueray, *Xénophon: Anabase*, p. 36, note 2。

[4] Hug 也持这种观点，Hug, *Xenophontis Expeditio Cyri*, Editio Maior. Leipzig: Teubner, 1886；甚至 Masqueray 也是。在抄本 C 得到校正的地方，Gemoll 的观点都应该得到遵从：校改过的版本（Masqueray 所说的 C1，和 Hude/Peters 所说的 C2），几乎总是更佳的版本。

然而,之所以如此,是因为抄本F和抄本M系统地抹除了《上行记》的一些文本线索或"不顺之处"(textual pointers or "bumps"),然而,这些地方在语法上讲得通,又暗示出解释上重要的可能性。

现代的古典语文学者经常依据奥克西林库斯莎草纸本提供的证据,采用抄本F和抄本M,而将这些"不顺之处"下放到他们的校勘记里。但他们本不应该如此过分看重莎草纸本。即便是奥克西林库斯莎草纸本463,即迄今《上行记》现存篇幅最长的莎草纸本,其所含内容仍然不及《上行记》篇幅的百分之一。根本不可能在如此薄弱的基础上决定抄本的优越之处,因为莎草纸本保留的残篇曾经是抄本的一部分。另外,我们也不应该把古老混同于更佳。机运在任何特定莎草纸本的保存上都扮演着关键角色。

为了恢复如下这两种立场,即抄本C是《上行记》最好的抄本,以及我们应该非常谨慎地避免偏离它的读法,[21]现在我开始考察色诺芬运用的一项重要的写作技巧,它几乎只在抄本C(还有巴黎族系的抄本)中得以保存。我将这种写作技巧称为"重新命名"(renaming)。鉴于《上行记》的那些现代校勘者,包括抄本C的支持者丁多尔夫和格摩尔在内,在这方面都采纳更差的抄本而非抄本C,我们可以说,这种写作技巧已遭到忽视至少两百年,甚至是更长的时间。

(4)重新命名人物、河流和山川:抄本C的首要地位

色诺芬在《上行记》中常常赋予人物、河流和山川新的名字,他重新命名这些事物,以达到不同的写作效果,包括幽默,包括加强作品的美感等。在一些情况中,他运用重新命名的手法来传达出指向他哲学论证的线索。

我瞥到"重新命名"技巧的第一束微光,是在阅读一篇演讲时,色

诺芬在这次演讲中责怪万人军可耻的违法行为(5.7.13–33)。色诺芬讲到一伙士兵如何追捕一个名为泽拉尔科斯(Zēlarchos)的市场监督员,此人显然十分喜欢用鞭子打人。① 士兵曾抱怨这个泽拉尔科斯以最可怕的方式对待他们(5.7.23)。士兵现在想用石头砸死他,由于担心丧命,泽拉尔科斯已经逃离军队。色诺芬谴责了逃跑这一结果,因为泽拉尔科斯若有罪,那么他现在就是未受惩罚就跑掉了;他若无辜,那么他就是被冤枉的。但色诺芬提到现在已经离去的泽拉尔科斯时称其为特拉尔科斯(Tēlarchos),意思是"遥远的统治者"。②

这种有趣的读法见于所有(只有一个除外)巴黎系的抄本(抄本C、抄本B和抄本A),而不见于抄本F和抄本M以及任何更差的抄本,这些抄本显示的都是"正确"的读法"泽拉尔科斯"。色诺芬即使正在责骂士兵也保持着他的幽默感,这一点有那么难以置信吗?竟然没有一个《上行记》的现代校勘者采用"特拉尔科斯"这种读法。③

但有人会反驳说,"特拉尔科斯"这种读法很可能是某个滑稽古怪的抄工(scribe)有意为之。再说,"泽拉尔科斯"(Zēlarchos)与"特拉尔科斯"(Tēlarchos)仅一个字母之差,也可以解释成文本讹误(textual corruption)所致。有没有证据可以证明,"重新命名"的做法不止于这个小小的孤证?证据相当丰富,如果累积起来看的话,就等于证明色诺芬的确使用了这种写作技巧。例如,在《上行记》卷一,[22]色诺芬提到一个叫阿尔塔帕特斯(Artapatēs)的人,他是居鲁士最忠诚的持权杖者(1.8.28),也是居鲁士的心腹。有一次,居鲁士派阿尔

---

① Zēlos-archein 意为"热心的统治者"。
② tēle-archein,见5.7.29。
③ 关于tēle的用法,请考虑《上行记》4.4.3对Tēleboa的重新命名,tēle-boaō,"远啸河"(far-sounding-river)。

塔帕特斯除掉一个曾背叛过居鲁士的波斯权贵,阿尔塔帕特斯干得非常漂亮,以至于

> 没有人再见过[这个背叛者],无论是活人还是死尸,也没有人可以确切地说出他如何死去……他的坟墓从未有人见过。(1.6.11)

写到此处,色诺芬戏称这位心腹为"阿尔塔剖"(Artapou),意为"某个将某人斩于某处的人"。① 在这个例子中,"重新命名"涉及好几个字母,如果将其解释成抄本讹误(MS. corruption)所致,那么,三个不同的抄本都得略去这些字母。②

色诺芬重新命名的做法也涉及非波斯人。在他第一次面向全军的重要讲话中,他告诉这支军队,就算不能返回希腊,他们依然可以在波斯帝国的某个地方定居下来。一些蛮族部落正定居在那些地方,占尽利好,其中有一个部族,万人军向巴比伦进军的路上还击败过它,洗劫过它的地盘。这个部族的人名为"吕考纳斯"(lukaonas),③ 即高大有力的"狼-人"(1.2.19, lukos)。然而,在演讲中,色诺芬给他们重新命名:他们变成了"吕卡尔纳斯"(Lukarnas),即没那么有力的

---

① artamos-pou(He-Who-Butchers-[Someone]-Somewhere),见于抄本C、抄本B和抄本A。artamos意为"刽子手",是个罕见的词,但色诺芬用过,见《居鲁士的教育》(2.2.4)。它被列在色诺芬的多里斯风格(dorisms)的词汇表中,此表由Gautier制作,见Gautier, *La Langue de Xénophon*, Geneva: Albert Kündig, 1911, p. 36。

② 合乎事实的是,抄本B和抄本A的确被认为是抄本C的复制品(copies),不过三者在名字的拼写上常有不同之处。

③ [译按]此地名为吕考尼亚(Lukaonia),此地的人叫作Lukaon,即吕考尼亚人,Lukaonas为Lukaon的宾格复数。

"狼-羊-人"(《上行记》3.2.23,Lukos-arnos,见抄本F、抄本A和抄本C,校改者的笔迹[corrector's hand])。①

在后来的撤退中,希腊人在冬季行经亚美尼亚高地,饥寒交迫。他们到达当地的一些村庄。一名英勇的雅典百夫长,名为珀吕克拉忒斯(Polukratēs),占领了其中一个村庄,以便为困顿中的士兵提供饮食。"珀吕克拉忒斯"的意思是"孔武有力"(polus-kratos)。色诺芬把他重新命名为"珀吕波忒斯"(Polubōtēs),意为"众人的喂养者"(polus-boskō,见于抄本C、抄本B和抄本E:4.5.23—24)。②

没过多久,希腊人将一名亚美尼亚村长征入军队作向导。为了确保这个人忠诚,[23]希腊人劫持了他已到青春期的儿子,把他交给一个名为厄皮斯忒涅斯(Episthenēs)的百夫长监管(4.6.1—3)。厄皮斯忒涅斯是个好士兵,是个行为得体的男人,但有恋童癖。色诺芬在这个语境中称他为克雷斯忒涅斯(Kleisthenēs),意为"有力的关门者",表明他密切监视着这个男孩(kleiō-stenos: he kept a close watch over the boy,见于抄本B和抄本E,尽管不见于抄本C)。③

---

① Gautier指出,色诺芬显然新造了动词lukoūsthai,意思是"被狼吃掉",它是《居鲁士的教育》(8.3.41)中出现的一个孤字(hapax legomena),见Gautier, La Langue de Xénophon, 1911, pp. 153—154。据斯特拉波(Strabo)记载,吕考尼亚平原上处处是羊,见Strabo, Geography, 12.6.1。关于狼与羊之间的敌对,参《回忆》2.7.13—14。"吕考纳斯"也出现在《居鲁士的教育》(6.2.10),但没有被重新命名。

② 在Polubōtēs中,把短元音O拉长为长元音Ω,《伊利亚特》1.155中的Bōtianeira(等于boskō-anēr)是与之相似的例子。

③ 色诺芬在《上行记》(5.5.19,6.2.8,7.1.36)中三次用动词kleiō来表达"关闭大门"的意思。他可能同时在心里想着那个臭名昭著的同名雅典恋童癖,例见阿里斯托芬的《云》355。形容词akleistos[未关闭的]见于《居鲁士的教育》7.5.25。

之后,当色诺芬向希腊士兵抱怨他们野蛮无耻的行径时,他讲述了百夫长克勒阿热托斯(Klearetos)的事,此人无视法纪的行为酿成大祸(5.7.13以下)。"克勒阿热托斯"意为"德性的声誉"(Kleos-aretē)。稍后,色诺芬两次称他为克勒阿拉托斯(Klearatos, 5.7.14, 5.7.16, kleos-aratos,见于抄本C、抄本B、抄本A和抄本E),意思是"受诅咒之徒的恶名"。

诸如河流和山川这样的地标,色诺芬也会重新命名,重新命名最重要的功效就是在这里进入我们的视野。《上行记》的那些绎读者长久以来都在努力破解色诺芬笔下的地理问题。早在19世纪,旅行者安斯沃斯(W. F. Ainsworth)就抱怨说,确定万人军撤退的线路是一个"非常让人为难的问题",因为色诺芬提到的一些地标名称不见于其他更早的资料,比如希罗多德的史著。① 然而,从来没有人道出色诺芬笔下的地名独一无二的原因:色诺芬生造新名,只是为了提供指引,并非为他的地理学,而是为他的论证——他的哲学论证(logos)提供指引。他援用地名学为哲学服务。②

---

① *The Anabasis; or, Expedition of Cyrus, and the Memorabilia of Socrates*. Literally translated by J. S. Watson. With a Geographical commentary by W. F. Ainsworth, London: George Bell and Sons, 1875, p. 266。Larcher已抱怨过这个难题,见Larcher, *L' Expédition de Cyrus dans l' Asie Supérieure et la Retraite des Dix Mille*, Paris: Frères Debure (in two volumes), 1778。

② Baslez, "Fleuves et voies d'eau dans l'*Anabase*", *Dans Les Pas des Dix-Mille: Peuples et Pays du Proche-Orient vus par un Grec*, Edited by Pierre Briant, Toulouse: Press Universitaires du Mirail, 1995, pp. 79–88。Baslez注意到:"不过,人们同样在《上行记》中发现,希腊作品对幼发拉底与亚美尼亚之间未知河流的描述极具价值:包括忒勒俄巴斯(Teleobas)[原文如此]、鲁吉桑(Rugissant;《上行记》4.4.3[……]或菲斯柯斯[Physkos]《上行记》2.4.25及上涨的[……];页80)"。但Baslez误解了自己观察所得的意义。她继续把

色诺芬这种做法的一个值得注意的例子出现在卷二。希腊人与波斯人缔结了一个不保险的停战协议后，在撤退途中行经美索不达米亚地区，来到一条大河旁，根据较差的抄本，这条河的名字叫作"扎巴通"（Zabaton），意为"可轻易涉水而过的河流"（za-batos，见于抄本F和抄本M，2.5.1）。希腊人过河时的确轻而易举（3.3.6）。但既然拉刻岱蒙将领克勒阿尔科斯和他的希腊同胞正是在这条河岸边被波斯人设套捕获的，[24]色诺芬便选择重新命名这条河。根据更佳的抄本，色诺芬称之为"扎帕坦"（Zapatan），意为"大骗局之河"（za-apataō，见于抄本C和抄本B：2.5.1），①这个名字契合波斯人极其卑劣的欺骗行径。

　　有趣的是，色诺芬在下一卷稍靠后的地方又给了这同一条河另一个新名字，此前他描述了波斯人的骗局和克勒阿尔科斯严重的判断错误，正是后者的误判导致他本人和其他许多人丧命（2.5）。色诺芬称这条河为"扎特恩"（Zatēn），意为"[由神引发的]大疯狂之河"（za-atē，

"重新命名"的做法归结为色诺芬懒得动脑子，也就是说他缺乏"探究地名学类型"的兴趣，页83。Kuhrt也表达了类似的意思："色诺芬对东方地名的处理，古怪得很［……］并且属于那种无益于理解地貌实况的言词。"见Kuhrt，"The Assyrian Heartland in the Achaemenid Period"，*Dans Les Pas des Dix-Mille*：*Peuples et Pays du Proche-Orient vus par un Grec*，Edited by Pierre Briant，Toulouse：Presses Universitaires du Mirail，p. 243。但是，在地形学方面无益的内容，在哲学上却有益。［译按］Teleobas，对比上文英文页码21的脚注。

　　① 前缀za有两种不同的意思。在埃奥利亚希腊语中，它可以指dia-的意思，因此，zabatos就等于diabatos。它也可以指"很"的意思，正如zatheos，意为"很神圣"，或者zakotos，意为"很生气"。因此，Zapatan意为"很具欺骗性"。动词apataō意为"欺骗"，色诺芬在《上行记》中经常使用这个单词，仅是一次演讲的第一部分（5.7.5—12），他就用了不下九次，但经常以复合词（EX-APATAŌ，意为"彻底欺骗"）的形式使用。

The-River-of-the-Big-［God-Induced］-Madness，见于抄本 F、抄本 M、抄本 B 和抄本 C，出自校改者的手迹，3.3.6）。①

没有任何一位《上行记》的现代校勘者敢于采用这种读法，尽管所有抄本中都这样写。②然而，这个必须回溯至色诺芬那里的名字，为我们指出了理解这件事情的线索，即克勒阿尔科斯受到误导而试图成为波斯人提萨斐尔涅斯（Tissaphernes）的朋友，其原因何在。我将在第二章指明，这个名字表明，克勒阿尔科斯的误判有虔敬–道德上的原因③——诸神使他"发疯"。

既已至此，我们发现自己必须一直思考色诺芬为什么以他所采取的那种方式来给人物或地标命名，尤其是在那些名字显得怪异或者没有先例时。④例如，色诺芬为何称滂沱斯沿岸的一个部族为"德里莱"（Drilai），这样一个不见于他处的名字（5.2）？色诺芬为何称底格里

---

① 关于阿特（Atē），这位"使所有人变得盲目"的女神，见《伊利亚特》19.85–138。宙斯据说曾将阿特驱逐出奥林波斯。在柏拉图的《会饮》中，阿伽通对比了"阿特"与"爱若斯"，不单单是因为她们都引人发狂，最重要的是，她们都常居男人中间（195d2–5）。

② C 抄本未经校改的第一手笔迹写作 Ezotēn。

③ 克勒阿尔科斯的误判不是像 Grote 主张的那样出自政治–军事上的原因，见 Grote，*Greece*，1900，Vol. 9，p.74。

④ 色诺芬的苏格拉底明确表示，一些专有名词蕴含深意，至少在荷马那里是这样。请考虑苏格拉底在色诺芬《会饮》（8.30）中关于 Ganumēdēs 的词源学分析——虽然的确有点稀奇古怪。即便不是色诺芬新造的名字，也可以在色诺芬笔下获得特殊的意蕴。例如，在本书第五章，我将探讨一个名为"莫绪诺齐亚"（Mossunoikoi，"住木屋的人"，mossun-oīkos，5.4）的部族。尽管"莫绪诺齐亚"在希罗多德的著作中出现过（《原史》3.94，7.78），但色诺芬还是赋予它一种与《上行记》的论证相关联的含义："莫绪诺齐亚"是"苏格拉底式的人"在文学上的替身。

斯河的一条支流为"肯特里特斯"(Kentritēs,4.3)?[①]色诺芬为何以同样的名字"法希斯"(Phasis)称呼两条不同的河流,尽管他在写作《上行记》时显然知道它们是两条不同的河流(见《上行记》4.6.4,5.6.36,5.7.1,5.7.5,5.7.9)?

[25]我将在本研究的主体部分阐释重新命名的种种实例。现在,我只能谈三点看法。第一,这一小节描述的八个重新命名的例证中,除了"厄皮斯忒涅斯"那个例子之外,均见于抄本C。抄本F则只保存了两个这样的例子,即"吕卡尔纳斯"和"扎特恩"。抄本M只保存了"扎特恩"这一个例子。这一分布情况构成强有力的初步证据,证明了抄本C的品质和可信。它还表明,抄本F和抄本M的文从字顺与连贯流畅,毋宁说体现了这些抄本实乃更差,而非体现出其品质和可信。

第二,在这八个例子中,《上行记》的这些现代校勘者在七处地方舍抄本C而取抄本F和抄本M。[②]实际上,有些校勘者甚至没有将抄本C的不同读法列入他们的校勘记,这种情况并非不常见。[③]其中某些"重新命名"的例子当然可能源于抄工之手或抄本讹误,我们无法证明这种可能性不存在,因此不应该过快地置之不顾。然而,这些大量很可能成立的例证表明,"重新命名"的技巧出自色诺芬。在我看来,某种针对我们这位作者的智力和写作能力的长期偏见可以解释如下

[①] 这个名字见于后来的作家笔下,例如 Diodorus Siculus, *The Library of History*, 14.27.7。

[②] 这个普遍的例外就是"扎帕坦",Dindorf、Marchant、Gemoll、Masqueray、Hude/Peters还有其他校勘本,都取抄本C的读法。他们从未解释过自己为何作此选择。

[③] 例如,Marchant没有列出"吕卡尔纳斯""克雷斯忒涅斯";Gemoll省掉了"吕卡尔纳斯""克雷斯忒涅斯"和"克勒阿拉托斯"。

事实:那些表现出色诺芬的巧妙或打趣的例子常常显而易见,但19和20世纪众多杰出的古典语文学者和古典学者却偏偏视而不见。①

第三,《上行记》最有名的场景,即万人军在忒柯斯(Thēchēs)山顶望见黑海,若通过"重新命名"这面透镜来阅读,会更有收获。"忒柯斯山"这个名字为所有现代校勘者采纳,却只见于较差的抄本,[26]并且没有什么可辨识的涵义。②然而,根据更佳的抄本,这座山名为"赫柯斯"(Ēchēs),意为"吼叫之山",Ēchē(Ēchēs是其属格)是诗歌用词,荷马曾用它来特指大海的呼啸声(见《伊利亚特》2.209)。"吼叫之山"这个名字以绝妙的方式纪念泪流满面的万人军战士在凝视海

---

① "重新命名"这种写作技巧的存在,得到了Gautier研究的支持,参 *La Langue de Xénophon*, 1911。Gautier是色诺芬用词的最好研究者,他虽然没有认识到这种技巧本身,却通过许多例证表明,色诺芬非常喜欢创作或通过派生手法改制新词:

> ……但是[色诺芬]属于那类笔法洒脱,语言自由的作家,从不知受风格所限之苦,因为这类作家以为,语言服务于写作,而非写作受制于语言。这便是色诺芬的态度。他所具有的这种自由风格至今仍然显而易见;他常用更为特殊的或异方的语言;尤其是他从不受写作的限制,亦不迁就语言的搭配。(页143,强调字体乃引者所加,另参页153-154)

"重新命名"的技巧并不限于《上行记》。比如说,读者可以考虑阿格莱塔达斯(Aglaitadas)这个例子,他是一个冷峻虔敬的波斯人,此人乃笑声的敌人(见《居鲁士的教育》,2.2.11以下)。根据某个可信但很遗憾已经不完整的抄本(抄本F),阿格莱塔达斯有一次被重新命名为"阿伽里塔达斯"(Agalitadas),"阿伽里塔达斯"在那里因居鲁士不恭敬的笑声而生气(《居鲁士的教育》2.2.11)。

② 早在Larcher的 *L' Expédition de Cyrus dans l' Asie Supérieure et la Retraite des Dix Mille* (1778)一书里,这座山就被叫作"忒柯斯"。

平面时的呼喊声"海!""海!"(4.7.21–27)。①

(5)修正抄本

鉴于抄本C(和总体上巴黎系抄本)的质量,②《上行记》的校勘者如果有意修正,就必须小心翼翼。在这一小节,我讨论两个修正文本的例子,它们已经得到广泛认可。然而,我这样做并非出于古典语文学的意图,而是想要进一步阐释色诺芬为了在字里行间传达自己的思想而运用的写作技巧。

在《上行记》卷三,万人军在美索不达米亚全力撤退,正沿着底格里斯河的东岸向北行军。色诺芬描写了万人军如何与波斯人及其领导者提萨斐尔涅斯总督小规模交战:

---

① 我在此无视见于那些更佳抄本中的不同的重音和气符(accents and breathings),这些都是后世抄工的猜测。在公元前3或2世纪之前,这些文字的辅助符号还没有得到应用(遵从下面这些著作的看法:Sir Edward Maunde Thompson, *An Introduction to Greek and Latin Palaeography*, Oxford: Clarendon Press, 1912, pp. 61–62和L. D. Reynolds and N. G. Wilson, *Scribes and Scholars: A Guide to the Transmission of Greek and Latin Literature*, 3rd ed, Oxford: Clarendon Press, 1991, p. 4)。

② 当然,我的意思不是说抄本C是"完美的"。它也有一些缺陷,此外还有好几处明显的小脱漏(例如3.4.33, 5.2.11, 6.6.20, 6.6.28, 7.1.35, 7.3.38, 7.7.24, 7.7.39),其中多数似乎是因为"跳读致脱"(saut du même au même;[译按]此为校勘学术语)。卷四第一章第二至四节处的脱漏量更大,也影响更大。校勘者用较差的抄本和巴黎系的抄本A进行补充。抄本C前四卷的脱漏更少些,因为有人参照一本肯定是优质但已经遗失的抄本进行过校改。实际上,就《上行记》的后三卷而言,抄本C的优越性并非那么确定,或者是因为这部分文本未经校改,或者参照较差的抄本进行过校改(参Masqueray, *Xénophon: Anabase*, pp. 30–31)。

> 当［提萨斐尔涅斯］靠近时，他把一些部队布置在希腊人的后面，并率领其他人在希腊人一旁，正对着希腊人的侧翼，但他既不敢猛攻，也不愿孤注一掷，不过，他命令手下投石放箭。然而，当早已列成战阵的罗德岛人［即希腊军中的投石手］开始投石，**[27]斯基泰弓手**［即希腊军中的弓箭手］也开始放箭，箭石无虚发——此时即使谁十分渴望射不中，射不中也不容易。——提萨斐尔涅斯飞速撤出射程之外，其他部队也撤了。在这天余下的时间里，［希腊人］行军前进，［波斯人］尾随其后。(3.4.14-15，强调乃笔者所加)

学者历来都搞不明白这段话所提到的"斯基泰弓手"（Skuthai toxotai）。"斯基泰人"并不见于《上行记》的其他地方（不过对比4.7.18，4.8.1)，在希腊这方战斗的弓手，我们只看见过克里特人（1.2.9，3.3.7，3.3.15，3.4.17，还有4.2.28）。为了解决这个难题，有人提议，既然斯基泰人以擅长骑马时弯弓射箭而闻名，那么，"斯基泰弓手"肯定是"骑着马的弓手"的同义词。但这样的论证没有说服力。希腊人在撤退之初几乎无法凑齐一支五十人的骑兵队，他们既无骑手，又无马匹，无法组建一支由骑着马的弓手构成的队伍（3.3.19-20）。另外，色诺芬在《上行记》中没有提过骑着马的弓手（对比3.3.6以下）。他倒是在《居鲁士的教育》(5.3.24) 和《回忆》(3.3.1) 中提到过这样的弓手，用的都是惯用表达"骑兵弓手"（hippotoxotēs）。因此，克吕格（Krüger）将"斯基泰"当作窜改的内容（interpolation）删去，① 现代校勘者也纷

---

① ［译按］布泽蒂用的是Krüger这本著作的1849年版本，但没有给出详细信息，译者姑且将1826年版的信息详列于此。C. G. Krüger, Ξενοφῶν Κύρου Ἀνάβασις, Halls Saxonum, 1826.

纷效仿。①但抄本上的读法,果真无法解得通吗?

根据古希腊语辞典(*LSJ*)Skuthēs辞条的释义,②斯基泰人在古代除了以箭术闻名之外,还因其他事情闻名。他们因毁损敌尸而臭名昭著,以至于"像一个斯基泰人那样行事"(skuthidzein)的第一种意思就是"剥头皮"。③颇能说明问题的是,色诺芬讲到,两天前为了吓跑尾随的波斯人,希腊人损毁了一些波斯人的尸体(3.4.15),随后就暗中提及这些所谓的"斯基泰人"。希腊人的这种做法放在当时的情境中或许可以理解,但根据希腊礼法,这是不虔敬的举动。④色诺芬没有挑明是哪些希腊人犯下这桩罪行(3.4.5),但通过"斯基泰弓手"这一说法,他透露了真相:罪犯乃克里特人,他们是他唯一提起过的弓箭手。⑤[28]通过给克里特人重新命名,他成功地缓和了自己的斥责。为何他不公开谴责克里特人呢?因为他念着克里特人的英勇。在凶险的卡尔杜奇亚山区,他们很快会脱颖而出,证明自己是军队的强大中坚力量(4.2.28)。色诺芬缓和自己的斥责,意在赞扬克里特人的奉献和技能。⑥这是一个很好的例证,表明色诺芬铭记好事多于坏事。但他又希望传达真相,所以他暗示出克里特人的罪恶,不动声色却又清晰无比。

---

① Krüger的追随者有Gemoll、Hug、Marchant和Masqueray。Dindorf和Hude/Peters版保留了抄本上的读法。

② [译按]全称:*The Liddell*, *Scott*, *James Ancient Greek Lexicon*。

③ 希罗多德生动描写了斯基泰人如何处置敌尸,见《原史》4.64–65。

④ 这种越轨行为恰好发生在拉里萨(Larissa)–梅斯皮拉(Mespila)这幅双连画(3.4.7–12)之前。这幅双连画的意图之一便是表明,"斯基泰人"僭越希腊礼法的行为是否可能受到神的惩罚。请参看本书第三章,英文版页144–147。

⑤ 作者提起克里特人的地方距离"斯基泰人"相当近,对比3.4.17和3.4.15。

⑥ 然而,对比5.2.28–32。

有些修正得到广泛接受但颇为可疑,其中最明显的例子涉及《上行记》放在每卷(从卷一之后)开头的小结。①色诺芬用这些段落总结前面一卷或数卷的内容,为他的论证开启新阶段。在19世纪之前,学者并未真正怀疑过这些小结的真实性。拉尔修(Diogenes Laertius)早在公元2或3世纪时就提到过它们。②毕沙普(Bisschop)和柯贝特(Cobet)等语文学家是19世纪第一批质疑这些小结的真实性的学者。后来的校勘者,包括胡格(1886)、马尚特(1904)、麦斯克雷(1930)、胡德/佩特斯(1972),开始将它们圈在括号内。格莫尔(1909)则将它们下放至脚注。洛布丛书《上行记》的编译者布朗森(Brownson,1922)照搬格莫尔的做法,他的这个编辑决定在1998年《上行记》英译本修订再版时得到延续。现在,只有安伯勒(Ambler,2008)的英译本保留了这些小结。其他译本均予以删除,甚至不加说明。这样一来,对于不懂希腊语的读者来说,这些小结压根就不存在。

引人注意的是,没人提出任何说法来证明这种整理者的擅自改动(editorial license)有道理。③显然,人们相信或认为,这些小结不过重复了读者已经知道的内容,没什么存在的必要,而且一定是后人为帮助记忆而添加的。然而,这些小结并非在重复读者已知的内容。一

---

① 见2.1.1,3.1.1,4.1.1—4,5.1.1,7.1.1。

② Diogenes Laertius, *Lives of Eminent Philosophers*。他提到这些小结的地方在2.57。

③ 例如,请考虑Brownson/Dillery的说法,见 *Xenophon: Anabasis*, With an English Translation by C. L. Brownson, Revised by J. Dillery, Loeb Edition, Cambridge: Harvard University Press, 1998, p. 146, note 1: "所有这些小结肯定出自后来的编辑者之手。"然而,我们应该注意到,卷四开篇处的小结有一部分内容不见于所有更佳的抄本,除了抄本A。卷六开篇根本就没有小结(然而参见抄本F和抄本M的6.3.1)。我会在拙著第六章开头部分解释这种异常现象。

个重要的反例就是卷四开篇的小结。色诺芬在那里解释了希腊人为什么决定北行进入凶险的卡尔杜奇亚(Kardouchia)群山,那时沿底格里斯河东岸前进的行程因地理障碍而被迫中断(4.1.1-4)。这个小结确实看上去是在重复,因为色诺芬在第三卷末尾讲过这同一个决定(3.5.14-18),然而,如果我们在未经修正的抄本文本里对比一下这两种讲法,[29]关键的差别便立刻显现。

最重要的差异是,在卷三的叙述中,众将领是私下从当地俘虏那里听说,北行会极其艰难,因为生活在山间的卡尔杜奇亚人生性善战,曾灭掉波斯国王一支十二万人的大军。①尽管如此,众将领还是认为必须北行,当时的情况下,没有其他可行的选择。但色诺芬在卷四开篇"重复"自己的叙述时则写道:士兵们认为应该北行(4.1.2)。②这次"重复的"叙述没有提到"必然性"。解释士兵何以同意众将领的决定,是这段"重复"叙述的内容之一。一点也不奇怪,"重复"的叙述一概不提众将领在第三卷末尾私下得知的那些困难,尤其不提卡尔杜奇亚人的善战品性。反倒是士兵们从某些俘虏那里听到了乐观的说法,即一旦他们穿过卡尔杜奇亚山区到达亚美尼亚,就如何容易渡过或绕过底格里斯河的源头(4.1.3)。③我们似乎难免得出结论:是众将领授意俘虏

---

① 根据最佳抄本的读法,将领们还听说,即使希腊人能够穿过卡尔杜奇亚山区,到达"广袤而幸福"的亚美尼亚土地,他们也会发现走出亚美尼亚会"很艰难"(aporos,见于抄本C、抄本A、抄本E和抄本B1,3.5.17)。较差的抄本F和抄本M则以"很容易通过"(euporos)代替了"很艰难"。最佳抄本上的读法与希腊人后来在亚美尼亚的遭遇(4.4-4.5)一致。波斯人与卡尔杜奇亚人持续不断的纷争,参《希腊志》(2.1.13)。

② Leonclavius在缺乏任何抄本证据的支持下把此处(4.1.2)的"士兵们"(stratiōtais)修正为"将领们"(stratēgoīs),却为所有现代校勘者所接受。

③ 渡过位于卡尔杜奇亚与亚美尼亚交界的肯特里特斯河这件事情,其实将会证明色诺芬的鲁莽劲儿(audacity)是必需的:见本书第四章第一节的第二

广泛散播关于北行的过于乐观的说法,以免士兵们更加沮丧。[1]

卷四开篇的小结绝非多余,它说明了作者如何运用"重复"这一手法,来解析讲真话什么时候与审慎统治的需要相一致。色诺芬再次运用"重复"这种手法探索高贵与好这一问题。[2]

4 《上行记》研究近况

在过去二十五年里,色诺芬的著作已经成为学术研究重新关注的对象。《上行记》在这场复兴的初期曾受到忽略,[30]但最近有好几部专门研究《上行记》的学术著作。不过,这些专著并未将《上行记》当作一本关于政治哲学的著作,更不要说当作一本研究苏格拉底式的统治并导向哲学的著作。只有一本在某种程度上是例外。

沃特斐尔德(Waterfield)的著作《色诺芬的撤退:希腊、波斯和黄金时代的终结》,[3]旨在"呈现一个全面的万人军远征故事",并且挖掘

小节和《上行记》4.4.3。

[1] 请注意,在俘房"讲"给士兵们的内容中,色诺芬只为其中一条说法的真实性作担保,见4.1.3结尾。

[2] 从语言学角度有力论证这些小结的真实性,见Høeg, "Xenophontos Kurou Anabasis. Œuvre anonyme ou pseudonym ou orthonyme?",1950, pp. 162-164。Høeg特别写道:"事实上,有人认为,这部分生平简历属于色诺芬,该主张视其为青年色诺芬的生平,或为避免被表面语言所惑,更进一步认为这是色诺芬自己的看法,当时色诺芬正修订其文本,以提供更整洁的版本,或许当时想要简洁的版本以及严格遵守七卷本的安排。"至于小结本身,"你们无权怀疑(原文如此)",见页164。Erbse也主张小结乃色诺芬原文所有,这是清楚的事实。见Erbse, Xenophon's *Anabasis*, 2010, p. 480。

[3] Waterfield, *Xenophon's Retreat: Greece, Persia and the End of the Golden Age*, Cambridge: Harvard University Press, 2006.

这则故事中色诺芬没有详细阐述的各个方面,比如"古代战争令人悚然的本质"(xii, xi)。沃特斐尔德还致力于表明,万人军的远征和色诺芬关于它的叙述是希腊历史上的一个转折点,标志着从公元前5世纪"乐观主义的黄金时代倒退"至公元前4世纪特有的"现实主义的幻灭"(页192)。沃特斐尔德文笔优美,关于万人军行经之地的地理情况,他也有几个不寻常的发现。他还"舒舒服服地坐在一辆现代路虎车上"(页144)重走了部分路线。

然而,沃特斐尔德关于《上行记》的叙述带有导论性质,面对的是大众读者。该书主要是在转述色诺芬的《上行记》,而读者在长得惊人的篇幅里都看不见色诺芬本人。他提到的色诺芬是一个能干但有些拘泥于传统的领导者,"绝不质疑年轻时的宗教观",还受制于那些可疑的偏见,比如对斯巴达的偏爱(页42)。沃特斐尔德没有特别论及色诺芬对苏格拉底的兴趣,以及他从苏格拉底那所受的教育。依据他这部专著,我们绝无可能猜到色诺芬还写过四部关于苏格拉底的作品。

此外,尽管沃特斐尔德钦佩色诺芬的写作天赋,"就其最好的状态而言,色诺芬是个杰出的作家和讲故事高手"(页186),但他几乎没有表明自己意识到色诺芬独特的写作手法,这种写作手法可以在字里行间传达出如此丰富的意涵。全书完全没有探究色诺芬的修辞。

与沃特斐尔德相反,李(Lee)所写的《一支行进中的希腊军队:色诺芬〈上行记〉中的战士与生存》面向的是专业历史学者,而非一般外行读者。[①]这本著作描述了万人军的军事经验,说得更泛一些,描述了公元前5世纪和公元前4世纪希腊雇佣军的军事经验。跟随著名军

---

① J. W. I. Lee, *A Greek Army on the March*: *Soldiers and Survival in Xenophon's* Anabasis, Cambridge: Cambridge University Press, 2007.

事史学者基根(John Keegan)开拓的进路,[31]李致力于"以士兵而非将领的视角来审视战争",他邀请读者"想象普通士兵世界的物质维度和空间维度"(页5,页276)。李的细心研究极其透彻地考察了希腊战士的日常生活安排,从如何行军、如何获得给养、如何生火,到卫生、保健、性关系这些议题出发。李相信,从学术角度阅读《上行记》的做法倾向于"仅从政治视角来看待其中的事件"(页10),为反其道而行,李关注纯然属于军事的内容,虽不能说这是单调无趣的东西。他的专著处处都在讲述奇异的习惯或风俗——受过史学训练的人会好这一口。

不过,李追求在视野上超越于政治、政治领域和统治者,因而他的论述略过了所有关于领导者的议题。可以说,他所刻画的是一支没有首领的军队。色诺芬没有出现在这部专著里,就好像他根本没有参与拯救万人军一样。因此,这本专著在色诺芬的统治观念方面毫无阐发,它研究的是社会结构,而非领导者问题。因此不奇怪,就连苏格拉底的名字也没有在书中出现(对比页97、273)。

比起沃特斐尔德和李的专著,格雷的《色诺芬的君主镜鉴》有更大的抱负。① 她的目的是在研究色诺芬所有作品(包括《上行记》)的基础上全面阐述色诺芬的"领导者理论"(页2、7,多处可见)。格雷也考察色诺芬描写领导者时采用的各种方法,以便洞察色诺芬"通常使用的写作技巧"(页1)。在这个过程中,她不断批评那些她以不同方式所指的"更阴暗""暗中颠覆"或"反讽式"的解读方式,比如那些由

---

① Gray, *Xenophon's Mirror of Princes: Reading the Reflections*, Oxford: Oxford University Press, 2011.

纳顿、①塔普林、②希金斯③和塔图姆④阐述的解读进路,这些解读者发现"色诺芬大多数作品中看上去正面的领导者形象,其背后都隐藏着批评"(页1)。格雷将这种研究倾向追溯至施特劳斯,为了与之对抗,格雷着手开出一种她称之为"纯真"或"正面"地解读色诺芬的进路,按照这种解读,"色诺芬表面上赞扬和责备什么,就是其本意要赞扬和责备什么"(页2,页25注释29,页117-118)。

[32]换言之,格雷的主张是,"色诺芬文字的含义是透明的"(页118)。她坚决认为,色诺芬不是在字里行间传达其思想,因为这种修辞具有颠覆性,还会将色诺芬变为一个"极其现代的犬儒主义者",一门心思"系统性地摧毁面上的德性,揭开隐藏着的邪恶"(页63)。尽管格雷承认色诺芬运用反讽,她称之为苏格拉底式的反讽,但这仅仅意味着色诺芬是个有趣且善于讥讽的作者,他用自己的风趣机智来"突显压迫和不义"(页371)。可是,格雷坚持认为色诺芬并不隐藏自己的智慧:色诺芬"文字的含义总是清晰可见,从来都不是只面向一个小圈子,而是让所有读者来理解"(页371)。

格雷的进路至少在原则上有许多可取之处。她正确地强调了领导者主题之于色诺芬的重要性,在晚近的解释者中,只有她从色诺芬的苏格拉底作品着手,来解释色诺芬领导者理论的关键概念。为了进

---

① Nadon, *Xenophon's Prince: Republic and Empire in the* Cyropaedia, Berkeley, CA: Berkeley University Press, 2001.

② Tuplin, *The Failings of Empire: A Reading of Xenophon* Hellenica *2.3.11-7.5.27*, Stuttgart: F. Steiner., 1993.

③ Higgins, *Xenophon the Athenian: The problem of the Individual and the Society of the Polis*, Albany: State University of New York Press, 1977.

④ Tatum, *Xenophon's Imperial Fiction: On the Education of Cyrus*, Princeton, NJ: Princeton University Press, 1989.

行比较分析而且以一种有益的方式进行分析,她还将色诺芬不同作品中的不同段落放在一起,坚称"色诺芬任何一部作品的任何一个段落都得通过对勘来解读"(页372)。格雷的另一个正确做法,是让"如何阅读色诺芬"成为其分析的核心问题。

虽是这么说,她在执行其构思时却做得远远不够。首先,她的著作很奇怪地只有很少篇幅用于讨论《上行记》,但对于任何致力于阐发色诺芬的领导者理论的人而言,色诺芬关于自己如何统治人的叙述肯定是非常重要的。格雷对《上行记》的相对沉默反映出一个事实,即她的目标是与"更阴暗的解读方式"搏斗,而令她满意的是,《上行记》并未过多地被这种解读进路所挟持(见页61)。其次,格雷的论述常常带有相当浓烈的说教色彩。举个例子,她关于大居鲁士的统治的讨论,其热情胜过深刻,与纳顿或布鲁尔发人深省的解读相比,[①]逊色太多。实际上,格雷并未成功消解所有支持那种所谓"更阴暗的解读"的证据。她拒不承认色诺芬著作里有真正的苏格拉底式反讽,这同样无法令人信服。最后,格雷没有充分讨论统治者面临的一些重要问题,比如,公共的好与道德德性要求之间的张力,统治者的好与被统治者的好之间的张力,这些都是《上行记》和《居鲁士的教育》这类著作的核心论题。她往往满足于那些说教式的老生常谈和陈词滥调(例如,"统治者的幸福是不可能的,除非立足于被统治者的幸福之上",见页34—35)。[33]简而言之,格雷有正确的总体目标,但没有达到其目的。

最新一本论述《上行记》的专著是弗劳尔的《色诺芬的〈上行记〉

---

① Nadon, *Xenophon's Prince: Republic and Empire in the Cyropaedia*; Bruell, "Xenophon", in *History of Political Philosophy*, edited by L. Strauss and J. Cropsey, Chicago: University of Chicago Press, pp. 90-117.

或〈居鲁士远征记〉》,① 它也是近来最好的《上行记》研究专著。弗劳尔从古典史学和文学批评的进路解读《上行记》。他的首要兴趣是"重现万人军的故事,而非实证地重构故事背后的史实"(页8)。他还特地致力于阐明"型塑文本的叙事学上和修辞上的策略"(页4)。为达到这个目标,弗劳尔专注于色诺芬采用的一些文学修辞策略,其中包括他所谓的"聚焦化"(页85)、"叙事简练"(页89)、"叙述的断裂与矛盾"(页95)、"演说词"(页95)、"特征刻画"(页103),还有其他一些,这些策略使色诺芬能够以一种既生动有益而又"貌似简单"的方式讲述万人军的故事(页41)。

弗劳尔的论证优美而清晰。他细致且富有洞见地讨论了《上行记》的一些段落,包括(只提几个)"居鲁士的诔文"(页188-192),"色诺芬进入叙事"(页120-130),沿黑海行进和征战忒拉刻期间的一些事件(页114-115和页165、143、149、163-164)。弗劳尔的解读表露出,他意识到色诺芬的解释者必须能够"克服一己之见或深入字里行间地进行解读"(页169)。② 这部专著特别有价值的部分在于,其中包含了弗劳尔对个别理论的清醒批评,这些理论涉及《上行记》的写作意图或目的。

这里应该讲一讲其中的两种理论。第一,弗劳尔表明,《上行记》的首要写作目的并非申辩,而一个多世纪以来,学者们都在主张这种申辩说。就是说,这部作品在构思之初,其主要目的并不在于"为色诺芬参与了雅典贵族本不应参与的事件且以此自肥作辩解"(页31)。

---

① Flower, *Xenophon's Anabasis, or The Expedition of Cyrus*, Oxford: Oxford University Press, 2012.

② 遗憾的是,这部专著并未提及施特劳斯,甚至在一些参考文献中也没有提到,尽管弗劳尔的目标是"尽己所能多方面地求索《上行记》之义",见页6。[译按]本为正文括号中的内容,译者移入脚注。

诚然,《上行记》包含"一定程度的个人辩护因素"(页117),但弗劳尔令人信服地证明,远征事件与这部作品可能的创作时间之间的"间隔",是"申辩派"很难解释得通的问题:

> 如果《上行记》是在所记述的事情过去那么久之后才下笔写作的——几乎所有史学学者都相信是这样的——那时雅典可能已经取消了对色诺芬的流放令……他以一个写过好几部其他作品(可能是他的苏格拉底对话)的作家而闻名,[34]并且,那时他已经太老,无法在政治和军事事务上发挥作用。因此,除非他过度担心自己死后的声誉并且等了大概三十年才表达出这种担忧,否则,《上行记》的首要目的就不可能是申辩。(页33,大体上参见页30-34)

对于这种有说服力的论证,我们只能反驳说:可是弗劳尔本人往往忘记他自己所持的更好的理据,而倾向于重新将《上行记》看作纯粹的辩护之词。①

弗劳尔反驳的第二种解读理论是,《上行记》是"泛希腊主义的宣言"。这种说法潜在的意思是:

> 如果一支雇佣军尚且能够如此轻易地击败波斯国王的军队并且从亚细亚腹地逃出,那么,一支希腊联合部队在一位专业将军比如色诺芬自己的统率之下,征服波斯帝国的事业就不可能失败。(页172)

---

① 例如,"《上行记》卷七自始至终都是色诺芬在反驳别人说自己谋一己之私的指责"(页152);"卷七可能是研读得最少的,但从多方面来说,它可能是《上行记》最重要的一卷"(150页)。[译按]本为正文括号中的内容,译者移入脚注。

弗劳尔广泛分析了文本(见其书第7章),以表明色诺芬不是泛希腊主义者:

> 只有走马观花和未经反思的阅读,才会将《上行记》看作一篇泛希腊主义的宣道文,这种阅读致力于确认各种刻板印象,却忽略了其中细微的差异和语境。(页187)

弗劳尔特别指出,色诺芬质疑任何泛希腊主义事业的可行性,尤其是其可欲性,色诺芬在《居鲁士的教育》中进一步表明了这种质疑。根据《上行记》作者的观点,

> 任何一个可能征服波斯帝国的征服者,都会同时发现东方式的奢靡会腐蚀自身传统的生活方式、伦理和价值观。(页182)

弗劳尔的专著有许多优胜之处,我们在此还可以补充一条:他娴熟地援引普鲁塔克、西西里的狄俄多儒斯和克忒西阿斯(Ktesias)的著作,以证明《上行记》在根本上是真实的(第三章)。

不过,这部专著在两个重要方面有所欠缺。第一,弗劳尔只是敷衍地对待苏格拉底。这种忽视颇让人惊讶,因为弗劳尔知道色诺芬本人也"强调他与苏格拉底之间的关联",苏格拉底是色诺芬笔下"最智慧的人",苏格拉底的建议甚至"超越了区区凡人的智慧"(页120,123)。尽管如此,在分析色诺芬的领导者理论时,弗劳尔却闭口不提色诺芬从这位哲人身上所受的教育(几乎没提四部苏格拉底作品)。

第二,弗劳尔只是粗略论述了"《上行记》的宗教维度"(页203)。他本人强调过这个问题的重要性,这值得赞扬。晚近几十年,关于色诺芬及其虔敬问题,学界尤其是考克韦(Cawkwell)提出过一些更误导人的说法,弗劳尔也与之保持距离。然而,关于色诺芬对待虔敬和诸

神问题的立场,弗劳尔的论述还是墨守学界成规(第8章)。弗劳尔分析了色诺芬在"构建他自己的宗教思想"时所采用的"叙事逻辑和修辞策略",但他几乎没有提供什么创见(页4、204)。[35]而且,他所给出的一点点内容也只是再次确认《上行记》的作者"对诸神怀有深深的敬意"(页119)。弗劳尔斥责有些当代读者"可能把《上行记》中宗教的突然介入,看作玩世不恭地操纵天真或迷信的读者的手段";他告诫说,这样一种见解"本身就是以天真或肤浅的方式看待希腊的宗教实践与信仰"(页159)。与之相反,弗劳尔声称,《上行记》中的色诺芬以一个治理有方的领导者身份出现,恰恰是因为"他认为自己受到诸神的引导"(页210)。在本研究中,我们会有充分的机会来评判弗劳尔的这个主张。

除沃特斐尔德、李、格雷和弗劳尔这四个人的著作之外,第五本应该谈及的著作是《远征:色诺芬与万人军》,这是由弗克斯(Fox)主编的论文集。① 文集的作者多为古代史和古典学专业出身。他们的论文处理的主题包括,波斯帝国的社会结构,作为雇佣军人的色诺芬,作为一支战斗力量的万人军,军队作为议事的城邦。其中一些作者也考察了色诺芬的写作方式。然而,绝大多数作者都对色诺芬没有好感(unsympathetic),他们指责身为作家的色诺芬,指责他删去"众多令人不悦的史实","躲躲闪闪,抱有辩护意图,是剔除不受欢迎事件的高手",甚至就是一个为自己辩护的律师(页5、45)。

文集的首篇论文出自考克韦之手,该文为这些指责奠定了基础。考克韦认为,色诺芬撰写《上行记》的首要动机,在于回应同僚将领斯图姆法利亚人(Stumphalian)索淮内托斯(Sophainetos)针对他提出的

---

① *The Long March*: *Xenophon and the Ten Thousand*, edited by R. L. Fox, New Haven, CT: Yale University Press, 2004.

一些严厉控诉,但后者提出的指控已经遗失:

> 色诺芬有一个故事要讲,故事中的他自己在征战中必须扮演主导角色。因为有人讲的故事与此不同,促使色诺芬要修正那人的叙述。《上行记》在这个意义上是申辩,个人的申辩。(页67)

论文集里最好的论文出自斯图利阿诺(P. J. Stylianou)之手,该文恰当地质疑了考克韦1972年一篇有很大影响的文章中提出的假说。但尽管如此,绝大多数文集作者还是接受了《上行记》首先是一部"申辩之作"的观点。① 这造成的后果是:这部文集对色诺芬的刻画

---

① 考克韦这篇论文原本是他为 The Persian Expedition (Translated by Rex Warner, 1972)写的导言。这篇论文试图解释色诺芬那显而易见的决定,即从亚细亚返回多年之后才出版《上行记》。考克韦假设说,索淮内托斯的叙述将色诺芬塑造成负面形象,这刺激色诺芬出版自己的作品来回应,见Cawkwell, "Introduction", p. 19。(索淮内托斯的著作,假如的确写过,现在也已经遗失,只剩下四个小片断,显然是由公元6世纪拜占庭学者斯特法努斯[Stephanus]保存下来的。)

我不会一上来就过快否定斯图利阿诺提出的怀疑:斯图利阿诺甚至怀疑索淮内托斯是否写过这种东西,他说,"它如果真的存在过,这本极其重要的[索淮内托斯的]著作,何以在古代那么漫长的时期内都无人知晓,除了拜占庭的学术苦力工斯特法努斯之外? 除了这唯一一个非常晚出的孤例(它距离色诺芬的《上行记》几乎一千年之久),古代人只知道色诺芬参加了这次万人军远征,还著书加以讲述"(页70)。即使我们承认索淮内托斯的确写过这种东西——其实我倾向于认为他的确写过——色诺芬也已在《上行记》中无比清晰地表达了他如何评价这个人:索淮内托斯在关键时刻是个无用之人(2.5.37),他因为渎职被士兵们罚款(5.8.1),他的判断力很差,还有些懦弱(6.5.13),他只适合管理非战斗人员、女人和孩子,或者适合管理辎重车队(4.4.19–22,尤其是4.4.22; 5.3.1)。

索淮内托斯的著作倘若存在过,必定会反映出其作者本人的缺陷,认为色诺芬《上行记》这样的经典主要是为了回应这么一个人,那是站不住脚的。

失真且有些负面,他说谎、智力有限、自大虚荣。[36]其中一篇论文提出了以下问题:"作为统治者,色诺芬在什么程度上遵循了[可能存在的]苏格拉底教诲?"但作者并未进一步展开讨论(页193,对比页10)。各位作者对"统治"这个主题没什么兴趣,他们的旨趣是史学方面的,而非哲学方面的,即"使《上行记》回归希腊人的文化史的中心位置"(页6)。

通过概述晚近的《上行记》研究文献,我希望已经表明,我们需要新的《上行记》解读,需要把《上行记》视为政治哲学著作和研究苏格拉底式统治的作品。我相信,只有把《上行记》看作此类作品,它的重要性才会显现出来。但近来的研究都忽视了哲学在色诺芬思想中的重要性,这里的哲学既是施行统治所需的预备训练,其自身又是一种生活方式。因为当我们顺着色诺芬的意图阅读《上行记》时,这部作品便指向苏格拉底,指向最卓越的高贵且好的行动——哲学。

> 当然,为了能够以这种方式把阅读作为艺术来加以习练,首先必须做一件事,如今人们早已极为彻底地荒疏了这件事……那就是绝不能采取"现代人"的做派,而是几乎必须当一头奶牛:反刍。
>
> ——尼采,《道德的谱系》

除了考克韦的论文,读者还可以看看都尔巴赫(F. Dürrbach)那篇很久以前发表却依然很有影响力的论文,见 Dürrbach,"L'apologie de Xénophon dans l'*Anabase*",*Revue des* études grecques 6,1893, pp.343-386。都尔巴赫是更极端的典型,他倾向于凭着赤裸裸的武断、站不住脚的假设或更糟糕的东西来攻击色诺芬。[译按]对勘本书英文版248页的原注94,和英文版104页的原注68,以及附录三的原注6。

第一部分

居鲁士的王权统治

第一章 "神般的王"

(《上行记》卷一)

[39]《居鲁士上行记》是个谜一般的书名。① 即便再马虎的读者也能看到,七卷之中只有第一卷的内容涉及居鲁士的"上行"。居鲁士在巴比伦战役中被杀,此后便再无他的戏份(1.8.21-29)。然而,全书还是以他的名字命名。为什么呢?色诺芬显然希望我们关注居鲁士。但让我们说得更准确些。《上行记》原本可以有一个更简单的标题,即"居鲁士的远征",这个表达在卷一出现过两次。② 可见,作者起这样的书名,正是要将我们的注意力引向居鲁士的上行。在这一章,我们必须致力于理解这种上行的特质。然而,我们要过更长一段时间,才能理解色诺芬为什么以"居鲁士的上行"来命名全书。

1.1 力挺既高贵又好的王

《上行记》卷一描绘出一个正面的居鲁士形象。事实上,这种形象如此正面,以至于初读者总会力挺居鲁士,希望他获得成功。"大流士和芭玉萨蒂斯育有两子",全书叙述以此开篇,"长子为阿尔塔克瑟

---

① "居鲁士的上行"这一书名见于所有抄本。
② ton kourou stolon,见1.2.5,1.3.16。

尔克瑟斯,幼子是居鲁士"(1.1.1)。当大流士病倒,怀疑自己大限将近时,他希望自己的两个儿子都在身边。阿尔塔克瑟尔克瑟斯已经身处王庭,大流士还须把居鲁士从小亚细亚西部召回,居鲁士当时在那治理一个行省,还统率一支大军。居鲁士领受了父亲的诏令,携提萨斐尔涅斯一道向内地进发,此人是相邻行省的总督,居鲁士视之为友人。大流士最终还是离世了,阿尔塔克瑟尔克瑟斯登上王位。[40]然而,这事情一发生,提萨斐尔涅斯就诽谤居鲁士,控告他阴谋推翻新王。于是,居鲁士身陷囹圄,母亲为他出面斡旋,才勉强保住性命逃出来。蒙受着羞辱被遣回自己的行省之后,加之先前身处险境,居鲁士决意不再受兄长的控制,如果能做到,就取而代之。他母亲芭玉萨蒂斯因为偏爱居鲁士而出手相助。

看到居鲁士遭受冤屈,这挑起了我们对他的同情心,而色诺芬归于居鲁士名下的一系列德性或品质,又强化了我们的同情。卷一前两章概述了居鲁士秘密集合起一支希腊雇佣军,之后如何开始第二次向内陆进发。在色诺芬笔下,居鲁士极擅结交有才干且忠诚的友人。例如,阿尔塔克瑟尔克瑟斯派到居鲁士那里的使者,在居鲁士将其遣回时,他已经使他们成了自己更要好的朋友。他还训练臣民习战,培养他们的亲善之情(1.1.5)。当居鲁士与提萨斐尔涅斯交战时,伊奥尼亚所有的希腊城邦(只有一个除外)全都站在居鲁士这一边,他们更信任居鲁士,原因是居鲁士让所有人都知道一件事:他居鲁士绝不违背条约、协议或承诺,这是他最看重的事情。与此一致,在攻打波斯国王的早期,当无力支付承诺发给希腊雇佣军的饷银时,居鲁士看上去苦恼不已(1.2.11)。两位有分量的希腊将领退出这次远征时,居鲁士同样以非凡的大度应对处置。他公开宣布自己不会去追捕那两个人,尽管他有能力这么做,也知道他俩藏身何处:

> 还是让他俩走吧,他们知道:他们对我们比我们对他们更坏。(1.4.8)

大度和正义(还有其他品质)使得居鲁士立刻成为有吸引力的统治者。当然,色诺芬刻画的居鲁士形象并非在每个方面都有吸引力。最引人注目的是,色诺芬笔下的居鲁士愿意而且有能力进行欺骗。他欺骗阿尔塔克瑟尔克瑟斯,这可能不会让人惊讶,或者说并非毫无正当性可言,因为波斯国王将其投进监狱,还差点杀了他(1.1.8)。但他还一再欺骗他的希腊军队和将领(诸如1.2.1,1.3.20–21;1.1.11),其中有些人,像玻俄提亚人普罗克色诺斯,还是他的客友,这就没那么容易讲得通了。实际上,除了克勒阿尔科斯之外,居鲁士没有告知任何希腊士兵或将领此次远征的目标,当他们知道时,回头为时已晚(3.1.10)。① 如果居鲁士果真最看重言而有信,那他绝不会连朋友都欺骗。可是,尽管使了欺诈手段,色诺芬笔下的居鲁士仍然有着正面的形象。色诺芬甚至为死后的居鲁士写了一篇带有溢美色彩的颂文:

> 所有好像与居鲁士打过交道的人都同意:[41]在大居鲁士之后出生的所有波斯人里,居鲁士不仅是最有王者气的人,而且最配进行统治。(1.9.1)

色诺芬归于居鲁士的品质包括忠诚(1.9.10)、勇敢(1.9.11)、正义地奖善惩恶(1.9.13–16)、关心友人并慷慨待之(1.9.24–28)。色诺芬甚至根据道听途说的内容而断定"没有一个人,无论是希腊人还是波斯人,比居鲁士为更多的人所爱戴"(1.9.28)。看上去居鲁士已然是色诺

---

① 关于居鲁士的欺骗,同参本章原注18(英文版页46)和附录三。

芬笔下的模范王者。

然而，有批评指出，色诺芬的居鲁士形象不但不准确，还误导人。有批评者断言，色诺芬对居鲁士身上更阴暗的那一面视而不见，有一些事情他必定知道，但不说出来。例如有证据表明，提萨斐尔涅斯并没有诬陷居鲁士，阿尔塔克瑟尔克瑟斯也一点都没有冤枉他。实际上，情况恰恰相反。普鲁塔克在《阿尔塔克瑟尔克瑟斯传》中概述了居鲁士秘密策划暗杀阴谋，计划在登基大典时将阿尔塔克瑟尔克瑟斯杀死，提萨斐尔涅斯在紧急关头告发了这一阴谋。由于普鲁塔克的叙述依据的是克忒西阿斯的叙述，所以看上去可信，毕竟克忒西阿斯是波斯王庭的一名希腊籍医生，他亲眼见证了这次失败的政变，还在（现已遗失的）《波斯志》（Persika）中记叙了这件事情。既然色诺芬在《上行记》中两次提及《波斯志》，可见他必定熟悉这位目击者的叙述（1.8.26, 1.8.27），可他还是把居鲁士塑造成一个无可指责的受害者，无视那种可以证明居鲁士罪有应得的证据。至少那些批评者是这样指责色诺芬的。①

我们必须回应这种十分重要的指控。让我们先考虑一下《希腊志》。我们发现，《希腊志》这部作品表明，居鲁士甚至在其父王大流士驾崩之前就已觊觎王位。居鲁士曾处死自己的两个表兄弟，因为这二人在拜见居鲁士时，未将双手置于袖筒里，而波斯人"只在觐见国王"（色诺芬强调）时才行此臣服之礼。②居鲁士杀了自己的二位表

---

① 例如 Hirsch, *The Friendship of the Barbarians: Xenophon and the Persian Empire*, p.24。色诺芬对居鲁士的罪行显然视而不见，Hirsch对此有所讨论。普鲁塔克和克忒西阿斯各自叙述的可信度，参 Flower, *Xenophon's Anabasis, or The Expedition of Cyrus*, 2012, pp. 60–80。

② 见《希腊志》2.1.8–9。这种做法的首要意图显然是防范刺杀。同时参看《居鲁士的教育》8.3.10。

兄弟,那时大流士王还在世,这件事让人确定了居鲁士最终的野心。而且,正是由于居鲁士这些放肆的行为,大流士才以生病为借口召回他。① 至少可以说,《希腊志》并没有否认居鲁士曾阴谋反对其兄长,[42]也没有否认提萨斐尔涅斯说的是实情。②

可是,这种论证理路会遭到显而易见的反驳:如果居鲁士曾阴谋推翻其王兄,色诺芬为何不在《上行记》中这么说呢?《上行记》所呈现的居鲁士形象,一个被冤枉的受害者,难道不是与《希腊志》的居鲁士形象不一致吗?鉴于这种不一致,我们难道不应该像许多学者已经做的那样,将《希腊志》2.1.8-9视作衍文删掉吗?③ 依我看,对这些问

---

① 死于居鲁士之手的两位年轻人的父母提醒波斯大王大流士,忽视居鲁士的放肆会酿成严重的后果,随后,大流士召回居鲁士,"说他病了"(hos arrōstōn),见《希腊志》,2.1.9。一并考虑《上行记》第二句话里的hupopteuō(疑心)这个单词相当异常的用法(1.1.1),对比1.3.1处的hupopteuō这个单词的用法。[译按]《上行记》1.3.1讲到希腊士兵对行军目的起了疑心。

② Diodorus Siculus写道,居鲁士"长时间谋划统领一支军队前去推翻其兄长阿尔塔克瑟尔克瑟斯",见*The Library of History*,14.19.2。

③ *The Landmark Xenophon's Hellenika*(Edited by R. Strassler and Translated by J. Marincola, New York: Pantheon Books, 2009, p. 42, note 2.1.8a),已经很好地概括了《希腊志》2.1.8-9可疑的多个理由,不只是公认的《希腊志》与《上行记》中的居鲁士形象不一致。即使考虑其他理由,我们也不应该把这段文字当作衍文而否定掉。一个原因是,这段遭到质疑的话与《希腊志》其他部分完全吻合。在伯罗奔半岛战争的最后阶段,居鲁士用自己的钱支持斯巴达人作战。此举为他战后成功地从斯巴达人那里求得帮助做好了铺垫(《希腊志》3.1.1)。《上行记》几乎完全不谈居鲁士的阴谋,而与此做法一致,色诺芬在《上行记》中也没有解释,为什么一支由拉刻岱蒙人统领的有三十五艘战舰的舰队,以及一支同样由拉刻岱蒙人统领的七百重甲兵的部队,会来到居鲁士麾下。他只是说,这支分队"来自伯罗奔半岛"(《上行记》1.4.2-3)。见Proietti,*Xenophon's Sparta*,1987, pp. 22-23。

题，我们必须给出否定的答案，倒不单单是因为《希腊志》2.1.8-9的文字见于所有抄本。因为如果我们回到《上行记》，细心思索其文本，就会发现居鲁士的无辜更多是表面现象，而非事实。

首先，色诺芬从未确凿地说过居鲁士受其兄长或提萨斐尔涅斯冤枉。他只是写道，在居鲁士获释后被遣回自己的行省，"身受耻辱且曾身处危境"（1.1.4）。他避免说居鲁士受到"冤枉"（adikesthai）。《希腊志》（4.1.27）的一个相似的段落证明，对于色诺芬而言，"身受耻辱"与"受到冤枉"之间是有区别的，一个人可以在完全不受"冤枉"的情况下"身受耻辱"。

更说明问题的是，居鲁士从未抱怨自己受过什么冤枉。巴比伦战役前夕，居鲁士向希腊雇佣军发表演讲，他本可以趁此绝佳机会控诉自己所受的冤屈，读者也期待居鲁士会谈起自己事业的正当性，以此为自己辩护。但居鲁士对正义闭口不谈。① 他只说自己渴望获得自由（1.7.2-4）。而在审判波斯叛徒奥戎忒斯（Orontēs）时，居鲁士高声控诉，悉数列举奥戎忒斯对他犯下的罪行，两相对比，居鲁士对正义闭口不谈的做法，其含义就清楚了：[43]居鲁士不是一个默默忍受不义的人（1.6）。

然而，有人会反驳说，难道不是色诺芬说提萨斐尔涅斯"诽谤"（diaballō）居鲁士吗（1.1.3）？ 是的，色诺芬是这么写了。但希腊语动词diaballō有时候一定得翻译成那种不带任何诽谤含义的"指控"。② 一

---

① 对比《居鲁士的教育》1.5.13，从波斯开拨之前，大居鲁士对波斯贵族发表演讲，他强调了他们事业的正义性。

② ［原注10］请思考《上行记》5.6.29处diaballō的用法。西拉诺斯是"指控"而非"诽谤"色诺芬，除非我们将西拉诺斯本未讲过的话放到他嘴里，另对比5.6.29处的logos与5.6.17处的logos。［译按］对勘本书英文版页211的原注87。

第一章 "神般的王"(《上行记》卷一) 71

旦另外一些线索——例如为什么居鲁士在探访病榻上的父亲时要带三百名希腊重甲兵(1.1.2)——将这种情况补充完整,我们就不可避免得出一个结论:居鲁士确实曾密谋政变。他根本没有受冤枉。①

既然两部作品对居鲁士的刻画一致,真正的难题就并不在于调和《上行记》与《希腊志》的叙述,而是解释色诺芬为什么选择在《上行记》中有意"拔高"居鲁士? 换言之,他为什么将居鲁士塑造成一个更招人喜欢且更具吸引力的形象,为此他几乎将居鲁士刻画成被冤枉的受害者,同时又暗示居鲁士并非如此。我相信,这个问题将会引导我深入把握色诺芬撰写《上行记》的核心意图。但现在还不是试图

---

① 请思考《上行记》1.9.13,被切下的"双手"所处的中间位置:居鲁士杀死自己的两个表兄弟,这可能是一种极端的处罚,但他们因之而受罚的那种罪行,即没有将双手收至袖筒中,以前也有其他人因为这种罪行而受罚。居鲁士要求人们将他当作王。同时请注意,在第一次内地之行时(1.1.2),据说居鲁士由帕拉西亚(Parrasion, Parrasion 是 Parrasios 的宾格)人克色尼阿斯相伴。然而,根据 Dindorf 和 Hude/Peters 的校勘记,最佳的抄本 C、抄本 B 和抄本 A 都将所有的 Parrasion "错拼成" Parasion,两者只差一个字母 r。我相信,Parasion 这种拼法是可信的,出自色诺芬之手。应该读成 para-sion,即由 para 加上 sios 的宾格形式构成:克色尼阿斯"陪同在一位神身边"向内陆高地行进。关于色诺芬将居鲁士描述为一位神,请参本章第三节。

只有一个 r 的 Parasion 还在《回忆》3.10.1 出现过一次(见于抄本 B、M、O 和 X,参 Hude 的校勘记)。在《回忆》那个段落的语境中,我们必须想象一个叫帕拉西翁(Parasion)的画家正站在一幅画像旁,画的是一个美得无可置疑的存在者,可能就是宙斯本人(《回忆》3.10.2,3.10.4)。或者,难道这位画家正站在那个名叫忒奥多特(Theodotē)的美貌交际花的画像旁? ——Theodotē 的意思是"神的礼物",此人将出现在《回忆》随后的章节,据说她的美无法用言辞描绘(《回忆》3.11)。根据色诺芬的讲述,忒奥多特向画家展示自己,"尽可能美/高贵地展示她自己",《回忆》3.11.1)。"尽可能美丽地展示她自己"是否特指某人,这一点并不清楚(Theodotē 是施惠女神 [the Giving-Goddess] 吗?)。

回答这个问题的时候,还是先让我探究居鲁士统治的特点吧。我必须专心于卷一的核心主题,它同时也是《上行记》的论证第一阶段的核心主题:在神般的王的统治中并且通过神般的王的统治,高贵与好能够统合或调和起来吗? 在这一章末尾,我会再次讨论色诺芬的写作方式。

1.2 居鲁士及其友人:克勒阿尔科斯、梅侬、普罗克色诺斯、克色尼阿斯和帕西翁

> [44]"那么你……赫尔莫根涅斯(Hermogenēs),你最引以为荣的是什么呢?"他说,"我友人们的德性与力量,并且即便他们是这样的,他们还关心着我。"
>
> 这时,所有人都向他望去,并且有许多人立刻问他是否会告诉他们这些友人都是谁。他说,他不会吝于这么做。
>
> ——色诺芬《会饮》3.14

色诺芬用简要的语言来描述朝向巴比伦的行军,尽管不能说是用拉科尼亚式的语言。关于地形、河流和军队遇上的那些族群,他只给我们提供了很少的细节,除了偶尔说起一条河流的宽度或一座"有人烟、幸福而且广阔的"城(如1.2.6)之外。①有人指责色诺芬是闭着眼睛在旅行。②语言的简洁旨在传达一种急速行军的感觉吗? 居鲁士当然

---

① 施特劳斯分析了"有人烟、幸福而且广阔的"这种说法的含义,见"Xenophon's *Anabasis*", in *Studies in Platonic Political Philosophy*, pp. 106–107.

② 参Masqueray, *Xénophon*: *Anabase*, vol.1, p. 162(即页62的注释)。其他人也注意到色诺芬的简洁表达:Pierre Brulé,"Un nouveau monde ou le même monde?" Dans *Les Pasdes Dix-Mille*: *Peuples et Pays du Proche-Orient vus par*

渴望尽可能趁其王兄准备不足时将其拿下(1.1.6,1.5.9;如1.4.1)。但我们还是先不就这个问题下结论吧。在本章第三节,我会就其言词的简洁提出一种更重要的理由。同时,我们目睹了居鲁士在行军早期能够克服的各种困难,例如,找钱支付其雇佣军军费的难题(1.2.11以下)。在塔尔苏斯(Tarsus)城,居鲁士好像无计可施了。士兵们拒绝继续前进,他们怀疑居鲁士正在带领他们去造国王的反。居鲁士一直宣称这次征讨的对象是庇西德尔人(Pisidians)。但他的所作所为与此说法严重相悖。①士兵们最终判断居鲁士一定还有更重要的事情要做:"我们可不是为此受雇的"(1.3.1)。

拉刻岱蒙流放者克勒阿尔科斯,身为一支两千人分队的将领,出面帮助居鲁士。起初,他试图强迫部下的士兵继续前进,但他败得很惨。[45]于是,他集合麾下士兵,然后站在他们面前良久,默默流泪。士兵都感到惊讶,一片寂静无声。终于,克勒阿尔科斯大声说:"诸位士兵,别因为我难以忍受现在这种状况而感到惊讶。"(1.3.3)因为,克勒阿尔科斯解释道,尽管他是一个被祖邦流放的人,可居鲁士待他极

---

un Grec, Edited by Pierre Briant, Toluse: Presses University du Mirial, 1995, pp. 5—6; Tuplin, "The Persian Empire", in *The Long March: Xenophon and the Ten Thousand*, edited by Fox, p. 166; Waterfield, *Xenophon's Retreat: Greece, Persia and the End of the Golden Age*, p. 103; L. Fox, " Introduction", in *The Long March: Xenophon and the Ten Thousand*, pp. 27—28。色诺芬的简洁与希罗多德(《原史》1.193-199)的健谈形成对比。

① 在1.2.27处,居鲁士赠送一些礼物给西里西亚统治者,"据认为,这些礼物是国王[才能]给予的荣誉"。紧接着这个情节之后,就讲到士兵们拒绝继续前进(1.3.1)。居鲁士的行军还绕过了庇西德尔人的地盘,而这是这次征伐明面上的目的地。军队在进行模拟冲锋时,当居鲁士看见希腊雇佣军激起了"蛮人"(这个单词在某种程度上指他自己的波斯军队,见1.2.18,对比1.2.16)的恐惧时,他明显流露出喜悦之情,我们要考虑他的这种喜悦之情。

好。① 既然士兵们现在拒绝继续前进,那他要么不忠于自己的恩人居鲁士,要么背叛自己的希腊同胞。他说:

> 我不知道自己是否会做正义的事情,但我选择你们,而且与你们一起经历日后可能会发生的事。(1.3.5)

最后半句话,克勒阿尔科斯说了两次,还解释了他这么选择的两个理由。② 首先,他不想有人说,他带领希腊人去攻打蛮人,结果却背叛了希腊人,反而选择了"蛮人的友谊"(1.3.5)。第二,他声称自己受到一己之利的驱动:

> 我认为你们是我的祖邦、我的友人和我的同盟;和你们在一起,我认为我到哪里都会受人尊敬;但没了你们,我就既不能施惠友人,也不能抵御敌人。(1.3.6)

克勒阿尔科斯的演讲效果绝佳。他说自己不会前去进攻波斯国王,士兵们因而称赞他。有两千多名(将领克色尼阿斯和帕西翁[Pasiōn]麾下的)士兵携武器和物品,来到克勒阿尔科斯的营地附近驻扎下来。

然而,读者有理由不信任克勒阿尔科斯。比如说,克勒阿尔科斯基于"自利"的理据没什么说服力。雇佣军跟从他是因为他给他们付军饷,可他自己的金钱就来自居鲁士,如果他离弃了居鲁士,他自己的

---

① 克勒阿尔科斯宣称居鲁士是自己的客友(1.3.3)。色诺芬没说过这一点(对比 1.1.9 与 1.1.10 [阿里斯提普斯, Aristippos] 和 1.1.11 [普罗克色诺斯;索淮内托斯和索克拉忒斯])。

② 在开始讲述每一条理由之前,克勒阿尔科斯都说了"与你们一起经历日后可能会发生的事"这句话。

部队便会离弃他,到别处挣饷银。因此,弃绝"蛮人的友谊"并不符合克勒阿尔科斯的利益。至于第二个理由——他不会背叛希腊同胞,这一点也多少有些令人怀疑。克勒阿尔科斯是一名斯巴达流亡者,至少,他对生于斯长于斯的城邦的忠诚令人怀疑。另外,他那番高迈的爱希腊的演讲所面对的听众当中,几乎有一半士兵是(不属于希腊人的)忒拉刻人。对这群人说这样一番话,自然是咄咄怪事(1.2.9)!

因此,克勒阿尔科斯在幕后劝说士兵们跟从居鲁士,我们并不感到奇怪。首先,他拒绝与居鲁士公开会面。不知所措且苦恼不已的居鲁士不断派人请克勒阿尔科斯过来,而克勒阿尔科斯则秘密遣人带话给居鲁士,请他要有信心:一切都会好起来。① 第二,[46]克勒阿尔科斯集合他的士兵开会,商议的焦点是下一步应该做什么,他这样开始讲话:

> 显然,居鲁士与我们的关系,我们与居鲁士的关系,现在是一样的:我们不再是他的士兵,既然我们不跟他了,他也不再是我们的雇主。(1.3.9)

克勒阿尔科斯继续说,如他所知,居鲁士认为希腊人待他不义。他还提醒听众注意居鲁士拥有庞大的步兵、骑兵和海军,这些士兵都知道也能看到这一切。然后,克勒阿尔科斯让大家参与讨论,但他并非没有事先安排一些士兵站起来表明:如果没有居鲁士的同意,留在塔尔苏斯或回家,都会很困难。这些言论起了作用。士兵们开始意识到,或许他们终归不得不跟从居鲁士。他们最后决定去问问居鲁士到底意在何为(1.3.18)。据使节回报,居鲁士说自己希望前去征讨他的

---

① 克勒阿尔科斯让居鲁士不断派人来请自己过去,但又提醒居鲁士说自己不会搭理居鲁士的召唤(1.3.8)。

敌人阿波若科马斯(Abrocomas),此人在幼发拉底河一带,距此有十二日的路程(1.3.20,强调为笔者所加)。使节报告说,居鲁士如此说,

> 如果阿波若科马斯在那儿,我渴望对他施以正义的惩罚;但如果他逃跑了,我们到那里再商议这些事。(1.3.20)

在大幅涨薪承诺的刺激下,士兵们决定跟从居鲁士。但他们仍旧怀疑居鲁士正带领他们前去推翻波斯国王(1.3.21)。

色诺芬说得非常清楚:居鲁士惯于欺骗。军队一到幼发拉底河旁的塔普萨柯斯(Thapsakos)城,居鲁士就直接告诉希腊人他们将要去巴比伦进攻波斯大王。尽管阿波若科马斯的确已经逃了,但居鲁士也的确从未与希腊人"商议这些事"(1.4.11)。① 克勒阿尔科斯在这件事情上慷慨相助,居鲁士因此大方奖赏他,准许他统领克色尼阿斯和帕西翁手下逾两千人的部队。从此以后,他变成了居鲁士最尊敬和最信任的希腊人。在巴比伦战役中,克勒阿尔科斯被安排在享有尊荣的右翼。他成了居鲁士最亲密的友人(1.8.4)。②

尽管克勒阿尔科斯得到了可观的回报,但我们若据此断定居鲁士一贯将高贵矮化为有用或便利,那也不对。实际上,那段涉及那两个擅离军队的将领克色尼阿斯和帕西翁的内容,着重传达出一个讯息:正是友人的德性,而非他们在政治上对居鲁士的用处,才是居鲁士决定如何对待他们时最看重的东西。

将领克色尼阿斯和帕西翁之所以擅离军队,在绝大多数人看来,

---

① [原注18]我们还可以举出其他谎言。例如,居鲁士预料到他们远未到达幼发拉底河之前就会遭遇到阿波若科马斯(对比1.3.20与1.4.5)。

② 在此之前,克色尼阿斯(对比1.2.10)和梅侬(1.2.5和1.2.20)曾占据此位。

是因为他们的荣誉受了损,因为居鲁士允许克勒阿尔科斯统管他们二人的部队(1.4.7)。[47]为应对二人擅离军队的行为,居鲁士召集众希腊将领开会:①

> (居鲁士说)克色尼阿斯和帕西翁抛弃了我们,但是得让他们清楚知道:他们既没有秘密地逃掉(apodidraskō)——因为我知道他们去了哪里,也没有逃出我的掌心(apopheugō)——因为我有三层桨战舰可以追上他们的船。②可是,以诸神的名义,我不会去追他们!没有人会这样说我,如果人家在身边,我就加以利用,人家想离开时,就抓住他们,又是加以虐待,又是夺取人家的财物。还是让他俩走吧,他们知道:他们对我们比我们对他们更坏。即使我把他们的妻儿放在特拉勒斯(Tralleis)看护着,看在他们先前对待我时表现出来的德性(aretē)的份上,我也不会夺走他们的这些妻儿,他们可以接走。(1.4.8)

迄今为止,流言还是围绕着居鲁士飞转,说他急不可待地要追捕两名擅离军队者。一些人祈祷他们被抓住,认为他们是胆小鬼,但另一些人可怜他们的下场——要是他们被居鲁士逮住的话。羞愧和畏惧不协调地混在一起,维系着希腊人的团结,维系着他们对居鲁士的服从(1.4.7,对比3.1.10)。但居鲁士宽宏大度的演讲,促使希腊人在他

---

① 这是居鲁士在《上行记》的第一次演讲(1.4.8-9)。居鲁士从未在普通士兵面前发表过长篇讲话。处于他这种地位的人必须冷峻疏离,以便令人心生敬畏。

② [原注21]居鲁士的能力既没有受到不足的知识限制,也没有受到不足的能力限制:对比2.5.7和《会饮》4.47-48。请注意随后坚决的誓言"以诸神的名义":居鲁士具有诸神特有的某些知识和能力。[译按]对勘导言部分的原注22。

们的事业上变得更加勇往直前:

> 虽说有人对这次上行已相当心灰意冷,但当他听闻居鲁士的德性之后,就更加愉快和热切地征战了。(1.4.9)

这样的统治者关心德性,甚至把德性单独挑出来作为奖惩的恰当标准,而且他还可以说是全知("我知道他们去了哪里")和全能("我有三层桨战舰可以追上他们")。在这样一名统治者治下,前景真是一片光明。居鲁士的上行给有德之人敞开了光明的前景。它预示着一种新秩序的来临,当这位未来之王的臣民可以得到与自己品行相配的待遇,这位统治者会基于之前的品行温和地惩治或完全饶恕违法的行径。无可否认,居鲁士可能不会依其所言行事。通过强调自己关注德性,又通过发表大度的演说,居鲁士获得了自己的政治利益。不过,关于克色尼阿斯与帕西翁的这段内容打开了一个重要的解释远景:"居鲁士的上行"指一个统治者的上升——变成一个真正有知识和权力的王,[48]他看上去既愿意又有能力为其臣民确保一种奖(惩)与品行之间正义的对应关系。

* * *

在离开塔尔苏斯十九日之后,居鲁士到达了幼发拉底河。他召来众位希腊将领,然后告知他们目的地是巴比伦。他还要求众将领劝说士兵跟随。色诺芬讲述了其中一名将领,即忒萨利亚人梅侬,如何说服自己的士兵这么做(1.4.14–16)。一听到这个消息,军中群情愤慨。士兵们指责自己的将领口是心非,并要求再大幅提高薪酬。但当士兵们正在议论要不要跟随居鲁士时,梅侬把自己的部队拉到一边,鼓动他们带头渡过幼发拉底河:

> 诸位男子汉,如果你们听我劝,就会得到居鲁士的敬重,远在其他士兵之上,还既不冒险又不辛苦。(1.4.14)

实际上,梅侬的分析是,如果军队投票决定跟随居鲁士,看上去这件事就是由他的队伍促成的,居鲁士就会慷慨赏赐他们;如果军队投票反对居鲁士,这次征讨就结束了,尽管如此,他的队伍却会赢得居鲁士的信任。他们现在的情况就是俗话说的"双赢"。梅侬的分析说服了自己的士兵,他们渡过了幼发拉底河。经证明梅侬还是个灵验的预测者,因为渡河之后,居鲁士向梅侬的士兵承诺了丰厚的奖赏:据说,居鲁士如此说,

> 我将心系此事,你们是赞扬我还是不再相信(nomidzein)[①]我居鲁士。

居鲁士的承诺由波斯人格卢斯(Gloūs)前来传达,在士兵心里注入了极大的希望。他们祈祷[②]居鲁士能获得成功。希望渐渐取代了羞愧与畏惧这样的激情,成为军队的凝聚力(1.4.16)。据说梅侬自己收到了居鲁士的大量礼物,因为所有的希腊人在梅侬的部队之后都渡过了幼发拉底河。

梅侬收到的礼物提醒我们想起克勒阿尔科斯早前收到的礼物。在这两个例子中,居鲁士都有回报那些行事对他有利的朋友,尽管这

[①] 比如对比《回忆》1.1.1,1.1.19。

[②] 1.4.17:祈祷居鲁士会获得成功(ēuchonto auton eutuchēsai);另参,例如6.1.26,在这里euchomai这个单词后接祈祷对象的宾格。请以同样的方式思考一下1.4.17–18对这条河的描写。根据希罗多德的记述,波斯人将河流看作半神性质的存在物,参《原史》1.138.2,1.189.2。

些行为与高贵的要求并不一致。或者,梅侬的行为比起克勒阿尔科斯的行为更合乎情理,或没有那么卑劣? 毕竟,对于希腊人而言,此时转身回家已经太迟了。[49](人们可以说)梅侬充分利用了当前形势,所以,他和他的士兵是由于做了他们不得不做的事情而受到居鲁士的表扬。此外,梅侬还给自己的士兵带来了好处,与克勒阿尔科斯形成鲜明对比,后者只给自己带来了好处。

然而,为梅侬所作的这种辩护忽视了这一点:梅侬与克勒阿尔科斯一样,都把"蛮人的友谊"置于(多数)希腊人的利益之上。克勒阿尔科斯的行为卑劣是卑劣,却没有在军中滋生纷争,而梅侬单方面率军先行渡过幼发拉底河,这势必撕裂希腊人内部的团结。接下来,一场骚乱差一点就引发了万人军的内乱(1.5.11—17)。梅侬在幼发拉底河畔的做法,为这次充满危险的最后摊牌准备了条件。在生死攸关的时刻,梅侬使希腊人的集体安全变得岌岌可危。

随着居鲁士进入阿拉比亚(Arabia),作者的叙述开始聚焦在两件事情上,在《上行记》的论证中,这两件事情的作用是说明神般的王在统治中的优缺点。军队快速穿过一处荒原,它像大海一样平坦,满地芬芳,有各种野兽出没,不生树木。在行进了大概三周之后,居鲁士发现自己身处一个狭窄而泥泞的地方,马车在此难以通过。他派格卢斯①与皮格瑞特斯(Pigretes)两名军官带领一些蛮夷士兵,将马车从泥泞中推出(1.5.7以下)。当居鲁士觉得这些人在无精打采地执行命令时,他似乎动了气,命令自己身边最好的波斯人去接手这项任务,

---

① 根据Masqueray 和 Dindorf 的校勘记,"抄本C上的不同于该书抄工的另一个笔迹"把此处的 Gloūs 重新命名为 Loūn, Loūn 的意思是"那个洗了泥水澡的人"(he-who-takes-a-bath-[of-mud])。Loūn(或 lousasthai)常见于色诺芬的作品,例如《居鲁士的教育》1.3.11,4.5.4,《回忆》3.13.3(出现4次),

将马车推出。色诺芬说,"在那里有可能观察到好秩序的部分内容"(1.5.8)。这些波斯贵族立刻脱下紫袍,跑下非常陡的山坡,"宛如某个人为了赢得胜利而行事那般"(1.5.8)。尽管身穿贵重的波斯袍和刺绣的裤子,甚至(有些人)还戴着项链和手镯,他们还是跃入泥潭,抬起马车,迅速将其从泥泞中推出,叫所有人都大感意外。在居鲁士的关注下,这些波斯人展示了令人注目的热情和男子汉的活力。他们行动起来宛如在竞赛,他们的确在竞赛:胜利的奖赏是(未来)国王的友谊。①

第二件事情发生在卡尔曼得(Charmande)②城附近,刚刚提及的骚乱就在此地发生(1.5.10–17)。给养匮乏加上行军太久加剧了紧张的形势,然而,点燃火药桶的正是克勒阿尔科斯。梅侬麾下的一名士兵正在与克勒阿尔科斯的一名士兵打架。[50]克勒阿尔科斯断定梅侬的士兵有错并且处以鞭刑(1.5.11)。这名受刑的士兵向战友们抱怨自己的遭遇,弄得他们对克勒阿尔科斯非常不满。

那一天晚些时候,克勒阿尔科斯带着少数几个人骑马穿过梅侬的营地,梅侬部下一个正在劈柴的士兵见了,以斧投击,但没击中克勒阿尔科斯。梅侬的其他一些士兵也开始朝他扔石头,发出阵阵怒吼声。克勒阿尔科斯逃回自己营地,命令士兵拿起武器,开始朝梅侬的营地进发。他在最前面领着他的忒拉刻步兵还有四十多名骑兵,其中的大多数骑兵也是忒拉刻人。现在轮到梅侬的人被吓到,跟着梅侬跑去抄起武器。

恰好在这时,玻俄提亚人普罗克色诺斯到达现场。当时他正带领

---

① 对比 1.9.5 和《居鲁士的教育》8.1.39,还有《治家者》12.20 和 21.10–12。

② 在那些最佳抄本中,Charmandē 被称作 Charmanthē,见 1.5.10,意为"战斗最激烈的时候",由 charmē(战斗)和 anthē(花朵,鼎盛期)两个单词组合而成。

着一队重甲兵回营地,回来晚了。普罗克色诺斯立即将自己的队伍插入对阵的双方中间。他请求克勒阿尔科斯住手。怒火中烧的克勒阿尔科斯命令普罗克色诺斯靠边站。

这时,居鲁士也到达营地,他听说了这次骚乱,立即武装起来,带几名亲信,骑上马赶到对阵的双方中间。他说道:

> 克勒阿尔科斯,普罗克色诺斯,你们所有在场的其他人啊,你们不知道自己正在干什么!因为如果你们现在互相攻击,请你们相信,我就会完蛋,不久之后,你们也得完蛋!因为如果我们的事业失败,你们看得见的所有这些蛮族人,将会比波斯国王手下的蛮族人对你们更狠。(1.5.16)

听到这番话,克勒阿尔科斯冷静下来,危机即刻结束了。实际上,居鲁士说对了:希腊人的命运与他居鲁士的命运绑在一起,如果他的事业不顺,他自己手下的蛮人部队就会与希腊人为敌。[①]然而,引人注意的是,居鲁士就这次双方对抗还责备了普罗克色诺斯,而不只是克勒阿尔科斯与其他人。为什么呢?难道普罗克色诺斯不是出手阻止了一场灾难吗?的确是,但居鲁士对此不知情。恰恰是居鲁士现在责备的这个人,以自己的沉着镇定和勇敢挽救了居鲁士的远征——是居鲁士"不知道自己正在干什么"。居鲁士若是想要奖赏个人的好品行,就必须了解实情。他需要更多的眼睛和耳朵,因为他显然并非全知。他需要好的探子。

---

① 这正是居鲁士死后将会发生的事情。

1.3 居鲁士的上行与色诺芬的下行

好的治家者……说,当一小笔钱可以买到很有价值的东西时,就应该买进。由于当下的困难,有可能非常便宜地就可以获得那些好的朋友。

狄俄多洛斯(Diodōros)说,"你说得真高贵,苏格拉底啊,那就请你叫赫尔莫根涅斯来找我吧。"

[51]他说,"不,宙斯在上,我不去叫";"我也不认为,你让我邀请他来比起你亲自去找他,于你而言更高贵;我也不认为,这些事情如果完成了,他会得到比你更大的好处。"

因而,狄俄多洛斯去找赫尔莫根涅斯。没花什么大代价,他就获得一位朋友,这位朋友以考察他能够说什么或做什么从而让狄俄多洛斯受惠且喜悦为己任。

——《回忆》2.10.4-6

下一章(1.6)写得很清楚,居鲁士慷慨回报他所获得的好服务,这种做法为他赢得了一群事实上存在的探子。在这件事情上(还有其他事情),他跟大居鲁士很像。① 这一章记述了奥戎忒斯受审一事,此人是波斯国王的亲戚,被誉为最擅长战争事务的波斯人之一。奥戎忒斯以前曾与居鲁士交战,但两人和解了。奥戎忒斯如今站在居鲁士这边参加战争。然而,他决定叛变。他首先说服居鲁士交给他一千骑兵。鉴于波斯国王的骑兵在前面放火焚烧居鲁士率军前去入主的土地,奥戎

---

① 见《居鲁士的教育》8.2.10-12。

忒斯承诺,他将带领这支骑兵予以阻止。当奥戎忒斯以为这支骑兵准备好之后,他便秘密地向波斯国王发了封急信,陈明自己投靠国王的心愿,还请求国王接受他为朋友。他将密函交给一个他自以为对自己忠实的人,但这个人将密函交到了居鲁士手里。居鲁士即刻逮捕奥戎忒斯,将自己身边七名最好的波斯人召至帐中(1.6.4),同时命令希腊重甲兵在他的营帐四周列阵。约有三千重甲兵如令列阵。克勒阿尔科斯是唯一获准进入帐内的希腊人。他后来向希腊同胞转述了奥戎忒斯受审的情况。色诺芬说,"因为这不是禁止外传的秘密",说得相当明确(1.6.5)。

审判伊始,居鲁士说,他想与在场的人认真商议,在诸神与凡人眼中,什么才是正义,然后以此正义地惩罚奥戎忒斯(1.6.6)。居鲁士像个娴熟的审判官那样主导整个诉讼过程,逼得奥戎忒斯连连认罪。①我们了解到,奥戎忒斯曾三次对居鲁士行不义,前两次,居鲁士最终都原谅了他,两人言和。[52]但奥戎忒斯被迫承认,自己接连犯下不义之行,辜负了居鲁士的宽恕。这三次不义行为中最有启发的当属第二也是中间的一次,即奥戎忒斯曾投靠米西亚人并且侵扰居鲁士的领土,尽管居鲁士不曾对他行不义。居鲁士说,后来当奥戎忒斯意识到自己力量有限时,

---

① [原注29]这次审判聚焦于正义问题。居鲁士没有提惩罚奥戎忒斯对他是否有利。可对比这场审判与《居鲁士的教育》中大居鲁士审判亚美尼亚国王的那次审判,在后面这次审判中,在苏格拉底式的人物提格拉涅斯(Tigranes)的引导下,大居鲁士逐渐从对正义的考虑转向对利益的考虑(《居鲁士的教育》3.1)。小居鲁士强调正义,目的在于凸显他对正义的关注,同时表明他并非一个默默承受不义的人。然而,小居鲁士并非漠不关心对利益的考虑,这一点很快就会变得明朗(参下文原注31及相关正文)。

你来到阿尔忒弥斯的神坛前,说你后悔了,你说服了我,然后再次给我信任的保证,你也从我这里收到了信任的保证。(1.6.7)

奥戎忒斯又一次,即第三次暴露出他是一个反对居鲁士的阴谋者,尽管他后来后悔了。因此,这次审判的裁决,其结果就是某种预料之中的事了。"你同意是你对我行不义吗?""必须同意",奥戎忒斯承认(1.6.8)。居鲁士再也无法信任奥戎忒斯,因此这次审判以死刑判决收尾是预料中的事。负责行刑的人是为居鲁士执权杖的阿尔塔帕特斯(Artapates)。人们再也没有见过奥戎忒斯,无论是其尸体还是活人(1.6.11)。

奥戎忒斯的审判发人深省。首先,它证明居鲁士完全有能力获知其手下私下在营帐里的言语或行动。他的一手知识有限,但这并不必然阻碍他成为某种程度上的全知之王,如果他至少可以依靠好探子的话。其次,这件事情表明,居鲁士阵营中的一些队伍对居鲁士缺乏忠诚。审判开始之前,居鲁士将三千希腊重甲兵安排在自己营帐周围,此举表明居鲁士(正确地)认为一些波斯人更忠于奥戎忒斯。①居鲁士用手中的希腊军事力量制衡蛮族人,同时又用蛮族人(在卡尔曼得城)制衡希腊人(1.5.16)。实际上,奥戎忒斯并非唯一一个忠诚有问题的波斯高层人士。居鲁士审判奥戎忒斯的意图就是要稳住"他身边七名最好的波斯人"的忠诚,"他们贴身相随而且是最好的人"。此次审

---

① 色诺芬评价道,一些"从前就跪拜"奥戎忒斯的人,"看到他被带下去,甚至那时还在跪拜他,尽管他们知道他行将就死"(1.6.10)。

判在这方面还是相当成功的。①

然而,居鲁士的开场宣言,即他将与在场的人认真商讨"在诸神与凡人眼中,什么才是正义"(1.6.6),揭示出这场审判最重要的一个方面。[53]居鲁士的宣言包含着一种精心为之的含混。居鲁士说的是诸神与凡人均会见证这场审判吗(pros意为"在眼中")?还是说,这场审判将会查明有人对诸神和凡人做了何种不义之事,或诸神与凡人遭受了何种不义(pros意为"向"或"涉及")?我相信两种解读在语法上都是有可能的,都是作者要表达的意思。②然而,两种解读都会遇到困难。如果居鲁士希望诸神见证这场诉讼,那他选择在营帐中秘密审理奥戎忒斯就是怪事,因为人们相信诸神不知道凡人的秘密诉讼(见《回忆》1.1.19)。可是,如果居鲁士想要这场审判查明诸神受到或遭受了何种不义,一个同样严肃的问题就来了:奥戎忒斯的审判仅仅专门审查了居鲁士遭受的不义(1.6.6)。这场审判不曾强调诸神遭受的不义,尽管奥戎忒斯曾尤其不义地对待女神阿尔忒弥斯,因为这个背叛者违反了曾在女神阿尔忒弥斯的祭坛前作出的保证。但居鲁士那引人注目的单面裁决并未提及女神阿尔忒弥斯遭受的不义:"你同意是

---

① [原注31]考虑一下描写居鲁士之死的那些段落(1.8.27-29)。色诺芬写道,"他身边那八名最好的波斯人"战死在居鲁士身边。八人当中,只有一个人给出名字,就是执权杖的阿尔塔帕忒斯,还有七位没有给出名字,但他们显然就是见证了奥戎忒斯审判的那七位无名波斯人。色诺芬笨拙地将数字精确至七(1.6.14)然后又精确至八(1.8.27),以此暗示出这一点。也因此,这些人在居鲁士身旁战死,几乎不是表明居鲁士深受爱戴的证据(对比1.9.28-30,特别是1.9.30)。换言之,审判奥戎忒斯时尽管聚焦于正义问题,但居鲁士并未忘记政治利益。

② pros解作"在眼中"的例子,见2.1.17;pros解作"向"或"涉及"的例子,见2.3.18。然而,第一个义项比第二个更常见。第二种解释出现时一般是PROS后面加宾格形式,而非此处的PROS加属格形式。

第一章 "神般的王"(《上行记》卷一)

你对我不义吗?"(1.6.8,强调乃笔者所加)

可以确定,居鲁士的裁决反映出他漠视诸神。但如果这一点足以解释他为何对诸神保持沉默,那他怎么又在审判伊始就提及诸神呢?

我为什么要提醒大家注意居鲁士的裁决中缺失的内容呢?我相信,如果我们假定居鲁士说到"诸神"时心目中只有一位神——他自己,所有这些难题便能够一举解决。也就是说,奥戎忒斯的审判透露出"居鲁士的上行"这个说法的最终意义:这个波斯人正在变成一位"神"。① 这种解读可以解释为什么色诺芬使用暗含渎神意味的词语来描写奥戎忒斯受审一事——最明显的是"被禁止的秘密"(aporrētos)这个单词;② 还可以解释为什么这段情节读起来就像一幕

---

① 根据Hirsch的说法,关于阿契美尼德王朝(Achaemenid)的君主是否被视为有神性的存在者,历史学家在此问题上达不成共识,参Hirsch, *The Friendship of the Barbarians*: *Xenophon and the Persian Empire*, 1985, pp. 188–189和Tuplin, "The Persian Empire", in *The Long March*: *Xenophon and the Ten Thousand*, edited by Fox, p. 161.《上行记》表明,至少居鲁士希望自己被当成有神性的存在者。但无论如何,色诺芬对历史问题的兴趣淡,对下面这个哲学问题的兴趣浓:从高贵与好这个问题来考虑,我们应该如何评价居鲁士,这位神般的王的典范?

② 形容词aporrētos字面意思是"不可言说的"(unspoken),我将之译作"被禁止的秘密"(forbidden secret)。它被用来指"虔敬的"秘仪:例如,阿里斯托芬,《公民大会妇女》442行,柏拉图,《法义》854e4,《泰阿泰德》152c10,亚里士多德,《尼各马可伦理学》1111a19–22。色诺芬自己在《希腊志》6.3.6处就是在这个意义上使用"不可说的"这个单词,即arrētos(去掉aporrētos的前缀apo-。在当前这个场景,色诺芬还用了Musos这个单词,这个单词出现在"你叛投米西亚人"(apostas eis Musous, 1.6.7)。其中可以有某种特别的含意。请注意,米西亚人(Musos)与"(不虔敬的)亵渎"(musos)拼法相同,只有重音不同,而原初的莎草纸文稿上本来没有标重音。"你叛投米西亚人"这个说法,可能意在暗示奥戎忒斯"转向了(不虔敬的)亵渎"吗?然而, musos这个单词

"启示"(revelation)——[54]因为这里启示出一个"被禁止的秘密"(相当于某个虔敬的"秘仪"):居鲁士乃一位新生的"神"。奥戎忒斯的审判的确有诸神的见证,而不仅仅是凡人的见证——如果我们恰当地理解"诸神"的话;这次审判也查明了针对诸神的不义行径,以及针对凡人的不义行径,因为这次审判查明了针对神-人(god-man)居鲁士的不义行径。无需多言,奥戎忒斯的审判并非一场真正的揭秘(revelation),因为对于任何一个了解居鲁士的人而言,他的渎神并非"秘密"。但如此行文与色诺芬的写作手法相符。我们的作者说,"这场审判并非被禁止的秘密"——这是一种有趣的轻描淡写,却暗示出这次审判情节的最终含义(1.6.5)。[①]

现在是时候重述本章的核心论点了:"居鲁士的上行"暗指居鲁士地位的上升,即上升成为一名真正有知识和有权力的统治者,愿意且有能力正义地实施奖惩。但这样的王必须被看作一位实际存在的"神"——"全知"和"全能"的"神"。在《上行记》的论证中,卷一探究的是一个取代"宙斯王"的王者的上升过程。[②]这一卷探讨的是,这样一种凡人王权——它凭借绝对的统治、高迈的品格和广阔的疆域来许诺某种世俗照管(secular providence)——有什么优势和弱势。居鲁士之所以有着不可否认的吸引力,原因就在于此:他的上行预示

被写成其宾格复数形式musē,而非musous(像"米西亚人"的宾格复数那样)。另一方面,色诺芬在《居鲁士的教育》1.3.5用过musattomai("觉得受到玷污")这个动词。

① 色诺芬在《上行记》中两次使用aporrētos这个单词,两次情况类似,另一次出现在7.6.43-44,它用来指一个"被禁止的秘密",而实际上每个人都把这件事挂在嘴边。

② 凡人的王权可以意味着取代万王之王,圣经中有类似的故事,《申命记》17:14以下,《撒母耳记上》8:1-9。也考虑一下柏拉图的《会饮》190b8。

着普遍正义即将来临,相比而言,宙斯王只是不可靠地或神秘地带来这种普遍正义。①

* * *

从居鲁士转向色诺芬,等于从观察一位神转向仔细观察一个并不存在的人物。因为在我们目前所讨论的进军中,色诺芬都是不可见的(1.1–1.6)。[55]我们想知道,色诺芬获悉居鲁士的真实目的时有何感想。②但他并没有告诉我们,至少没有明确地告诉我们。他本人在卷一仅现身一次,但这次出场(本章第四节会加以分析)无法解答我们的问题(1.8.14–17)。然而,我们并不是没有办法来解答这个问题。我们可以回想一下,在本章第二节,我曾指出,色诺芬很少细节化地介绍进军行程中的风景、河流和万人军碰上的那些族群。然而,有可能存在一个重要的例外:在行军早期,居鲁士到达弗里吉亚(Phrygia)的克莱奈(Kelainai)城时,色诺芬一改其简洁文风(1.2.7–9)。③他在那里描述了两处宫殿(一个属于居鲁士,另一个属于波斯王)、一处狩猎的御苑(也属于居鲁士),还描述了两条当地的河流,即马尔叙阿斯河(Marsyas)和麦安德罗斯河(Maiandros),简直成了一个话痨。他还讲了与这些地

---

① 奥戎忒斯所受的惩罚反映出居鲁士的新身份——神:这个曾两次得到宽恕的罪人死不悔改,这一次受到惩罚,从地球表面消失了(1.6.11)。关于这一点,请注意居鲁士假手实施正义的工具是为他执权杖的人。权杖当然是王权的一种象征。"权杖"(skēptron)这个单词在词源上与"霹雳"(skēptos)这个单词关系密切。宙斯用霹雳来惩罚凡人的不义(3.1.11)。居鲁士所做之事近乎最好之事。

② 色诺芬显然不是像提萨斐尔涅斯那样很快就猜出了居鲁士的真实目的(1.2.4–5)。

③ 关于阿拉比亚的荒原,色诺芬着墨也相当多(1.5.1–3)。但荒原奇特的自然景观可能已经足以解释色诺芬为何这么做。

方相关的几则故事或神话,①其中涉及马尔叙阿斯与阿波罗这一对,还涉及波斯王克瑟尔克瑟斯(Xerxes,旧译"薛西斯")。可是,我们得考虑色诺芬为什么如此详细地描写克莱奈。他一改简洁的文风,表明这些地方有些重要——为什么重要?

关于马尔叙阿斯与阿波罗的神话立刻吸引了我们的注意力。色诺芬特地解释起马尔叙阿斯河的名字由来。色诺芬解释说,马尔叙阿斯曾在一场智慧竞赛中挑战阿波罗神(1.2.8)。阿波罗神打败马尔叙阿斯,活剥了马尔叙阿斯的皮,将剥下的皮挂在一个山洞里。一条河流源出这个山洞,故而被叫作马尔叙阿斯河。

从地名学上来说,这是一种精致的解释。可意义何在呢?考虑到色诺芬在别处向来对地名不太在意——如我们所见,他重新命名了一些地理地标的名字——这次释名之举就不同寻常。②可能有人认为,如下假设可能可以化解这个难题,即假设虔敬的色诺芬无法抗拒讲述一则神话所带来的乐趣,因这则神话与传统的虔敬联系在一起,当时他可能是第一次看到与这种传统的虔敬相关联的地标。然而,如果这个假设没错,那色诺芬为什么要修改这个著名的神话呢?根据现存的其他说法,[56]马尔叙阿斯是在一场音乐技艺(peri mousikēs)竞赛中

---

① 两则故事都是以"据说"(legetai)这个表达开始。

② 考虑到马尔叙阿斯河在当地的叫法显然是卡塔尔瑞克特斯(Katarrektes)河,色诺芬所做的地名学解释就更加不同寻常。不管怎么说,卡塔尔瑞克特斯这个名字出自希罗多德的记载(《原史》7.26)。见安斯沃的著作:*The Anabasis; or, Expedition of Cyrus, and the Memorabilia of Socrates*, literally translated by J. S. Watson, with a Geographical commentary by W. F. Ainsworth, p. 271。

挑战阿波罗,而不是智慧(peri sophias)竞赛。① 更确切地说,当阿波罗表明自己的弦琴弹得比马尔叙阿斯的箫吹得更好时,所有的裁判,只有一个除外,都宣布阿波罗为胜者。但色诺芬却说这是一场关于智慧的竞赛。他在整部《上行记》中再也没有用过"智慧"(sophia)一词,从而突出了该词在这里的出现。②

要找到一条道儿走出这困难重重的迷宫,我们必须考虑到马尔叙阿斯是个神话里的生物,一位西拉努斯。③ 在《会饮》中,色诺芬反复强调苏格拉底与西拉努斯的相似之处(4.19,5.7)。柏拉图则更进一步,

---

① Apollodorus, *The Library*, 1.4.2; Diodorus Siculus, *The Library of History*, 3.59.2, 提到一场"关于[音乐]技艺"(peri tēs technēs)的竞赛。在几处讨论音乐技艺的地方,柏拉图也间接提及过这则神话,见《王制》399e1–4,《法义》677d4,《欧蒂德谟》285c7–d1,《会饮》215b3以下。

② [原注44]然而,形容词"智慧"(sophos)的确在《上行记》的1.10.2出现过。关于sophos这次重要的出现,相关解释见本书第六章原注21。诚然,"智慧"(sophia)这个单词含义广泛,当然可以解作"技巧",也可以译作"音乐技巧"。但当色诺芬说到"音乐"或"音乐技艺"时,他使用的是mousikē及其同源词:例如《居鲁士的教育》1.6.38(2次)和3.3.55(2次),《治家者》2.15(2次)和12.18。色诺芬在他的非苏格拉底作品中吝于使用"智慧"这个单词。只有对苏格拉底这样一个凡人,色诺芬才会以自己的名义毫不含混地说他有智慧,见《苏格拉底在法官面前的申辩》第34节,对比《回忆》4.2.33,《居鲁士的教育》3.1.41。至于阿格西劳斯的智慧,更多的是与行动而非与言辞相关——如果他的行动的确展示出智慧的话;见《阿格西劳斯》6.4和11.9。色诺芬以"一场关于智慧的竞赛"这种说法,赋予了马尔叙阿斯与阿波罗神话一层原本没有的新意蕴。

③ "西拉努斯是半马(或山羊)半人的生物,通常是上了年纪的,一向爱搞怪。他们显然还被刻画成老酒鬼的形象,尽管并非没有理智的天赋……",见Bartlett, "On the Symposium", *The Shorter Socratic Writings*, p. 149, note 51。

甚至把苏格拉底比作马尔叙阿斯本人。① 再说,在《苏格拉底在法官面前的申辩》中,苏格拉底的毕生事业都被说成是在检验阿波罗的智慧,他试图反驳阿波罗的神谕。众所周知,苏格拉底为这种挑战付出了生命的代价,就像马尔叙阿斯一样。② "马尔叙阿斯"使人想起苏格拉底。③ 色诺芬重述马尔叙阿斯-阿波罗神话,意在表明,在到达克莱奈时,他不知怎么满心想的都是苏格拉底。色诺芬害怕苏格拉底对阿波罗的挑战——即苏格拉底的德尔斐使命——会导致苏格拉底在雅典遭受因神而起的"剥皮"(见本书英文版的原封面图)。

苏格拉底此时赫然出现在色诺芬心里,这一点立刻就可以在下文得到确证。在这场传说的智慧竞赛中,裁判中有一位竟然敢于反对阿波罗,而站在马尔叙阿斯那边,[57]断定马尔叙阿斯赢了阿波罗。这位裁判正是弥达斯(Midas),即传说中弗里吉亚国王。弥达斯随后由于这一成问题的裁定而受到阿波罗的惩罚,只不过不像马尔叙阿斯所受的惩罚那样严厉。④ 有意思的是,若以希腊文的篇幅来计算,在马尔叙阿斯神话差不多一页之后,弥达斯就在《上行记》中客串登场。色诺芬在谈到另一则神话时提到了弥达斯,该神话还关涉另一位西拉努斯(1.2.13)。色诺芬这次讲的故事是,弥达斯在酒里兑上当地一口泉

---

① 柏拉图《会饮》215a4以下。阿尔喀比亚德在描述苏格拉底的言辞时,间接提到马尔叙阿斯被剥皮的传说,见221e2-4。

② 柏拉图《苏格拉底的申辩》20c3以下。在色诺芬的《苏格拉底在法官面前的申辩》(15-16节),苏格拉底同样不相信阿波罗。另外,参《居鲁士的教育》中克罗伊苏斯(Croesus)的故事。克罗伊苏斯验证了这位德尔斐神的真实性,结果付出了代价(7.2.15以下)。

③ 苏格拉底-马尔叙阿斯作为吹箫者,见《治家者》18.9。

④ 弥达斯的两只耳朵变得像驴耳朵那么大。

的泉水,用它抓住了那个西拉努斯。① 然而,同样,只有通过这个神话更完整的版本才可以解释色诺芬故事的含义。弥达斯设计捕捉西拉努斯,目的是学习西拉努斯的智慧。西拉努斯被抓后向弥达斯讲述了下面这个神话:一支大军曾试图入侵一片以幸福享誉的异乡土地,但侵略者发现当地居民的幸福不过如此,便转身回家了。②

这个感伤的传说与居鲁士军队的困境之间有何相似之处,应该无需烦劳福尔摩斯(Sherlock Holmes)来探明:色诺芬发现自己身处弗里吉亚,他也在考虑转身回家是不是更有智慧的做法。更确切地说,关于自己应该做什么,色诺芬渴望得到苏格拉底-西拉努斯的建议(对比 3.1.4–7)。他不确定是否应该继续追随居鲁士,尽管他留意到这次反抗国王的远征可能会成功(请注意色诺芬提起克瑟尔克瑟斯败在希腊人手里,1.2.9)。如果说"马尔叙阿斯"令人想起苏格拉底,那么"弥达斯"就是色诺芬。

色诺芬讲述马尔叙阿斯–阿波罗神话(1.2.8),又连带提及弥达斯(1.2.13),意在传达什么?现在是时候来理解这个问题了。

第一,这些段落表明,色诺芬在向内陆上行的过程中担忧苏格拉底的命运。他既渴望得到苏格拉底的建议,又为苏格拉底在雅典的安全忧心忡忡。

第二,色诺芬离开雅典时,很清楚苏格拉底(甚至所有苏格拉底圈子的人)正面临着危险,那是他们独特的行事所招致的危险。我们必须从弥达斯命运的角度来看待色诺芬接受普罗克色诺斯的邀请这件事,弥达斯因为裁定马尔叙阿斯比阿波罗更智慧而受罚。换言之,正

---

① 一位西拉努斯也被称作一位萨提尔(Saturos),色诺芬在此处用的词就是萨提尔。

② 这个神话见于Theopompus, *Thaumasia* (*FGrHist* 115 F 15)。Dillery的概述有帮助,见Dillery, *Xenophon and the History of his Times*, pp. 45–48。

在逼近的政治迫害促使色诺芬决定离开雅典。①

第三,色诺芬将自己比作弥达斯——根据另一个著名的神话,[58]弥达斯对金子感兴趣,使得自己身陷麻烦之中——这个事实透露出[色诺芬]除了安全之外的另一个重要动机。②

最后,色诺芬强调自己在智慧方面与"马尔叙阿斯"的相似之处,从而不动声色地将自己呈现为一个苏格拉底式的人。实际上,在《上行记》靠前部分的征战阶段,色诺芬所抱有的心态就是苏格拉底门徒的心态。例如,他在下文提起某个拉刻岱蒙舰队司令时称其为"毕达哥拉斯"(1.4.2),但我们从色诺芬本人的《希腊志》中可以看到,这个人的名字实际上是萨米欧斯(Samios)。③这则显而易见的"重新命名"的例子,我们应该作何解释呢?我相信,色诺芬以这个事例透露出他内心的状态:当他听到萨米欧斯时,他可能会想起毕达哥拉斯,这位最著名的萨摩斯哲人。④色诺芬正在暗表心迹:他虽然决定追随居鲁士,但萦绕心头的依然是哲学。⑤

---

① 《希腊志》卷二以引人注目的方式确证了这一结论。更充分的探讨,见本书第三章,英文版页113–117。

② 例如,亚里士多德,《政治学》1257b14–17。

③ 《希腊志》3.1.1。Diodorus Siculus, *The Library of History*, 14.19.4,称这名舰队司令为萨摩斯(Samos),而非萨米欧斯。

④ 施特劳斯很清楚地看到这一点:"如果《回忆》的作者一听到萨米欧斯这个名字,立即就想起了名满天下的萨摩斯哲人毕达哥拉斯,这不足为奇。"见 Strauss, "Xenophon's *Anabasis*", in *Studies in Platonic Political Philosophy*, p.106。另参奥维德,《变形记》15.60以下。

⑤ 《上行记》2.4.15是唯一表明色诺芬闲暇时在营地里做什么的段落,他写的是自己与普罗克色诺斯一起正在散步(en peripatō)。散步(peripatein)是苏格拉底标志性的活动,见《治家者》11.15和《回忆》1.1.10。当然,色诺芬所进行的活动在卷三开头就完全变了。

第一章 "神般的王"（《上行记》卷一）　　95

　　总结一下：色诺芬以非同寻常的篇幅描写克莱奈地的诸地标，是因为这样可以说明自己与苏格拉底的关系。①尤其是，他可以借此表明自己为何离开苏格拉底，前去结交居鲁士。我们现在已经知道他是为两种动机所迫。另外，我们没有发现证据表明色诺芬这样做是出于政治动机，比如追求尊荣、权力、优越地位或荣誉。若果如此，那么色诺芬某种程度上就是以非政治的苏格拉底分子的身份向内陆行进，尽管这并不是说他在巴比伦战役中没有参加战斗。②

---

　　①　地名克莱奈（Kelainai）源自形容词"黑暗的"（kelainos），用以指血的暗黑，例见《伊利亚特》1.303和《奥德赛》11.98。因此，"克莱奈"指的是马尔叙阿斯被血淋淋地剥皮。也请注意色诺芬称之为"马尔叙阿斯"的那条河如何注入或变成麦安德罗斯（Maiandros）河。"麦安德罗斯"会使色诺芬想起"真男子汉之接生婆"（the-midwife-of-a-real-man, maīa-andros, 见1.2.8）吗？马尔叙阿斯变成麦安德罗斯，就像苏格拉底变成色诺芬的"接生婆"一样？苏格拉底作为接生婆，见《泰阿泰德》149a1以下。最后一点，马尔叙阿斯被剥下来的皮挂在"一个洞里"（1.2.8），但据希罗多德所述，它是被挂"在城里"（《原史》7.26）。色诺芬笔下的马尔叙阿斯则更多居于室内。

　　②　根据培根的说法（Francis Bacon, *Of the Proficiency and Advancement of Learning Divine and Human*, Chicago: Encyclopaedia Britannica, 1952）：

　　　　哲人色诺芬……离开苏格拉底圈子，前去亚细亚，参加小居鲁士反叛波斯大王阿尔塔克瑟尔克瑟斯的远征。那时的色诺芬非常年轻，在此之前从未目睹过战争；也没有在军中担任过统领之职，只是作为一个志愿者跟着打仗，因为他爱自己的友人普罗克色诺斯并且要与友人谈话（1.7.30，强调乃笔者所加）。

虽然我不赞同培根在此处归结于色诺芬的那种特定动机或那一堆动机——色诺芬可以在雅典与苏格拉底对话，为何要跑半个世界前去与普罗克色诺斯对话呢？——但培根在某种程度上抓住了色诺芬起初跟随居鲁士时抱有的心态。

1.4 波斯之财富与希腊之自由：征战巴比伦

[59]居鲁士与他的军队临近巴比伦。就在居鲁士预料将要与波斯国王决战的前一晚，他检阅了自己的军队，包括希腊部队和蛮人部队。天破晓时，从波斯国王那叛逃出来的人开始涌入居鲁士的营地，报告国王军队的情况。居鲁士于是召集麾下希腊将领和军官，向他们发表了动员演说，该演说暗含着他对将来的打算：

> 诸位希腊男子汉，我不是因为缺少蛮人，才将你们带来作为盟军，而是因为我相信你们比许多蛮人更好、更强大。愿你们配得上你们拥有的自由，正是因为自由，我才认定你们是幸福的。因为，你们也很清楚，我宁愿选择自由，而不是我拥有的一切和其他许多东西。(1.7.3)

居鲁士宣称，他向巴比伦进军，是受到对自由的热切渴望的驱使。居鲁士也是波斯国王的奴隶(1.9.29, 2.5.38)。实际上，居鲁士不仅认为他麾下的希腊人因自由而幸福，他还谴责了波斯的专制政体。接着他描述了希腊人在战场上将要与之交锋的对手，并宣称自己感到羞愧，因为希腊人将会发现，在他的国土上生活着的仅仅是"人"。①当波斯人跪拜在神般的国王面前时，波斯人和他们的臣民就已经沦为女里女气和奴颜婢膝的人。居鲁士难道意在恢复波斯人的自由，从而使得他的同胞——即便不把波斯人的臣民计算在内——变得"更好、更强

---

① 居鲁士三次说波斯人是"人"（anthropoi），从未说过他们是"男子汉"（andres）；他四次说希腊人是"男子汉"，从未说过他们是"人"。

大",从而变得"幸福"?居鲁士将会使波斯人更像希腊人吗?他并没有认真宣称自己有志于此。事实上,居鲁士在演讲末尾话锋明显有所偏转,他说,如果希腊人表现得勇敢和有胆量,①

> 如果你们当中有谁想回家,我将会使他成为在家里受人妒忌的对象;然而,我认为将来我会使你们许多人选择我身边的东西,而非家中的东西。(1.7.4)

在居鲁士看来,[60]许多希腊人将会选择在波斯享受巨大的财富,而非在希腊可以拥有的自由:如果说自由是很好的东西,那么显赫的财富则有更广泛的吸引力,尽管他们一定是在专制权威下才拥有这些财富。

下文证实了居鲁士无意恢复波斯人的自由。居鲁士的听众中有个人叫高力特斯(Gaulitēs),是个来自萨摩斯的流亡者。高力特斯受居鲁士信任,但他公开挑战居鲁士:

> 有些人说,居鲁士哟,你现在给出许多承诺,是因为你眼下的处境,毕竟危险正在迫近;然而,他们说,一旦形势好转,你就会不记得[你的承诺];还有一些人说,即使你不会忘记而且乐意兑现你所承诺的所有东西,你也没能力做到。(1.7.5)

居鲁士则答复说:

> 男子汉们啊,我父亲的王国,最南端是因酷热而无人居住之地,最北端是因酷寒而无人居住之地;两端之间的一切由我兄长

---

① 根据居鲁士的说法,接下来战斗的胜利完全取决于希腊人的勇敢和胆量。他的演讲没有提到神。请对比大居鲁士在大战克罗伊苏斯前的演讲,见《居鲁士的教育》6.4.12–20,特别是第12节和19节。

的朋友们控制着,他们在这些地方担任总督。如果我们获胜,我们就需要安排你们——我们的朋友们——来掌控这些东西。所以,如果事情顺利,我并不害怕我没有足够的东西来赠予每一位朋友,我反而害怕没有足够多的朋友来赠予。我还会赠予你们每一位希腊人一顶金花冠。(1.7.6–7)

居鲁士通过向希腊人许以波斯帝国行省总督的美差来回应高力特斯("高力特斯"很可能是个虚构的名字,从词源学上来说,它的意思近似"一个盛满渎神的鲁莽的桶"[gaulos-itēs]。为什么高力特斯得此名?因为他正在挑战一位"神"的可信度和权力。①)然而,值得注意的是,居鲁士并未吹嘘帝国的东西两端(1.7.6,对比《居鲁士的教育》8.6.21,1.1.5结尾,8.8.1,这些地方总是提及四个方位的边界)。居鲁士对波斯帝国东西两边界保持沉默的原因,并非特别难猜。他尤其希望在西部边界的具体位置上保留一定的含混,因为这里是波斯人与希腊人长期冲突之地。例如,高力特斯的家乡萨摩斯就曾一度处于波斯的统治下,[61]而且可能会再度如此。②居鲁士向他麾下的希腊人承诺每人一顶金花冠,但我们不会听错这个承诺的弦外之音:他们将会被任命为现存与扩张之后的波斯帝国各行省的总督。高力特斯或许有望"加冕"为萨摩斯总督呢。居鲁士绝非将波斯人塑造得更像希

---

① 我们不应该把"高力特斯"等同于修昔底德《伯罗奔半岛战争志》(8.85)中的同名者。修昔底德笔下的角色来自卡里亚(Caria),而不是萨摩斯。如我所言,这里的"高力特斯"很可能是个虚构的人名。

② 《居鲁士的教育》1.1.4;《希腊志》3.1.3,3.2.12以下,还有5.1.31以下以及其他各处。关于萨摩斯及其与波斯帝国关系的讨论,Grote的著作依然有帮助,Grote, *Greece*, Vol. 10, pp. 295–296。另参修昔底德《伯罗奔半岛战争志》8.43.3–4;希罗多德《原史》3.139–49。

腊人,而是志在将希腊人变得更像波斯人。

＊ ＊ ＊

此时此刻,克勒阿尔科斯问居鲁士是否认为他的兄长会为了王位与他一战(1.7.9)。我们在导言中已经看到,居鲁士不怀疑他的兄长会与他一战,他说得非常明确。卜士西拉诺斯预测说,波斯国王在接下来的十日之内都不会来战,居鲁士并没有把这放在心上。居鲁士信靠自己的判断。不过,事实证明他的判断不可靠。因为关键的十日过去之后,居鲁士就放松了警惕,他断定他的兄长已经放弃战斗。他变得漫不经心。他乘着马车自由自在地前进,只安排了小股有秩序的部队在他前面,主力部队则毫无秩序地向前行进。

居鲁士预期不再可能会发生的战斗突然来临:居鲁士的军队跨过巨大且仓促弃守的防御壕沟后,第三日,大约正午时分,一名侦察兵驰入先锋部队,他胯下的马大汗淋漓。这名侦察兵高喊着说,他看到国王列着战阵正在逼近。居鲁士军中立刻一阵大乱。在希腊人看来,实际上在所有人看来,国王即刻就会趁着他们队形不整前来攻打他们。居鲁士从马车上跃下,穿上胸甲,跃上马背,抄起一对标枪。他没有戴头盔就进入战斗,"据说"他就像其他波斯人一样光着脑袋面对战争的危险,以此为一种可资炫耀的做法(1.8.6)。而每一名骑兵都戴着头盔,甚至战马都戴着头盔(1.8.6–7)。

一时间并没发生什么事。午后,远处升起团团尘埃,过了一会儿,整个平原上都可看到团团黑影,随后,可以看到庞大而寒光闪闪的敌阵,有序静默地前进。巴比伦之战近在眼前。居鲁士骑马沿着自己的战阵,发布了最后的命令。他对陈列在幼发拉底河旁边(在右翼)的克勒阿尔科斯大喊,要克勒阿尔科斯率军直击敌阵中央。那是波斯国王所在之地。居鲁士说,[62]"如果我们在那儿取胜了,就大功告成啦!"(1.8.12)。克勒阿尔科斯看到敌人的中央方阵庞大密集,他还听说国王都到了希军的左翼之外。实际上,国王的阵线如此宽广,其军队的中央方阵甚至都延伸到居鲁士的左翼之外。① 克勒阿尔科斯含糊其辞地回答道:

> 一切都会好的,我会处理此事。②

然而,他在战斗中并没有尝试执行居鲁士的命令。攻打敌阵中央需要越过正在行进的敌军前锋,然后向左攻击。这样会暴露克勒阿尔科斯的右翼部队,使之面临被围之虞。唱起凯歌之后,希腊人将要发起正面攻击,这样一来,他们的右翼就受到幼发拉底河的保护。后人诟病克勒阿尔科斯过度谨慎,尽管也有人为他辩护。③

无论克勒阿尔科斯对军情的判断怎么样,我们的关注焦点一定是色诺芬,现在他以自己的名义出现在《上行记》(1.8.14–17)。战斗就要打响,居鲁士正沿战阵骑马,观望敌我双方的军队。色诺芬在希腊人的军中看见了居鲁士,便骑马过来,问道:

> 你有什么命令要传达吗?

---

① 居鲁士带着他的蛮族军队列阵在希腊军队的左边,而希腊军队则列阵在幼发拉底河畔(1.8.4–6, 1.8.23)。

② 见1.8.13。"我会处理此事"这个短语或承诺在卷一出现过两次,此处与1.4.16,每一次都没有做到。后来这个短语只出现了一次,醒目的一次,在5.3.13处。这一次还照样吗?

③ 普鲁塔克的《阿尔塔克瑟尔克瑟斯传》记载了典型的批评,在现代常常可以听到这些批评的回音。Wylie写道:"该受责备的是居鲁士,是他自陷于惊险。"见Wylie,"Cunaxa and Xenophon", *L'Antiquité* 61, 1992, p.133。我同意Wylie的这种评价。

居鲁士停下马说话,他命令色诺芬告诉每一个人,营地献祭(hiera)和阵前献祭(sphagia)都吉利(1.8.15)。① 居鲁士正说话时,听到希腊军中传来一阵嘈杂声,于是问怎么回事。克勒阿尔科斯这时显然还在可以听得到居鲁士说话的距离内,② 于是答道:这是在第二次传口令。③ 居鲁士想知道是谁下达了口令。口令是什么?居鲁士问道。答复是:宙斯救主与胜利女神。居鲁士说,

    那我接受,就这个吧。(1.8.17)

这一情节让人觉得奇怪。色诺芬好像特意确保自己是作为一个谄媚者乃至巴结者在《上行记》中出现。但色诺芬为什么要把自己写成这样呢?难道他希望表明自己的政治抱负,亦即渴望"以副官的身份"为居鲁士服务?④ 可是,[63]为什么他后来又强调自己"既非以将领的身份,也非以百夫长的身份,也非以士兵的身份"追随居鲁士(3.1.4)呢?实际上,考虑到色诺芬与普罗克色诺斯的笃厚交情,他在普罗克色诺斯担任将领的分队中本可以获得某种职位,因此,色诺芬好像是选择了以私人身份追随居鲁士(3.1.4)。色诺芬策马来到居鲁

---

① hiera 与 sphagia 之间的差异,见 Flower, *Xenophon's Anabasis, or The Expedition of Cyrus*, p. 205。

② 我遵从那些更佳抄本的读法,1.8.16处是"克勒阿尔科斯",那些较差的抄本则作"色诺芬"。一些校勘者干脆把这个单词删掉了。

③ 关于第二次传口令,参《居鲁士的教育》3.3.58。

④ 见 J. Howland, "Xenophon's Philosophic Odyssey: On the *Anabasis* and Plato's *Republic*", *American Political Science Review* 94 no. 4 (December), 2000, p. 884. 中译文见邱立波译,收于刘小枫主编《古典诗文绎读:西学卷 古代编》(上),华夏出版社,2008。

士身边"更近地观察他,以便更好地理解他",①这种情况恐怕完全没有可能。巴比伦之战即将打响,这绝不是沉思灵魂学的恰当时机。下一章(1.9)提供了更加令人满意的解释。色诺芬写道:居鲁士从来不让热心听命于他的人未获奖赏就空手而归(1.9.18)。色诺芬自己在《上行记》中作为一个寻求奖赏的人出现,或更宽泛而言,作为一个爱好收益者出现,他所呈现的自我形象倒是支持我的说法——他是"弥达斯"。

但有人会反驳说,既然色诺芬是"弥达斯",你又怎能说他是个苏格拉底式的人物呢?毕竟,苏格拉底是个穷人,而且安于贫穷。他对钱几乎没兴趣。②这种反驳意见有道理,还可以让我们关注色诺芬与苏格拉底之间的真实差异。然而,如此反驳忽略了更根本的一点。据闻,苏格拉底在《治家者》(16.9)中说,学习如何获得(如果他想的话)最多的大麦和小麦,这与一个哲人的身份特别相称。③色诺芬与苏格拉底对人们爱获取这一点都抱有同情,而且不只是同情。

如果色诺芬进入《上行记》的情节令人觉得奇怪,居鲁士在这段情节中的举止也颇令人费解。即使撇开是否真的得到了营地献祭和

---

① 见 J. Howland, "Xenophon's Philosophic Odyssey: On the *Anabasis* and Plato's *Republic*", p. 884。

② 《治家者》第二章各处和11.9;《回忆》1.6.11-15,1.2.5。我们得注意到,尽管色诺芬强调苏格拉底"不把他的同伴们塑造成爱钱的人",但色诺芬也没有说苏格拉底让他们摆脱这个欲望(色诺芬在谈到其他欲望时也是如此:《回忆》1.2.5 及其上下文)。

③ 在这个重要段落里,我们唯——次听到色诺芬笔下的苏格拉底使用"哲人"这个单词("爱智慧的" [philosophos],对比《会饮》8.39)。一并考虑《居鲁士的教育》1.6.31-34:我们应该对比那位教导正义的无名教师的教诲与苏格拉底的教诲(《回忆》4.2.12-23)。也请从整体上思考柏拉图的《希帕库斯》(*Hipparchos*)这篇对话。

阵前献祭的吉兆这个问题不论——尽管居鲁士宣称得到了①——我们还得解释他在听到口令时的反应。为什么色诺芬强调居鲁士"接受"（dechomai）"救主宙斯"和"胜利女神"这两个口令？居鲁士显然不曾向他的军队传达过这样的口令。[64]下达口令是将军的一项重要职责,居鲁士疏忽了。②然而,色诺芬为什么强调居鲁士"接受"这个特别的口令呢？

请回想一下,"口令"（sunthēma）一词的字面意思是"共识"。口令就是大家共同认可的一种信号,旨在帮助士兵在混战中辨别敌友（例如7.3.39和《希腊志》2.1.1–2）。但是,正如《居鲁士的教育》的一个段落清楚表明的,古代的军人期望口令可以激发共识,即博得所祈求之神的协助。③当受到惊吓的希腊人面对据说百倍于己的庞大敌军时,当希腊人还处于大战前的混乱之中时,他们作为乞援人向天神求助。④从希腊人的阵列里传出的嘈杂声不仅仅是在传递军事口令,它首

---

① ［原注73］由于波斯国王及其军队突然出现,居鲁士自然几乎来不及献祭占卜。《上行记》从未讲过居鲁士举行过任何献祭仪式（对比例如2.1.9）。1.8.15与1.2.10之间的对比,可以反映出色诺芬作为建议者日益增长的影响力吗？在《居鲁士的教育》中,大居鲁士就在大战克罗伊苏斯之前献祭并获得吉兆(6.4.1, 6.4.12)。另参《阿格西劳斯》1.31。［译按］对勘英文版115页原注11。

② 他与大居鲁士不同,见《居鲁士的教育》3.3.58。另参下注。

③ 与克罗伊苏斯交战之前,大居鲁士祈求祖先神宙斯成为他军队的"领袖与盟友"。之后,他向部队下达了口令"宙斯救主和领袖"（《居鲁士的教育》7.1.1, 7.1.10）。

④ Wylie指出,在得知国王正在逼近的消息后,"希腊人的阵列中一定出现了持续很久的混乱,几小时后(1.8.14),在敌人面前,希腊人还在'整列队形'",见Wylie, "Cunaxa and Xenophon", *L' Antiquité* 61, 1992, p. 124。关于对方兵力的规模,从国王那一方叛逃过来的人报说,国王有多达一百二十万大军,对比一下,居鲁士的兵力是十一万,其中的一万零四百是希腊重甲兵。国

先是希腊人向"救主宙斯"祈求"胜利"的嘈杂声。当居鲁士答复说他"接受"这个口令时,他接受的更多的是这个口令背后的祈求,而非这个口令本身;不管怎么说,现在已经来不及改口令了。他"接受"赐予希腊人以安全的胜利。①色诺芬以玩笑的方式表达出的意思是,居鲁士真正取代了宙斯,成为一位神,其强大意愿能够实现人类的祈祷。②这种"接受"在最完满的意义上归纳了"上行"对居鲁士而言意味着什么,同时预示着居鲁士上行的那一部分即将完成,作为一个凡人,他正处于完成这种上行的时候。③

[65]色诺芬对巴比伦之战的记述令人难忘。④尽管此时双方之间有五六百米的距离,希腊人一样唱起凯歌,向国王的军队发起进攻。看起来他们没有等待进攻令的下达(1.8.17-18)。向战神(Enualios)

王自己的骑兵据说是居鲁士的十倍,国王有六千,居鲁士有六百。另外,居鲁士有一千帕弗拉戈尼亚骑兵,见1.7.10-13和1.8.5-6。然而,色诺芬并未出面确证这些惊人的数字的真实性。他说国王的军队"据说"规模庞大(1.7.11)。Wylie令人信服地论证说国王军队的规模不可能这么大,见Wylie,"Cunaxa and Xenophon", p.123。另参本书附录三。

① 大居鲁士在第一次大胜之后赞颂了诸神,因为他的军队已经获得"胜利和安全"(《居鲁士的教育》4.1.2)。

② 宙斯被称为"乞援人的神"(例如《奥德赛》13.213)。这一则旨在赐予安全的胜利的"口令"(sunthēma)或"共识",当然不是由居鲁士来兑现。我们阅读色诺芬为居鲁士写的谀文时应该记着这个事实:居鲁士并未兑现他曾订下的最重要的"协议"(在1.9.7, suntithēmi居中间位置)。

③ 动词"接受"(dechomai)在《居鲁士的教育》4.6.8用于指接受祈援。色诺芬强调居鲁士没有下达口令,不仅让我们注意到居鲁士忽视了将军的职责,也注意到居鲁士漠不关心来自神的帮助。

④ 在色诺芬的叙述中,"他们说""据说""有人说"这样的短语高频率地出现。色诺芬不可能亲眼看到所有地方发生的事情:1.8.18, 1.8.20(2次), 1.8.24, 1.8.26(2次), 1.8.27, 1.8.28, 1.8.29, 1.10.7, 1.10.12, 1.10.18。

呐喊之后，希腊人提早跑了起来，于是方阵立即陷入混乱。尽管希腊人的队形已经乱了，而且国王的军队在数量上还占有巨大优势，希腊人依然直面对阵的敌人。对面的波斯人甚至在弓箭射程之外就开始逃跑。希腊人全速追击。国王的一些战车被追赶得冲入己方阵列，其他一些冲入希腊人的阵列。然而，这些战车没有造成什么伤害，因为御手早就跳车了。色诺芬记述道，据说没有一个希腊战士在这次进击中受伤，"只有左翼的某个人据说中了箭"（1.8.21）。多么不可思议的说法！成千上万的人在这场大规模的激战中横冲直撞，居然只有一个希腊人伤亡（"据说"）？然而，这种说法简明概括了我们对国王军队的看法。波斯人的行为证实了居鲁士先前表达的失望：他的国土上所居之人，只是"人"而已。①

希腊人最终停止了追逐，重整队形，又发起两次进攻。每一次他们都击溃了国王的军队，甚至包括他的骑兵（1.10.10–11；1.10.13）。居鲁士为希腊部队的开局胜利感到高兴。他身边的近臣开始把他当

---

① 参 Hirsch, *The Friendship of the Barbarians: Xenophon and the Persian Empire*。从别的方面来看，Hirsch 的专著持论衡平，而且能够提供有用的信息，但没有充分强调色诺芬对波斯的批评，色诺芬的批评在这些描述巴比伦之战的段落中清楚可见。《居鲁士的教育》（8.8.22–26）已经证实了色诺芬所作描述的重要意义。一个人或许可以为波斯国王的步兵辩护，强调他们不如希腊重甲兵的装备精良，所以在近身战中处于劣势。但这个事实并不能为他们开脱。随后会证明这一点。国王的士兵不知怎么在战斗中进了希腊人的营地，便开始劫财抢人（1.10.1–3），然而，一些在营地里的希腊驮夫碰巧手上有武器，于是奋起抵抗。尽管自己这一方也有伤亡，但他们杀死了许多波斯人，他们拒绝逃跑或束手就擒。他们保全了自己地盘上的所有东西，其中包括居鲁士的一名侍妾。驮夫肯定只是手持相当简单的武器，但他们却不只对抗了精挑细选的王军：装备不是一切。不跪拜凡人这种习惯在政治上有意义深远的影响（《上行记》1.10.3；对比 1.6.10, 1.8.21, 3.2.8–9, 3.2.13）。另参《上行记》6.1.13。

作新王来跪拜(1.8.21)。然而,居鲁士的胜利现在还不稳固。勒住手下的骑兵之后,居鲁士在观察其兄长下一步的行动。当看到国王转换阵形企图先包围再从后方截断希腊人的部队时,[66]居鲁士便跃马前去破解敌人的花招。居鲁士率领自己的六百骑兵,打败了阿尔塔克瑟尔克瑟斯的六千铁骑。然而,当他的骑兵开始追击敌人时,骑兵队分散开了,只有少数几个忠心之人留在身边保护居鲁士。就在那时,居鲁士瞥见了他的兄长,正藏身在密实的卫兵队列之后,居鲁士大喊道,"我看见那男子汉了!":居鲁士之上行的完成,需要阿尔塔克瑟尔克瑟斯不合礼制的(unceremonious)的下行(1.8.26,强调乃笔者所加)。①居鲁士一跃上前,击中阿尔塔克瑟尔克瑟斯的胸部。

但就在居鲁士击中对方之时,居鲁士自己的头部也受到致命一击。他属下的波斯忠诚之士几乎都战死在他的尸体旁。居鲁士的上行过早结束了。

1.5　统合高贵与好:神般的王

对于高贵与好这个问题而言,小居鲁士代表着一种有吸引力的解决之道。在《上行记》的论证中,卷一的功能在于概述一个王政模范人物的优势和弱势,在这种王政中,一个高尚并且有能力的统治者上升至崇高的地位,乃至成为全能全知的,在这个位置上,他能够依据品行来施行赏罚。实际上,居鲁士的诔文所刻画的正是这样一个人:如果他成功了,他本会变成大地上的某位神,具备神一样的能力来为他

---

① 作为叙述者的色诺芬一直都称呼阿尔塔克瑟尔克瑟斯为"国王"(1.8.26,1.8.27)。居鲁士的凯旋呼声过早了。

治下的那些人统合或调和德性与幸福(1.9)。①居鲁士的王政本会开创一个崭新的黄金时代。②它会吗?

居鲁士的诔文无疑引人入胜。我们得知,居鲁士在王宫门口接受教育,在波斯贵族的孩童中间,人们认为居鲁士在每一方面都最优秀。波斯的孩童既观察又听闻那些受国王器重之人,还有那些不受器重之人,所以,还在孩提时期,他们就"既学习如何统治人,又学习如何被人统治"(1.9.4)。

在同龄人中,居鲁士看上去最羞怯,他甚至比那些地位低于他的人还要更服从长者,他最爱马,也最擅长骑马。人们还断定居鲁士最热爱学习与战争相关的事情——射箭和投掷标枪,练习也最勤。到了年纪之后,他最热爱狩猎及其伴随的危险。有一次,一只母熊攻击他,[67]他没有逃跑,反而扑向母熊。母熊将他打下马,他受了些伤,但最终杀死了母熊。他还使第一个对自己出手相救的人成为许多人眼中的有福者(1.9.6)。

受父亲委任成为帝国部分行省的总督并且统领一支庞大的军队之后,居鲁士展示出自己变成了哪种类型的统治者。对于协定、协议或做出的承诺,居鲁士从不失信(1.9.7–8),他还展现出(在众多德性中首先是)忠诚(1.9.10)、男子气(1.9.11)、正义(1.9.13–16),对待友人时的关怀和慷慨(1.9.24–28)。既然居鲁士也毫不留情地惩罚罪犯——他

---

① 要注意短语heis ge anēr屡屡出现在居鲁士的诔文中。我们应该将它译作"至少对于一个男子汉"(1.9.12,1.9.22)。

② 这种统治模范的永存魅力体现在莫里哀的《伪君子》(Tartuffe)中,该剧于1667年首次上演,在剧中,路易十四被赋予的角色是"上界下凡的国王"(rex ex machina),见第五幕第七场那位官员的最后讲辞。

不允许他们把他当笑柄,① 那么,

> 任何希腊人或蛮族人,都有可能携带与自己身份相宜的任何物件,无所畏惧地前往自己想去的任何在居鲁士治下的地方。(1.9.13)

居鲁士特别敬重那些善战之人。看到乐意在战争中冒险的人,居鲁士就会任命这人担任某个自己征服的地方的统治者,还以其他礼物来表达敬重之情,叫好人看上去最幸福,坏人则被认为就应该给这些好人当奴隶(1.9.15)。此外,如果在居鲁士看来某人自愿地展示正义,那么,居鲁士最为看重的就是让这些人比那些贪求不义之财的人更富裕(1.9.16)。并且,如果居鲁士看到某人在自己的领土上有技巧地施行正义的统治,那么,居鲁士从不会从这个人那取走什么东西,反倒总

---

① "把某人或某物当笑柄"译自动词"嘲笑"(katagelaō)。这个动词连同其同源词"笑话/笑柄"(katagelōs)和"滑稽可笑的"(katagelastos)都暗含渎神之意。这里所说的笑声可能会把"神"变成一种玩笑(比如,对比《回忆》1.4.2;柏拉图《王制》330e1)。在柏拉图的《会饮》(189b7)中,形容词"滑稽可笑的"(katagelastos)用以暗示阿里斯托芬为那位爱若斯神或爱若斯精灵所作的颂词的品质,还被用来暗指苏格拉底(或第俄提玛[Diotima])对爱若斯神的评价(198c6,结合 202b10-c2,请记住,katagelastos 的意思可以指"令人发笑的",而非"受嘲笑")。为了理解《治家者》13.4-5 为什么会反复使用 katagelaō 和 katagelōs,我们得回想起,苏格拉底告诉伊斯霍马霍斯,使人可以娴熟统治的那种能力,即使人成为王者(basilikos)的那种能力,应该得到大大的赞扬,而不是嘲笑声(katagelōs),这时苏格拉底是在透露,苏格拉底所理解的这种能力要求什么东西(13.5)。具有王者技艺的人与臣民之间的关系,就像训练者与小雄马或小狗之间的关系,双方分属不同的种类(《治家者》13.6-8;对比《居鲁士的教育》首章,特别是 1.1.2-3)。在《上行记》(2.6.23)中,色诺芬将 katagelaō 用在恶棍梅侬身上,另参 2.4.4。

是给予他更多的东西。因此,正义和德性受到居鲁士的奖赏,不义和罪恶受到居鲁士的惩罚,如我们先前所见,所有似乎与他打过交道的人都赞同,在大居鲁士以后出生的所有波斯人中,居鲁士不仅是最有王者气的人,而且最配进行统治(1.9.1)。

[68]然而,在这幅吸引人的肖像画的边缘,却可以看见某些疑难之处。首先,色诺芬实际上并未以自己的名义说居鲁士最具王者气又最配进行统治。他只是将这种看法归于所有"似乎与居鲁士打过交道的人"。他的模棱两可暗藏深意吗?色诺芬以自己名义说出的是:

> 基于我关于居鲁士的所听所闻,我至少可以如此判断,即没有一个人,无论是希腊人还是波斯人,比居鲁士为更多的人所喜爱。(1.9.28)

但色诺芬会批评居鲁士身上的什么东西呢?

首先,居鲁士过早死去,无疑始于他的缺乏自制。他冲向那群保护国王阿尔塔克瑟尔克瑟斯的密实阵列,当时他自己身处孤危之势,而他这一方几乎就要取得胜利了(1.8.26)。这种不顾一切的出击,尤其让人想起居鲁士年幼时在狩猎中扑向母熊之事。与其同名的前辈不同,当瞥见"猎物"时,小居鲁士从未学会控制自己的激情。但他这一次付出的代价是自己的性命。①

居鲁士的勇敢也过度了。如果他采取防范措施,在战斗中戴了头盔,就有可能避免致命的头部受伤。色诺芬无疑在批评居鲁士毫无必要的冒险之举,特别是因为居鲁士麾下军队的前程都系于居鲁

---

① 大居鲁士年轻时也做过两件事,其中透露出一股接近"疯狂的冒险"的鲁莽,见《居鲁士的教育》1.4.7–9,1.4.16–24。可是,与克罗伊苏斯交战时,大居鲁士成了谨慎的自制者的典范。

士一人的安全之上(对比1.7.8-9)。①实际上,如果细究色诺芬为居鲁士写的诔文,我们就会发现几处略而不提的地方。居鲁士的品质列表中没有自制(enkrateia)②和虔敬(eusebeia),③这并不令人奇怪。我们也看不到审慎(phronēsis)、智慧(sophia)和节制(sōphrosunē),这又是怎么回事呢?所有这些都是居鲁士缺乏的品质。④

---

① 正如我们所见,色诺芬强调,就连居鲁士的马也戴上了战盔(1.8.7)。大居鲁士在战斗中曾戴过一顶坚实的青铜头盔(《居鲁士的教育》7.1.2)。《回忆》(3.10.9)讲到了苏格拉底对保护性装备的看法:苏格拉底"以赫拉的名义"发誓,称赞胸甲的发明是一件高贵的事。至于色诺芬,他在《论骑术》(12)中描述了骑兵应该如何在战争中武装起来,他特别突出了头盔的重要性。

② 此次出征,小居鲁士带了两名侍妾(1.10.2-3)。据说,他还与西里西亚王后有染(1.2.12)。与大居鲁士不同,情欲可能会让小居鲁士无心政务(对比《居鲁士的教育》5.1.2-18,8.5.28,还有8.4.22)。参Bruell,"Xenophon", in *History of Political Philosophy*, edited by L. Strauss and J. Cropsey, pp. 112-114。

③ [原注89]作者有一次提到居鲁士可能祈祷过(1.9.11)。但关于这次祈祷的真实性的证明比较弱——只是据"一些人"说而已。我们应该将这次祈祷与《旧约·诗篇》这样的文本进行对比。居鲁士没有请求诸神帮他施行正义。施行正义的事,他完全自主进行。[译按]对勘导言部分的原注23。

④ 读者应该对比一下,小居鲁士如何在巴比伦之战中统领军队,而大居鲁士如何在大战克罗伊苏斯时统领军队。后者是巴比伦之战的"理想化"版本。考虑到这种对比,小居鲁士在统领军队方面(毫不夸张地说)是有欠缺的。关于两者之间的差异的有益讨论,参Wylie,"Cunaxa and Xenophon", *L'Antiquité* 61,1992, p. 133, n. 27和J. K. Anderson, *Military Theory and Practice in the Age of Xenophon*, Berkeley: University of California Press, 1970, chap. 9。

说到智慧,诚然小居鲁士的两位侍妾中的一位据说是有智慧的(1.10.2)。然而,提及一位侍妾的智慧,在此衬托之下,作者丝毫没有谈到居鲁士的智慧,就更加引人注目。

最后一点是,色诺芬从未将节制(moderation)归于居鲁士。色诺芬确实表明小居鲁士与其他波斯贵族的孩子一道,被要求在王宫门前学习节制(1.9.3),但色诺芬只是将"羞怯"(aidēmōn)归于居鲁士,而"羞怯"只是对"节

[69]尽管小居鲁士这幅肖像画的边缘处可以看到上述疑难之处，但这并不必然表明，一位神般的王在原则上不能够统合高贵与好。要想象出一个更完善的居鲁士，禀有居鲁士的品质的同时又没有居鲁士的种种缺陷，对我们来说并非难事。这正是《居鲁士的教育》中那个虚构的大居鲁士的形象。①

此外，《上行记》中的小居鲁士并未一直循高贵之道，这个事实本身并不足以否定神般的王这一模式。有人可能会说，小居鲁士运用龌龊手段——欺骗、恐吓之举，诸如此类——是必要的，因为他是大流士的幼子。但假如他生下来就皇袍加身，最好还是独子，又会怎么样

制"的一种无力模仿而已(1.9.5)。关于"羞怯"与"节制"之间的区别，参《居鲁士的教育》8.1.31。[译按]在《居鲁士的教育》8.1.31，大居鲁士是这样区分"羞怯"与"节制"的：羞怯之人只是在公开场合不做可耻之事，而节制之人即使在别人都看不到的情况下也坚持不做这些事。

① 关于两位居鲁士之间的差异，首先请参 Bruell, "Xenophon", in *History of Political Philosophy*, edited by L. Strauss and J. Cropsey, pp. 112–114。Flower 正确地指出，《上行记》的读者应该要注意到，小居鲁士是其著名的同名前辈即大居鲁士的不完美复制品，见 Flower, *Xenophon's Anabasis, or The Expedition of Cyrus*, p.189。另参 Hirsch, *The Friendship of the Barbarians: Xenophon and the Persian Empire*, p. 75。在《治家者》(4.13)中，色诺芬以开玩笑的方式将小居鲁士与大居鲁士混为同一个人，我相信，这种做法意在表示，"居鲁士"在他的思想中最终代表一种政治上的可能性——即神般的王。Hirsch 提出一个问题："这两位居鲁士对色诺芬而言是否有可能实际上变成了一个人？"他如此提问的思路是对的，见 Hirsch, *The Friendship of the Barbarians: Xenophon and the Persian Empire*, p. 175。在色诺芬为小居鲁士写的诔文中，很多段落都尤其让人联想到色诺芬对大居鲁士的评价：例如，可对勘《上行记》1.9.24与《居鲁士的教育》8.2.13。参 Hirsch, *The Friendship of the Barbarians: Xenophon and the Persian Empire*, pp. 74–75。

呢?①这样的话,居鲁士不就可以顺利登基而无需要那些手段了吗? 难道解决高贵与好这个问题的方式,就在于正确时间里的好出身,即在于某种机运所决定的行为吗?

现在我们应该清楚,要评价神般的王的模式,就需要分析《上行记》的姊妹篇《居鲁士的教育》,分析《居鲁士的教育》中所描绘的更完善的居鲁士形象。研究色诺芬的学者可以从已有学术成果中汲取相当大的帮助,其中不乏佼佼者。②《上行记》只是大概勾勒了色诺芬如何看待神般的王。因此,关于这个主题的思考,让我来抛砖引玉,就聚焦于高贵与好这个问题。

[70]我们考虑一下,假如居鲁士身为波斯新王,以品行为依据来赏罚臣民,他会遭遇何种挑战。要化解这种挑战,他将需要知识。居鲁士不会允许那种关系到品行的证据逃过他的眼睛。他会需要许多眼线和监督者,因为关于每个人的品行,他自己不可能亲自获知他必须知道的东西。③然而,从这样的消息源,能够获得哪种知识呢? 难道那些眼线和监督者的典型动机,是他们有志于实事求是地强调所报告的对象的德性与恶行吗? 如果他们能够靠虚假的报告和诽谤来渔利,又会怎么样呢? 实际上,居鲁士的一手知识有其局限性,再加上他钱多权重,这会让他们经常那样干。④即使高尚如居鲁士者,只要力求正

---

① 不用说,大居鲁士是独生子:见《居鲁士的教育》(1.2.1)。

② 特别参看这两个研究:Bruell, "Xenophon", in *History of Political Philosophy*, edited by L. Strauss and J. Cropsey 和 Nadon, *Xenophon's Prince: Republic and Empire in the Cyropaedia*.

③ 他将不得不依靠一张类似大居鲁士所创的"国王的耳目"的网络,参《居鲁士的教育》8.2.10–12。

④ 我们也应该考虑这种现象的重要性,即波斯的总督和将领们为了"肥差"(good governance)而相互控告:参《治家者》4.5–11,特别是第10节。

义地施行赏罚,就得面对这个棘手的难题。我们只需细读一下罗马帝国晚期那些史家的撰述——就不用提更晚近发生的事件了——便可以看到,在没那么高尚的统治者治下,会发生什么事情。①

不言而喻,没有一个凡人统治者能够真的成为一位神。无论王者的地位多么崇高显赫,他仍是一个怀有政治需求、政治抱负的人。即使是神般的王,也必须巩固自己的权力。克勒阿尔科斯和梅侬因为以行动(尽管不高贵)为居鲁士效劳而得到奖赏,有德之士普罗克色诺斯同样以勇敢之行在卡尔曼得城为居鲁士效劳,却招致批评,这些事例都说明,即使是一个高尚的统治者,有时也会先奖赏为自己效劳的人,而后才是有德之士。带有溢美色彩的居鲁士谏文表现出相似的思维方式。在谏文的前半部分,②色诺芬描绘了居鲁士的统治,九次使用了正义及其各种同源词,③只有一次谈及居鲁士对"友人"的关照(1.9.10)。然而,随着谏文逐渐展开,比例颠转过来。在后半部分,色诺芬只有一次提到居鲁士心系正义(1.9.19),与之相对,提及居鲁士关心友人却达十三次之多。即便是高尚的居鲁士,也往往会将正义等同于关爱友人。[71]在居鲁士治下——即使是在居鲁士的治下——德性也可能下降为效劳和忠心的某种混合物(请考虑1.9.29–30)。神般的

---

① 比如,参 Edward Gibbon, *The History of the Decline and Fall of the Roman Empire*, edited with Introduction, Notes, and Appendices by J. B. Bury, London: Methuen & Co, 1909, Vol.2 chap. 16, pp. 199–200. 也请思考 Nadezhda Mandelstam 关于斯大林的动人声明,特别是第32章,参 Mandelstam, *Hope against Hope*, translated from the Russian by Max Hayward, with an Introduction by Clarence Brown and "Nadezhda Mandelstam (1899–1980): An Obituary" by Joseph Brodsky, New York: Modern Library, 1999。

② 我将谏文的前后两部分划在1.9.17这个地方。

③ 我把色诺芬谈及居鲁士处置不义之徒和为非歹者的地方也计算进来。

王的统治破坏了高贵的根基。①即使它没有直接破坏高贵的根基,也往往会将高贵拉低成一种替"友人"谋私利的手段。

通过庞大的眼线和监督者之网,神般的波斯诸王变成全知者,就此而言,他们是运用这种知识来对抗阴谋并保全自身。②他们几乎不关心奖赏真正的美德。另一方面,手中握有的巨大权力的确将他们变成了神一样的统治者。希腊人在他们的诸神面前跪拜,而且只在诸神面

---

① 请思考《居鲁士的教育》8.8.4–5。在谀文中,色诺芬说,小居鲁士据说在每项任务上都不乏最优秀的助手,因为他从不亏待热心效劳之人(对比1.9.18)。可作者并未告诉我们,居鲁士委派的事项是否总是高贵或光荣的(对比1.8.15)。作者告诉我们,战死在居鲁士身旁的执权杖者阿尔塔帕特斯,曾获居鲁士的尊封,与"最好的波斯贵族"地位平等(1.8.29)。

居鲁士奖赏的是阿尔塔帕特斯的善意和忠诚。然而,居鲁士委派给阿尔塔帕特斯的任务是诸如从肉体上消灭奥戎忒斯之类的任务(1.6.11)。居鲁士的确有能力诱导其治下的人自愿为他舍身冒险或担起重任(1.9.15)。作者给了我们一个关于这种自愿冒险的重要例子(1.5.7–8)。

然而,色诺芬强调,这种自愿冒险的前提是,"当某个人认为居鲁士会察觉到这件事情时"(1.9.15)。与此一致的是,即便在我们讨论的这个场景中,色诺芬归于居鲁士核心圈子的成员的也并非德性,而只是"秩序"(eutaxia, 1.5.8)。两者之间的差异的重要性,《居鲁士的教育》(8.1.31–33,特别是第33节)说得很清楚。请注意,色诺芬强调"人们如何在居鲁士面前显得……"(1.9.15–16, 1.9.19)。

② 我们的确看到居鲁士这么做(《上行记》1.6)。当色诺芬在《居鲁士的教育》(8.2.10–12)中探讨"国王的耳目"时,关于德性与恶行方面的报告,色诺芬未吐一字。眼线只会报告"有利于国王的内容",人们非常害怕这些人:"人们处处害怕说出不利于国王的话,仿佛他正在听着,也害怕做出不利于国王的事,仿佛他就在眼前。"(8.2.12)参Ambler的译文,见 *Xenophon: The Education of Cyrus*, translated and annotated by Wayne Ambler, Ithaca, NY: Cornell University Press, 2001。

前跪拜,而波斯人在他们的国王面前跪拜。①即使是像奥戎忒斯这样的人——他背叛了居鲁士并且本身是皇亲国戚——也受那些地位低于他的人的敬拜(1.6.10)。波斯的等级通常一面造成专制权威,一面造成臣民的卑躬屈膝。波斯政体习惯了那些带有奴性的惯常做法。②巴比伦之战从纯粹军事的视角生动揭示出这种政体的代价。[72]神般的王的统治不仅破坏了自由,还泯灭了男子汉身上的活力,缺乏了这种活力,自由便无法久存。国王的意志取代了共同体的法律,并置换掉所有习俗或不成文准则,这样的现实强有力地助长了奴性。③

神般的王的模式提供了一个吸引人的核心承诺:一位高尚又有才干、全知全能的统治者,可能为大地上的广袤区域带来正义。④然而,依照色诺芬的教诲,这种承诺不可能实现。神般的王的正义仅仅是在无力地模仿神的正义。尽管居鲁士比几乎所有的波斯先王都更加高尚,也更有才干,他的上行仍解决不了高贵与好这个问题。任何这类凡夫

---

① 见3.2.13,3.2.9;1.8.21。

② 居鲁士的一些其他做法更加巩固了这些习惯。例如,色诺芬强调,居鲁士常分发自己餐桌上的食物以取悦友人(《上行记》1.9.24–26)。色诺芬叙述此事的意图在于证明居鲁士格外关爱友人。然而,《居鲁士的教育》(8.2.4)清楚表明,这种做法也有政治上的目的:鼓励人们谄媚逢迎国王的友人。

③ 例如,色诺芬清楚表明,波斯的财产权任由国王摆布。居鲁士的例子就很能说明问题。他不嫉妒那些一看便知是富人的人,而是"企图动用那些藏匿财富之人的钱财"(《上行记》1.9.19)。藏匿之财就是一种藏匿起来的赢得朋友的能力;可见的钱财则约束人,使人必须服从。波斯诸王的做法甚至更没有人情味,见《居鲁士的教育》(8.8.6)。"法"(nomos)这个单词在《上行记》卷一里只出现过一次,指的还是希腊的法(1.2.15,对比1.2.27)。《居鲁士的教育》(8.1.7–15)暗示出,国王的"意愿"(nomidzein)即波斯之法(nomos)。

④ 此类统治模式甚至对一些希腊人来说也具有某种吸引力,比如虔敬的贤人伊斯霍马霍斯,尽管他们憎恶在一个凡人面前下跪;对比《治家者》12.20和13.11。

的上行都解决不了这个问题。①这就是《上行记》第一阶段论证的主要教诲。

* * *

我关于《上行记》卷一的分析有可能遭到如下反驳:如果色诺芬对神般的王持批评态度,就像我所论证的那样,那他为什么还要如此满怀赞许地描写居鲁士呢?他为什么不直接公开批评居鲁士?

要回答这个问题,最简单的方式就是考虑一下相反的做法:如果色诺芬没有满怀赞许地描写居鲁士,又会怎么样呢? 如果色诺芬在《上行记》开篇就说居鲁士根本就没有蒙冤,反倒阴谋推翻自己的兄长即波斯的合法国王,又会怎么样呢? 无疑,许多读者会将居鲁士贬斥为配不上王权的"恶棍",[73]年轻且高尚的读者尤其会在这样的描述前抽身而去。而这样一来,他们就不可能对居鲁士很感兴趣,尽管居鲁士在许多方面是高贵且好的人,尽管居鲁士确曾体现出(并且的确体现出)一种吸引人的统治类型。

通过满怀赞许地描写居鲁士,而为居鲁士的罪恶和瑕疵蒙上一层得体的面纱,色诺芬可能使他的读者体验到瞬间的热忱:他们力挺居鲁士,希望他获得成功;当居鲁士倒下时,这些读者也不免心生失望。而他们中那些最严肃又最高尚的人则会重读《上行记》,来试着理解哪里出了问题:居鲁士不是极高贵且好吗? 他不是受了冤枉吗? 他不

---

① "居鲁士"这个角色是古典政治哲学与圣经之间一个重要的关联点。在这两种传统中,居鲁士都呈现为受人喜爱的形象。至于圣经的说法,请看《以赛亚书》和《历代志下》。然而,在两种传统中,构成居鲁士这个形象的根本认识却截然相反。在圣经中,居鲁士作为主施行正义复仇的现成工具而受到赞扬。在色诺芬笔下,居鲁士就是"主"。 由于这种认识上的根本差异,圣经和色诺芬对居鲁士的评价终究大为不同。

配获得成功吗？他们再读，读到第三遍时，由于强烈地抱有这些如此高贵的关怀，他们变得敏锐起来。随后，最优秀或最有前途的读者开始注意到，色诺芬在许多地方都提示我们：居鲁士根本不是受冤枉的受害者。他们开始发掘真实的居鲁士形象，因为，正如我试图表明的那样，尽管色诺芬满怀赞许地描写居鲁士，但他没有隐瞒事实。这些读者迟早会开始将色诺芬的暗示拼接在一起，开始更清楚地看见居鲁士及其所体现的统治类型真正的吸引人之处和缺陷。一旦他们转向《居鲁士的教育》，借以确认他们就这类统治所得出的结论时——他们一定会这么做的——他们就会发现，在《上行记》中只是稍作提示的内容，在《居鲁士的教育》中得到了展开。实际上，《居鲁士的教育》正是采用了相同的修辞技艺：色诺芬满怀赞许地刻画了波斯帝国的创建者，但最终以异常令人失望的结尾收场，这样的结局自然会引发人们质疑大居鲁士取得的所有成就(8.8)。

要是色诺芬在《上行记》开篇就以"写实"的方式来呈现居鲁士，就会使最优秀或最有前途的读者带着义愤和嫌恶，对居鲁士嗤之以鼻。他会使这些读者沮丧。而他们也许一直对"居鲁士"怀有强烈的同情，并满心希望着，高贵与好这个问题的某种解决之道，在于一名高尚又富有才干的统治者的彻底上行。从教育的角度来看，他们就不会受到"居鲁士上行"的教诲的触动。我的结论是，色诺芬的修辞就是要调动最优秀或最有前途的读者在道德上的严肃态度，来参与对他们自身的教育。这就是色诺芬修辞的总目的。

第二部分

克勒阿尔科斯的王权统治

第二章 "虔敬的王"

(《上行记》卷二)

[77]神般的王的正义仅仅是在无力地模仿神的正义。这是《上行记》第一阶段论证的主要教诲。但这个教诲有哪些涵义呢?难道色诺芬认为,"居鲁士"有多少缺陷,他色诺芬就有多少理由偏好那种受诸神引导和帮助的统治者?应该让一个尊敬上天的凡人统治者来取代神般的王吗?毕竟,就宙斯不受政治需求与政治野心的束缚而言,他看上去优于任何凡间的统治者。宙斯有能力——至少在原则上——奖赏和帮助高贵的行动,而无需顾及实用性,换言之,无需破坏高贵或将高贵拉低成追逐私利的手段。或者,这是要忘记宙斯也曾经受到野心的驱动,推翻他父亲的王权从而获得奥林波斯的王位吗?

关注虔敬与诸神这个主题的《上行记》读者容易下结论说,居鲁士的败亡是一种警戒:他想要取宙斯王而代之,那位被冒犯的神惩罚了这种充满肆心的企图和不虔敬。在忽视了卜士的预测之后,居鲁士被弄得措手不及;他没有试图寻求营地献祭(hiera)和阵前献祭(sphagia)的吉兆,这加重了他的罪恶;他也没有用哀求的口令祈求宙斯王息怒。所以,他上行失败,战死沙场,又有什么好奇怪的呢?居鲁士的早死与克勒阿尔科斯的成功形成鲜明对比,克勒阿尔科斯在整个卷一中都展现出坚定的虔敬品质。克勒阿尔科斯在塔尔苏斯城欺骗其希腊同胞,这固然有罪,但他处处表现出自己相信卜士的预测,几乎没有疑问,正是他在巴比伦大战之前选定了口令。① 克勒阿尔科斯祈求"救主宙斯"赐予他和万人军"胜利",[78]他对祈求的信任为他赢得了所希望的奖赏(1.8.16)。诚然,居鲁士之死使一场辉煌的胜利沦为皮鲁斯式的胜利,克勒阿尔科斯的胜利最终成了一场令人沮丧的失败。然而,难道这种结果不是与我们的假设一致吗——即便不说这种结果是我们的假设所要求的?毕竟,宙斯王是地上君王的保护者,而希腊人正在试图推翻合法的波斯国王(对比3.1.17,特别是3.1.11-12)。② 换言之,我们必须考虑一种可能性,即色诺芬拒绝以自己的名义赞扬居鲁士为"最具王者气的人"和"最配进行统治的人",最重要的原因是他认为居鲁士不虔敬又包藏肆心。

让我们返回《上行记》的文本。在卷二开篇处,克勒阿尔科斯取代居鲁士成为希腊军队的首领。万人军现在的统治者是一个尊敬宙斯王的指引和帮助的人。③ 现在就让我们来思考,这位虔敬的王是否有

---

① 见1.7.9。如我前面所言,我依从那些最佳抄本上的读法"克勒阿尔科斯"(1.8.16)。

② 《奥德赛》(16.400-405)特别清楚地表明,人们相信宙斯是诸王的保护者,宙斯会惩罚那些残杀王族成员的人。在荷马的诗里,"诸王"(basileīs)这个单词前面伴有修饰词"由宙斯养育的"(diotrephēs):例如《伊利亚特》2.196,4.338和《奥德赛》3.480,4.44。至于宙斯在决定王的世系上所扮演的角色,参《奥德赛》15.512-538(特别是533行),16.117-120;另见24.477-488。

③ [原注3]卷一第十章为从神般的王向虔敬的王过渡做好了铺垫。在巴比伦之战的最后阶段,克勒阿尔科斯派了两名侦察兵前去观察国王骑兵的动向。色诺芬说,这两名侦察兵是"叙拉古人吕奇奥斯(Lukios)和另外一个人"(1.10.14)。这种讲法有些怪:为什么只说明其中一个人的身份呢?

"吕奇奥斯"这个名字的意思是"光明者",它是太阳神阿波罗的称号之一。克勒阿尔科斯在"侦察敌情"上依赖的是"吕奇奥斯"。(为了支持这种理解,请注意,正好在吕奇奥斯报告敌情之后,"太阳落山了",这个说法要是在其他情况下是很奇怪的,见1.10.15,对比1.10.18)。3.3.20处很可能表明了"吕奇奥斯"的身份。[译按]对勘附录一的原注20,以及英文版144页原注86。

资格宣称他能充分地调和高贵与好。

2.1 克勒阿尔科斯与忒奥庞普斯：德性与武器

> 大卫请求扫罗王让自己同非利士人的挑战者歌利亚战斗。于是扫罗为着使他壮胆,把自己的铠甲给他佩戴,可是大卫试了一下之后就立即谢绝了。他说,戴这个铠甲就不能够很好地发挥自己的力量,他宁愿使用自己的投石器和自己的刀子同敌人周旋。①
>
> 马基雅维利《君主论》第十三章

随着太阳西下,巴比伦之战结束了,万人军好像已经完胜。据报,敌人已经全部逃离(1.10.15)。然而,第二天一大早,他们获悉了居鲁士的死讯。原先率领居鲁士的骑兵并列阵于左翼的波斯人阿里艾奥斯(Ariaīos)派来的使者向希腊人透露了这个消息。阿里艾奥斯在战斗中仓皇而逃(1.10.1)。[79]这消息严重打击了希腊人,"但愿居鲁士还活着",克勒阿尔科斯哀叹道,哀叹中简单表明了他对居鲁士早死原因的看法。他继续说:

> 可是,既然他死了,请你们回告阿里艾奥斯,我们战胜了国王,现在,如你们所见,再也没有人与我们打仗了。如果你们没来的话,我们就已经向国王进军啦! 那么,现在我们向阿里艾奥斯宣布,如果他来这里,我们就让他登上王位,因为统治权属于战争中的胜者。(2.1.4)

---

① [译按]中译文参马基雅维利,《君主论·李维史论》,潘汉典、薛军译,长春:吉林出版集团有限责任公司,2010,页54。

克勒阿尔科斯成了万人军的实际统治者,在这种新的处境下,他显得像是沉稳坚定的模范。居鲁士的死讯并没有让他惊慌失措,他代表万人军大胆地采取新计划:他将会把阿里艾奥斯扶上波斯王位。然而,在这种大胆之下,潜伏着几分近于胆怯的谨小慎微。克勒阿尔科斯看起来不情愿抓住由居鲁士之死带来的机遇。毕竟,配得上统治波斯的正是希腊人,如果真是"统治权属于战争中的胜者"的话。但克勒阿尔科斯将王权拱手让给阿里艾奥斯,而此人曾在战斗中突然临阵脱逃(1.10.1,3.2.17)。

使者们去转达克勒阿尔科斯的口信,梅侬和凯里索弗斯这两名希腊将领陪同前往(2.1.5)。同时万人军在尽力准备早餐。波斯国王在战斗中抢去了希腊军队的给养。阿尔塔克瑟尔克瑟斯和总督提萨斐尔涅斯派出的使者大概在上午到达。使团当中绝大多数并非希腊人,只有一个人名为法利诺斯(Phalinos)的人除外,此人凭借自诩的军事知识而受到提萨斐尔涅斯的器重。

使团向希腊人发出最后通牒:

> 既然国王已经获胜并杀死了居鲁士,他现在命令你们放下武器,去王庭门口为你们自己求一点可能得到的好东西。(2.1.8)

波斯国王厚颜无耻地要求希腊人无条件投降,这严重打击了希腊人。不过,克勒阿尔科斯应对说,"不该是获胜的人放下武器"(2.1.9)。①然而,他一说完这句话就前去检视献祭的牺牲。"因为他碰巧正在献祭"(2.1.9)。克勒阿尔科斯要求其他希腊将领尽其所能给出

---

① 克勒阿尔科斯再也不提推翻国王一事:现在看上去属于战斗中获胜一方的,仅仅是不放下自己的武器。

最高贵最好的答复,"我马上就回来"(2.1.9)。实际上,在检视牺牲之前,克勒阿尔科斯拒绝给使团任何答复。比起与同僚将领一起商议,获得上天的指引要更为急迫。[80]他此时令人难堪地离去,表明居鲁士之死对他的触动很深。这件事绝不是没有使他惊慌失措,反而使他更加坚定了自己的信念:要首先寻求宙斯的指引。克勒阿尔科斯小心翼翼地避免信赖自己的判断,比如像居鲁士那样。①

年事最高的将领阿尔卡狄亚人克勒阿诺尔(Kleanor)第一个给出答复。他宣称希腊人宁死也不放下武器,措辞简洁动人。他的态度是对抗中略带绝望(2.1.10)。下一个发言的是普罗克色诺斯,这个忒拜人没克勒阿诺尔那么沮丧。普罗克色诺斯大声问道:国王究竟是因为自己比希腊人更强大而向他们索要武器呢,还是因为国王是希腊人的朋友,而讨要他们的武器作为礼物呢?

> 如果是因为他更强大,他为什么还需要索要而不是径直来取?但如果他想通过说服来获得武器,就请他说说,如果士兵在这些事情上让他满意的话,士兵将会得到什么作为回报。(2.1.10)

普罗克色诺斯做好了向国王开战的准备,但他更偏向于通过谈判来解决问题。如果谈判可以解决,他显然准备交出武器。第三条也是最后一条答复出自雅典青年忒奥庞普斯(Theopompos),②他说:

---

① 克勒阿尔科斯的做法相当极端地体现了斯巴达式的战争实践:在决定做什么之前,斯巴达国王先在黎明献祭。见《拉刻岱蒙政制》13.2以下,特别是13.5。

② Theopompos是最佳抄本C、B、A和E的读法。抄本F和抄本M的读法是"色诺芬"。我采信最好的抄本的读法。但我相信忒奥庞普斯就是色诺芬,原因我在正文中会解释。一些校勘者采用抄本F和抄本M的读法,例如

如你所见,法利诺斯呦,现在除了武器和德性(aretē)之外,我们就没有别的好东西了。我们相信,手持武器,我们还能够运用我们的德性;[81]但是如果交出武器,我们甚至会性命不保。所以,不要以为我们会把我们仅有的好东西交给你们,我们倒是要手持武器同时冲着你们的好东西战斗。(2.1.12)

法利诺斯突然大笑起来:

Brownson/Dillery 和 Hude,但大多数校勘者还是采用抄本 C、B、A 和 E 的读法,例如 Dindorf、Gemoll、Marchant 和 Masqueray。在采信"忒奥庞普斯"的人当中,又分成两种几乎势均力敌的看法,争执点是,这个不见于别处的角色是否应该等同于色诺芬。

"忒奥庞普斯"这个人名也出现在《希腊志》(2.1.30)。在《希腊志》中,斯巴达人吕山德向斯巴达人汇报说,他已经在羊河俘获了整支雅典舰队(吕山德当时能够利用那些新任命的雅典将领缺乏经验这个事实)。这场令人震惊的胜利确保了斯巴达在伯罗奔半岛战争中的胜利。吕山德当时派出的特使就是"一个来自米勒西亚(Milesia)的海盗忒奥庞普斯"(2.1.30)。吕山德派出一个名为"忒奥庞普斯"的人,透露出他对其自我价值的看法(对比《希腊志》3.4.7-8);吕山德派出的是一个海盗,则预示他不久以后对前雅典帝国众多城邦的统治会有何种品质(对比《希腊志》2.3.7,3.5.13,3.4.2)。

《希腊志》中的人名"忒奥庞普斯"还出于另一个原因而富有深意。雅典在伯罗奔半岛战争中的失败,正好发生在雅典人用审判谋杀了在阿尔吉努塞海战中获胜的那些将领之后。这些将领便被我刚提到的那些没有经验的将领取代(《希腊志》2.1.16,对比 2.1.25-26)。这些在阿尔吉努塞海战获胜的将军受到[集体]审判,然后被执行死刑,这公然违反了雅典法律(《希腊志》1.7)。如此非法行径——同时是渎神行径(对比《希腊志》1.7.19,1.7.25;《回忆》1.1.17-18)——受到了上天的惩罚吗?人名"忒奥庞普斯"表露了色诺芬对这个问题的回答。

你看起来像个哲人,年轻人,①讲得也并非不中听。②可是,你要知道,如果你以为你们的德性可以战胜国王的权力,那你不过是个没理智的(anoētos)家伙。(2.1.12–13)

忒奥庞普斯准备冲着国王的"好东西"战斗,法利诺斯被逗乐了,也可能他是勉强受了触动。这位年轻的哲人分有克勒阿诺尔的抵抗精神,但克勒阿诺尔的绝望并没有将这个年轻人压垮。他采纳了克勒阿尔科斯的立场,即"统治权属于战争中的胜者",但与后者不同的是,他准备以此行动:希腊人并非需要一个像阿里艾奥斯那样的波斯胜利者才能成为波斯的统治者。

然而,忒奥庞普斯大胆的对抗并不是引起法利诺斯发笑的唯一乃至首要的原因,此人的笑源于误解。为明晰起见,我们不妨夸张些,可以说,法利诺斯认为忒奥庞普斯的观点是,德性单凭自身就可以战胜国王的权力,武器可以说无关紧要。当然,这恰是忒奥庞普斯否定的观点:德性自身无法拯救希腊人。因此,法利诺斯笑的是他眼中忒奥庞普斯的天真之处:一个年轻的哲人,看上去全然不知武器在政治生

---

① [原注7]"年轻人"译自neaniskos,这个单词的言外之意是"头脑发热、肆无忌惮"。

② 我采用了抄本F和抄本M的读法"并非不中听"(ouk acharista),而没有采用抄本C、B、A和E的读法"并非无益"(ouk achrēsta),见2.1.13。"并非不中听"这个说法出现在《奥德赛》8.236。国王阿尔基诺奥斯(Alcinous)用这个短语来形容奥德修斯吹嘘自己武艺的一段讲话。阿尔基诺奥斯则描述其费埃克斯同胞的习俗,以此来回应奥德修斯:"我们在拳击和角力方面并不出色,但我们双腿奔跑敏捷,航海技术超群,我们也一向喜好宴饮、竖琴和歌舞,还有华丽的服装、温暖的沐浴和软床"(《奥德赛》8.246–249, A. T. Murray的英译文,中译文采自王焕生译本)。显然,"忒奥庞普斯"相当于奥德修斯,波斯人相当于费埃克斯。

活中的重要性,或者说,不知武器在政治生活中压倒一切的优先性。①

如果说法利诺斯被天真的忒奥庞普斯逗笑,那么,他对待久经磨练的克勒阿尔科斯则很认真,战士克勒阿尔科斯与天真的青年是相反的两类人。克勒阿尔科斯终于完成献祭回来了,他问使节们是否得到答复。期间,一些希腊将领软了下来,提出与国王交好并为国王效劳。法利诺斯插嘴说:"这些人意见不一,克勒阿尔科斯啊,还是请你告诉我们你要说什么吧!"(2.1.15,强调乃笔者所加)[82]克勒阿尔科斯的回答值得全文引述:

> 法利诺斯啊,见到你,我感到高兴,我想这里的其他所有人也一样。因为你是希腊人,我们也是希腊人,这么多人,你都看到了。既然我们正身陷困境,我们便与你一起商讨,关于你刚才所说的事情,我们应该怎么办。所以,当着诸神的面,请给出在你看来最高贵、最好的建议,它将来会给你带来荣誉,日后当有人说起法利诺斯受波斯国王派遣来命令希腊人交出武器时,他给了希腊人如下建议。你也知道,你的建议日后必然会在希腊被人谈及(2.1.16–17)。

克勒阿尔科斯如此引导法利诺斯,是试图诱导这位使者建议希腊人不要放弃武器。要是国王派出的使者都这么建议,希腊人就会抱有"更多乐观的希望"(2.1.18)。然而,法利诺斯扭转了于己不利的局面:

> 如果你们通过攻打国王有万分之一的希望(elpis)活命,我就建议你们不要放下武器;但如果是国王不情愿,你们就一分保

---

① 对比卡里克勒斯(Callicles)所描述的哲人毫无经验的胡言乱语:见柏拉图《高尔吉亚》485a3–e2。

命的希望(elpis)都没有,我建议你们还是尽你们所能地保命吧!(2.1.19)

克勒阿尔科斯为什么认为从敌方使者那里寻求建议是恰当的做法呢?他果真相信法利诺斯会建议他不要放下武器吗?这是(可以毫不夸张地说)不可能的。克勒阿尔科斯甚至强调彼此共享的希腊身份,以此增强法利诺斯的可信度,给法利诺斯的建议增加了一丝特别的善意。但克勒阿尔科斯非但没有做到让希腊人充满乐观的希望,反倒加深了他们的沮丧之情,还使得他们更有可能软下来并且可能同意无条件投降。是什么导致克勒阿尔科斯采取这样一种考虑不周的策略?

克勒阿尔科斯强调,法利诺斯的建议将来会在希腊被人提起;其策略的立足点在于,他猜想法利诺斯会关心自己在希腊同胞中的荣誉或荣耀:日后的世世代代会铭记帕利诺斯高贵的行动。克勒阿尔科斯没有停下来反思一下,比起正在提萨斐尔涅斯那里享有的荣誉,法利诺斯是否会差不多同等地珍视将来在希腊获得的荣誉(2.1.7)。不用说,如果他建议希腊人不要放下武器,他在波斯人那里享有的荣誉一定会被剥夺。另外,法利诺斯的建议也不一定会在希腊被人提起:假如这支希腊军队在美索不达米亚被歼灭,关于法利诺斯的建议的记忆也(十有八九)会消失。相反,有一件事是必然的:见证这次会谈的非希腊人使团[83]会向提萨斐尔涅斯和国王报告这条建议,法利诺斯若建议希腊人不要放下武器,只会为自己招来一纸逮捕令。① 克勒阿尔科斯向法利诺斯的请求毫无成功的希望。

---

① 据法利诺斯自己的说法,国王是残酷的:他准备把自己的臣民当炮灰来用(2.1.11)。也注意他用第一人称复数说话:"我们将会报告这些事情"(2.1.21)。

然而，克勒阿尔科斯为何看不到这个相当显而易见的事实？甚至他自己也好像在某种程度上意识到，法利诺斯若建议希腊人不要放下武器，会付出惨重的代价。他强调自己希望听到法利诺斯"最高贵"且"最好的"建议，而不仅仅是"最好的"建议，如他在另外的场合所言(2.1.17，强调乃笔者所加)。①换言之，克勒阿尔科斯在一定程度上意识到，自己正在寻求的建议会要求法利诺斯做出牺牲，实际上，这种牺牲比克勒阿尔科斯看上去所认为或所意识到的要大，也正是这种牺牲使法利诺斯的建议变得高贵。

然而，再重复一次：既然给出高贵建议的人需要做出牺牲，克勒阿尔科斯为什么还认为他会得到法利诺斯的这种建议？色诺芬强调，法利诺斯给出的建议使克勒阿尔科斯的"期望落空"。②克勒阿尔科斯为什么会期望这位使节给出他正在寻求的高贵建议呢？

克勒阿尔科斯抱有期望的原因之一，似乎是(依他之见)高贵本身的内在吸引力。法利诺斯给希腊人提出一种对希腊人来说有好处的建议——尽管这种建议对他自己来说是危险的或有害的——这么做是高贵的行为。他可能因此会受到某种程度的伤害，但他将雄辩地证明自己的德性，难道德性不是比荣誉甚或荣耀更伟大吗？德性不是会允诺一种完整而持久的幸福吗？

考虑到这个因素——又鉴于法利诺斯有可能因给予克勒阿尔科斯所寻求的高贵建议而在希腊人那获得荣誉或荣耀——克勒阿尔科

---

① 克勒阿尔科斯在《上行记》1.3.12处向他的士兵要求"最好的"(ariston)建议。色诺芬(2.5.41)还提到普罗克色诺斯和梅侬的最好建议(ta beltista sumboulesthai)。克勒阿尔科斯的确在2.1.9处用了这个程式化的短语"最高贵、最好的答复"(ho ti kalliston te kai ariston)。

② 法利诺斯的答复使克勒阿尔科斯的"期望落空"，见2.1.19。

斯对帕利诺斯提出这样的请求也可能并不完全是有欠考虑的。这请求或许有可能成功。然而，即使我们承认这些——即使克勒阿尔科斯的请求可能会说服一个灵魂比法利诺斯更加高贵的人——这个请求不仍然是不大可能成功吗？然而再说一遍：克勒阿尔科斯的确期望获得他所寻求的高贵建议。为什么呢？就连克勒阿尔科斯也在一定程度上承认高贵中含有牺牲，[84]也就是说，高贵并非是纯粹地或毫不含混地好，因此，克勒阿尔科斯的期望或自信一定还有第二种原因。

实际上，他那夸张的誓言指向了这种原因："那么，当着诸神的面，法利诺斯，请你给出在你看来最高贵、最好的建议……"（pros theōn，2.1.17，强调乃笔者所加）。克勒阿尔科斯相信诸神将会见证法利诺斯的建议。因为他相信，正如他很快就会表明的那样，诸神洞察一切人类事务，诸神有着巨大的力量，也有远见，且关心合乎正义地施行赏罚（2.5.7）。这种信念支撑着克勒阿尔科斯的信心，这有助于抑制他对高贵之好（the goodness of the noble）可能怀有的各种疑虑。看起来，这个信念首先导致他无视帕利诺斯给出他所寻求的"最高贵、最好的"建议的那些障碍，因为他把自己的观点加诸这位使节：德性所要求的牺牲会以这样或那样的方式得到正义的诸神的补偿。换言之，克勒阿尔科斯对法利诺斯的诱导，不仅仅旨在获得希望，这种诱导行为本身就立足于希望之上。然而，悖谬的是，它造成的后果是希腊人变得更沮丧。

现在还不是时候来分析克勒阿尔科斯所抱的希望有何特质与根据。在《上行记》的论证中，诱导法利诺斯失败一事，其作用在于为克勒阿尔科斯后来更富戏剧性的失败做铺垫（2.5）。到时候（本章第三节）我们再回过头来思考这个问题。现在，还是让我们回头看看忒奥庞普斯。回想一下，这位年轻的哲人在法利诺斯看来显得天真，因为忒奥庞普斯貌似全然不知武器压倒性的优势在政治上的重要性。然而,恰恰是忒奥庞普斯强调了这个客观事实:没有武器的话,德性就毫无力量。相比之下,久经磨练的克勒阿尔科斯却设想,法利诺斯的德性,几乎只凭德性自身,会带来一则高贵的或具有自我牺牲精神的建议。如果只信靠德性是一种天真,那么,在这两个角色中,克勒阿尔科斯才是更天真的人。① 可是我们也不要忘记,克勒阿尔科斯信靠正义的诸神的帮助,因此更好的说法是:克勒阿尔科斯将自己对法利诺斯的诱导最终靠在德性连同属天武器的基础之上,而忒奥庞普斯则坚持认为,德性必须得到此世的武器的支持。

忒奥庞普斯在《上行记》中只出现过一次,但他是个重要角色,因为他代替的是色诺芬。一些文本线索证明了这一点:忒奥庞普斯"看起来像个哲人",② 他是个年轻的雅典人,等等。③[85]他只在《上行记》中露了一次面这个事实,甚至还确证了他是个虚构的人物:在这一场景中出现过的所有其他真实存在的将领,克勒阿尔科斯、克勒阿诺尔和普罗克色诺斯,都还在其他几个地方出现过。为什么色诺芬在这个紧要关头以假名现身呢? 原因是,如他所暗示的,当波斯国王向希腊人发出最后通牒时,色诺芬实际上并不在现场。④ 那时他在军中只是个编外人员。忒奥庞普斯是个虚构的人物,他说出了色诺

---

① 关于克勒阿尔科斯的天真,也请思考《希腊志》1.3.17。

② "哲人"(philosophos)这个单词在《上行记》中只在此处出现过,当然它在色诺芬的所有作品中也很少见。确定忒奥庞普斯就是色诺芬,也就进一步证明了这个在亚细亚征战的人认为自己是一个苏格拉底式的哲人。

③ [原注15]请对比"忒奥庞普斯"提倡的对策(2.1.12)与色诺芬采取的对策(3.1.21)。一同对比2.1.13与2.4.19:每一处都把那个角色描述成"一个年轻人"(neaniskos),每一次指的都是色诺芬。

④ "他们说,一些人软了下来,然后说……"(2.1.14,强调乃笔者所加)。关于国王最后通牒的记述,色诺芬依靠的是他人的说法。

芬在当时那个场合会说的话。色诺芬会拒绝任何放弃武装或与波斯人议和的念头,并且会挑战国王,冲着国王的好东西战斗。色诺芬明显是个强硬派。

我们的分析引出了一个敏感问题:如果属天的武器的确存在,色诺芬难道是在暗示它们没有给德性提供任何帮助吗?目前所收集的证据不足以支撑这个结论。色诺芬将自己称为"忒奥庞普斯",一个"神派来的人"(God-Sent)。另外,最后通牒这个场景展示了神意的神秘运作。克勒阿尔科斯离场去献祭,以寻求诸神的指引和帮助,而他的祈祷得到了答复,尽管与他可能期待的方式不一样:诸神以士兵中间一个名为"神派来的人"的雅典人的出场来答复克勒阿尔科斯的祈祷,这个雅典人将证明自己足以胜任带领万人军主力回到安全之地的任务。①

2.2 克勒阿尔科斯的优点和弱点

克勒阿尔科斯最终将他对法利诺斯的诱导靠在德性和属天的武器的基础上,这并不意味着他没有意识到此世的武器的重要性,毕竟,他是个经验十足的战士。他有些难堪地拒绝了法利诺斯的"建议"后,立刻就宣称,无论在什么境况下,希腊人都不会放下武器。克勒阿尔科斯给法利诺斯的最终答话,甚至让人想起传说中斯巴达国王列奥尼达斯(Leonidas)在温泉关对波斯王克瑟尔克瑟斯(Xerxes,旧译"薛西斯")的答复:

---

① 然而请考虑3.1.4—8:色诺芬自作主张地答复了普罗克色诺斯的邀请。他并非阿波罗的使者。

> 如果我们将成为国王的朋友,作为朋友,我们手持武器比交出武器更有价值;如果我们将要打仗,与交出武器相比,我们手持武器可以更好地作战。(2.1.20)①

[86]因此,克勒阿尔科斯暂时采取的策略,可以说介于忒奥庞普斯的策略与普罗克色诺斯的策略之间:他留有与波斯人谈判的余地,但即便将来双方达成某种协议,他也不会接受单方面解除武装。

法利诺斯和其他使节离去后,阿里艾奥斯的一名使节与凯里索弗斯一道回来了。梅侬仍留在阿里艾奥斯身边。这两人报告说,阿里艾奥斯拒绝那个将他扶上王位的计划。据使者报告,阿里艾奥斯说,许多波斯人的地位都比他高,这些人不会接受他当国王。相反,阿里艾奥斯提议希腊人来加入他即将开始的撤退。然而,如果希腊人愿意这么做,就得在夜间与他会合,他将会在破晓时拔营。克勒阿尔科斯在日落时收到这一消息,他召集将领与百夫长开会:

> 男子汉们,当我就攻打国王一事献祭时,牺牲没有出现吉兆,这是合理的,因为我现在得知,底格里斯河横亘在我们与国王之间,这是一条乘船才可渡过的河流,没船我们就过不去,可我们并没有船。当然我们也不可能在此停留,因为我们得不到给养。然而,如果去居鲁士的朋友身边,牺牲是有吉兆的。那么,这就是我们必须做的事情:解散之后,就吃晚餐,有什么东西就吃点;就寝号吹响时,就打点行装;第二遍号响时,就把辎重放到驮兽背上;第三遍号一响,就跟上先导队伍,让驮兽队靠着河边走,重甲兵在外侧。(2.2.3–4)

---

① 对比 Diodorus Siculus, *The Library of History*, 14.25.2–4。

没有任何反对,或者实际上是未经任何商议,①众将领与百夫长便按照克勒阿尔科斯的吩咐行动。

> 此后,他统治,他们服从,并非因为他们选举了他,而是因为他们看到,只有他一个人在统治者必须审慎的地方是审慎的,而其他人则没有经验。(2.2.5)

色诺芬在这一段提到了克勒阿尔科斯的审慎(phroneō),这意味着色诺芬赞同即刻撤退的策略吗?现在下结论可能言之过早。我们现在可以有把握地说:克勒阿尔科斯依祭兆来调整军务上的判断,他权衡了三种选项,从中择取了有吉兆支撑的一种。他显然渴望获得上天的指引。他视诸神为战争事务的主宰,这种观点在斯巴达人中尤其盛行。②然而,经过更加仔细的检审,我们注意到,[87]克勒阿尔科斯以一种非常偏颇的方式征询献祭结果。他不仅是一位虔敬的王,还是一位过度谨慎的王。

首先,克勒阿尔科斯并未用献祭求问诸神如何看待第二种且位居中间的选择,即(永久或暂时)留在美索不达米亚。他草率否弃了这种选择,其理据是希腊人在那里无法获得给养。色诺芬描写了美索不达米亚的丰饶物产(2.3.14–16,2.4.13–14,2.4.21–22),这就证明了克勒阿尔科斯给出的理由站不住脚。③

---

① 色诺芬以有趣的方式展现了这一点:克勒阿尔科斯开会商议然后同意——显然这一切都是由他自己决定的(2.3.8–9)。克勒阿尔科斯是希腊人无可争议的王。

② 色诺芬笔下的苏格拉底偶尔表达过这同一种观点:见《治家者》5.19。

③ 作者说,他们决定撤退之时距离巴比伦360希腊里(约40英里或65公里),这相当于两三天的行军路程(2.2.6)。许多校勘者,包括Hude/Peters、Marchant、Masqueray和Gemoll,都把这段文字用括号括了起来。他们的理由

第二，克勒阿尔科斯所作的论证意在支持神的看法，即希腊人不应该继续前进，但这论证令人生疑。他声称自己"刚刚得知"底格里斯河横亘在希腊人与阿尔塔克瑟尔克瑟斯之间。他如何"得知"这一点？① 这则消息显然不准确：敌对双方现在仍然相距不远，都停留在底格里斯河的同一边，也就是西岸。底格里斯河到此的距离大概是往东走五天的距离。② 克勒阿尔科斯"刚刚得知"的消息仅仅是阿里艾奥斯拒绝被扶上王位。但即使克勒阿尔科斯确曾收到一些(不确切的)报告，即国王在底格里斯河对岸，因此不可能向前行军并且诸神也不建议这么做，可是，这难道不是意味着，令人畏惧的底格里斯河正在保护希腊军队吗，既然它是"一条乘船才可渡过的河流"？照此假定，难道这支军队不是在美索不达米亚的腹地占据了一处天然的堡垒吗？

是，它的位置别扭而且会造成文本上的困难(textual difficulties)。然而，它的位置恰恰是合适的：地理意义上的上行现在结束了，色诺芬列出了行军日程的总数和距离，共计93日和16050希腊里的行程。这些统计数字还提醒我们，希腊人此时距离巴比伦有多近，这有助于我们理解克勒阿尔科斯何以决定立即转身撤退。至于文本上的难题，其中最重要的是，色诺芬是从以弗所开始计算行军日程，而居鲁士的远征始于萨尔迪斯(1.2.2, 3.1.8)。但Høeg已经指出，色诺芬的上行就是始于以弗所(6.1.23；见"Xenophontos Kourou Anabasis. Œuvre anonyme ou pseudonym ou orthonyme？"，页161)。换言之，这段文字有一个重要的线索指向如下事实：《上行记》在某种程度上写的是色诺芬的上升，而非居鲁士的上升。

① 克勒阿尔科斯甚至不曾"得知"他声称自己得知的消息吗？或者，他从报告或其他渠道了解到地势情况却撒了谎？无论如何，克勒阿尔科斯的说法显然不准确：他说底格里斯河是一条"乘船才得以渡过的"河流，但波斯人已在河上筑过桥(2.4.17-24)。

② 撤退之后，希腊人与阿里艾奥斯在不到一天的时间就遭遇了国王的部队，见2.2.13-15。至于他们到底格里斯河的距离，见2.4.12(行军三日)与2.4.13(行军二日)。

那么，为什么克勒阿尔科斯未就留在那里是否可取一事求问诸神呢，即便不是永久留下，至少也是暂时停留？除非遭遇一场全面的进攻，否则的话，留下来会比匆忙撤退更可取。无论如何，这是色诺芬的见解。①[88]然而，一旦阿里艾奥斯拒绝被扶上王位，除了尽可能快地撤回希腊，克勒阿尔科斯就什么都想不到了。

克勒阿尔科斯在前统领，其他人则跟随其后，希腊人在午夜时分与阿里艾奥斯会面。双方郑重立誓：互不背叛，结成同盟。蛮族人还发誓为希腊人做向导，不使诡诈。②订立誓约后，克勒阿尔科斯问阿里艾奥斯是否打算原路返回。阿里艾奥斯说不，因为那条路要穿过漫长的荒漠(关于此"荒漠"，参看本书附录二的原注5)，这支正在撤退的军队现在没有给养，再走那条路，士兵就会饿死。他们必须选另一条更

---

① 特别参看2.4.15-24和3.2.24。既然希腊人本可以挑战波斯国王，请注意色诺芬意味深长的评论：他在描述士兵们摄食时，其中包括棕枝(palm shoots)，说"棕冠(brain)若被除掉，棕枝就会全部枯萎"(2.3.16)。这里所说的"棕冠"可以喻指国王，即波斯帝国之"棕冠"，但也可以用来指死去的居鲁士，对万人军而言，这是一种更不祥的理解。"棕冠"(engkephalos)这个单词连同"头"(kephalē)的其他同源词，在2.3.15-16这四行文字一共出现了四次。

② 双方歃血为盟。双方宰了一头公牛、一匹狼、一头公猪和一只公羊，还将一把剑和一支长矛插入血中(2.2.8-9)。许多校勘者删去了这段文字里的"狼"(LUKOS)这个单词。希腊人手头上有现成的狼用来献祭，这一点当然奇怪。然而，他们曾为了纪念吕开亚人的宙斯(Zeus Lukaion)而庆祝了吕开亚节(Lukaia)(1.2.10)。吕开亚节是古老的节日，据说由吕凯翁(Lycaion)首创，据说他曾把一名男孩祭献给宙斯。宙斯被这种野蛮的人祭激怒，但显然这一点并没有阻止这个节日的设立(对比柏拉图《米诺斯》315b6-c5,《王制》565d4-e2)。希腊人祭献这匹狼，是试图安抚宙斯吗？难道他们认为，自己由胜至败，原因(也)是宙斯对吕开亚节的庆祝仪式感到不悦吗？在奥维德的《变形记》中，朱庇特(Jove)面对吕凯翁的兽行时如此惊骇，以至于他用一场大洪水毁灭了人类(1.163-312)。

远些但可以确保获得给养的路。但阿里艾奥斯强调,这次行军的第一站路必须尽可能地长。只要他们将国王甩开两三天的路程,国王就无法追上他们。

色诺芬立刻下了一个明确而严厉的论断来表达自己的观点——他很少这样做:仓惶撤退是奴隶般的策略,"除了秘密逃跑或快速逃窜之外,就无法实现任何事情"。色诺芬不无嘲讽地补充道,"然而,机运(chance)经证明是一位更高贵的将军"(2.2.13)。撤退第一日,希腊人碰巧遭遇国王的先锋部队。国王把这桩偶然事件误解成万人军决心战斗的迹象,因此立刻派人前来求和,[89]可是仅仅二十四小时之前,他还命令希腊人放下武器。克勒阿尔科斯于是趁机为这支军队争取迫切需要的给养(2.3.1以下)。事实上,尽管色诺芬对仓惶撤退这种策略有所保留,但在色诺芬笔下,克勒阿尔科斯在撤退早期的统治还算是精明有效的。

例如,在希腊人偶然遭遇国王军队的那一日,克勒阿尔科斯小心翼翼地避免在国王面前显现出逃跑的样子。然而,他同时小心翼翼地避免率领军队冲向敌人,因为他知道士兵精疲力竭,饥肠辘辘(2.2.16)。当晚,由于一种毫无来由的恐慌笼罩着希腊人的营地,克勒阿尔科斯派传令官下令保持肃静,还让传令官宣布,但凡有士兵检举那个解开缰绳放跑驴子而扰乱军械之人,统治者都会向其提供丰厚的赏金。及时的编造让士兵安下心来:他们意识到自己的恐慌毫无根据,而且他们的统治者都安然无恙(2.2.19–21)。

拂晓时分,国王的一群使者来到希腊人的营地,毕恭毕敬地请求缔结停战协定。碰巧克勒阿尔科斯这时正在检阅军队,他派哨兵命令来使等一等。然后他用心排列军队,以确保密集的方阵阵形优美;他还把没有武器的人员隐藏起来。当他最后同意接见使者时,他安排装备最精良且仪容最美的队伍分列两侧,傲慢地对使者说:"尔等想要

第二章 "虔敬的王"(《上行记》卷二) 139

什么?"使者们温顺地回答说,他们为停战协议而来,有资格来回传达希腊人的答复。克勒阿尔科斯回敬道,

> 向国王汇报,我们必须首先再战一场,因为我们没有早餐吃,如果不为希腊人提供一顿早餐,没人敢与他们谈论停战协议。(2.3.5)

克勒阿尔科斯的傲慢态度及志在一战的姿态立竿见影:国王同意以给养换停战协议。国王的代表领着希腊人来到当地的村庄,在这里他们可以获得所需之物。克勒阿尔科斯在行军途中一直保持警惕。他使军队保持战斗队形,还亲自统领殿后部队。当军队遇上全是水的沟渠,没有桥就过不去时,克勒阿尔科斯便怀疑这是阴谋欺骗的行为。他带领军队用倒下的枣椰树搭桥越过这些沟渠。然而,还是必须砍些树。色诺芬说道:

> 这时我们可以了解克勒阿尔科斯如何进行统治。(2.3.11)

将砍树的任务分派给那些年轻些的士兵之后,克勒阿尔科斯左手持矛,右手持棍,监视工作进度。如果他觉得某人在偷懒,他就把这个犯下过失的人揪出来打一顿,然后他自己还跳到泥泞中,亲自接过这个人的活来干。克勒阿尔科斯如此积极,于是所有士兵,甚至是那些上了岁数的士兵,干活时都羞于表现得不如克勒阿尔科斯积极。[90] 克勒阿尔科斯有能力激起手下的积极性,他的方式不是激发他们期望奖赏,而是让他自己的双手沾满泥泞。①

希腊人在获取给养的当地村庄停留了三日。总督提萨斐尔涅斯

---

① 对比 2.3.10–13 与 1.5.7–8。

带着一名波斯代表到达希腊人的营地,他对众将领说:

> 众位希腊男子汉,我毗邻希腊而居,看到你们陷入重重无法解决的灾难之中,我就把下面这件事看作大成就:如果我能够以某种方式乞求国王允许我保全你们并送你们返回希腊的话。(2.3.18,安伯勒的英译文)

实际上,提萨斐尔涅斯解释道,他若能够这么做,不仅会赢得万人军的感激,还会赢得全希腊的感激。他提醒国王他是第一个向国王提供居鲁士起兵情报的人,还带兵前来王庭靖难,以此竭力劝说国王同意他的正义请求(对比 1.2.4)。在巴比伦之战中,他也没有在希腊人面前逃跑,而是长驱直入,在希腊人的营地与国王会合(对比 1.10.5–8)。提萨斐尔涅斯宣称,国王已经答应考虑他的请求,

> 但国王命我问问你们,是出于什么目的来攻打他。我建议你们把握好分寸再回答,这样的话,我从国王那里为你们争取好处时会更容易些,如果我可以的话。(2.3.20)

商议片刻之后,希腊众将领给出答复,由克勒阿尔科斯出面讲明。其核心意思是:万人军希望尽快回家;如果有人试图加害,他们会在神的庇佑下自卫,但如果有人好生相待,他们会竭尽全力以德报德(2.3.21–23)。

提萨斐尔涅斯这番聪明的言辞就这样使得众将领给出了"一番有分寸的答词"。然而,众将领承认自己对国王没有敌意,也并不觊觎波斯的统治权,他们看上去忘记了,当下的情况下,(除去他们的矛和德性)他们最好的武器就是表面上的敌意,正如"机运"的高贵统领刚刚表明的那样(2.2.13)。因为,让提萨斐尔涅斯保全他们,毫不

夸张地说,这样的前景很渺茫。我们或可为了方便讨论起见而承认,这位总督通过保全希腊人将有利可图,可是国王呢,允许这件事情发生,国王可能从中得到什么好处呢?他若赦免希腊人,就相当于怂恿人们继续攻击他的领土,这难道不是显而易见的吗?这种风险在当时可以预见,而国王也的确预见到了(2.3.25,2.4.3-4);到后来,许多希腊人受到万人军的胜利(以及随后成功从波斯撤回)的鼓舞,前去挑战阿尔塔克瑟尔克瑟斯,这种风险就成了现实。斯巴达国王阿格西劳斯(Agesilaos)原本可能会给波斯造成严重的伤害,[91]要是当时的形势对他更有利的话。①实际上,大约在《上行记》两代人之后,当亚历山大大帝征服波斯时,据说他在伊苏斯(Issus)大战前回顾了万人军的胜利,以鼓舞将士。②换言之,如果阿尔塔克瑟尔克瑟斯明白自己的长远政治利益的话,他几乎不可能考虑总督提萨斐尔涅斯的请求。

然而,难道阿尔塔克瑟尔克瑟斯不会为了回报总督而答应总督的请求吗?也许会吧。可是,人们没有听说过哪个统治者曾牺牲自己的安全来向别人表示感激。何况国王已经酬谢了提萨斐尔涅斯:国王把原先属于居鲁士的辖地给了他,从而增加了他的领地范围(2.5.11)。实际上,这些希腊将领本应该怀疑,也许提萨斐尔涅斯甚至压根儿就

---

① 要是希腊大陆上的城邦不那么容易接受波斯黄金的贿赂的话,阿格西劳斯本来有可能使众多族群脱离波斯国王的威权统治:见《希腊志》3.4.1-6,3.5.1,4.1.1-2,4.1.41,4.2.1-4,7.1.34;《阿格西劳斯》1.6-8,1.25-36,7.4-5。读者还应该考虑另外一些证据,包括:《希腊志》6.1.12,那段被归于忒萨利亚人伊阿宋(Jason)的发言; Polybius, *The Histories*, 3.6.1-14; Francis Bacon, *Of the Proficiency and Advancement of Learning Divine and Human*, 1.7.30; Edward Gibbon, *The History of the Decline and Fall of the Roman Empire*, 1909, Vol. 2, p. 551。

② 见 Arrian, *Anabasis of Alexander*, 2.7.8-9。

没有向国王请求恩准保全希腊人。如果这支军队安然无恙地返回希腊将会对国王构成威胁,那么,它也会威胁到提萨斐尔涅斯本人。

这位总督向希腊众将领道别,前去向国王汇报。第三日,他返回希腊营地宣布,尽管王庭内阻力重重,他还是在保全希腊人一事上获得了恩准。他所提议的和约,其条款对希腊人有利。当地民众会友好对待希腊人,提萨斐尔涅斯将带他们返回希腊,不会使任何诡诈;为服务希腊人,市场也将会开放。作为回报,希腊人在行进过程中不可扰害国王的领土,而且只有在没有市场开放时,才可以从土地上获取给养。双方在这些条款的基础上发誓缔结和约。提萨斐尔涅斯返回国王身边,以准备自己回家的旅程;他承诺处理完必要的事务后就立即返回。接下来,一耽搁就是二十多日。阿里艾奥斯的亲戚以及他手下士兵的亲戚,开始来到波斯叛军的营地。这些亲戚带来了鼓励,有一些人还从国王那带来了宽恕反叛者的承诺。希腊人的波斯盟友开始不那么关注希腊人。在希腊人的营地里,许多人向克勒阿尔科斯及其他将领表达了自己的不悦和担忧:

> 我们在等什么呢?难道我们还不明白,国王把消灭我们这件事看得重于一切,就是为了让其他希腊人害怕向大王进兵?现在他诱骗我们留下,那是因为他的军队四处分散;当他的军队重新集合起来时,他无论如何都不会不攻打我们。[92]为了断[我们的]路,他也许这会儿就正在某个地方挖沟或筑墙呢!因为他可从不会心甘情愿地想让我们返回希腊,然后宣扬说,我们,我们就这么点儿人,在波斯国王的门口打败了他,在让他沦为笑柄之后就返回希腊。(2.4.3–4)①

---

① 《上行记》3.1.18处暗示,色诺芬是其中一个发出这种警告的人。

克勒阿尔科斯回应说，他自己也在琢磨所有这些情况。可是，他补充道，如果现在离去，希腊人看上去就是向波斯人宣战了，这么做也会违反立誓所定的和约。而且，如此一来，他们也就主动放弃了和约带来的种种好处：市场，向导，与阿里艾奥斯的同盟关系以及关于当地地理的知识（特别是河流）。另一方面，波斯人拥有庞大精良的骑兵，而希腊人根本就没有任何骑兵，即使在战斗中取胜，也无法追击杀死许多敌人。而一旦败阵，将无人可以活命。克勒阿尔科斯总结道：

> 既然国王有如此多的优势，如果他真的一心想要消灭我们，我不知道他为什么有必要先发誓、伸出右手，然后在诸神面前发假誓，使得自己的言辞不再为希腊人和蛮人所信任。(2.4.7)

就在希腊人越来越焦虑时，提萨斐尔涅斯回来了，他们开始撤退。阿里艾奥斯现在与提萨斐尔涅斯一同前进，一同扎营。① 万人军与波斯人保持距离，跟着自己的向导行进。每当双方的营地相距较近时，双方就会像对待敌人那样设立警卫。猜疑由是而起。双方从相同的地方寻找木柴或草料，结果大打出手。敌意由是而生。三日之后，两支军队来到米底亚长城，这是一座用砖砌成的宏大建筑物，据说位于巴比伦附近。两日后，他们到达底格里斯河畔。

那一晚，万人军在一座名为西塔刻（Sittace）的大城附近扎营，附近还有一座广阔美丽的御花园。提萨斐尔涅斯即刻渡过了底格里斯河。希腊人看不见他了。晚饭之后，普罗克色诺斯与色诺芬碰巧正

---

① "一同扎营"（sustratopedeuomai）是抄本 F 和抄本 M 的读法。最佳抄本 C、抄本 B、抄本 A 和抄本 E 的读法是"一同作战／一同进军"（sustrateuomai），这种读法暗示，通过起誓所定的和约从来都只不过是一纸协约而已。最优抄本上的读法极有可能是正确的。

在武库前方散步,二人投入地交谈。①这时,有个人走前来,请求参见普罗克色诺斯或克勒阿尔科斯。[93]来者令人生疑,因为他没有找梅侬,尽管他声称自己是由梅侬的客友阿里艾奥斯派来的。普罗克色诺斯讲明自己的身份后,来者说自己受阿里艾奥斯和阿尔陶佐斯(Artaozos)委派,这二人曾忠于居鲁士,现在对希腊人心怀善意。来者警告说,提萨斐尔涅斯在附近的御花园大量陈兵,正计划夜袭。他力劝希腊人在桥上设置警卫,因为提萨斐尔涅斯正计划毁桥,目的是将希腊人围困在底格里斯河与运河之间。

普罗克色诺斯与色诺芬又带这个人去见克勒阿尔科斯。他们二人向克勒阿尔科斯汇报了来者所讲的内容,克勒阿尔科斯"深感不安,十分惶恐"(2.4.18)。然而,某个在会面现场的年轻人想了想这件事,之后说,波斯人一边说要来进攻,一边说要毁桥,这在道理上说不通:

> 显然,来进攻的人非胜即败。如果他们获胜,又何必毁桥?桥再多,我们也无处逃命。可是,如果我们得胜,而且桥已经被拆毁,他们自己就会无处可逃。也没有人能够前来支援他们,因为桥被拆了,即使对岸可能有大量兵力。(2.4.19–20)

闻听此言后,克勒阿尔科斯问来者,底格里斯河与运河之间的地方有多大。来者说,其间土地广袤,有村庄和许多大城坐落其间。

此时此刻,他们才恍然大悟,蛮族人居心叵测,派此人来,是生怕希腊人拆毁桥梁留在岛上,以底格里斯河与运河作屏障;他

---

① 唯有这一处文字表明了色诺芬从撤退早期,直到他被选为将领为止,都在做些什么(2.4.15)。

们可以从中间广阔而丰饶的土地上获得给养,这片土地上还有那些可以耕种土地的人;此外,对于那些想伤害国王的人来说,此地之后会变成一处庇护所。(2.4.22)

学者们推测,插曲中的这位年轻人(neaniskos)正是色诺芬本人。我相信这种推测是正确的。这位年轻人像一个高超的辩证术士那样推理——他提醒人们注意"言词上的矛盾"——他让我们想起了那个看起来像个哲人的忒奥庞普斯,法利诺斯戏称他为"年轻人"(2.4.19, 2.1.13)。诚然,色诺芬在此处没有冠名,然而,这种自我谦逊的做法容易解释:他的上行时刻尚未到来。假如他实名出现,[94]那么他在卷三开篇营造的效果就会遭到破坏:他从乌有之处现身,或看似如此挽狂澜于既倒。

因为不希望在此破坏那种效果,色诺芬乐得让克勒阿尔科斯的统治表现出自身的本色,而仅仅暗示出他自己做出的决定性贡献。然而,尽管色诺芬因此为克勒阿尔科斯免去了一次具有针砭意味的对比,他仍然极为清楚地表明,这个斯巴达人既不镇定,也不明智。① 波斯国王已经公开表明了自己的动机,即他害怕希腊人留在岛上,可是克勒阿尔科斯却从未停下来考虑一下,鉴于国王间接承认了自己的弱点,立即迅速撤退这种策略是否应该随之予以修正。那一夜,除了向桥上派出警卫,克勒阿尔科斯什么都没做。他还上床睡了觉。天亮时,希腊人渡过底格里斯河,依旧保持警惕,但仅此而已。

---

① [原注33]这个片段稍带反讽色彩:"年轻人"这个单词的言外之意是"头脑发热"和"肆无忌惮",这一点我之前提到过,但此处所指的"年轻人"却堪称头脑清醒的典范。后面有一段落中出现了两名"年轻人",解读时就需要小心处理,必须留心其中的言外之意(4.3.10–12)。[译按]对勘本章原注7和15。

克勒阿尔科斯会如何为自己失于调整策略辩解呢？难道他会强调说，假如他们留在岛上，万人军就有双重违誓之虞，既破坏了与阿里艾奥斯所立的盟约，又破坏了与提萨斐尔涅斯和国王所立的和约？可是，波斯人不是已经打破他们的誓言了吗？提萨斐尔涅斯并非不使诡诈地为希腊人引路；阿里艾奥斯则与提萨斐尔涅斯狼狈为奸。①色诺芬以具有拉科尼亚特色（laconic）而又一针见血的言辞，描述了那座架在底格里斯河上的桥——由"三十七艘船连在一起"（2.4.24，强调乃笔者所加），其中蕴含着作者对这件事所给出的最终评论。克勒阿尔科斯一旦渡过底格里斯河，也就错失了一次可遇而不可求的机会，他本可以将军队安顿在天然的堡垒之中，没有人可以轻易把这支军队从这里赶走。希腊人原本可以挑战国王，或者随后更加从容地撤退。然而事实却是，他们将会发现自己身处那条可怕河流的东岸，②比之前更加远离家乡，领路之人的背叛已经显然可见。③

---

① 就连克勒阿尔科斯，好像也承认阿里艾奥斯已经破坏了所订立的盟约。因为克勒阿尔科斯对提萨斐尔涅斯说："现在，我看到你在保有自己辖地的同时，居鲁士的兵力和土地也归你了，并且，国王的部队——居鲁士曾用以向国王开战的部队——现在也是你的盟友"（2.5.11，根据最佳抄本上的读法"开战"［polemeīn］）。"国王的部队"好像指的是阿里艾奥斯手下的波斯军队。

② 希腊人最终被迫北上，原因是他们找不到安全的方式渡过底格里斯河（3.5.7-18；4.1.1-4）。接下来的几个世纪，还有几支军队，包括安东尼（Marcus Anthony）和叛教者尤里安（Julian the Apostate）的军团，都经历过相同的困境。

③ 除了我们正在讨论的这个片段之外，请思考2.4.16与2.4.24。

2.3 克勒阿尔科斯与提萨斐尔涅斯：
希望以及与神的友谊

[95]耶和华是我的磐石,我的山寨与我的救主；
我的神是我的磐石,我于其中得庇护。
他是我的盾牌和我获救的角,
我的堡垒。

《旧约·诗篇》18：2

他所有的法都在我面前；
我从未背离他的条律。

《旧约·诗篇》18：22

希腊人渡过底格里斯河到达扎帕坦(Zapatan)河,其间经过了两周,这条河的名字的意思是"大骗局之河"(the River-of-the-Big-Fraud)。① 双方军队到达扎帕坦河之后,就在岸边停留了三日。彼此间充斥着猜疑的气氛,但还没有看得见的阴谋。为了缓和猜忌,避免战争再次爆发,克勒阿尔科斯要求与提萨斐尔涅斯会面。他们彼此用言

---

① 这两周,克勒阿尔科斯展示了自己的军事技艺和经验,但也暴露了他对波斯人极度的不信任。行军四日之后,希腊人遇上了居鲁士和阿尔塔克瑟尔克瑟斯庶出的兄弟。他率领大军从苏萨(Susa)赶来为国王靖难。当万人军行经时,此人停下来仔细观察这支军队。克勒阿尔科斯希望让自己的军队看上去尽可能地人数众多,于是排成双人队列,频繁地且行且停。这样,当克勒阿尔科斯统领的前锋队伍停下时,整个方阵就依次停顿下来。甚至连万人军自己都觉得他们的规模相当庞大。国王的兄弟对这支部队的规模感到震惊(2.4.25–26)。

语相互抚慰了一番，之后共进晚餐，提萨斐尔涅斯那一晚殷勤地招待了克勒阿尔科斯。这次会面的气氛如此和睦，以至于克勒阿尔科斯同意第二天携全体希方将领再去提萨斐尔涅斯帐中。他这么做，旨在一举涤荡彼此间的猜忌。但在这第二次会面时，克勒阿尔科斯和陪同他前去的众将领都将遭到逮捕、囚禁，最终被斩首。诱捕克勒阿尔科斯这件事情无疑是《上行记》卷二中发人深省的高潮时刻（epiphany），充满了戏剧性的紧张与悲情。

这一事件还提出了一个重要的问题：克勒阿尔科斯为何让自己陷入这样的网罗？他曾是个善于随机应变的统治者（尽管过度谨小慎微），偶尔也施展一下欺骗的伎俩，是一位经验丰富的将领，几年前还亲眼见识过提萨斐尔涅斯的欺骗行径，①可是，他居然让自己像一个童子军那样受人欺骗！在当前情况下，他的幼稚就等于一种极度的鲁莽，我们如何解释他的这种幼稚？卷二就是在处理这个问题的过程中达到其叙事的巅峰。②[96]我相信，答案就潜藏在第一次会面时克勒阿尔科斯对提萨斐尔涅斯所说的那番话当中。因此，我们需要仔细研读那番言辞，它是《上行记》论证中至关重要的时刻，可以帮助我们澄清，为何虔敬的王最终没能调和高贵与好。

* * *

克勒阿尔科斯这番讲词的首要目的是向总督提萨斐尔涅斯表明，他不应该忌惮希腊人，因为希腊人有几个可靠的理由要遵守誓约。克勒阿尔科斯开始说道：

---

① 修昔底德，《伯罗奔半岛战争志》，8.80.1。
② Hirsch 的观察是正确的："在色诺芬的刻画中，克勒阿尔科斯天真异常，愚蠢，轻信，但色诺芬的这种刻画恰恰需要加以解释。"见 Hirsch, *The Friendship of the Barbarians*: *Xenophon and the Persian Empire*, p. 28。

> 我知道,提萨斐尔涅斯,我们之间已经相互发誓并且伸出右手保证我们不会不义地对待彼此。(2.5.3)

克勒阿尔科斯接着说:

> 但是,我看到你像对待敌人一样防备我们,我们见状,也就相应地设防。(2.5.3)

然而,克勒阿尔科斯坚持说,他看不出波斯人正在企图伤害希腊人,"而且我清楚地知道,至少我们希腊人没动这样的念头"(2.5.4)。因此,克勒阿尔科斯这次前来,是要消除提萨斐尔涅斯的不信任,如果能做到的话。因为他知道,以往的人——有的人出于流言,有的人仅仅是出于猜忌——就彼此畏惧,唯愿在遭殃前先下手为强,于是对那些未曾企图伤害自己,甚至连做这种事的意愿都没有的人造成了不可挽回的伤害。既然克勒阿尔科斯相信,会面能够最大程度地消除误会,所以他来了,还希望告诉提萨斐尔涅斯:不信任希腊人,这是不对的。克勒阿尔科斯给出三个要信任希腊人的理由。

"第一条同时是最重要的"理由是,先前所发的誓言禁止双方相互为敌(2.5.7)。克勒阿尔科斯坚持认为,他从不会认为一个故意违背自己所立之誓的人是幸福的:

> 因为我不知道,在与诸神的战争里,一个人可以凭借什么样的速度在奔逃时走脱,可以逃入什么样的幽暗之中躲避起来,或者如何退到一个牢固的堡垒中。因为万物在所有方面受制于诸神,而且诸神在所有地方都均等地统御万物。(2.5.7,安伯勒的英译文)

在表白信仰的过程中,克勒阿尔科斯清楚表明,他从来不会冒险与富有远见又强大无比的诸神为敌,[97]而且诸神还是人类誓言的强制执行者(enforcers)。实际上,克勒阿尔科斯的意思是,自己的虔敬是提萨斐尔涅斯不能不信任希腊人的最重要理据。在随后转向他称之为"人类事务"的方面时,克勒阿尔科斯陈述了他的第二条理由:

> 我相信,目前,你就是我们最大的利好。因为和你在一起,路路畅通,每一条河流都可以渡过,也不愁给养;可是,如果没有你,每一条路都是穿过黑暗而行,因为我们根本就不认路,每一条河都难以渡过,每一群人都令我们害怕,然而,一切之中最可怕的是孤单(solitude),① 因为其中充满了极端的匮乏。(2.5.7,安伯勒的英译文,我做了轻微改动)②

现在,克勒阿尔科斯向提萨斐尔涅斯致辞时,异常地谦卑顺从,宛如一位正在哀求天神的祈援者。他依然在努力打消总督的不信任。然而,他用的语言透露出屈从和尊崇(比如"你就是我们最大的利好"),这些话出自一个骄傲且不动感情的战士之口,就很引人注目。

---

① [原注41]"孤单"也可以译作"荒漠"(desert, erēmia)。此处说的是希腊人的"孤单"而非"荒漠",3.1.2-3 的内容已经间接证实了这一点,希腊人面临的困境中没有"荒漠",但却有"被置于孤零零的境地"(monoi de kataleleimmenoi)。另参《希腊志》6.5.23 和 6.5.25 两处 erēmia 这个单词的用法,另参本书附录二原注5。

② 克勒阿尔科斯在陈述第二条理由时以一个反问结束:假如希腊人竟然发疯杀害施惠者,难道他们不是会发现自己身陷与这个王,最大的监察者(ephoros, overseer)的战争(polemeō)之中吗(抄本C、B、A和E)? 较差的抄本F和M则读作:"……发现自己正在与这个王、这个最大的支持者(ephedros, supporter)争斗(agōnidzomai)吗(2.5.10)?" 这里的大王不一定是指波斯国王阿尔塔克瑟尔克瑟斯。

克勒阿尔科斯的第三条同时是最后一条理由(2.5.10–12)援引的是希望,而非恐惧:他说,如果他试图伤害提萨斐尔涅斯,他就是在剥夺自己的许多希望,而且是重要的希望。因为总督现在获得了居鲁士的权力与领地,其权力与领地都扩增了。他已经完全有能力向自己想要施惠之人施惠。"在这些情况下,谁会如此疯狂而不愿意做你的朋友呢?"(2.5.12)

以上三条原因解释了克勒阿尔科斯为何希望成为提萨斐尔涅斯的朋友。它们还充分阐明了这位总督没有什么严肃的理由不信任希腊人。可是,这些说法几乎没有证明,克勒阿尔科斯希望提萨斐尔涅斯会愿意成为他的朋友这一愿望是合理的。克勒阿尔科斯发言中比较简短的第二部分涉及这个至关重要的问题(2.5.12–15)。克勒阿尔科斯在那里说到,国王有一些妄动的臣民,比如米西亚人、庇西德尔人和埃及人,正在给国王造成麻烦,有了万人军的辅助,国王就可以强力惩罚这些叛乱者。[98]此外,在提萨斐尔涅斯处理他自己与"那些与你毗邻而居的人"的关系时,这支军队还可以增强其实力。①万人军将会帮助他,不仅是为了军饷,也是出于感激,因为总督救过他们的命,他们理应心存感激。一言以蔽之,克勒阿尔科斯希望提萨斐尔涅斯认识到这些希腊人的有用之处。

即便只是粗略分析一下克勒阿尔科斯发言的第二部分,也足以看出,克勒阿尔科斯希望提萨斐尔涅斯愿意成为他的朋友,其根据是何等薄弱。克勒阿尔科斯以希腊人的军事援助来吸引提萨斐尔涅斯,可是他很不小心地忽略了一点:倘若允许万人军全身而退,提萨斐尔涅斯和国王就等于在示弱,这会引发国内的叛乱和国外的挑衅。我们已

---

① "那些居于你周围的人",看上去指的是身处亚细亚的希腊人。克勒阿尔科斯是在自荐成为奴役希腊人的工具吗(2.5.14)?

经看到了这个问题。波斯国王若让万人军作雇佣军,等于是捡了芝麻丢了西瓜。另外,克勒阿尔科斯先是以相当过分的言辞强调了希腊人的弱点,之后才提出奉上军事援助的提议,因此绝不能说服提萨斐尔涅斯相信希腊人有用。①

那么,克勒阿尔科斯为什么抱有如此希望,竟认为提萨斐尔涅斯愿意成为自己的朋友呢?他的希望是基于某些未曾言明的根据之上吗,比如,也许是基于这位总督曾经的誓言?但克勒阿尔科斯在说到自己的希望时并没有提及这些誓言(对比2.4.7),难道他感觉到这位总督的虔敬并非无可置疑?②还是说,即使在虔敬如克勒阿尔科斯者看来,这些誓言作为希望的根据也是成问题的?

为了理解这个难题,让我们回到我称之为克勒阿尔科斯"表白信仰"(profession of faith)的地方(2.5.7)。克勒阿尔科斯对提萨斐尔涅斯的讲辞始于一个强调语气很重的表达——"我知道"(ego oida),在通篇演讲中,该短语他还用了五次。③他还几乎同样频繁地(四次)使用了"我相信"(nomidzo)这个短语。④克勒阿尔科斯所"知道"的内容与他只是"相信"的内容之间的差别,就是他这番说辞的基础,[99]必须以这种差别来理解他的"信仰表白"。回想一下,在"表白信仰"

---

① 相比之下,提萨斐尔涅斯的答复强调了波斯人的力量,见2.5.16–21。

② 提萨斐尔涅斯第一次对希腊人讲话时,闭口不提诸神(2.3.18–20)。克勒阿尔科斯两次提到诸神(2.3.22,2.3.23)。提萨斐尔涅斯在答复克勒阿尔科斯时的确突出地提到了诸神(2.5.20–21),但他这么做似乎是为了回应克勒阿尔科斯的信仰表白。

③ 另外的五次,克勒阿尔科斯说的是"我知道"(oida),没有用第一人称代词"我"。这个短语或说法因此就少了些强调的意味。

④ "我知道",见2.5.3,2.5.4,2.5.5,2.5.7,2.5.13(两次)。"我相信",见2.5.6,2.5.8,2.5.11,2.5.13。克勒阿尔科斯还说了两次"我判断"(gignosko),见2.5.8和2.5.13。

时,克勒阿尔科斯曾用"有远见"(farseeing)来描述诸神,然而,仔细阅读他的话就可清楚看出,克勒阿尔科斯从没有说诸神"知晓一切"。克勒阿尔科斯没有将"全知"归于诸神,这将他与色诺芬笔下几个的确这么做过的人物区分开来,比如苏格拉底。① 相反,克勒阿尔科斯表示自己不知道诸神是否全知,"我不知道……他可以逃入什么样的幽暗之中躲开(诸神)……"(2.5.7,强调乃笔者所加)。可以确定,克勒阿尔科斯想要传达出的印象其实是他确信诸神的全知(omniscience)。但他没有声称自己知道诸神全知,考虑到其首要目标是缓和提萨斐尔涅斯的不信任感,我们应该如此理解,即,他的说法相当于未明言地承认自己不信诸神全知,尽管承认这一点对他不利。克勒阿尔科斯的观点与高贵且好的伊斯霍马霍斯相类似,后者不知道诸神是否会发现每一次背离高贵原则的行为(《治家者》7.31),克勒阿尔科斯担心诸神可能察觉不到发生在黑暗中的事情——他就是"不知道"。然而,假如诸神不知道发生在黑暗中的事,克勒阿尔科斯不就得承认,提萨斐尔涅斯或许能够逃脱神的惩罚吗?也就是说,哪怕提萨斐尔涅斯违背了誓言和誓约,他仍然可能幸福(eudaimōn)(对比2.5.7)?但若真如此,克勒阿尔科斯为什么还同意踏入提萨斐尔涅斯黑暗的营帐,从而给这位总督作恶而不受惩罚的机会呢?

我的思路好像进入了死胡同。克勒阿尔科斯的鲁莽甚至变得更加费解而神秘。难道没有合理的解释吗?除了解作傻瓜之举,或解作

---

① 《回忆》1.1.19。被归于苏格拉底的这种观点,苏格拉底的熟人赫尔莫根涅斯(Hermogenēs)与苏格拉底式的人物冈比赛斯(Cambyse)都说过(见《会饮》4.47–48和《居鲁士的教育》1.6.46)。参《回忆》1.4.18–19和《居鲁士的教育》8.7.22,还有《希腊志》6.5.41。

一时疯狂造成的后果,①难道克勒阿尔科斯的行事就没法做别的解释了吗?有学者曾主张,克勒阿尔科斯之所以会遭提萨斐尔涅斯诱捕,是因为他和希腊人都信任波斯人值得信赖的声誉,这种解释得到《居鲁士的教育》结尾的启发(8.8.2-3)。②可是,即便波斯人曾享有这种值得信赖的声誉,《上行记》却丝毫没有提及这一点,也没有证据表明克勒阿尔科斯特别受到这种声誉的影响。事实恰恰相反,色诺芬表明:克勒阿尔科斯与希腊人自始至终都不信任提萨斐尔涅斯和波斯人。③[100]《居鲁士的教育》的结尾部分无法解决我们的难题。④

还有另外一种解释,说克勒阿尔科斯的鲁莽源于他与梅侬之间的竞争较量。两人争的是这支希腊军队的控制权。但克勒阿尔科斯怀疑梅侬正暗地里设法将士兵从他麾下拉走,带他们去投奔提萨斐尔涅斯,目的是独自讨得总督的欢心。克勒阿尔科斯"极其珍爱自己的军权,试图粉碎阴谋,于是更迫切地争取获得提萨斐尔涅斯的欢心"。⑤这种解释尽管在一定程度上有用——梅侬这种分裂举动很可能的确蒙蔽了克勒阿尔科斯的审慎——但似乎仍不足以解释克勒阿尔科斯

---

① 克勒阿尔科斯两次使用了动词"发疯"[mainomai],见2.5.10和2.5.12。

② 见Hirsch, *The Friendship of the Barbarians: Xenophon and the Persian Empire*, pp. 28-29。Hirsch依靠《居鲁士的教育》的结尾部分来做出解释,实在令人惊讶,因为他将《居鲁士的教育》的结尾部分判为伪作,"或者,这部分根本就不是出自色诺芬之手……或者是后人带有偏见的续笔"(页96)。

③ 2.4.3-7, 2.4.10, 2.4.22-24, 2.5.27-30。

④ Grote正确描述了《居鲁士的教育》的结尾,"历史叙事中令人奇怪的急转直下服务于他的小说的写作意图",Grote, *Greece*, Vol. 9, p. 73。色诺芬夸大古波斯虔敬和可信的声誉,目的在于凸显大居鲁士导致的腐化。

⑤ Grote, *Greece*, Vol. 9, p. 74.

那惊人的鲁莽。① 因为克勒阿尔科斯手无寸铁地带着几乎整支军队的领导层进入提萨斐尔涅斯的营帐（3.1.29）。

难道我们只能用愚蠢或疯狂来尝试解释克勒阿尔科斯的鲁莽吗？他希望提萨斐尔涅斯会愿意成为自己的朋友，这希望只有薄弱的根据。但他不厌其烦地陈说自己是多么满怀希望。克勒阿尔科斯为何如此满怀希望呢？他为何将一切押在看上去只是纯然的希望之上呢？

我认为，色诺芬对这些问题的回答如下：克勒阿尔科斯充满希望的理由是，他相信自己配得上（axioō）获得提萨斐尔涅斯出手相救的友善。② 他之所以配得上提萨斐尔涅斯出手相救之谊，是因为他和万人军按照无可指责的正义与虔敬原则行事。这是克勒阿尔科斯极为确定的东西。③ [101] 正是克勒阿尔科斯无可指责的德性——他知道是

---

① Grote 的解释有一些文本上的支撑（2.5.29）。然而，即使是 Grote 也承认这种解释有诸多限度："对于一个上了年纪且富有经验的军官来说，这种误判实在难以解释。"见 Grote, *Greece*, Vol. 9, p. 73。

② 克勒阿尔科斯没有直接说他配得上提萨斐尔涅斯出手相救之谊，但是，他提到那些（与他的做法不一样的）人散播诽谤之言并且破坏誓言和约定，合该（axioō）受到惩罚：2.5.24。

③ 克勒阿尔科斯讲话时，几次说他"知道"，但他以"我清楚地知道"这样极其肯定的语气说，他知道的一件事情是，希腊人"甚至没有动过念头"要违背对诸神的誓言或与波斯人的约定（2.5.4）。正是这种见解让克勒阿尔科斯充满希望地以为他将会获得回报，他相信他和希腊人完全配得上回报。关于这一点，请注意，在讲话的开端和结尾，克勒阿尔科斯都以强调语气宣称，他没有阴谋反对提萨斐尔涅斯（2.5.4，2.5.15）。也请注意，陪同克勒阿尔科斯前去波斯人营地的那支二百人分队"去了市场"（2.5.30）。初看上去有些奇怪，他居然认为此时是适合去获取给养的时刻。然而，克勒阿尔科斯就是要用这支护卫队伍来展示笃定的守信，向波斯人证明希腊人遵守誓言与约定，正在按照和约条款的规定购买给养（2.3.26，另参 3.1.20—22）。

他无可指责的德性的那种东西——使他配得上提萨斐尔涅斯的友谊。因为如克勒阿尔科斯所相信的，他已经为信守自己立下的誓言和约定做了一些牺牲。例如，他并未以一场先发制人的攻击来试图抓住或杀死提萨斐尔涅斯，尽管这样做会让他自己的处境更安全(2.5.5)。克勒阿尔科斯的德性，其中包含着牺牲，使得他配得上获得回报。因此，当提萨斐尔涅斯含沙射影地点出克勒阿尔科斯正在阴谋反对他时——这实际上是指控克勒阿尔科斯不义和不虔敬——克勒阿尔科斯的乐观希望的基础就正在遭到破坏。①

为了反驳这种尖锐的指控，克勒阿尔科斯决心向提萨斐尔涅斯呈上一种显而易见、无可反驳而且实际上是过分的证据，来证明自己的德性：他同意(与同僚们一起)手无寸铁地进入总督的营帐，可以保护他的只有他那闪闪发光的虔敬和正义。因此，他竭力明确证明自己忠于誓言和约定。换言之，此时，克勒阿尔科斯心里出现了一种奇怪的颠转：他并不是出于某种实际的或确凿的理由而抱有希望——认为自己将会平安，相反，他那满怀希望的状态倒成了他的信心之基。既然可以说希望才是他的所有依靠，他便竭力强化这份希望，采取的方式是证实他认为自己是高贵的那种看法。②克勒阿尔科斯没有借助他可支配的手段来力保平安，反而使己方变得更易受攻击：他鲁莽地表白忠心，想要凭借自己与提萨斐尔涅斯之间的友谊——他比

---

① 提萨斐尔涅斯对克勒阿尔科斯说，克勒阿尔科斯不信任国王或他，就会是不正义的(ouk dikaiōs, 2.5.16)。对比之下，克勒阿尔科斯的表述则没那么尖锐：提萨斐尔涅斯不信任希腊人是不对的(ouk orthōs, 见2.5.6)。另参2.5.25处的指控。

② 可以确定，克勒阿尔科斯还出于对诸神的畏惧而遵守誓言和约定，而不仅仅是为了加强他的希望。但畏惧不能解释他为何踏进提萨斐尔涅斯的营帐，并且冒着不为诸神所察觉的危险。

以往更配得上这份友谊——来增强自己将会安然无恙这一希望。至此,他的鲁莽就不再是反驳其行动方针的论据,而是悖谬地变成了支持它的论据。

克勒阿尔科斯的下场表明了他如何大错特错。一个明显的教训是,"不要将一切押在赤裸裸的希望之上"。但除此之外,他的下场还体现了另一则教训,尽管不那么显眼:克勒阿尔科斯缺乏自知之明(self-knowledge)。我们甚至可能会说他是疯的,如果像苏格拉底的教诲所示,缺乏自知之明最近于疯狂的话。①(请回想一下,[102]当色诺芬在下文提起"扎帕坦"河时,他把这条河重新命名为"扎特恩"[Zatēn],即"大疯狂之河"[The-River-of-the-Big-Madness, 3.3.6]。)因为克勒阿尔科斯认为自己为德性做出了牺牲,而且据此相信自己配得上提萨斐尔涅斯的救命之谊。然而,他还视提萨斐尔涅斯为他"最大的好"(megiston agathon: 2.5.8)。这两种观点或说法怎么可能同时为真呢?假设提萨斐尔涅斯是克勒阿尔科斯"最大的好",假设后者通过恪守虔敬和正义之道就可以获得提萨斐尔涅斯的友谊,那么,当克勒阿尔科斯遵守虔敬和正义时,他不正是审慎的吗?他不正是选择了实现心向往之的平安结局的必要方式吗?然而,如果说克勒阿尔科斯在遵守虔敬和正义之道时的确做出了真正的牺牲,那么,靠牺牲方可获得的提萨斐尔涅斯的情谊,就谈不上是一种好,遑论其"最大的好"。换言之,克勒阿尔科斯在一定程度上相信,他的德性既是好的又

---

① 《回忆》3.9.6。请思考2.5.27处的奇怪表述:清楚的是,克勒阿尔科斯……相信自己对提萨斐尔涅斯抱有友好态度。对提萨斐尔涅斯的态度,克勒阿尔科斯好像自己都感到困惑。为了消除这个文意不通之处,丁多尔夫指出,修昔底德在《伯罗奔半岛战争志》(1.75.1和8.68.1)中两次用了diakeīsthai,且用法与此处相似,见Dindorf, *Xenophtis Expeditio Cyri, Ex Recensione Et Cum Annotationibus*, p. 106, note27。

是坏的(both good and bad)。他相信,自己的德性既是有益的,又是带有牺牲的。然而,它如何同时兼有两者呢?克勒阿尔科斯是糊涂的。他不曾充分地反思过高贵与好。他不曾以苏格拉底的方式寻求关于德性的知识。①

单单依靠《上行记》,前述的分析没办法再扩展并深入下去。要深入思考,我们就需要通盘考虑四部关于苏格拉底的作品。但有一点是很清楚的:苏格拉底式的德性探究有可能重新评定人的乐观希望的基础,而作为苏格拉底的学生,色诺芬做过这种德性探究。人性倾向于希望,德性本身就能使我们自己配得上成功,从而本身就能给我们带来安全或成功,但苏格拉底的德性探究能够矫正人类的这种倾向。克勒阿尔科斯的下场生动说明了这种倾向的严重危害。②实际上,当我们见证了克勒阿尔科斯的悲惨结局后,便会回想起忒奥庞普斯的警告——德性若手无寸铁,就无力提供保护。回想起来,这个警告读来就像是对鲁莽的乐观希望的一种有先见之明的告诫。

我已证明,虔敬之王的失败源于他特有的在德性问题上的糊涂。但我的分析有可能遭到如下反驳:我尚未从纯粹的道德角度来解释克

---

① 克勒阿尔科斯第一次在《上行记》中说"我知道"时,他说的是:"我不知道我是否在做正义的事情"(1.3.5,强调符号乃笔者所加)。还请思考克勒阿尔科斯在2.5.7处如何说起诸神,并且对比一下他在1.3.10处如何说起居鲁士。1.3.10处是克勒阿尔科斯在《上行记》中第二次说"我知道"。这表明,关于"诸神"眼中的正义是什么,至少可以说,克勒阿尔科斯拥有的知识并不确切。

② 关于这些严重的危害,希腊历史还提供了另一个引人注意的例子:雅典将军尼基阿斯。请参阅Bolotin精辟的解读:Bolotin,"Thucydides",in *History of Political Philosophy*, edited by L. Strauss and J. Cropsey, pp. 25–26。

勒阿尔科斯的鲁莽,不是吗?而如果克勒阿尔科斯统治失败的根源不在于他的虔敬,[103]那又怎能用这失败来说明虔敬之王的局限性呢?在某种意义上,这条反对意见有根有据:克勒阿尔科斯的虔敬并非其失败最直接的原因。①

然而,就更深层次而言,这条反对意见没有抓住重点。克勒阿尔科斯对提萨斐尔涅斯抱有希望,表明他对诸神抱有希望。我认为色诺芬在不动声色地比较这两种希望,为此,他特意安排克勒阿尔科斯发表了一篇既恭顺又崇高的演讲(2.5.9)。②此外,克勒阿尔科斯抱有的希望在某种意义上不同于他的虔敬,但在另一种意义上又与他的虔敬不可分离。克勒阿尔科斯的失败尽管不是最直接地源于他的虔敬,但却是源于其虔敬的至关重要的根源。

---

① 在前往提萨斐尔涅斯营帐的代表团中,来自阿尔卡狄亚的将领克勒阿诺尔不在其中,虽然此人显然是虔敬之士(2.5.31)。他显然拒绝前去提萨斐尔涅斯那里,这与他先前以坚定的语气答复国王的做法相一致(2.1.10)。克勒阿诺尔这个人物表明,一名统治者可以将审慎(prudence)与虔敬结合起来。在前往提萨斐尔涅斯营帐的那个代表团中,克勒阿诺尔被另一个名为哈吉阿斯(Hagias,意为"无可指责的人",我拼作 Hagias,而非 Agias,字母 A 上的送气符号,与所有这样的符号一样,都是后人所加,并非出自色诺芬之手)的阿尔卡狄亚人代替了。得到如此恰当命名的哈吉阿斯在《上行记》中仅在此处现身。这显然是"重新命名"。拙著第六章更充分地分析了克勒阿诺尔及其限度,见英文版页243—244。

② 克勒阿尔科斯的演讲必须从两个不同层面来解读。"提萨斐尔涅斯"既是总督,又是"宙斯"的替身。必须始终把这个看法牢记心头,尤其是在思考克勒阿尔科斯的演讲表面上处理"人类事务"的那一节(2.5.8以下)时。那一节包含着克勒阿尔科斯所作的赞美诗(2.5.8-9)。

*　*　*

一个名为尼卡尔科斯(Nicarchos)的阿尔卡狄亚人,将波斯人背信弃义的消息带回希腊人的营地。他成功躲开了屠杀,尽管已经腹部受伤,双手兜着肚肠。① 士兵们大为震惊,跑去抄起武器,以为波斯人顷刻间就要来攻。但波斯人没有乘胜追击,而是派了三名使者前去希腊人的营地(2.5.35)。这三个人都曾是居鲁士最信任的副官(lieutenant),其中就有阿里艾奥斯,这三个人都曾发誓不会背叛希腊人,而且会当希腊人的忠实盟友(2.2.8-9)。② 现在只剩下两名希腊将领听取这些违誓者代表波斯国王提出的新要求:③ 希腊人无条件投降。[104]这两位将领是奥尔柯美尼亚人(Orchomenian)克勒阿诺尔,和斯图姆法利亚(Stumphalian)人索淮内托斯(Sophainetos),但他们束手无策。克勒阿诺尔猛烈抨击这些背信弃义的渎神使者,义愤填膺,暴躁不安(2.5.39)。索淮内托斯更无能,干脆一言不发。④ 一线

---

① 然而,尼卡尔科斯并没有遭受致命伤。他显然就是那个带着二十来号人在后天夜间叛逃至波斯营地的人(3.3.5)。尼卡尔科斯是妥协心态的极端例子,也是拒绝(或没有能力)从最残酷的经历中吸取教训的极端例子。

② 中间那个使者是名字有不祥之意的阿尔陶佐斯(Artaozos, Artamos-Aozos)。这个名字还出现在2.4.16处,一些抄本(包括好的抄本E)写作没有什么负面意思的Artaezos(参Dindorf的校勘记),然而,绝大多数的最佳抄本(抄本C、B和A)都一以贯之地写成Artaozos。另参《居鲁士的教育》6.3.31以及各抄本的不同拼法。[译按]artamos有"屠夫,杀人者"之意。

③ 另一个将领是拉刻岱蒙人凯里索弗斯(Cheirisophos),但他当时在一个村庄里收集给养。他没去波斯人的市场(2.5.37)。

④ [原注68]这个情节使我倾向于认为索淮内托斯的确写过一部叙述这次"上行"的东西,他在书中批评了色诺芬。我们在此可以看见色诺芬节制的(部分)回应:在紧要关头,健谈的索淮内托斯无话可说。在这个场景中,他还是居于"中间"位置的希腊"发言人"。参本书英文版页35-36的原注88;页248的原注94和附录三的原注6。

希望之光从色诺芬身上闪现出来,在《上行记》的前两卷中,这是他第三次也是最后一次以色诺芬这个名字现身:他曾与这两位将领一起出营打探普罗克色诺斯的消息。国王的使者宣称,克勒阿尔科斯已被处死——他们说,其罪责是违背誓言和破坏和约——但普罗克色诺斯和梅侬因告发克勒阿尔科斯的阴谋而备受波斯人尊敬。听到此处,色诺芬答道:

> 克勒阿尔科斯如果违反誓言而破坏了和约,那么,他受到了应有的惩罚,因为那些违誓的人遭到毁灭,这是正义的。可是,至于普罗克色诺斯与梅侬,既然他们既是你们的恩人,又是我们的将领,请送他们俩回来吧;因为清楚的是,他俩作为我们双方的朋友,将会尽心给你们和我们提出最好的建议。(2.5.41)

色诺芬"反驳"了这些使者。三位使者商谈了很久,最后一句话都没答复就离开了。波斯人的谎话被揭穿。但色诺芬也几乎丝毫未能搭救普罗克色诺斯和其他人于困厄。我们很难更激动地体验到言辞在政治生活中的局限了。

2.4 独高贵而无好:普罗克色诺斯

色诺芬为那些遭到谋杀的将领写了诔文,以此结束《上行记》的第二卷。他第一个回忆的是克勒阿尔科斯,色诺芬描写他时语气间充满惺惺相惜之情,这其实与葬礼颂辞相称。色诺芬强调了克勒阿尔科斯的两种品质:他与任何有能力的人一样有能力确保军队物资供应充足,而且他能够让被统治者意识到他们必须服从他。但色诺芬没有称赞克勒阿尔科斯是善于统治的人。①

克勒阿尔科斯的主要缺陷之一是,除非动用强硬手段,否则他无法确保获得被统治者的服从。[105]此人面色阴沉,嗓音粗重,总是严厉地施加惩罚,有时是在怒火中实施惩罚,就连他自己有时都感到后悔。克勒阿尔科斯认为一支纪律涣散的军队毫无用处。据传他甚至说过,士兵应该更畏惧将领,甚于畏惧敌人。身处险境时,士兵非常愿意服从他,因为他的严厉在那时似乎就是力量。然而,一旦危险解除,许多人便会弃他而去,另投他人。克勒阿尔科斯无情,一贯严厉又粗犷,从来都没有出于友情和善意的追随者。然而,对于那些因某种必然性的纽带而受克勒阿尔科斯约束的士兵,他使得他们极度服从,也极为有用。然而,他过于依赖于他人的畏惧了。而要是我们补充说他太少依赖于希望,则又过度了。②

---

① 克勒阿尔科斯的诔文分为三个长短不等的部分:第一部分是第1-6节,第二部分是第7节,第三部分是第8-15节。每个部分分别考察一种常被归于克勒阿尔科斯的品质。第一部分,据他说是个热爱战争的人(philopolemos);第二部分,据说他是一个善战的人(polemikos);第三部分,据说他是一个善于统治的人(archikos)。为了评价作为战争热爱者的克勒阿尔科斯,色诺芬概述了他的战争生涯(2.6.2-5),并以自己的名义总结道:"在我看来,这些是属于一个战争热爱者的所作所为。"(2.6.6)色诺芬两次称其为"战争热爱者"(2.6.7)。关于第二种品质即"善战的人",色诺芬看上去也同意通常的观点,尽管他所下的结论或断语在某种程度上没那么确定(2.6.7)。但是,他确定无疑地拒绝称赞克勒阿尔科斯是"善于统治的人"。"据说(legetai,2.6.8)克勒阿尔科斯是个善于统治的人,就他的性情而言,这有可能",色诺芬以此引出第三部分。回顾了这些事件之后,他简单总结道:"克勒阿尔科斯就是这种统治者。"(2.6.15)

② 在克勒阿尔科斯这种硬汉风格的统治之下,是灵魂的某种柔弱。诔文概括说明了这个事实。色诺芬写道:克勒阿尔科斯如此热爱战争,以至于他愿意把钱花在战争上,"就像某个人愿意把钱花在男孩身上或花在其他乐子上一样"(2.6.6)。

***

甚至从年少时起,玻俄提亚人普罗克色诺斯就渴望成为一个有能力干大事的人。出于这样的渴望,他付钱给勒翁提尼人高尔吉亚(Gorgias)。后来,普罗克色诺斯相信自己已然有能力进行统治,还相信要是与那些杰出的人物为友,他就有能力在施恩惠方面不落下风。普罗克色诺斯加入居鲁士的远征队伍,为的是获得伟大的名声、巨大的权力和大量的财富。他虽然极度渴望这些东西,但他显然不愿意用不义手段得到其中任何一种。因为他认为一个人必须正义且高贵地获得这些,否则宁可不取。普罗克色诺斯有能力统治高贵而好的人,可是,他无法让士兵尊敬或畏惧他。他对士兵的尊敬甚至要多于士兵对他的尊敬,他明显更害怕招致士兵的仇恨,士兵却不那么害怕不服从他。普罗克色诺斯认为,为了成为一个善于统治的人,为了看上去成为如此之人,只要赞扬行事高贵的人、避免赞扬作恶之徒[106]就够了:他从不采用(身体)惩罚。他身边那些高贵而好的人都善意待他,可不义之徒阴谋反对他,把他当作好对付的人。

普罗克色诺斯曾师从高尔吉亚学习修辞术。然而,尽管有或者说正因为有这种训练,他高估了言辞本身在政治生活中能够发挥的作用。他试图仅仅用赞扬来统治他的手下。他认为谈话(或谈判)一贯是解决政治冲突的可能之道。《上行记》中普罗克色诺斯仅有的一次讲话,透露出他准备放弃武器,以换取国王的一纸协议(2.1.10–11)。①高尔吉亚没能矫正普罗克色诺斯那种高洁的天真。尽管这位修辞术

---

① 在柏拉图笔下,高尔吉亚宣称,修辞术或带有修辞性质的言辞,在城邦生活中非常有力,然而,他无法证实他所宣称的这个观点。对照柏拉图的《高尔吉亚》456a7–c7 与 457b5–c3。也请参亚里士多德《尼各马可伦理学》1181a12–17 及其上下文。

教师提高了普罗克色诺斯的演讲技艺，后者的那次演讲堪称优雅与智术的典范，可高尔吉亚没有让普罗克色诺斯明白政治更残酷的那一面。普罗克色诺斯的天真将他领入了提萨斐尔涅斯的营帐。这一次色诺芬没有陪伴在侧，但看上去确定无疑，色诺芬曾力劝他的朋友留下（对比2.5.29-30）。①

尽管有这些缺点，实际上在一定程度上正是由于这些缺点，普罗克色诺斯是《上行记》中最具吸引力的人物之一。对于整部作品的论证而言，他也很重要。《上行记》首要的目标读者就是某个与普罗克色诺斯相像的年轻人。《上行记》写作的首要目标就是为了让这些人受益，他们有普罗克色诺斯一样的品质，其中首要的是，他们渴望学习所有科目，希望借助这种学习能够高贵地齐家治邦，总而言之，能够善用人和人的事务。《上行记》的写作就是要让这些天性好的人受益。②普罗克色诺斯与高尔吉亚交往是希望获得这种知识，然而他只落得极度的失望。高尔吉亚的学生普罗克色诺斯命运悲惨，苏格拉底的学生色诺芬则取得了成功（我们很快就要考虑这个问题），两者之间的反差暗示了获取这种知识的某种路径。

---

① 这两位友人之前形影不离：2.1.10-13和2.4.15以下。此外，既然约两百名士兵跟着各自的将领去了波斯营地的市场，色诺芬本可以很方便地陪普罗克色诺斯前去提萨斐尔涅斯的营帐（2.5.30）。

② 根据色诺芬的撰述，苏格拉底以这三种品质来判定天性是否好：他们快速学会用心学的东西；他们牢记所学；他们渴望学习所有科目，然后学以致用，能够高贵地齐家、治邦乃至善用人和人的事务（《回忆》4.1.2）。我们缺乏充足的根据，来判定普罗克色诺斯是不是符合这三个要求的天性好的人。他肯定具备第三种品质。他与色诺芬的亲密友谊透露出，他也具备前两种。

2.5 独好而无高贵：梅侬

[107]作为一名统治者，普罗克色诺斯最终没有能力调和高贵与好，因为他未能获得好。相比之下，忒萨利亚人梅侬获得了好（或部分好），但他的统治罪恶累累。

梅侬显然对财富贪得无厌。他渴望统治，为了获得更多财富，他渴望荣誉加身，好能获取更大利益。他希望结交最有权势者，为的是能够行不义而免受惩罚。梅侬认为，通往他所求之物的捷径是发假誓、撒谎和欺骗，至于单纯和诚实，他视之为愚蠢。他明显不喜欢任何人，每当他假装宣称友谊时，他显然正在密谋背叛。梅侬从不嘲笑任何敌人，然而与同伴们谈话时，他总是嘲笑他们所有人。他不阴谋获取敌人的财产，因为他认为要拿走严加防守之物是困难的，但他认为只有他自己知道，朋友的财产不设防，因此最容易拿走。他畏惧发假誓者和为恶者，把他们当作全副武装的人，却又试图利用虔敬和诚实的人，就好像这些人是懦夫一样。正如有人以敬神、诚实和正义为荣，梅侬以自己能欺骗、说谎和嘲讽友人为荣。如果他企图成为某人最好的朋友，他就认为应该中伤这个人最好的朋友来达成自己的目的。他自以为配得上荣誉和受人追捧，因为他表明自己最有能力也最乐意做不义之事。

尽管此人罪行累累（还有几桩臭名昭著的风流事），色诺芬承认，梅侬取得了部分成功。士兵的确服从他，把他当作共同犯罪的同伙（6.2.27）。①居鲁士也曾给予他荣誉并嘉奖他（1.4.17，但对比1.2.15与

---

① [译按]6.2.27当为作者笔误，卷六第二章总共只有十九节。应该是2.6.27。

1.8.4)。最重要的是,梅侬成功地使自己幸免于提萨斐尔涅斯的陷阱。当然,这并不是说梅侬就是堪为模范的统治者。写他的诔文是一篇尖锐的指控。然而,他的确曾代表(或代表着)一种挑战,一种对日常道德与虔敬的挑战。梅侬迫使读者去思考高贵:当道德与虔敬变得有害而无利时,统治者为何还要遵循道德与虔敬的各种约束?活下来,哪怕是用卑鄙的手段活下来,难道是如此微不足道的一件事情吗?梅侬的累累罪恶并不只是他恶毒本性的表现,"梅侬一贯把那些有道德顾虑①的人贬低为未受教育者(tōn apaideutōn, 2.6.26)"。②梅侬是被教坏的。[108]色诺芬没有说出梅侬的老师的名字,但柏拉图表明他曾是高尔吉亚的学生。③因此,我们不应该将普罗克色诺斯那高洁的天真归因于高尔吉亚。这位修辞学家可能不是一个成功的教师,但他并不是一个教授天真的教师。综合言之,梅侬与普罗克色诺斯的诔文指向一个问题:统治者能够在卡吕迪斯(Charybdis)高贵的失败与斯库拉(Scylla)罪恶的成功之间开辟出一条道路吗?既然这两篇诔文都强调了教育主题——小居鲁士的诔文也强调了这个主题,克勒阿尔科斯的诔文暗指这一主题④——那么它们也就共同指向一个更深的问题:哪种教育足以培养统治者,让他们能够承担起统治之责?

---

① "那些有道德顾虑的人"对应的希腊文是 ton mē panoūrgon。

② 这个说法出现在其诔文的中间位置。

③ 思考柏拉图《美诺》(*Menon*) 71b9-d4, 73c6-d1, 76a8-c6, 79e6 及其他各处。如果明言指出梅侬的老师,色诺芬可能会让人注意到梅侬也曾一度与苏格拉底交往。

④ 1.9.2-6; 2.6.12;克勒阿尔科斯的诔文简单提及教育,这表明他没有受过统治方面的教育,他是其士兵的"教师",但这个"教师"从没有当过任何严格意义上的学生。

＊＊＊

《上行记》前两个论证阶段的结局令人失望。神般的王与虔敬的王都没能够统合或调和高贵与好。马基雅维利宣称这种统合实际上不可能做到,莫非他是对的？我们还是别丧气:我们尚未思考苏格拉底式的王。色诺芬和梅侬一样,都幸免于提萨斐尔涅斯设下的陷阱,普罗克色诺斯的高贵与好也吸引着色诺芬。我们期望的高贵与好的调和,其命运看上去取决于苏格拉底式教育的卓越成果——色诺芬本人。现在让我们转向《上行记》论证的第三个阶段。

第三部分

色诺芬的王权统治："苏格拉底式的王"

第三章　虔敬

(《上行记》卷三)

[111]色诺芬上行的开篇非常有名:

> 在众将领被捕而随行的百夫长和士兵被杀之后,这些希腊人完全不知所措:他们琢磨着,自己就在国王的门户前;周围处处都是敌对的部族和城市;以后再也没人会为他们提供市场;他们距希腊不下一万[希腊]里远;一路上没有向导为他们指路;回家的路上有不可渡过的河流阻隔;甚至连与居鲁士一起上行的蛮人都背叛他们;他们遭抛弃而落单,连一个骑兵同盟者都没有,因此,非常明显的是,即使他们在战斗中取胜,也无法[抓住并]杀死任何人,而一旦战败,他们就没人逃得掉。
>
> 心里想着所有这些事,心情低落,那一晚,他们中间只有少数人吃了些东西,少数几个人生了火,大多数人那一晚没回到他们的武器旁边,每个人在其碰巧所在的地方休息,无法入睡,因为心中愁苦,思念祖邦、父母、妻子和孩子,认为再也见不到他们了。那时,他们的心境就是这样,所有人都尽力歇息。(3.1.2-3,安伯勒的英译文)

面临这些极其可怕的困境,色诺芬将挺身而出,从此踏上从无名小卒上行至万人军之王的旅程。作者为这一上行写了一段序言,追忆他一开始追随居鲁士的情形:

[112]在军中,有一个雅典人名叫色诺芬,他跟在军中,尽管他既非将领,也非百夫长或士兵。(3.1.4)

作者继续讲道,色诺芬曾收到玻俄提亚人普罗克色诺斯的信,对方长久以来都是色诺芬的客友。普罗克色诺斯在信中向色诺芬承诺,如果色诺芬愿意前来亚细亚,他会引荐色诺芬成为居鲁士的朋友。普罗克色诺斯向色诺芬保证,就他自己而言,他认为居鲁士对他自己来说要比祖邦更好。

读罢此信,色诺芬向雅典人苏格拉底咨询这次外出之事。苏格拉底觉得,与居鲁士交朋友可能会招来城邦的指控,因为雅典相信居鲁士在最近结束的伯罗奔半岛战争中曾热心帮助斯巴达人。[①]苏格拉底因此建议色诺芬去德尔斐向那位神询问这次外出。色诺芬听从了这条建议,然而只是部分听从:为了使他心中计划的这次外出以最高贵和最好的方式进行,而且待他高贵地完成之后可以平平安安,他仅仅向阿波罗询问应该向哪些神献祭、向哪些神祈祷。[②]回到雅典之后,色诺芬告知苏格拉底他从那位神得来的神谕。然而,苏格拉底责备了色诺芬,因为他没有先问,对他来说去还是留哪个更好,而是自己先认定应该去,然后只是问了他应如何最高贵地出行。苏格拉底说:

可是,你既然这么问了,你就应该遵从神的命令。(3.1.7)

---

① 战争期间居鲁士给予斯巴达的帮助,特别是金钱上的资助,见《希腊志》1.5.1–10, 2.1.11–12, 2.1.13–15, 2.3.7–5, 还有 1.4.1–7 和 3.1.1。见 Proietti, *Xenophon's Sparta*, pp.1–43。

② 色诺芬终其一生都关心统合或调和高贵与好,这从他上行一开始就显而易见(3.1.6)。此外,他向阿波罗求问这一做法表明,若要成功完成这项任务,可能需要神的帮助。

于是,色诺芬向阿波罗指示的那些神献祭,①然后就乘船出发了。他在小亚细亚的萨尔迪斯(Sardis)赶上了普罗克色诺斯和居鲁士,当时居鲁士正要开始他的远征。那时,普罗克色诺斯将色诺芬引荐给这位波斯人。普罗克色诺斯热情地鼓动色诺芬留在亚细亚,居鲁士也鼓动色诺芬留下。居鲁士说,远征一结束,他就送色诺芬回去。据说,此次出征针对的是庇西德尔族,这个部族的人因劫掠小居鲁士的行省而为人所知。因此,色诺芬是作为一个受骗之人加入这次行军的,但骗他的人并非普罗克色诺斯,后者和其他希腊人(除了克勒阿尔科斯以外)一样,都不知道这次出征针对的是波斯国王。然而,当真正的目标最终大白天下时,尽管害怕这条路,尽管不情愿,绝大多数希腊人还是继续追随居鲁士,[113]因为他们彼此间有羞愧感,对居鲁士也有羞愧感。②色诺芬就是其中之一。

3.1 色诺芬是苏格拉底式的人物?

我刚刚复述的这段文字(3.1.4–10)无异于《上行记》论证的基石,③因此必须细细品读。然而,这段文字引出一个难题,因为人们可

---

① 尽管色诺芬求问关于祈祷和献祭的建议,但神谕显然没有说到他应该向什么神祈祷(3.1.6)。

② 关于希腊人为何继续追随居鲁士,请对比这里经过解释的叙述,与克勒阿尔科斯对提萨斐尔涅斯提到此事时所讲的那番话:这段经过解释的叙述——这是色诺芬用在自己身上的唯一一个说法——完全不提"面对诸神的羞愧"(对勘3.1.10与2.3.22)。

③ 哲人苏格拉底在《上行记》第十七章(3.1)唯一一次实名现身。关于这次现身的意义,见本书附录二。色诺芬在这一章最直接地提出自己与哲学

以认为它反驳了我一直捍卫的观点。在第一和第二章,我曾暗示说,色诺芬出行亚细亚时是个苏格拉底式的人物。离开雅典前他从苏格拉底那里所受的教育,为他身为统治者所取得的高贵成就奠定了基础,因为这种教育完善了他统合或调和高贵与好的能力。可是,当我们接续起叙事的脉络时,我们遇见的是一个抗拒苏格拉底的色诺芬:苏格拉底建议色诺芬向阿波罗求问出行这件事情,色诺芬却只向那位神求问结交居鲁士的合适方式。即便色诺芬是一个苏格拉底式的人物,显然他也是个拥有独立心智的苏格拉底式的人物。他的抗拒实际上就是站在自己的立场上拒绝苏格拉底,不是吗?我将色诺芬说成苏格拉底式的人物,难道是太急于下判断了?上面这段文字毫无疑问表明,色诺芬之所以热切地想要结交居鲁士,显然是为了开启政治生涯。①这不就意味着色诺芬拒绝了苏格拉底的主张,即政治生活低于哲学生活?色诺芬强调自己离开苏格拉底去结交居鲁士,似乎证明了一个观点:他是更加优秀的战士,而非哲人。

必须直面上面这段文字带来的难题。然而,我承认,色诺芬希望传达出他渴望政治生活的印象,但也有一些理由使我认为,他出行亚细亚的目的并非去过政治生活。[114]至于色诺芬为什么希望制造出

(苏格拉底是哲学的化身)的关系问题,此乃合宜之举。Flower敏锐地观察到,"向苏格拉底求问与向预言神阿波罗求问神谕,用的是同一个动词",Flower所说的这同一个动词是anakoinoō,即"求问"(3.1.5),Flower接着说,这表明"苏格拉底的建议超越了纯粹凡人的智慧",见Flower, *Xenophon's Anabasis, or The Expedition of Cyrus*, p.123。这是准确的,但Flower其实还可以更深入地加以探讨。苏格拉底为何在卷三唯一一次现身,现在我们看到了另一个原因。

① 据Howland的解读,色诺芬"与居鲁士一起,是因为他为政治生活的宏伟和荣耀所吸引",见Howland, "Xenophon's Philosophic Odyssey: On the *Anabasis* and Plato's *Republic*", p. 884。

这种印象，我必须请求读者允许我推迟至第六章再来讨论，在那里，我会探讨色诺芬在《上行记》中呈现自己时所秉持的原则。①

在第一章，我曾摆出证据表明，色诺芬离开雅典是受两种主要动机的驱动。刚刚重述的这段文字包含着支持这种观点的补充证据。首先，据色诺芬的讲述，普罗克色诺斯的信中完全没有提到，如果色诺芬前去亚细亚，他有望承担或加入何种军事远征或政治任务。信中仅承诺让色诺芬和居鲁士交"朋友"。我们从第一章看到，成为居鲁士的朋友意味着得到奖赏，尤其是得到金钱的奖赏。实际上，色诺芬表明自己离开雅典时并不知道居鲁士的远征计划，②他也并没有一到亚细亚就立刻为自己谋求军职。色诺芬明确说，他跟随居鲁士时

---

① 见本书英文版页222—229和附录一。

② 文本当中有一些证据可以证明色诺芬不知情，首先是普罗克色诺斯的书信只字未提居鲁士的远征。居鲁士不曾告知普罗克色诺斯（或其他任何希腊人，除了克勒阿尔科斯之外）他要攻打国王的秘密计划，故而普罗克色诺斯也无法转告色诺芬。固然如此，但这封信也没有提起普罗克色诺斯确实知道的内容：居鲁士正在集结一支军队，旨在将庇西德尔人逐出自己的辖地。这是居鲁士宣称的，而且普罗克色诺斯将要参加这次军事行动（对比1.1.11与3.1.4）。作者色诺芬说，当色诺芬到达亚细亚被引荐给居鲁士时，普罗克色诺斯和居鲁士都热切鼓动（prothumeomai）色诺芬留下并参加这次远征。因此，认为色诺芬正是为此事而前往亚细亚，这几乎是难以理解的：他事先并不知道这次远征（3.1.8—10）。

与此一致的是，作者说色诺芬就预期的亚细亚"出行"（poreia）征求过苏格拉底的建议（3.1.4—7, poreia这个单词用了两次，其动词形式poreuesthai也用了两次）。在色诺芬到达萨尔迪斯与居鲁士会面之后，"军事行动"（strateia）或"远征"（stolos）就取代了"出行"（poreia），动词"出行"（poreuesthai）也变成了"发动军事行动"（strateuesthai, 3.1.9—10）。

"既非作为将领,也非作为百夫长或士兵"(3.1.4)。① 色诺芬在《上行记》中的第一次实名现身表明他爱财(1.8.15),最后一次出场同样如此(7.8.8–22)。

诚然,作为一个有才能的人,色诺芬肯定期望自己能够给居鲁士提供有价值的服务。他肯定愿意为居鲁士提供服务,比如成为居鲁士的咨议,或者陪伴居鲁士进行某些军事历险(尽管我相信不会是力求推翻波斯国王的那种冒险)。② [115] 除非在某种程度上可为居鲁士效

---

① 请注意,色诺芬在3.1.8处没有说明他献祭的那位神是"宙斯王"。到很后面我们才了解到,德尔斐神谕指定色诺芬向其献祭的那位神实际上就是宙斯王(6.1.22)。换言之,色诺芬本可以在卷三开篇就强调他加入居鲁士的队伍这件事的政治性质,但他选择不这么做。

② [原注11] 色诺芬前去居鲁士那里,很容易让人想起西蒙尼德斯去希耶罗那里教授他统治的技艺(《希耶罗》1.1)。请以这种对比的眼光思考《上行记》的1.8.15,还有本书英文版页63的原注73。当然,居鲁士是一位潜在的王(即便是一位用非法方式取得王位的王),而不是潜在的僭主。"僭主"(turannos)这个单词在《上行记》中没有出现,然而,请留意1.2.14处,这里显然是"重新命名"。

读者还应该考虑,西蒙尼德斯在对话末尾劝诫希耶罗切莫犹豫为"公共的好"花费自己的私人资财(《希耶罗》11.1)。这一劝诫透露出西蒙尼德斯与这位僭主对话的意图。西蒙尼德斯在《希耶罗》第十一章第二节的中间位置用了parastasis(僭主身旁的咨议之位)这个单词,由此观之,其意图清晰可见。尽管parastasis在所有《希耶罗》抄本中相对来说比较罕见,但Marchant、Schenkl和其他校勘者错误地拒用这个单词(这个单词出现在《希腊志》6.5.43,最发人深省的是,它出现在《居鲁士的教育》3.3.21和8.4.5)。参Strauss, *On Tyranny, including the Strauss-Kojève Correspondence*, ed. by V. Gourevitch and M. S. Roth, Chicago: University of Chicago Press, 2000, pp. 38, 63, 75, 121(n. 50)。一般来说,《居鲁士的教育》中,"提格拉涅斯"与大居鲁士在一起的情节可以揭示出色诺芬会给予小居鲁士什么样的建议,见《居鲁士的教育》3.1.7以下,参本书英文版页51原注29。

劳,否则色诺芬将无法与居鲁士交友——就算能交友也肯定无法到受赏的地步。但承认这些并非就是承认色诺芬离开雅典的原因是,他断定政治生活不是低于而是高于哲学生活。他离开雅典城首先是因为他有性命之虞。

这段重述的内容(3.1.4-10)暗示出,色诺芬决定出走时,雅典城的气氛紧张。苏格拉底警告色诺芬,前去结交居鲁士可能受到控告,这让我们想起苏格拉底自己即将受到指控、被判刑并受刑,(部分)原因是苏格拉底结交了阿尔喀比亚德和克里提阿斯(Kritias),这两人是伯罗奔半岛战争期间斯巴达的支持者(《回忆》1.2.12-48)。我们还想起,斯巴达在雅典战败后即刻建立的雅典政体——三十僭主统治,其为首者克里提阿斯一度曾是苏格拉底的"学生"。这就是说,色诺芬决定离开雅典时,公众一定对苏格拉底圈子抱有强烈的敌意。

这并非只是我一厢情愿的猜测。《希腊志》证明,色诺芬曾担忧过自己的安全。雅典内战期间,民主派在公元前403年完胜寡头派,《希腊志》第二卷记述的最后一件事,正是民主派的战争领袖忒拉绪布洛斯(Thrasuboulos)的胜利演说,这番演说针对的就是所谓的"城邦的男子汉"(即"落败的寡头分子",《希腊志》2.4.39-42)。演讲中漫布着敌意。忒拉绪布洛斯将落败的寡头分子比作"会咬人的狗",需要给他们戴上口套。①重新上台的民主派将要采取的首批措施之一,就是派出三百名骑兵去外邦服役,这些骑兵在内战期间曾为寡头派战斗,[116]民主派希望这些人战死异邦(《希腊志》3.1.4)。这些事件在

---

① 《希腊志》2.4.41;对比《希腊志》3.3.11处使用的"戴口套"(kloios),它在此处指那些被控阴谋颠覆拉刻岱蒙政制的人所受的惩罚。

此处很重要,因为苏格拉底圈子曾与"城邦的男子汉"交往。①

实际上,《希腊志》的读者必须持有这种看法:忒拉绪布洛斯的演说表面上针对落败的寡头派,实质上是针对或者首先是针对苏格拉底圈子。也许这种见解听起来像是猜测,但有一些文本线索可以证明。②获胜的民主派领袖称呼苏格拉底圈子为"会咬人的狗",需要戴上口套——接下来我们在《希腊志》里看到的事情就是,叙拉古人"忒弥斯托革涅斯"(Themistogenēs),即色诺芬随居鲁士在亚细亚作战(3.1.2)。③读者必须根据事实证据做出判断,但这里的结论是很清楚的。

色诺芬离开雅典时,是受两种主要动机的驱使,我们在第一章揭示过。他作为苏格拉底圈子的成员离开雅典,同时也因为他是苏格拉底圈子的成员而离开雅典。④事实上,《上行记》前两卷的证据已经清楚表明,色诺芬自认为是一名苏格拉底式的哲人。在此只重提我们

---

① 苏格拉底圈子的成员在雅典内战期间并未跟随民主派逃至佩莱坞斯港:见《回忆》2.7.1–2。同时请想一想卡尔米德,他也是苏格拉底的学生,同样与三十人政权有交往,参《希腊志》2.4.19和色诺芬《会饮》全文。

② 请考虑忒拉绪布洛斯在《希腊志》(2.4.40)对"自大"(mega phroneō)的强调,并且对比色诺芬在《会饮》(第3–4章)如何将苏格拉底圈子描述成"自大";也请考虑下,忒拉绪布洛斯提到了苏格拉底圈子成员所说的话,即他们知道如何统治,凭的就是他们因之而"自大"的德性或知识;最后,请注意,忒拉绪布洛斯的演讲采取的是劝诫形式,劝人要有自知之明(self-knowledge),对于这种演讲而言,这是怪异之处,除非我们听出了其中针对苏格拉底圈子的弦外之音(对比《回忆》4.2.24以下)。

③ 色诺芬为何在《希腊志》中自称"叙拉古人忒弥斯托革涅斯",请参阅我在附录一的解释。

④ 有记载称,还有其他苏格拉底圈子的成员离开雅典,见 E. Derenne, *Les Procès d' Impiété Intentés aux Philosophes à Athènes au Vme et IVme Siècles Avant J.-C*, New York: Arno Press, 1976, p. 179。

绎读中的几点内容:当色诺芬偶然听闻拉刻岱蒙的海军司令萨米欧斯(Samios)的名字时,他将此人重新命名为"毕达哥拉斯"(1.4.2),这表明他心怀哲学;他判定"苏格拉底—马尔叙阿斯"比阿波罗更智慧(1.2.8,1.2.13);他假借"忒奥庞普斯"的面目出现,这是一位"看起来像哲人"的年轻人(2.1.12-13);他是辩论起来像娴熟的辩证术士一样的年轻人,察觉出波斯人"言词中的矛盾"(2.4.19-20)。

色诺芬诚然一度离开了苏格拉底,但这并不表明他脱离了哲学(3.1.4-10)。请记住,《上行记》中的事件持续不到两年,我们不清楚色诺芬的政治参与是否远远超出这些事件。① 返回希腊后,他定居在奥林匹亚附近,[117]过上了专注于哲学思考和写作的生活。他必定是在好些年或几十年里,才创作出那些奠定了他作为古代杰出作家地位的作品。此外,他的思考不仅涉及政治主题,还包括他本人的政治经历,以及各种知识性的论题(scientific topics)。② 实际上,色诺芬在他所有作品中都将苏格拉底刻画为属人卓越(human excellence)的顶峰:他宣称,苏格拉底,且唯有苏格拉底,是有福之人,这就是一个最好、最幸福之人的样子。③ 即使色诺芬选择与居鲁士结交,他也从未停止仰望苏

---

① 色诺芬说,他随斯巴达国王阿格西劳斯从亚细亚返回(《上行记》5.3.6)。这次返回的时间是公元前394年。人们无法确切知道,在上行结束(公元前399年)至他返回希腊这段时期,色诺芬到底做了些什么。然而,《希腊志》的许多段落看上去像是亲历者的叙述,这表明在那期间色诺芬至少有一段时间是在亚细亚征战。同参《希腊志》(3.1.7),该处很可能指色诺芬。

② 请思考,例如,《回忆》1.4,4.3,4.6.1;《会饮》7.1-5。色诺芬就自然世界(natural world)所写的作品,包括《治家者》和《狩猎术》(Cynegeticus/The One Skilled at Hunting with Dogs),也反映出他对知识性论题的兴趣。在这两部作品中,色诺芬都持有如下观点:齐家术和狩猎术的顶级高手都是哲人。

③ 《回忆》1.6.14,4.8.11。同参色诺芬《苏格拉底在法官面前的申辩》第32-34节。

格拉底及其所代表的生活方式。诚然,我们再重复一遍,色诺芬希望制造出他渴望过政治生活的印象。但我将在本书第六章表明,这种自我呈现是一种写作上的策略,其(部分)目标是让希腊诸城邦在一定程度上宽容对待哲学。眼下只看到一点就足够了:苏格拉底的命运——以及在较小程度上,色诺芬的命运——表明这种策略是亟需品。

让我们返回那个我称之为"《上行记》论证之基石(3.1.4–10)"的情节,这个情节透露出色诺芬对苏格拉底心怀多深的敬重。因为,他向苏格拉底,而且只向苏格拉底,询问筹划中的亚细亚之行。显然,他最看重自己老师的建议,超过他认识的其他人,包括他的双亲,尤其是他的父亲。我们必须再深入一步。色诺芬暗示,苏格拉底已经取代色诺芬父亲的位置。因为在这样的语境中,父亲的经验或权威应该恰逢其时地起到重要作用①——而且是在色诺芬引导我们期待着他父亲出场之后②——可是色诺芬却对那个叫作格鲁洛斯(Gryllos)的男人保

---

① 在收到客友的邀请后,年轻的色诺芬正在考虑作一个重要的决定。

② 万人军此时觉得自己再也见不到"他们的祖邦、父母、妻子和孩子"(3.1.3)。色诺芬描写了他们的困境与渴望之后,心里回忆起他去亚细亚之前的一次对话,在这次对话中,他与苏格拉底讨论了他们共同的祖邦(即雅典)可能发起的指控。色诺芬在此没有忆及他的"妻"与"子",这还是容易解释的:那时他还没有孩子,很可能还是个光棍(7.6.34, 7.2.38)。可是,他为何没有回想起他的"父母"呢? 答案是,色诺芬(以某种方式)回想起了他的"父母":苏格拉底才是他的父亲。色诺芬从未提起他生身父亲或双亲的名字,但还是稍微暗示了他们对他计划中的亚细亚之行的反应:他不得不像逃跑的奴隶那样逃脱他们的权威(6.4.8)。从这种暗示来看,苏格拉底对这次出行的反对显得更温和。读者还应该对照阅读3.1.11与3.1.3:尽管色诺芬也一同身处万人军的困境(lupē),但他并未抱有万人军对"祖邦"或"父母"的共同企盼(pothos)。至于苏格拉底的学生就如同他的"儿子",并参《回忆》4.2.17。苏格拉底会以教化来医治其"儿子们"的灵魂疾病,他将这种教化呈现为践行王者技艺的手段——仅仅是手段。

持沉默,我们是从拉尔修那儿得知其名的。①[118]这表明,色诺芬在《回忆》中表面上反驳的那个指控其实是真的,至少在他自己身上是真的,即苏格拉底取代了父亲的位置,成了儿子所敬重的人。②这种指控来源于阿里斯托芬的《云》。而这个事实最后将会是意义重大的。

色诺芬在作品中从未提起他父亲的名字,这是值得注意的事。在

关于色诺芬与"父亲"之间的关系,请另外思考《居鲁士的教育》3.1。这一章描述了一场由大居鲁士主持的审判,提格拉涅斯(Tigranes)将自己的生身父亲,即亚美尼亚(Armenia)国王,从即将下达的死刑判决中拯救了出来。尽管其父亲曾处死提格拉涅斯极其敬重的一位"智术师"兼"猎"伴,提格拉涅斯还是对父亲出手相救。提格拉涅斯的父亲之所以杀死那位"智术师",是出于嫉妒(《居鲁士的教育》3.1.38–39)。提格拉涅斯与其父之间的疏离,以及他与那位"智术师"之间的亲密,从如下事实可见一斑:亚美尼亚王的一个更小的儿子,而非这位更大的儿子提格拉涅斯,带着波斯式的头巾(《居鲁士的教育》3.1.13,[译按]提格拉涅斯对政治不感兴趣,因而无意继承王位)。"猎手"提格拉涅斯以异乡人的身份出现(《居鲁士的教育》3.1.7)。并且,提格拉涅斯渴望离开自己的祖邦——同样是——追随居鲁士而去(《居鲁士的教育》3.1.42,对比《上行记》3.1.4–8)。

就这一点而言,请考虑西绪弗斯式的德尔居里达斯(Derkylidas)的类似情况,当然,德尔居里达斯不是哲人,而"提格拉涅斯"是哲人(《希腊志》4.3.2,对比《希腊志》3.1.8)。

① Laertius, *Lives of Eminent Philosophers*, 2.48。

② 《回忆》1.2.49–55;同参色诺芬《苏格拉底在法官面前的申辩》第19–21节。色诺芬同样对柏拉图的父亲保持沉默,这出于相同的理由:苏格拉底也是柏拉图的父亲(《回忆》3.6.1)。要明白对父亲的忽视在色诺芬与苏格拉底这次交往中的意蕴,请思考亚里士多德在《尼各马可伦理学》(1164b22以下)探究的这个问题——"对父亲,一个人是否应该逢事必问,每事必遵"。仅仅是亚里士多德提出这个问题本身,就已经足以引人注意。父亲权威所及范围之广,从《诗学》(1453b15–22)一处引人注目的省略中也可见一斑。同参《居鲁士的教育》3.1.38–40。父亲的权威有时会遭到厌恶,哪怕是在斯巴达这样的传统城邦中,《希腊志》(4.5.10的结尾部分)已经明确挑明了这一点。

《上行记》中,他称自己是"一名雅典人",没有加上他父亲的名字,可是他却会表明其他雅典人的父亲的名字。①略去父亲名字的做法,凸显出色诺芬在其作品中唯一一次提到自己父亲(尽管没有讲出父亲的名字)这件事的重要性。这次提及很明确,而且在文本上确定无疑:《上行记》3.1.11。下面就让我们来思考色诺芬提及其父亲的这一情节。②

3.2 色诺芬、宙斯王与阿波罗

[119]《上行记》3.1.4–10这段文字的引人注目之处,在于它强调色诺芬拒绝就是否与居鲁士结交一事向阿波罗寻求指引。向神求问时只问一部分内容,这无需视为不虔敬的证据——例如那位虔敬的王(克勒阿尔科斯)也正是以这种方式求问祭兆的——也没有必要认为这就证明色诺芬虚伪;然而,色诺芬在开始叙述自己的统治时,先叙述自己部分违逆阿波罗,这一点无论如何都引人注目。这种违逆意味着什么?色诺芬不是一位虔敬的典范人物吗?那么,面对是否与居鲁士结交这样一个如此重要的抉择而权衡利弊时,他为什么信任人类的审慎——更不用说是信任他自己的审慎?请回想一下我在第一和第二章分析了两种统治类型,两者在虔敬方面正好相反:神般的王拒绝诸神,并且自己企图变成某种"神";虔敬的王则寻求诸神的指引,并且将希望寄托于神的正义旨意。但苏格拉底式的王立场如何?他在自己的统治中将赋予虔敬与诸神何种地位?在《上行记》的论证中,第

---

① 1.8.15,2.5.37,3.1.4;3.3.20,4.2.13(2次)。
② 在《上行记》(7.8.5)末尾,色诺芬第二次提到自己的父亲。我非常有把握,这段文本的确出自色诺芬之手,尽管这次提及只出现在那些最佳抄本里。我对这次提及的解释参本书第七章,英文版页292–293。

第三章　虔敬(《上行记》卷三)　　183

三卷的作用就是要回答上面这些问题。

* * *

在克勒阿尔科斯和其他将领遭诱捕的那天夜里,我们看到色诺芬席地而卧。他醒着,感到苦恼,但还是睡了会儿觉。他做了一个梦,梦中他看见"随着一声雷鸣,一个霹雳击中了他父亲的房子,整所房子都烧起来了"(3.1.11)。色诺芬立刻醒了,十分惊恐,但他随后判断这场梦有吉利的成分,尽管它也有令人畏惧的成分。之所以吉利,是因为色诺芬觉得,他在艰难和危险的处境中见到了来自宙斯的光芒;之所以令人畏惧,是因为色诺芬认为这梦来自宙斯王,而且这团火看起来是以一个圆圈的形式在燃烧,这意味着他可能无力逃出国王的疆土,他会被艰险团团困住。我们的作者当时说道:

> 做这样一场梦,是一件什么样的事情呢,一个人或许可以从随后发生的事情来考虑。(3.1.13)

已经醒来的色诺芬思忖着,鉴于危险随时会到来,已没有时间再躺地上了。于是他站起来,召集普罗克色诺斯麾下的百夫长,向他们发表了第一场演讲——他以三场演讲在某种程度上恢复了万人军的秩序和信心,并在此过程中从一个无名人士被选为将领。这三场演讲,说明了虔敬和诸神在这位苏格拉底式的王的统治中所扮演的角色。[120]但在绎读这三场演讲前,我必须先思考色诺芬谜一般的梦。

我们该如何理解这场梦?这场梦,"希腊散文中最著名的篇章之一",也是《上行记》最神秘的片段之一。①这场梦看起来是色诺芬上行的真正起因。色诺芬果真相信宙斯王给他遣来了预兆?在现代,只

---

① Flower, *Xenophon's Anabasis, or The Expedition of Cyrus*, p. 126.

有少数学者怀疑色诺芬真的相信,可是,在古代,像西塞罗和卢奇安(Lucian,旧译"琉善")这样身位的人都对此表示怀疑。①那么,色诺芬梦见的是他清醒时反复思考的事情?②但他反复思考的事究竟是什么呢?③还是说,这个片段是一种写作手法,旨在阐明希腊人陷入集体困境部分是因为宙斯惩罚希腊军队,而且这种困境至少就其所产生的后果而言也影响了色诺芬?但我们现在或许最好相信色诺芬说的是真话——这场梦的确出现过,并且在他看来是宙斯王所遣——并且转而聚焦于这场梦的意义。因为色诺芬亲自鼓励读者思考他自己对这场梦的反应,来探究这场梦"是一件什么样的事情"(3.1.13)。

有一种关于这个梦的解法从表面上显得很合理:万人军企图推翻合法的波斯王,这一举动惹怒了身为合法国王之守卫者和保护者的宙斯王。宙斯惩罚了万人军的领导者,以闪电击打他们,现在又把其他

---

① Cicero, *On Divination*, 1.25, 见 *On Old Age, On Friendship, On Divination*, translated by W. Falconer, Cambridge: Harvard University Press, 1923; Lucian, *The Dream or Lucian's Career* §17, in Works, Vol. 3, translated by A. M. Harmon, Cambridge: Harvard University Press, 1921。Kaldellis注意到,"卢奇安可以洞察古代作品的精巧与隐微",见Kaldellis, *Procopius of Caesarea: Tyranny, History, and Philosophy at the End of Antiquity*, Philadelphia: University of Pennsylvania Press, 2004, p. 35。他还敏锐地注意到,"与通常的设想相反,古典史书中的兆头与迷信毫无瓜葛。与轶闻趣事一样,兆头是他们文学或政治分析的表达载体";见页127。动词"看上去"(dokeō)在3.1.11–12中出现了四次。

② 请思考希罗多德《原史》(7.16.B)对做梦的起源的出色阐述。

③ 请考虑《上行记》6.1.22也提到这场梦。根据其中两个最佳抄本(抄本C和A)的读法,这场梦不是色诺芬初涉政务的起因,而是后果。这两种抄本的读法是:"并且[色诺芬]相信他也梦到了那个来自宙斯王的梦,他之所以梦见这个梦,是因为(是"因为"[hoti]而非"当…时"[hote])他开始协助统领这支军队。"

将士囚禁在充满敌意的波斯腹地。①这种基于初步印象的解释尽管有助于阐明希腊人的集体困境,却会遭遇几种反驳意见。[121]首先,照此解法,色诺芬又为何认为这场梦"有部分吉利成分"?他说,他因看见"来自宙斯之光"而受到鼓舞,可这道光不是象征着行将逼近的覆灭吗?因此我们至少可以说,色诺芬具备看见一线生机的纯熟功力。②第二,为何色诺芬看到的是其父亲的房子被毁的景象?倘若上述基于初步印象的解释正确,我们不是应预料这支希腊军队会被击垮吗?第三,上述基于初步印象的解释又如何恰切解释色诺芬对这场梦的反应呢?换言之,色诺芬为何试图成为这支军队的统治者?他已经强调,要理解这场梦的含义,关键就在他的那种反应。假如这场梦预示宙斯的盛怒,他不是应该试着平息这位神的愤怒吗?因虔敬而沮丧,这也并非不恰当。但色诺芬显然没有倒向这种情绪。

　　文中提到了色诺芬的父亲,此乃解梦的关键。我已经说过,在色

---

① "闪电"(skēptos)这个单词与"权杖"(skēptron)这个单词的词根相同。"权杖"当然是王权的一种象征(《回忆》3.9.10)。我相信,在其所有作品中,色诺芬只在此处(《上行记》3.1.11)用了skēptos这个单词。在别处,他用过keraunos("闪电",见《回忆》4.3.14和《希腊志》4.7.7)或astrapē("闪电",见《居鲁士的教育》1.6.1和《希腊志》7.1.31)。他还在《希腊志》(1.3.1)用过prēstēr("闪电")。换言之,这个场景中的闪电是宙斯王者权威的一种有力的象征。

② 雷电可以是吉利的兆头,特别是预示着统治的兆头,这在《居鲁士的教育》1.6.1处清晰可见。但雷电在此处如何被解作吉利的兆头?《居鲁士的教育》1.6.1与《上行记》3.1.11–12之间的反差极为醒目,尽管"闪电"和"父亲的房子"在这两段文字中均有出现。希罗多德(《原史》4.79)暗示,神的霹雳毁掉一栋房子是非常凶恶的预兆。另参荷马《奥德赛》12.403–425。色诺芬从未向军中其他人讲过这场梦,而他对别人讲过卷四那场更吉利的梦(4.3.8–15)。色诺芬自己的"巨大恐惧"(periphobos)已经表明这场梦完全可以解作一种恶兆。

诺芬的全部作品中,这里是独一一处提及他的父亲,我们必须适当地重视这个事实。此外,就在提到父亲之前,色诺芬叙述了一场对话,对话者并非自己的父亲,而是苏格拉底——此外,苏格拉底在这场对话中僭取了父亲的位置。因此"房子"遭毁灭的那位"父亲"不是别人,正是苏格拉底。

但有人会反驳说,上面这个结论意味着什么呢?为什么贫穷的苏格拉底会以"房子"(oikia)主人的身份出现?苏格拉底的"房子"被宙斯王毁掉,何以就会促使色诺芬试图成为这支军队的统治者呢?

此时我们必须想起阿里斯托芬的《云》,苏格拉底僭取父亲的位置这一点实际上也要求我们如是联想。我们想起来,在这部剧中,苏格拉底的学校或思想所屡屡被称为一座"房子"(oikia);在最后一幕戏中,一位心怀不满的父亲按照那位神的建议,将将"房子"付之一炬。[1]我们将会看到,《上行记》第五卷将会以一种幽默而引人注目的方式,证实我们关于"房子"含义的这种解释。[2]那么,请让我提议如此回答我们面临的难题:[122]"宙斯王"毁灭了苏格拉底的"房子",说的是正威胁着色诺芬的极端政治处境——这显然出自上天的意志——破坏或中止了苏格拉底关于政治统治的教诲。这所"房子"更多指这所学校传达的教诲,而非物质意义上的校舍。在卷三开篇,政治就威胁着要吞没色诺芬:"宙斯王"破坏了色诺芬原来在万人军中一直占据的位置,这个受到保护的位置避开了领导者或统治者的角色,他的"父亲"教导他要珍惜这个位置;而这位"父亲"厌恶躬行治

---

[1] 《云》1475行至文末,特别是第1483–85行和1508行。

[2] 参我对所谓的"木屋居者"莫绪诺齐亚人(Mossunoikoi)的解释,见本书英文版页197–204。"莫绪诺齐亚人"是"苏格拉底式的人"在这里的替代者。

事,这是人所共知的。① 身处极端困境之中的色诺芬,再也无法继续做一个无涉政治的苏格拉底式的人物。他必须挺身而出,通过直接的政治参与,努力拯救自己和他人。

因此,在《上行记》的论证中,这场梦的含义是:色诺芬现在被迫搁置他那种苏格拉底式的不愿统治的想法。这种解读解释了这场梦为什么,或在什么意义上,促使色诺芬试图寻求统治。它还解释了为什么梦紧随苏格拉底的现身之后,这也是苏格拉底唯一一次在《上行记》现身。色诺芬正如一位柏拉图式的哲人王——确切地说,他以一位苏格拉底式人物的态度——不情愿进行统治,除非被迫如此。但强迫因素就在眼前:除非他承担起军队的统治之责,否则他有可能会丧命(3.1.14)。

* * *

一些障碍横亘在色诺芬未来统治的道路上。主要的两个障碍是:其一,他是年轻人,而且是雅典人,却身处一支由伯罗奔半岛人组成的军队中,而伯罗奔半岛战争又刚结束不久;② 其二,他几乎没有获得士兵支持的基础,因为他加入居鲁士的队伍时没有带属于他自己的雇佣军(对比 6.2.9-12)。但色诺芬没有多少选择,他必须重建军队秩序,

---

① [原注36]为了领会这场梦不动声色的幽默之处,请考虑一下《云》(行398-402,大体上参见行366以下),苏格拉底对宙斯闪电所带来的危险不屑一顾。这位神可能以"父宙斯"的身份惩罚色诺芬在情感上[对父亲]的疏离(另参《云》行1468及其上下文)。色诺芬将苏格拉底描写成自己的"父亲",也同样暗中质疑了宙斯的父亲身份:请对照阅读《居鲁士的教育》1.6.1与1.5.14。色诺芬用一位父亲置换了另一位父亲。[译按]对勘本书第五章的原注111,以及第七章的原注63。

② 请思考色诺芬对自己发出的两个质问,见3.1.14。那时他可能还不够三十岁。

并重新激发起士兵的抵抗意志。因此他召集了普罗克色诺斯麾下的百夫长,他们认识色诺芬。色诺芬对这些百夫长的讲话是他在《上行记》中的首次演讲,此次演讲有两个既不相同却又紧密相关的目标:第一,在一定程度上恢复士兵们的希望,并且说服这些百夫长做好男子汉,[123]同时说服他们去激励军中其他人准备抵抗;第二,使色诺芬本人被选为将领,代替普罗克色诺斯。

色诺芬开声说道:

> 我无法入睡,诸位百夫长,你们也睡不着吧,我觉得,既然看到了我们眼下的处境,我无法再躺在地上。显然,敌人在万事俱备之前不会向我们开战,而我们这一方却没有任何一个人用心去做应对,好让我们尽量高贵地去战斗。(3.1.15–16)

色诺芬继续强调,希腊人必须与波斯人战斗。继续希望通过和谈或有条件的投降来获得安全,是既不切实际又危险的想法,而一些士兵显然正有此意(例如3.3.5)。①

> 如果我们投降从而落入国王手里,我们认为将来会有何种下场呢?就连他那已经死去的弟弟,同父同母所出的弟弟,他都还要斩其首,剁其手,挂在尖桩上。那我们呢?既然我们没有任何保护者,既然我们还曾攻打他,为的是使他从国王沦为奴隶,如果我们有能力,还会杀掉他,我们认为自己将来会有何种下场呢?难道他会不竭尽全力,无所不用其极地折磨我们,从而让所有想

---

① Hirsch说得对,"尽管他们被困在一个庞大的敌对帝国的腹地,但可能还是有一些心怀恐惧并且心生绝望的希腊人竭力主张与国王和谈,甚至可能有条件地投降",见Hirsch, *The Friendship of the Barbarians: Xenophon and the Persian Empire*, p. 31。

要攻打他的人心生恐惧?那么,我们必须做一切事情,以便不落入国王之手。(3.1.17–18,安伯勒的英译文)

色诺芬演讲的开篇经过悉心斟酌,旨在让诸位百夫长既认识到他们的处境之危,又认识到需要有所准备、避免和谈。然而,这一开篇有可能加重他们的绝望情绪,这不只是因为受国王"无所不用其极地"折磨可不是什么令人振奋的前景,还因为色诺芬以极其暗淡的色调描绘了万人军晦暗的处境。为了让希腊人想要与阿尔塔克瑟尔克瑟斯达成和谈的希望破灭,色诺芬夸大了他们自己的可憎和罪责。根据作者的讲述,万人军向国王进军是出于羞耻心,并非出于情愿,而且是在他们被彻底欺骗之后:他们并未存心奴役或杀死国王,至少在一开始时肯定不抱有这样的想法(见3.1.10)。①

色诺芬夸大希腊人的罪责,当然是为了打消他们和谈的希望,[124]可是这么做自有其风险。因为色诺芬由此在暗示一种想法,正如我们即将看到的,这种想法已经使万人军感到窒息:军队正受困于宙斯王所降的惩罚。万人军已经由于企图推翻波斯的合法国王而正在受到惩罚。色诺芬强调他和他的希腊同伴没有"保护者"(kēdemōn, 3.1.17),目的是激励他们准备战斗。尽管我们并不完全清楚他所说的"保护者"所指为何,但最自然不过的解释是:身负罪责的希腊人不可以等待或期盼来自神的保护。②这么解释的话,这句话就可

---

① 当然,克勒阿尔科斯确实知道实情,也应该受罚,但这时他已经受到惩罚了。

② 色诺芬声称希腊人没有"保护者",Couvreur认为,色诺芬指的是下面这种情况:与居鲁士不同的是,希腊人没有皇太后芭玉萨蒂斯的支持(对比1.1.4),见Couvreur, *Anabase: Texte Grec Revu et Publie avec une Introduction et des Notes*,1929, p. 177。但此处色诺芬为什么以如此含混的方式间接暗示希

能会使众百夫长沦为放下武器的乞援人,一心祈求平息宙斯的怒火。

考虑到这种危险,更一般而言是由于那些百夫长的沮丧之情,色诺芬在其演讲的第二部分(3.1.19—23)转而着手重燃他们的希望。他在这部分声称,只要停战协议在生效,他就为希腊人感到可惜,而始终认为波斯人是有福的。希腊人受制于誓约,不能碰波斯人的所有好东西——土地、给养、奴仆、牲畜、黄金和衣服,只能购买他们需要或想要的任何物品,可是希腊人里面只有少数人有钱购买物品。心里想着这一切,

> 比起我现在对战争的害怕,我过去有时更害怕停战协议。然而,既然波斯人已经解除了停战协议,在我看来,他们就不可以再有肆心了,我们也不必再有疑虑。因为,现在这些好东西作为奖品就放在中间,哪一方是更好的男子汉,它们就属于谁,而且诸神是这场竞赛的裁判,将会站在我们这一边,这是有可能的。(3.1.21)

色诺芬继续强调,是波斯人违背了誓约,希腊人则一丝不苟地恪守了自己的誓约,尽管波斯人的好东西极为诱人(3.1.22)。因此,希腊

腊人缺乏这种保护呢? 在罗列希腊人所面临的种种困境时,色诺芬并未提及琶玉萨蒂斯(3.1.2—3)。

Dakyns将"保护者"解作"血缘纽带"。他认为,与居鲁士不同,万人军与阿尔塔克瑟尔克瑟斯之间并没有任何血缘上的纽带,见Dakyns, *The March of the Ten Thousand, Being a Translation of the Anabasis Preceded by a Life of Xenophon*, New York: Macmillan, 1901, p. 70。然而, kēdemōn指的是姻亲关系,并非血亲关系(血亲关系是由SUGGENĒS这个单词来表达的,例如,见《上行记》4.5.32,7.2.31,《居鲁士的教育》1.4.27,1.4.28)。KĒDEMŌN指向诸神,《居鲁士的教育》(3.3.22)有一处例子可以支撑,作者在那里用这个词来表示英雄的保护和帮助。

人能够以高昂得多的士气来进行这场竞赛。

色诺芬在《上行记》中发表的就职演讲,让我们想起了早前忒奥庞普斯使用的语词(2.1.12)。两人均主张,万人军应该向国王发起挑战,通过战斗去夺取对方拥有的"好东西"。[125]当然,他们所用语词相似并不让人觉得惊讶,因为"忒奥庞普斯"就是"色诺芬"。让人惊讶的是,这两次讲话之间表面上有所不同。忒奥庞普斯曾说,希腊人会凭着他们的"武器"和"德性"与阿尔塔克瑟尔克瑟斯战斗,色诺芬在此则主张,希腊人将在诸神可能提供的帮助下与阿尔塔克瑟尔克瑟斯战斗,因为希腊人是更好的男子汉。与忒奥庞普斯不一样,色诺芬看上去把自己的希望建基于德性和超脱尘世的武器之上。色诺芬根本没有提及属于此世的武器。①实际上,色诺芬鼓舞普罗克色诺斯麾下百夫长的方式,让人想起了虔敬的王克勒阿尔科斯早先采用过的策略,他诉诸德性与超脱世俗的武器来呵护希腊人心中的希望(2.1.15-20)。色诺芬终归是一位虔敬的王?

色诺芬恰恰是与忒奥庞普斯一样看重尘世武器,这一点在他随后与阿波罗尼德斯(Apollōnidēs)的争执中(3.1.26-32)变得显而易见。如果色诺芬一上来就强调尘世武器的重要性,普罗克色诺斯麾下的百夫长就可能对获救的前景感到绝望,也许正因为如此,色诺芬才在开始时不谈尘世武器。毕竟希腊人在数量上远不如波斯人,没有盟军,又完全缺乏骑兵的支持。然而,及时提醒他们诸神可能会赐予的恩惠,希腊人可能会受到鼓舞,因为正如色诺芬所言,"有诸神的帮助",希腊人的灵魂更好。②

---

① 色诺芬在 3.1.23 处间接暗示了这些武器。
② 更贴近字面的翻译是:希腊人的灵魂"更好,因为有诸神[在其中]"(3.1.23)。

色诺芬在《上行记》的首次演讲表明,为了帮助听众恢复信心,他既有意愿又有能力调动他们的虔敬。这并不能证明色诺芬本人不是虔敬之人。但它暗示出,色诺芬悉心审查虔敬之德在政治上的后果,以确保其后果有益而非有害。更宽泛而言,色诺芬的首次演讲致力于在一定程度上恢复普罗克色诺斯麾下众百夫长心中的希望,但只是提升至足以使他们不屈不挠地抵抗和备战就足够了。因为如果说绝望可能会导致这些百夫长放弃并投降——这显然是当下最紧迫的危险,那么,增强了的希望则可能使他们因为我们所说的"出于虔敬的无所作为"(pious quiescence)而忽视做准备工作。因为我们在第二章看到,对自身虔敬和正义的自信,可能会使人无所顾忌,失于准备而不加防备。色诺芬想让这些百夫长保有希望,但同时也不忘记,自助者神助之。因此,尽管演讲的第二部分明确主张神有可能会给予帮助,[126]但第一部分却暗中否认了神的帮助("我们没有保护者")。色诺芬在如此至关重要的事情上自相矛盾,这表明他必须何等艰难地在两种对立的危险(即便这两种危险可以说程度不同)之间进行平衡。

色诺芬总结道:

> 诸神在上,让我们不要等着其他人来我们身边激励我们去做最高贵的事情,而是由我们去激发其他人朝向德性。(3.1.24)

色诺芬补充道,他做好了追随众百夫长的准备。然而,他说,如果他们委任他来领导他们,他不会以自己年轻为借口推脱:"我甚至相信自己正值盛年,可以使自己避开伤害"(3.1.25)。

色诺芬在《上行记》中的首次演说是一场完美的胜利;所有的百夫长,或者毋宁说,所有的统治者或领导者(archēgoi)都要求他领路。①

然而,一个操玻俄提亚方言、名叫阿波罗尼德斯的人提出异议:

> 要是说除了通过说服国王之外,还有其他能够获得安全的方式(如果我们能做到的话),这是在说废话。

阿波罗尼德斯继续历数希腊人面临的所有困难,一边语带苛责地如此宣称。但色诺芬没等阿波罗尼德斯讲完就打断他:

> 这人怪极了! 即使你看到了,你也没看明白,即使你听到了,你也没记住! (3.1.27)

色诺芬继续说,国王仗着居鲁士已死而气势汹汹地命令万人军

---

① 那几个最佳抄本(C、B、A和E)此处(3.1.26)的读法是"统治者"或"领导者"(archēgoi),而非"百夫长"(lochagoi)。"百夫长"这种读法见于较差的抄本,为一些现代校勘者所采用。archēgoi尽管有些奇怪,但很可能就是原文。以archōn来称呼统治者,或者以词根动词archein的某种分词形式构成的名词来称呼统治者,在色诺芬笔下是典型用法。除此处外,我不知色诺芬还在别的什么地方用过archēgos来称呼统治者(对比《希腊志》5.2.25;他在《希腊志》6.3.6,6.5.47,特别是7.3.12用了archēgetēs)。

archēgos的第一义项是"首创者"或"发起者"(见《希腊志》3.3.4)。然而,在当前语境中,使用archēgos这个单词是说得通的:在军中开创或开始重建秩序时,普罗克色诺斯麾下的百夫长便正在扮演着"首创者"的角色(对比色诺芬在3.1.24处用过的archein)。因此,有些奇怪的archēgos在这里意味着一种赞扬。

然而,这次赞扬带有相当的反讽色彩。因为,如果没有色诺芬的话,这些百夫长就什么都无法"开创":色诺芬才是真正的开创者(archēgos)。3.1.37处有一个类似的反讽例子,色诺芬在此公开称呼军中少数几个幸存的将领为"秩序开创者"(taxiarchoi)。可是,在他的叙事中,色诺芬使用的是奉承色彩没那么重的"副将"(hupostrategoi)这个单词:对照3.1.37和3.1.32。

放下武器,当时阿波罗尼德斯是在场的,然而,万人军并未放下武器。等他们一武装起来并且驻扎在国王附近,国王就立刻遣来使者求和,还为他们提供给养。可是,当万人军的众将领和众百夫长信靠誓约,手无寸铁地前去参加和谈时——依照阿波罗尼德斯的意思,他们现在还应该再次这么做——[127]这些将领和百夫长却挨打、受虐,被敌人肆意对待,敌人甚至不让他们死,"尽管我认为,死亡正是这些不幸的人尤其想要的东西"(3.1.29)。阿波罗尼德斯对这一切心知肚明,却还坚持说那些要求希腊人进行自卫的人在废话,同时要求希腊人再次前去使用说服!没有给阿波罗尼德斯任何答复的机会,色诺芬号召其他百夫长夺走阿波罗尼德斯的领导权,将其贬去负责运送军需:

> 因为,尽管他身为一名希腊人,却因其所作所为辱没了自己的祖邦和全希腊。(3.1.30)

色诺芬提议如此处罚阿波罗尼德斯,得到了来自斯图姆法利亚的百夫长阿伽西阿斯(Agasias)的支持,毋宁说,阿伽西阿斯加重了对此人的惩罚。阿伽西阿斯插了进来,惊呼道,阿波罗尼德斯与玻俄提亚或希腊根本就没有一丁点关系![1]阿波罗尼德斯的两只耳朵都打了耳

---

[1] "他与玻俄提亚或希腊根本就没有一丁点关系"这句话,在那些最佳抄本(C、B、A和E)里读作:"他与王权(basileia)、玻俄提亚或希腊根本就没有一丁点关系"(3.1.31)。现代校勘者删去了看起来是衍文的"王权"这个单词,但这么做正确吗?阿伽西阿斯是个虔敬的战士(对比6.1.17–33,尤其第30–31节)。他准备逐出阿波罗尼德斯,但首先必须确信这人与"王权"没有一丁点关系。

洞,像一个吕底亚人。①既然如此,他们就驱逐了阿波罗尼德斯,他看起来像是国王派来的人。

对于《上行记》的论证而言,驳斥和驱逐阿波罗尼德斯这个场景有重要地位。首先,它向我们表明,在希腊人中间,还是有一些人相信或希望有可能或有必要与国王达成和解。这个场景有助于解释,色诺芬为何在第一场演讲中采用夸大万人军罪责的修辞策略。色诺芬现在强调尘世武器对于希腊人活着逃出波斯的重要性,就此而言,这一场景也有助于澄清色诺芬的战略。然而,我们还必须从一种超政治的维度来看待对阿波罗尼德斯的处理。"阿波罗尼德斯"这个醒目的名字意为"阿波罗之子"。阿波罗尼德斯操玻俄提亚方言,德尔斐或附近一带人都说这种话,②这一点将阿波罗尼德斯与德尔斐的神关联起来。那么,难道我们要把它理解成"阿波罗"离开德尔斐的庙宇,来为万人军遭送一则"神谕"吗——"你们必须说服国王"?③

[128] 请记住,阿波罗某种程度上享有"劝和者"的声誉。第二次波斯战争中,在克瑟尔克瑟斯对希腊发动致命入侵的前夜,阿波罗据说扮演了亲波斯分子(Medizer)的角色,因为他建议雅典人放弃武装抵抗并臣服波斯王。为了扭转德尔斐这一预言雅典人失败的神谕,忒

---

① "公元前5世纪,在希腊自治和占支配地位的时代,弗里吉亚人或吕底亚人在希腊人的心目中与受人鄙夷和为奴为婢的形象有关。"见Grote, *Greece*, Vol. 3, p. 216. 阿波罗尼德斯不断被称作"人"(anthropos),从未被称作"男子汉"(aner)。

② 德尔斐位于玻俄提亚(Boeotia)附近。当然,阿波罗尼德斯经证明是个吕底亚人,因此,作者提到他所操的方言可能也在表明阿波罗尼德斯在伪装;或者,作者是想以此来刻画其言语特征(众所周知,玻俄提亚人愚钝)。这三种情况可能都是作者要表达的意思。

③ 尽管阿波罗尼德斯是吕底亚人,可是说到底,他是个来自以弗所的"吕底亚人"(对比5.3.4)。

米斯托克勒斯（Themistocles）使出了其所有解释技巧。①色诺芬为万人军做的事情，类似于忒米斯托克勒斯在当时情境下所做的事情吗？②

我相信是的。但我们必须进一步深入：如果"阿波罗尼德斯"是"阿波罗"在这里的替身，那么，阿波罗尼德斯提出的"说服国王"的建议，就一定不单单指阿尔塔克瑟尔克瑟斯——他在全书始终被人用其统称头衔"大王"来称呼——还特别指向"宙斯王"。换言之，阿波罗尼德斯③可能是在回应色诺芬的演讲（或者他演讲的第一部分），因为色诺芬在其演讲第二部分的宽慰之词不足以完全安抚这种回应：如果有罪的希腊人已经惹得宙斯愤怒，那么，他们首先要通过"说服"这位神，才会获得保全。阿波罗尼德斯代表着一种诱惑，在身处致命险境时，这种诱惑尤其强烈，即依靠恳求、祈祷、献祭和祈求，而非尘世的武器，来赢得神的帮助并弥补自身的罪过。对阿波罗尼德斯的驳斥和驱逐，预示着色诺芬拒绝这种诱惑。他对自己所做之梦的反应已经略微暗示了这种拒绝，因为他从未采取任何措施去安抚想象中的那团宙斯王的怒火。④

---

① 参希罗多德《原史》7.139–145。色诺芬下面即将明确谈及克瑟尔克瑟斯那次著名的入侵，并且将要对比万人军的困境与他们的祖先在第二次波斯战争爆发时的困境（3.2.13）。

② 忒米斯托克勒斯仅仅"重新解释"了阿波罗神的（第二道）神谕，而色诺芬则公开直接驳倒阿波罗尼德斯的建议，并且最终将此人赶了出去（对比希罗多德《原史》7.143）。然而，值得注意的是，色诺芬最初曾提议将"阿波罗尼德斯"贬去当军需驮夫。他原本是要留用此人的，但只是当作某种工具来使用。

③ "阿波罗尼德斯"可能又是一个"重新命名"的例子。

④ 阿波罗尼德斯这个情节模仿了《伊利亚特》的一个情节——波塞冬斥责"亲东方的"（Medizing）阿波罗（21.435以下）。如果从《伊利亚特》这个情节出发，我们会得出相同的结论。在《伊利亚特》的语境里，波塞冬批评怯懦的阿波罗——因为阿波罗没有与特洛伊人战斗。这两位神都曾栽倒在特洛伊

我们或许还可以补充说,色诺芬拒绝阿波罗尼德斯的"预言",这与卷三开篇所表达的意思相一致:关于要不要结交居鲁士,色诺芬婉拒了寻求阿波罗的指引(3.1.4–10)。毫不夸张地说,色诺芬拒绝这一神谕,也与色诺芬自比弥达斯的做法相一致,根据传说,马尔叙阿斯与阿波罗比赛智慧,弥达斯站在马尔叙阿斯这一边。

3.3 德性、虔敬与自由

[129]驱逐阿波罗尼德斯之后,普罗克色诺斯麾下的百夫长立即行动起来,在军营四处召集逃过了提萨斐尔涅斯陷阱的那些将领、副将和百夫长。大约午夜时分,有一百来人集中在武库前的空地上。普罗克色诺斯麾下最年长的百夫长希耶罗尼莫斯(Hieronumos)第一个起身发言。他解释了他们为什么要集合起来,但很快他就向色诺芬求助:"色诺芬,你再说说刚才对我们讲过的话吧!"(3.1.34)色诺芬在《上行记》的第二场发言,其核心内容几乎与其第一场演讲相同:

> 我认为,我们必须竭尽全力,以免落入这些蛮夷手中,如果我们能做到的话,就让他们落入我们手里。(3.1.35,另参3.1.18)

尽管如此,色诺芬在《上行记》卷三这场位于中间的演讲,并没有"重复"他先前对普罗克色诺斯麾下百夫长所讲的内容。因为色诺芬现在面对的这些统治者几乎不了解他,所以,他首先必须说服他

王的手里,特洛伊王曾骗他们,甚至还威胁要割掉他们的耳朵(请对照《上行记》3.1.31对阿波罗尼德斯的耳朵的描写!)。阿波罗尼德斯与阿波罗之间的相似之处显而易见,但色诺芬与波塞冬之间有何类似之处呢?我们是要回想波塞冬与宙斯之间非臣属性的关系(特别参看《伊利亚特》1.400)吗?

们,尽管他还年轻而且是个雅典人,但却审慎而值得信任。最重要的是,色诺芬必须让拉刻岱蒙人凯里索弗斯——这支军队新晋的实权头领——确信色诺芬作为一名战士和一个人的价值。

说出其核心内容之后,色诺芬宣称,这些集合起来的统治者面临着"最大的时机"(3.1.36)。色诺芬似乎想要说,他们现在有机会赢得军中其余人给予的荣誉或者说敬重和赞扬,因为所有人都在盯着他们看:

> 如果[那些士兵]看到你们垂头丧气,那么,所有人都不会好。但如果你们自己看起来是在准备对付敌人,还号召其他人这么做,你们就会清楚地知道,他们将跟随你们并且将竭力效仿你们。(3.1.36)

色诺芬如何设法提升这些统治者的士气?他没有向他们承诺安全或活命。他的演讲几乎没有在这方面打什么包票。相反,他强调职责:既然在和平时期统治者比士兵享有更大份额的荣誉和金钱,那么,在战争时期,他们或许应该在好(goodness)、在谋划以及在劳作(如果有必要的话)方面身先士卒。色诺芬建议这些统治者尽快选举新的将领和百夫长,从而惠泽军队:

> 因为如果没有统治者的话,任何高贵之事或好事在任何地方都不会发生(简而言之),这在战争事务方面更是如此。(3.1.38)

然而,色诺芬的通篇演讲都对安全话题吞吞吐吐,只提到过一次(3.1.38)。色诺芬没有提及希腊人在新近的巴比伦之战战胜波斯人,他也没有说,希腊人的身体和灵魂可能比敌人的更强壮(对比3.1.23)。他也从未像他对普罗克色诺斯麾下百夫长那样,说诸神可能会帮助希腊人，因为他们恪守誓言。他的演讲几乎完全对诸神保持沉默：驱逐阿波罗尼德斯一事在一定程度上在此可以得到体现。①[130]色诺芬的确力劝统治者要改变士兵们对前途的看法，从而让士兵们不仅想着自己会遭遇什么，还想到自己将会有何作为，于是就更加振作起来。但在诸多主题中，色诺芬首要强调的是死亡的不可逃避性。

> 至于我，诸位男子汉啊，我也考虑过这一点：凡是在战争中巴望着以各种方式保住性命的人，多半都死得惨，还死得可耻；而所有那些认识到人人皆有一死而且凡人必有一死的人，他们反而会因此为了高贵地死去而战斗，我看到这些人不知怎么地却更经常活到老年，还有，在他们活着的时候，活得更幸福。因此，由于我们意识到这一点，我们就应该趁现在的时机（kairos）成为好男子汉，号召其他人也要成为好男子汉。（3.1.43-44）

以这段结束语观之，色诺芬在演讲起始处提起的"最大的时机"，看上去几乎就是高贵而死的机遇。②用这样的方式来鼓舞统治者的士气，必定显得令人惊讶乃至怪异：强调死亡难道不是与鼓舞士气背道而驰吗？然而，经过仔细思考，我们必须判定，色诺芬强调死亡是最合适的做法。他从苏格拉底那学到一个道理：可以用不同的方式，鼓动和激发不同类型的灵魂在不同程度上行有德之事。③色诺芬此时的听众是热爱荣誉的人，因此在激励他们做好男子汉时，他便诉诸这种对荣誉的热爱。然而，色诺芬最后的结束语远远超出了荣誉或赞赏。

---

① 3.1.42处唯一一次提到诸神。
② 对比3.1.36和3.1.44处的kairos。这个单词还出现在3.1.39。
③ 例如，参《回忆》3.1，特别是3.1.8-11，宽泛而言也可参考《回忆》3.1-3.7。

色诺芬提醒听众注意自己的可朽性——注意他们生命的长度必然有限——以此呼唤并试图突出他们的可称之为严肃态度(seriousness)的东西。他知道,人类的死亡意识与热爱高贵之间有某种关联,他要使死亡意识变成积极的意念,以此来点燃对高贵的热爱。

我会努力在第四章更详细地考察这种关联,现在,请让我特别指出色诺芬提升统治者士气的做法:他不是向他们许诺安全,也不是再次激发他们对波斯人拥有的"好东西"的欲望。更确切地说,他清楚讲明高贵之人拥有的那种前景:有德之行会以某种方式将人引向幸福——这种幸福是一种彻底且自足的好,凡人必有一死的现实,或者我们对自己必有一死的意识,都不会玷污这种幸福。换句话说,色诺芬知道,对于更优秀的灵魂类型而言,高贵具备一种振奋人心的吸引力。

色诺芬对统治者阶层发表的这场演讲有一种附带效果,[131]它打动了凯里索弗斯这样的男子汉,作为一名拉刻岱蒙人,凯里索弗斯从小经受的训练就是宁可高贵地死,也不要可耻地活。① 实际上,色诺芬给凯里索弗斯留下了极好的印象,后者称赞色诺芬,还支持色诺芬的所有提议。凯里索弗斯甚至说,像色诺芬这样的人要尽可能地多,这将是一种"公共的好"(koinon agathon, 3.1.45)。② 当某种类似于公共的好这样的事物存在时,苏格拉底的这位学生便愿意统治。色诺芬的第二场演讲打消了那位拉刻岱蒙头领的猜忌:在并非不重要的程度

---

① 对勘《拉刻岱蒙政制》第9章与《上行记》3.1.43。[译按]《拉刻岱蒙政制》的中译文可参:色诺芬,《色诺芬〈斯巴达政制〉译笺》,陈戎女译注,上海:华东师范大学出版社,2019。

② 第一场演讲使色诺芬与百夫长阿伽西阿斯缔结了友谊;第二场演讲使色诺芬与将领凯里索弗斯缔结了合作伙伴的情分。

上,万人军的成功撤退,将会是一位雅典人与一位拉刻岱蒙人和好并积极合作的结果。

* * *

色诺芬被选为将领,代替普罗克色诺斯。所有空缺的统治职位很快也都得到补充(3.1.47)。新上任的统治者在营地四周布置了警卫,召集起士兵。凯里索弗斯首先发言:

> 各位士兵,我们眼下处境艰难,因为我们被夺去了这样一些男子汉,他们是将领、百夫长和士兵,再说,阿里艾奥斯的部队也背弃了我们,而他们曾是我们的盟友。尽管如此,在当下处境中,我们必须变成好男子汉,不要屈服,而是要尽力赢得高贵的胜利,如果我们能做到的话。如果做不到,那就让我们高贵地死去,至少不要活着落入我们敌人之手。因为我认为,我们会遭遇这样的困难——愿诸神把这些事情降到我们敌人身上。(3.2.2–3)

非常像色诺芬之前的态度,凯里索弗斯坚持认为,希腊人必须与波斯人战斗,绝不能投降;他没有为安全打包票;他激励众士兵成为好男子汉,同时说到了高贵的死。然而,色诺芬曾将德性与幸福关联在一起,而凯里索弗斯看上去则是听天由命。凯里索弗斯的话对士兵不太可能起到很大的鼓舞作用,因为他没有意识到,他的演讲针对的是军队全体人员,与色诺芬先前的听众相比,这并非一个精英群体。这群听众不太会受高贵打动,因此演讲就必须更有慰藉的意味。凯里索弗斯既决绝又听天由命,但他的这番讲词,除了提供一个在坚毅方面至为重要的公共典范外,几乎没有其他效果。[132]考虑到色诺芬对凯里索弗斯的明显影响,要注意凯里索弗斯在演讲结尾时以强调的语气提到神:

> 愿诸神把(坏事)降在我们敌人身上!

色诺芬则没有这样提到过神,也没有表达过任何这样的希望。

奥尔柯美尼亚人克勒阿诺尔第二个发言。在卷二那个发人深省的高潮情节中,这位将领拒绝陪克勒阿尔科斯前去提萨斐尔涅斯的营帐。如果说克勒阿诺尔的演讲要比凯里索弗斯的长一些,那么他们二人有一点相同,即都主张希腊人需要与波斯人全面交战,而且克勒阿诺尔也展现出相同的坚毅。但凯里索弗斯受听天由命之心的重压,克勒阿诺尔则是义愤填膺。克勒阿诺尔历数国王、提萨斐尔涅斯和阿里艾奥斯的所有罪恶,他们所有人都违背了誓约。他特别强调提萨斐尔涅斯的背信弃义,此人不仅极其卑劣地欺骗了希腊人,还杀死与他同桌共餐的客人克勒阿尔科斯。提萨斐尔涅斯毫不尊重作为客人之保护神的宙斯(Zeus of Hosts)。如果说万人军触怒了宙斯王,波斯人则显然触怒了作为客人之保护神的宙斯。演讲临近结尾时,克勒阿诺尔说出了自己的希望,与凯里索弗斯刚表达过的希望类似:"愿诸神报复这帮人。"(3.2.6)色诺芬的任务,就是为夯实这个令凯里索弗斯与克勒阿诺尔感到振奋的希望,为其提供支撑的理据。

《上行记》这位新当选的主人公起身发表他的第三场演讲,这也是卷三目前为止最长的演讲。演讲之前,他先尽量用战袍把自己装扮得尽可能美。他告诉我们,他相信无论是蒙诸神愿意赐予他们胜利,还是他必须死亡,一件极美的着装于当下处境都是相宜的,因为他认为自己配得上最美的事物,身着这套戎装去迎接生命的终点才是正确的。色诺芬这套戎装和衣服之美,不仅反映出眼前形势格外严峻,也反映出他的自我价值评判。这种美与他高贵的坚毅和镇定相称。《上行记》里可能再没有什么地方比此处让我们更加真切地感受到色诺芬的灵魂力量。我们甚至不禁要把他看作亚里士多德笔下灵魂大气之人的化身。到目前为止，色诺芬大多数时候都处于无为状态，那时还没有与他的德性相称的任务，现在他挺身而出，并获得了他配得上的荣誉。然而，无论这样一种解读好不好，我们都会不由自主地注意到，色诺芬是为一次演讲而非为一场战斗装扮自己。他的死亡并非近在眼前。他是在努力强化他在演讲中传达给士兵的内容吗——"我们必须全力作战"？或者，他是在努力让他们感受到他的勇气和坚毅吗？有一点很清楚：尽管色诺芬将以一种令人信心倍增的语气来公开发表讲话，但他几乎无法确定最终的结局会是怎样。

[133]色诺芬第三场演讲的主要目标是（再一次）恢复其听众的信心，同时规劝他们做好男子汉（3.2.7-39）。他还必须让他们信服，即便不是信服色诺芬本人作为一名战士和一个人的价值，至少要让他们信服有必要服从新的领导阶层——他现在是其中一员。他一开始讲话就指出，克勒阿诺尔已经提及波斯人的违誓和背信弃义。①对于凯里索弗斯的演讲，色诺芬礼貌地保持沉默。②他补充说，希腊人若巴望再一次与波斯人缔结友谊，必然会更加失望。但他们若决意使用自己的武器来惩罚波斯人并全力以赴开战，就会"在诸神的帮助下"拥有"许多高贵的得救希望"（3.2.8）。③

色诺芬效仿前两位演讲者，力劝听众不要与波斯人协商，只是他

---

① Ruderman注意到克勒阿诺尔说到过波斯人的"违誓""不虔敬"和"背信弃义"，但色诺芬略去了中间的"不虔敬"：对比3.2.4与3.2.8。见Ruderman "The Rule of a Philosopher-King: Xenophon's Anabasis," *Politikos II: Educating the Ambitious Leadership and Political Rule in Greek Political Thought*, edited by L. G. Rubin, Pittsburgh: Duquesne University Press, 1992.

② 色诺芬含蓄批评了凯里索弗斯的演讲：对比3.2.17与3.2.2。

③ 克勒阿诺尔和凯里索弗斯都希望诸神报复波斯人的罪行。色诺芬则鼓励希腊人自己去报复这些罪行——"在诸神的帮助下"（对比3.2.8，3.2.6和3.2.3）。

的决心并未受到听天由命之情或义愤之情的影响。相反,色诺芬给予他们宽慰,像"保全"(sōtēria)、"安全的"(sōtēros, asphalēs)、"安全地"(asphalōs)以及"获救"(sōdzein)这样的单词,他使用了不下十五次。他几乎没有提及死亡。请回想一下,他在第二场演讲中只有一次提到"安全"。① 色诺芬认为,为了恢复普通士兵的信心,为了激励普通士兵服从命令并且在一定程度上躬行德性,他不得不诉诸一种强大又更普遍的基本本能——自我保存。我们在此可以总结色诺芬在第三卷的三场演讲之间的主要区别:在第一场演讲中,色诺芬将希腊人与波斯人之间的竞争(agōn)描述为一场争夺波斯人的"好东西"的竞争(3.1.21);在第二场演讲中,它变成了一场为"高贵地死"而进行的竞争(3.1.43);在第三场演讲中,它被归结成一场为"安全"而进行的竞争(3.2.15)。

当色诺芬说到"许多高贵的得救希望"时,听众中间有人打了个喷嚏。所有士兵突然跪下来,敬拜那位神。色诺芬顺势说道:

> 在我看来,男子汉们,既然我们正在谈论安全问题时,出现了来自救主宙斯的预兆,那么,我们应该立誓,在我们首先到达友邦的那个地方,根据我们的能力,为我们获得保全向这位神献祭致谢,也向其他神献祭致谢。(3.2.9)

[134]色诺芬立刻将此提议交付表决,所有人都举手赞同。他们也相应地立下誓言,唱起凯歌,希腊人的信心稍微得到恢复。

就连那些认为色诺芬是虔敬之典范的学者都怀疑,色诺芬是否真的相信这一记喷嚏乃救主宙斯所遣。色诺芬这种令人振奋的解释,当然与他那场不吉的梦形成鲜明对比——在那场梦里,发怒的宙斯好像一心要置万人军于死地。这场噩梦色诺芬只向读者说过,从未告诉过

---

① 色诺芬的第三场演讲(分两部分)是第二场演讲的大约3.5倍长。

整支军队。色诺芬对喷嚏的解释是出于政治上的权衡吗？① 不可否认，色诺芬的解释在一个亟需信心的时刻生发了（或者帮助维持了）一股信心。实际上，士兵们自发地一致跪拜一记喷嚏——毕竟，仅仅是某个人的喷嚏而已——暗示出某种东西使所有人的内心焦虑不安。某种难以消除的疑虑，一种接近于集体焦虑的情绪，好像因为这个喷嚏而得以缓解，这一记喷嚏产生了自动释放紧张情绪的效果。多亏了色诺芬有宽慰之效的解释，士兵的焦虑才得以减轻，他们的希望才得以复燃：（色诺芬暗示）宙斯已经得到安抚。

色诺芬因此促成了这种局面：这位神已经批准了他和凯里索弗斯还有克勒阿诺尔主张的全面开战之策，为了整支军队的利益，他们认为全面开战是必需的。不管色诺芬是否认为这一记喷嚏乃上天垂兆，他敏捷的思维能力已完全有助于调和士兵因虔敬而产生的希望和恐惧与安全和成功的诸种要求。色诺芬就是这样最充分地利用了一个突如其来的情况，然后他接着原先的思路讲下去，继续罗列希腊人拥有的"许多其他的得救希望"。②

色诺芬讨论了三种这样的希望（3.2.10-16）。第一种希望，他在向普罗克色诺斯麾下百夫长发表演讲时提到过：[135]诸神可能会与波

---

① 据 Spelman 的看法，色诺芬"描述了自己如何从小睡时做的一场梦中得到鼓励，他讲述和解释这场梦的方式，会让人怀疑他关注预兆和献祭到底是出于周全之策的考虑，还是出于真诚的信仰"，见 Spelman, *The Anabasis*, New York: Harper & Brothers, 1855, p. 22。色诺芬可以看见士兵俯身跪拜那位神，这暗示他自己当时并非脸朝着地面：对比阿里斯托芬《骑士》638-40，这是安伯勒发现的一个可对勘之处。《奥德赛》17.541-45 是另外一处喷嚏被看成吉兆的例子。

② 色诺芬按照原先的思路继续发表演讲，并将"许多高贵的得救希望"这种表达（3.2.9）改成了"许多其他的（allai）得救希望"（3.2.10，根据那些最佳抄本的读法）。莫非他认为，一记喷嚏并不堪当一种高贵希望的基础？

斯人为敌,而成为恪守誓言的希腊人的盟友。诸神只要愿意,就有能力在顷刻间让强大的变得弱小,也能够轻而易举地将弱小者从极端险境中拯救出来(3.2.10;对比3.1.21–22)。不过,还是让我们聚焦于第二个也就是居中的希望。在《回忆》中,根据色诺芬的叙述,苏格拉底教导说,及时提起听众祖先的勇武和功业,能够激励士气低沉的听众,并能激发他们躬行德性(《回忆》3.5.7以下)。色诺芬在此非常充分地运用了这种洞见。他提醒听众要记得希腊人的胜利:希腊人曾在波斯战争中打败米底亚人。他的目标是让万人军确信:

> 做个好男子汉(to be good)于你们而言是合宜的,好男子汉在诸神的帮助下获救也是合宜的,即便是面临极大的危险。(3.2.11)

色诺芬简单总结了两次波斯战争中发生的大事,他采用的方式引发了一些疑问,[1]但对于我们的目的而言,要关注的点是色诺芬如何阐释万人军"在诸神的帮助下"获救是合宜的。首先,色诺芬回顾了雅

---

[1] 比如说,色诺芬为何给予第一和第二次波斯战争以同等的分量?他为何不聚焦于第二次冲突?希腊人在第一次波斯战争中取得胜利,几乎是雅典人独立反抗取得的结果,色诺芬在赞颂雅典人的胆量时强调了这一点。但是,难道他没有意识到(Masqueray提出这条反对意见, Masqueray, *Xénophon*: *Anabase*, vol.1, p. 173),在场大多数听众都是多里安人,这么说会激起他们对雅典的潜在敌意吗?然而,通过赞扬雅典人的胆量,色诺芬悄然强调了自己作为一名雅典将领的资质,尽管自己尚未经受考验。考虑到色诺芬演讲的意图,在另一种语境中可能会得罪人的内容,在此处则是恰当的。

另外,万人军当中许多人的祖先在第二次波斯战争期间有不光彩的行为,假若色诺芬仅仅聚焦于这场战争——这是一次更具泛希腊色彩的胜利——可能使人们注意到此类不光彩行为。实际上,色诺芬统治着一支玻俄提亚分队,而玻俄提亚人(忒拜人)曾是最臭名昭著的亲波斯分子之一。色诺芬精明避开了这一困难,他说的是"我们的祖先"。

典人如何在第一次波斯战争中敢于抵抗波斯人。在马拉松战役前,雅典人立誓,杀死多少敌人就向阿尔忒弥斯(Artemis)献祭多少只母山羊。此役大获全胜,以至于战后他们找不到足够多的母山羊来献祭。因此,他们规定每年献五百只母山羊,这种做法直到当时还在延续:阿尔忒弥斯赐予了雅典人一场辉煌的胜利。

然而,当色诺芬转而谈论第二次波斯战争时,对于神的帮助,他变得尤其吞吞吐吐。他歌颂万人军的祖先取得的胜利,他们在陆地上(普拉忒亚[Plataea])和在海上(萨拉米斯)都打败了克瑟尔克瑟斯和当今波斯人的祖先。但他没有说到希腊人从神那里得过什么帮助(如果有的话)从而获得这些胜利。当然,对于他们从阿波罗那里得到的"帮助"——这位神对雅典人发出的那个令人气馁的神谕——色诺芬也略过不提。①[136]色诺芬唯一一次提及诸神,是在其演讲末尾:

> 可以看得见的胜利纪念柱是这些军事胜利的标记,但最有力的证据是[城邦的]自由,那些你们生于兹、养于兹的城邦所享有的自由,因为你们不在任何属人主宰面前跪拜,而是在诸神面前跪拜。(3.2.13,安伯勒的英译文)

希腊人不在任何属人主宰面前跪拜,这个事实表明,希腊人在第二次波斯战争中成功捍卫了自己的自由。他们在诸神面前跪拜,这个事实也表明——甚至是证明了——希腊人在第二次波斯战争中成功地捍卫了自己的自由。②色诺芬洞察到希腊人的虔敬与希腊人的自由

---

① 请记住阿波罗和阿尔忒弥斯是双胞胎,一般都成对现身:参《狩猎术》1.1和6.3,最重要的是《上行记》5.3.4。

② 希腊人对那一记喷嚏的反应展现了希腊人在诸神面前的跪拜(见3.2.9)。而波斯人的做法截然不同,见1.8.21。

之间存在某种关联。如果没有虔敬,希腊人就不会是自由的。这种关联的特点是什么呢?

自由的保存要求一定程度的德性,因为那些缺乏德性的邦民一定会有意避开自由生活所要求的种种责任(对比4.3.4)。但德性自身有何要求呢?我们已经看到,在色诺芬看来,对整支军队作德性劝导是不太可能起效的。普通士兵并非热爱高贵的人。普通士兵对高贵的向往之情没么强烈,也(可以说)没有那么纯粹。在劝导普通士兵要好做男子汉时,肯定要强调那些更现实的考虑因素。与此一致,色诺芬在第三场演讲的高潮处将德性描述为获得安全的手段——仅仅是手段(3.2.39)。然而,如果德性的确是获得公共安全的一种必要手段,那么,德性会毁灭个体的安全。尤其是看到这种两难困境,色诺芬才在第三场演讲中祈求神的帮助:

> 做个好男子汉于你们而言是合宜的,好男子汉在诸神的帮助下获救也是合宜的,即便是面临极大的危险。(3.2.11)

色诺芬必须安慰士兵说,他们的付出和高贵的行动将会以某种方式产生好的结果,即便这可能会威胁到他们为之战斗的个人生命。

当然,我们既不应该夸大普通士兵与热爱高贵者之间的区别,也不应该忽略他们的相似之处。凯里索弗斯和克勒阿诺尔都是热爱高贵的人,正如我们所见,对色诺芬的第二场演讲,他们二人均以令人注目的相似方式做了回应。他们无疑受到色诺芬言辞的激发。然而,他们二人为了士兵的利益而"重复"色诺芬的劝导时,都做了修改。他们都增加了一句类似的话——"愿诸神报复这些不虔敬和背信弃义的波斯人"。[137]即便是对高贵的热爱,并且恰恰是对高贵的热爱,也伴随着满怀希望地期待奖赏——这种奖赏超出高贵本身。

第三章 虔敬（《上行记》卷三）

根据色诺芬的看法，德性与虔敬往往会在同一个人身上并存。色诺芬对克勒阿尔科斯的描述和反思（卷二）已经清晰表明了这一点。此外，既然要保有自由就必须具备一定程度的德性，那么，保有自由就要求虔敬这种德性的持续存在。更笼统地说，色诺芬的第三场演讲帮助我们意识到：我们称之为德政的那种东西，必然是一种虔敬型的政治（a pious form of politics）。这一得到历史上的斯巴达作为实例支持的结论，将影响这位苏格拉底式的王的统治。色诺芬知道，万人军无法活着逃出波斯，除非他们展现出相当程度的德性：他们不得不竭尽全力，服从统治者，还要做一些高贵之事。但色诺芬也知道，支撑起万人军德性的东西，最终是那种满怀希望的信仰——对诸神的信仰。色诺芬的言行常常像一名虔敬的王，正反映出这个现实。这位苏格拉底式的王呵护而且利用士兵的这种希望，同时避开这种希望可能引发的各种隐患——它们毁掉了虔敬的王克勒阿尔科斯的统治。

此外，色诺芬的第三场演讲也在一定程度上启发我们认识到，应如何在公元前4世纪希腊城邦的语境中描述虔敬和诸神。对色诺芬作品的整体研究表明，依色诺芬之见，德政高于其他可能的政治安排，尤其是亚细亚的专制政体。《居鲁士的教育》详尽阐明了这一点。但《上行记》中的巴比伦之战已经暗示出这一观点。因此，我们可以期待，色诺芬身为一名作者，将会调整自己来适应虔敬这种德性的持续存在。他不会试图用激进的方式启蒙［万人军］这个希腊政治体，尽管将来他会时不时引导这种公认的虔敬之德或试着纠正虔敬之德的表达方式。然而，在大多数情况下，色诺芬会支持（或者不公开地削弱）这种公认的虔敬之德，因为他认识到德政的各种先决条件和影响。借助隐微写作，色诺芬就能够履行他眼中身为一名作者应尽的公民责任。

* * *

让我们返回到色诺芬的第三场演讲。①谈论了第二次波斯战争后,色诺芬提醒听众要记得他们新近战胜国王一事,[138]他们在诸神的帮助下获得了这次胜利。这场胜利构成了希腊人关于安全的第三种高贵的希望。②色诺芬接着检审了五种可能令士兵沮丧的担忧:第一,原先忠于居鲁士的那支波斯部队已经叛变,投奔了国王;第二,敌方骑兵众多,而希腊人没有骑兵;第三,提萨斐尔涅斯再也不会做希腊人的向导,国王也不会向希腊人开放市场;第四,希腊人要面对无法渡过的河流(特别是底格里斯河),要想回家,就必须想办法渡过这些河流;③第五,这些河流可能最终无法渡过,也没有向导现身为他们指路。

色诺芬详细而巧妙地处理了这五种担忧,但他常常诉诸好律师在难以胜诉的案子中使用的那种论证方式。比如说,他坚称波斯骑兵不会让希腊战士感到沮丧,因为一万骑兵只不过就是一万个人(anthropoi)而已。从来没有人在战场上挨了马咬或挨了马踢就死去

---

① 色诺芬的第三场演讲可分为五个部分:第一,开场白与打喷嚏的情节(3.2.8–9);第二,三种关于安全的高贵希望(3.2.10–16);第三,士兵的五种担忧(3.2.17–26);第四,关于更安全的撤退的三条建议(3.2.27–28);第五,色诺芬劝导士兵要服从并支持统治者,结束演讲(3.2.32)。士兵五种担忧中的第三项担忧位于这场演讲的正中间。读者若去追问作者为何如此安排,便有望理解《上行记》中色诺芬统治的特征。

② 第二个(3.2.11–13)与第三个(3.2.14–16)关于安全的希望关联紧密,可视作构成同一种希望。尽管如此,第二次波斯战争中希腊人战胜克瑟尔克瑟斯这件事仍然继续保留其核心的重要地位。这场胜利成了色诺芬提到的三场胜利中的第二场。所有三场胜利都意在说明好男子汉"在诸神的帮助下"获救是合宜的(3.2.11–16)。

③ 关于渡过底格里斯河的难度,对比色诺芬在3.2.22处所说的话与4.3整章的内容。

的。战斗中发生的任何事情是要靠男子汉(andres)来执行的。另外,波斯骑兵肯定既怕敌人又怕落马,而希腊人则双脚稳稳地站立在大地上,能够更有力、更有效地作战。根据色诺芬的说法,马匹只对一件事情有用:更安全地逃跑。无需多言,如此贬低骑兵,其实没什么说服力。色诺芬"忘了",对于追击落败的敌人以及锁定胜利而言,骑兵必不可少(对比3.1.2)。① 即将开始的撤退很快就会暴露出色诺芬如此说法的错谬之处。行军一继续,希腊万人军就不得不与波斯人进行小规模的战斗。他们立刻吃了缺少骑兵的苦头,而一天之后,在色诺芬本人的鼓动下,一支骑兵队就组建起来了(3.3.16–20)。

色诺芬最详细地处理了第五个也是最后一个担忧:

> 即使我们无法渡过这些河流,又没有向导出来带我们,纵然如此,我们也不必丧气。(3.2.23)

[139]因为色诺芬主张,他们到时或许可以在亚细亚的某个地方定居下来。实际上,人们都知道,米西亚人(Mysians)就违逆国王的意志,在国王的国土上居住在许多幸福的大城里。而且希腊人必定不会承认米西亚人比自己更好,米西亚人的胆怯和厌战在希腊人中间是众所周知的。② 还有其他与米西亚人一样平庸的民族也在国王的土地上

---

① 也请对比一下,色诺芬保证过,骑在马背上的波斯弓箭手的技能水平不行(对比3.2.19与3.3.10)。

② 能够体现出希腊人这种轻蔑的说法有:musōn eschatos("最不中用的米西亚人",[译按]指"最不中用的人",参罗念生和水建馥编,《古希腊语汉语词典》,北京:商务印书馆,2004,页560;*A Greek-English Lexicon*, Oxford: Clarendon Press, 1996, p.1156),和musōn leia("从米西亚人那掳获来的东西",指"人人都可劫掠的东西",换言之,从米西亚人那里掳获东西可以不受惩罚)。另参《希腊志》4.1.24。

过着同样繁荣的聚居生活。色诺芬继续建议万人军不要公开流露出想要回家的渴望,他们应该要表现得像是要在国王的某片土地上定居一样。如此一来,国王就有可能被说服而准许他们撤离他的国土,甚至还会帮他们撤离。①

然而,色诺芬立刻补充说,如果希腊人哪怕只是在亚细亚居住一小段时间,

> 我害怕,我们一旦学会了懒散地生活,学会在富足中度日,学会与米底亚和波斯美丽高挑的媳妇和少女厮混,就会像那些吃了忘忧果(Lotus)的人一样,可能会忘记回家的路。因此,在我看来,合适且正义的做法是,我们首先要试图回到希腊和我们家人身边,而且向希腊人表明,他们是自愿受穷,要是他们有可能看到那些如今在邦内过着艰苦生活的城邦民,如果来这里,就变富了。不过,诸位男子汉啊,所有这些好东西显然属于胜者。(3.2.25—26)

色诺芬说自己担心万人军若准备留在亚细亚,就会将"像那些吃了忘忧果的人一样,忘记回家的路",他貌似在表白对希腊的专一

---

① 为了论证最后这条建议,色诺芬断言:"我知道国王甚至会为米西亚人派出许多向导——他会派出许多人质作为保证……甚至还会为米西亚人修路——如果他们愿意乘着四马马车离开的话"(3.2.24)。这种断言令人困惑。正如我刚刚指出的,希腊人瞧不起生性胆怯和厌战的米西亚人,既然如此,米西亚人怎么会成了让波斯国王如此烦心的人呢?或者,色诺芬是想暗示,波斯国王连米西亚人都对付不了吗? Tuplin也指出,"色诺芬关于米西亚人所说的内容是奇怪的",但他依据的是其他理由,见Tuplin, "The Persian Empire", in *The Long March: Xenophon and the Ten Thousand*, edited by Fox, p. 179。

之情。色诺芬像奥德修斯一样,盼望回家,回到所爱的人身边。可是,表达了自己的这种担忧后,紧接着他就暗示说,在国王的土地上定居并非最坏的结局。如果万人军一度忘了回家,原因将会是他们日后发现亚细亚处处都是希腊所没有的富裕和欢乐。即便色诺芬认为德政——即过城邦民的生活(politeuein)——优于其他可行的选择,[140]但作为一个个体,他显然也可以适应其他可行的选择(的其中一种)。他对希腊的专情,以及对德政的钟情——德政乃希腊的特点——都并非没有含混之处。①

此外,他对亚细亚的诱人描绘,表明他意识到这次撤退给希腊的共和主义带来的种种潜在危险。一旦希腊人了解到波斯国王在军事上的虚弱,他们可能会用希腊邦内的贫穷生活来换取亚细亚的快乐生活和财富。万人军的成功撤退可能会给希腊共和主义带来一个动荡和最终衰落的阶段——《居鲁士的教育》这部虚构著作分析了这种危险,而亚历山大大帝则将这种危险变成了现实。②

在这篇演讲的第四即倒数第二部分,色诺芬解释了这支军队何

---

① 色诺芬说,万人军应该"首先"努力回希腊,而非"不顾一切代价"。他不会模仿奥德修斯,不会用暴力强迫他手下"那些吃了忘忧果的人"(对比《奥德赛》9.82–104,特别是第98行)。

② 培根在评论色诺芬时写道:"所有军官在一次谈判中遭背叛者谋杀之后,这位年轻的学者或者说哲人带领万人军徒步穿越国王领土腹地,尽管面对国王的所有兵力,但还是从巴比伦安全回到希腊,此举震惊世界,并鼓舞了后来的希腊人前去入侵波斯国王的领土。例如,随后忒萨利的伊阿宋曾有此提议,斯巴达的阿格西劳斯尝试过,马其顿的亚历山大完成此业,而他们都是基于这位年轻学者的行动。"见Bacon, *Of the Proficiency and Advancement of Learning Divine and Human*, 1.7.30。

以可能尽量安全地行军,同时又有最大的机会打胜仗(3.2.27–28)。①最后,他以(他所说的)最重要的一点结束演讲:万人军若指望免于毁灭,就必须避免混乱和无序。众将领与百夫长甚至必须比原先的统治者更细心得多,士兵也必须比以往更有序、更服从命令。

> 如果有人违命,你们应该投票,你们中的无论哪个人要是碰巧在场,都要协助统治者惩罚此人,如果他不服从的话。这样一来,敌人就会在最大程度上受到误导。因为正是在这一天,敌人将会看到的不是一位克勒阿尔科斯,而是一万个克勒阿尔科斯,他们不许任何人当坏兵。(3.2.31)②

随着凯里索弗斯提出投票动议,[141]色诺芬的提议都获得一致通过,均被采纳(3.2.33)。③

---

① 在这一部分,色诺芬建议军队烧毁马车、帐篷和所有其他并非必不可少的设备(3.2.27–28)。虽然帐篷因"既难以携带,又无助于打仗和获得给养"而遭弃,但它在这里却居于中间位置。它预示着亚美尼亚的冬天,万人军在那将境遇悲惨,特别是不得不在寒冬中露营(aulidzomai,比如参 4.5.11)。动词 aulidzomai 在卷四出现得特别频繁。然而,有些帐篷显然并没有被烧毁,见 3.5.7。

② 色诺芬呼唤整支军队人人都做"克勒阿尔科斯"。早先,凯里索弗斯曾表达出这样的愿望:整支军队人人都当"色诺芬"(3.1.45)。可能色诺芬认为后一种想象的情况完全是不现实的。

③ [原注79]让士兵辅助统治者施行惩罚是一种非常之策,很危险,不过在当时的情况下可能是必要的。新当选的统治者权威势必微弱,特别是因为他们其中的一些人没有经验,比如色诺芬。色诺芬提出的这项安排可能会强化整体的秩序和服从:士兵可能会帮助实行惩罚(作者只记录了一个共同实行惩罚的事例,针对的是一个懒货,作者为适应情境,"重新命名"了此人,即苏凯奥尼亚人[Sukaiōnian]索忒里得斯[Sōtēridēs],见 3.4.44–49,见抄本 C 的读法。色诺芬后来会抱怨士兵没有给予他充分的支持,见 5.8.21)。然而,这种共同执行惩罚之策尽管也许是必需的,却也可能纵容出士兵自行其是的危险习惯。

3.4 成功、失败与神意

读者会记得,我在本书导言部分提出过如下主张:我们必须认真琢磨色诺芬放在其文本"中间"的任何内容。因此,我必须细察《上行记》为何只有卷三包含的章数是奇数,从而有了中间章。是什么使得卷三第三章配得上如此显要的位置?

第三章记述了色诺芬在其统治第一天的言行。这一天被失败搅乱了。色诺芬的统治在任何其他时候都没有遭受过如此严重的威胁,至少在军队到达黑海之前是这样。尚未实实在在证明自身能力的色诺芬,一上来就打了个趔趄。他在前一天就已经播下了失败的种子,那时他曾向集合起来的军队建议采用方阵阵形(3.2.34–38)。他预料波斯人可能只会袭扰希腊人的行进,而不会冒险与希腊人进行对阵战,因而他认为,万人军应该将重甲兵列成方阵:委派凯里索弗斯负责先头部队,两翼由那些年纪最大的将领指挥,殿后部队由色诺芬本人和另一位年轻将领指挥,辎重车和轻装兵应布设在中间。然而,他们的遭遇表明,采用方阵队形是糟糕的策略,它使弓箭手和标枪手被夹在方阵里面。尽管是军队投票决定采用方阵队形,但色诺芬是有责任的,因为这个糟糕的策略出自他的提议,再说,这个提议虽获得了通过,但当时是有一些无声的反对的。①

色诺芬在匆忙中试图纠正错误,结果却错上加错。在撤退的第一天,[142]一支由两百骑兵弓箭手、四百投石手和弓手组成的波斯队

---

① 请对比3.2.9和3.2.33("所有人举起手": aneteinan hapantes [tēn cheīra]) 与3.2.38("这些措施得到采纳": edoxe taūta)。

伍——其中每个人都非常敏捷干练——开始袭扰希腊人的殿后部队(3.3.6以下)。色诺芬就在殿后部队,眼看着殿后部队遭受重创却无法反击,因为后面完全没有弓箭手和标枪手。他认为最好是带领身边的重甲兵和轻盾兵去追击波斯人,然而,这样的追击不但毫无成效,还酿成了更糟糕的结果。殿后部队无法远离阵形进行追击,而且,步兵也不可能在短距离内追上另一个早就开始逃跑的人。另一方面,殿后部队追出去多远,返回时就得走同样远的路原路回撤,还要一边战斗一边撤退。波斯骑兵甚至在飞奔而去时也给希腊人造成了伤害。就这样,行军速度被拖慢了,第一日,整整一天,希腊人行进了不到三英里。傍晚时分,他们到达了当地的村庄。队伍再次士气低沉(3.3.11)。

色诺芬如何应对失败?心胸小一些的人就让这次失败给吓倒了,引咎而退的心态肯定会相当强烈。实际上,色诺芬做出的追击决定很快就受到了他那些同僚的责备,这些同僚都比色诺芬年长,都比色诺芬更有经验。① 他们批评色诺芬冒险而动却没有伤到敌人分毫。被置于审判台的色诺芬从容地承认各位将领指控得是,尽管他也部分为自己做了辩护,② 但他拒绝退出。相反,他提议了一项纠偏措施,并把自

---

① 更确切地说,这个决定遭到凯里索弗斯和那些年纪最大的将领的指责(3.3.11)。与色诺芬一同指挥殿后部队的是提马宋(Timasiōn),他没有指责色诺芬。他与色诺芬共处困境,可能心态更加宽容。然而,没有人说提马宋参与了那次追击:那是色诺芬一个人犯的错。

② 指控情节实际上就是对色诺芬的审判,他选的词语就有所暗示:"这行动本身就替那些发出指控的将领作了见证",色诺芬说道(3.3.12)。他随后的辩护也很有趣,他说:"但我是迫于必然才去追击,因为我看到你们(最佳抄本上的读法为humas[你们])因原地不动而遭受重创,却无力还手"(3.3.12,强调符号乃笔者所加)。然而,色诺芬的这种辩护与3.3.8处的叙事不完全一致:色诺芬"认为最好"去追击。在3.3.12处,最优抄本上的读法是"你们"而非我们(hēmas),这也暗示出色诺芬在说其发动追击是出于公心时或许有所夸大。

己统治的未来押在这项措施上,以此展示出奥德修斯式的足智多谋和胆量:希腊人必须组织一群投石手(以便从远处投掷攻击敌人),还必须组织一支临时的骑兵队(以便追击逃跑的敌军)。提议得到采纳,并在一夜间就落实,带来了一场重要的胜利。这为希腊人成功撤出美索不达米亚铺平了道路(3.4.1–6)。

[143]让我返回到第三章处于中心位置这个问题。这是要我们注意什么东西呢?它想要我们注意色诺芬身处严酷逆境时所展现出的灵魂品质吗?还是说,是要我们注意他战术上的错误和失败?可是,要注意到色诺芬犯下的错误和具备的品质,并不非得在这样的中间位置。再说,色诺芬在《上行记》中还犯了许多其他错误,也展现过相同的灵魂品质,而这些都不是以这样的方式唤起我们注意的。

我相信,更好的解释要求我们牢记卷三的主题——苏格拉底式的王在统治中的虔敬。请记住,就在这次失败的前一天,色诺芬将一名士兵打的喷嚏解释为宙斯遣来的吉兆,而万人军在这个预言之后就经历了比较严重的困难。①这难道不是意味着色诺芬解释错了吗?这种想法当时一定使得军中士气更为低沉(3.3.11)。色诺芬如何应对自己的失败?一种可能的应对是,既然全力开战之策让宙斯不愉快,那么或许就应该献祭以求新的指引。然而,色诺芬甚至想都没想献祭的事,他也不认为,宙斯还在因希腊人进攻阿尔塔克瑟尔克瑟斯而对希腊人发泄怒火;或者,更一般而言,他不认为希腊人现在的问题是属天的(heavenly)而非与军事相关。他将那一日的失败解释成证明诸神实际上站在希腊人这一边的证据!

---

① 色诺芬对众将领演说时把希腊军队遭受的伤害说轻了(3.3.14)。他的叙述所说的内容与之稍微有些不同(3.3.7)。

感谢诸神（toīs oūn theoīs charis），只来了一小股敌军而不是大部队，因而，他们没有给我们造成任何严重的伤害，但已经暴露出我们所需要的东西。（3.3.14）

什么事情会让色诺芬感受到源于虔敬的沮丧呢？他向诸神致谢的举动几乎没有掩盖如下事实，即他依靠自己的判断来决定希腊人需要什么。实际上，依靠自己一直是色诺芬在卷三的统治的特点。特别是，我们一次也没看到过他献祭。① 如此，第三章占据中心位置对于《上行记》论证而言的意义开始进入我们的视野：第三章坐实了色诺芬拒绝寻求德尔斐神的指引一事所引起的怀疑——[144]尽管有人力劝他去寻求德尔斐神的指引（3.1.6-8）；他之后毫不客气地驱逐"阿波罗尼德斯"（3.1.26-32），以及他对自己那场噩梦做出的反应（或毫无反应），两件事都加深了这种怀疑（3.1.13-14）——当色诺芬身为统治者作决定时，他依靠的是属人的审慎、经验和判断。如果说他也通过献祭、神谕或类似的方式寻求诸神的指引，那么原因只在于，统治虔敬的士兵迫切要求他这么做。卷三第三章最后一句话与我们的这种解释相一致。② 按照色诺芬的提议，希腊人组建了一支骑兵队，并将它交给一个名为吕基奥斯（Lukios）的人统领。Lukios的意思是"光明者"，即

---

① 然而，就在卷三的结尾有一次献祭（3.5.18）。这段文字的作用就是提醒人们注意献祭在卷三的缺失引人注目。见本书英文版147页。读者应该将色诺芬在当选之后没有献祭这件事，与《论骑兵指挥》（*Hipparchicus*）的开篇进行对比，也请对比大居鲁士"被选"为米底亚远征军的统治者后所做的第一件事（见《居鲁士的教育》1.5.6）。

② [原注85] 第三章还提醒我们想起，人们相信诸神会向凡人降下与审慎相反的东西："扎特恩"（zatēn）——"（由神引发的）大疯狂之河"出现在3.3.6处。[译按] 对勘本书英文版页179原注67。

阿波罗的一个绰号。色诺芬在别处也利用了这种文字上的可能性。①如果阿波罗是要帮助这支军队,那将是以有才能的军事指挥官的身份出现,而非以那个发预言的"阿波罗尼德斯"的身份出现(3.3.20)。②

* * *

卷三的最后两章(3.4-3.5)记述了希腊人如何成功逃出美索不达米亚,到达今天土耳其东南部的卡尔杜奇亚(Kardouchia)山区。这两章是军事史家的宝库。③然而,我们在此必须只限于讨论《上行记》的论证。如果我们到目前为止对卷三的解释是正确的,那么,就可以预期这两章也是以虔敬为主题。而我们的预期得到了证实,尽管悄无声息,但却引人注目。

这两章展现出波斯人在阻止希腊人撤退时极其笨拙。虽然曾给希腊人造成严重伤害(3.4.24-31),但波斯人的行动更多时候无能而且胆怯。比如说,波斯人没趁希腊人不堪一击的时候发动进攻,原因是前一天的胜利让波斯人过分自信(3.4.1-6;并参3.3.6)。④然而,他们很快就被一支临时组建起来的希腊骑兵队打得四处逃散(3.4.4-5)。波斯人还总是逃跑(3.4.13-15,3.4.27;对比《居鲁士的教育》8.8.22-23)。[145]甚至在远距离的小规模战斗中,希腊人的变

---

① [原注86]参本书第二章,英文版页78原注3。

② 色诺芬将这个人说成"珀吕斯特拉托斯(Polustratos)之子雅典人吕基奥斯"(3.3.20)。polustratos的意思是"人数众多的军队"。但这个人统领的骑兵队仅有五十匹马!

③ 例如,色诺芬描写了如何调整方阵阵形以适应撤退的需要(3.4.19-23)。他还描写了如何在既宽又深的河流上修筑便桥,比如底格里斯河(3.5.7-12)。

④ Grote提到了"波斯人的一系列做法一贯愚蠢",见Grote, *Greece*, Vol. 9, p. 89。

化多端和适应力也很快压住了波斯人那野蛮的刻板战法(3.4.13–18, 3.4.34；一并对比3.4.19–23与3.4.34–37)。

两段"离题话"充分体现出波斯人在军事上的笨拙，其篇幅之长引发人们追问两段文字的最终意图何在(3.4.7–9,3.4.10–12)。希腊人暂时摆脱波斯人的追击后，抵达底格里斯河岸边。他们经过了两座荒废的旧城，拉里萨(Larissa)和梅斯皮拉(Mespila)。[①]色诺芬讲述了两个与这两座城有关的故事。在"波斯人的国王"攻克这两座城之前，米底亚人早就在其中生活。尽管有高大的城墙守护，大居鲁士还是成功拿下了这两座城。作者相对详细地描述了这些城墙：高一百多英尺，由砖建成，石头墙基宽达五十英尺(3.4.7,3.4.10–11)。色诺芬的相关描写突出了大居鲁士军事上的成就，他能够拿下看上去坚不可摧的堡垒，同时也批评了今天的波斯人在军事上的笨拙。然而，关于大居鲁士征服这两座城的故事，色诺芬的复述使好奇的读者心生疑问："波斯人的国王"的胜利归结于什么原因呢？因为大居鲁士一开始无法攻克这两座城。他无法以围城的方式拿下他的第一个目标拉里萨。然而，有一天，一团乌云遮蔽了太阳，太阳从天空中消失，直至受到惊吓的居民弃城而逃。[②]大居鲁士就这样攻克了拉里萨。类似的情节同样在第二座城梅

[①] 一些学者认为，它们是旧约中著名的迦拉(Calah)和尼尼微(Nineveh)：见《创世记》10.11–12。迦拉又名迦尔户(Kalhu)或者尼姆鲁德(Nimrud)。见 The Anabasis; or, Expedition of Cyrus, and the Memorabilia of Socrates, literally translated by J. S. Watson, with a Geographical Commentary by W. F. Ainsworth, pp. 305–309, 以及Kuhrt, "The Assyrian Heartland in the Achaemenid Period", p. 243。

[②] 3.4.8处的文段看上去有污损，但意思还是清楚的：一次气象变故导致拉里萨城的居民弃城而逃。Tuplin正确地对比了此段文字与旧约(《以西结书》32.7)中针对埃及的预言，见Tuplin, "Xenophon in Media", in Continuity of Empire: Assyria, Media, Persia, edited by G. B. Lanfranchi, M. Roaf and R. Rollinger, Vol.5, Padua: S.a.r.g.o.n, 2003, p. 381。

斯皮拉上演,据说米底亚国王的妻子美狄亚(Medeia)在米底亚帝国落入波斯之手后曾避难于此。波斯国王围攻这个地方,却无法攻克,无论是通过长时间包围还是强攻。但是,上天再次出手相助:

> 宙斯以雷鸣震慑当地居民,波斯王才攻破此城。(3.4.12)

拉里萨和梅斯皮拉的故事包含着真实性可疑的材料,例如根据希罗多德的叙事,米底亚末代君主的王后名为阿玉娥尼斯(Aruēnis),[①]而非美狄亚,这加深了我们的困惑:色诺芬为何在此处插叙这两个故事呢?[146]他一定知道(其中的一些)材料并不真实。[②]

[①] 参《原史》1.74.4。Lendle说,美狄亚的故事"与历史真实性没有什么关系",这当然是对的,见Lendle, *Kommentar zu Xenophons Anabasis*, Darmstadt, 1995, p. 177。Fox的说法也是这个意思,见Fox, "Sex, Gender and the Other in Xenophon's *Anabasis*", in *The Long March. Xenophon and the Ten Thousand*, p. 207。

[②] [原注93]据我所知,并没有叫作美狄亚的米底亚王后,色诺芬自己写的《居鲁士的教育》也没有提到她。为什么《上行记》将这个王后命名为美狄亚呢?考虑到色诺芬甚至略去大居鲁士的名字不提,而是通篇称其为"波斯人的那位国王",反倒提起这个可能是虚构人物的美狄亚,就更令人觉得奇怪(3.4.7-9, 3.4.10-12)。我相信,关于"美狄亚"的解释是:色诺芬在努力增强拿下拉里萨城的故事与拿下梅斯皮拉城的故事之间的相似性(symmetry)。对于希腊人而言,"美狄亚"这个名字会使他们想起那个臭名昭著的女巫,即赫利奥斯(Helios)的孙女。因此,在攻取拉里萨的过程中,只是一团乌云遮住了太阳,而在攻取梅斯皮拉的过程中,是宙斯本人压制住"太阳"(的孙女)。此外,为什么大居鲁士一开始无法攻下梅斯皮拉,"美狄亚"这个名字或许可以提供解释:单凭人类的战争技艺,他无法压过这位女巫的魔力。宙斯的帮助对于大居鲁士获得王权来说是决定性的帮助。换言之,"美狄亚"这个名字意在提出下面这个问题:大居鲁士成为王,是单凭人类的技艺和审慎,还是依靠神意(divine providence)?《居鲁士的教育》1.6.1提出了相同的问题。)

然而,应该说拉里萨和梅斯皮拉的故事不太可能仅仅是色诺芬的杜撰。这两段离题话"感觉"是与历史相关的。实际上,这些故事容易证实色诺芬将我相信,答案是这两个故事突出了人类对神意(divine providence)之信仰的重要性。由于城中居民害怕(在他们看来)那预示着神之愤怒的征兆,大居鲁士才拿下了用其他方式无法攻克的这两座城。没有一个审慎的统治者能够忽视此类虔敬的或迷信的信念在政治上的重要性。①

大居鲁士拿下梅斯皮拉的这段叙述,尤其证明了王权的获得是受宙斯意志的影响,这种信念即使在希腊人中间也广为接受。②因为最终导致城陷的是宙斯的霹雳,而非居鲁士的技艺或审慎。

因此,这两段离题话支撑了我关于第三卷的解释:万人军曾企图推翻波斯的合法国王阿尔塔克瑟尔克瑟斯,他们害怕这件事的后果。希腊人像极了拉里萨城和梅斯皮拉城的百姓,也害怕神的愤怒。然而,细读这两则故事就会发现,色诺芬不相信宙斯是这些事情的原因。拿下拉里萨是自然原因所致——一团乌云遮蔽了太阳,故暗无天日——而拿下梅斯皮拉则是出于神的意志,即宙斯的霹雳。然而,大居鲁士只是"据说"(legetai)这样拿下了梅斯皮拉——[147]且仅仅是梅斯皮拉。色诺芬把乌云的作用视为历史实情,而把宙斯的作用视为神话。③色诺芬在此又是一个苏格拉底式的人物,至少就这个

自己的《居鲁士的教育》视为一部虚构的著作。Larcher的观察是正确的:正如《居鲁士的教育》所述,如果大居鲁士以和平方式继承了米底亚的王位,那大居鲁士本不需要围攻这两座城,色诺芬也不会说大居鲁士"从米底亚那里夺得统治权"时用的是"暴力"(3.4.11-12),见Larcher, *L' Expédition de Cyrus dans l' Asie Supérieure et la Retraite des Dix Mille*, Vol.1, pp. 218-219, note 22。

① 也请考虑《希腊志》3.1.7。

② 同样的观念也见于圣经,当然,圣经不是将居鲁士的胜利归于宙斯,而是归于上帝,见《以赛亚书》45.1-13。

③ 对比Strauss, "Xenophon's *Anabasis*", in *Studies in Platonic Political Philosophy*, p. 116。

术语在阿里斯托芬笔下的意义而言。《上行记》卷三以宙斯的雷电开篇(3.1.11–12),其结尾则突出了《云》的首要地位。卷三开篇还将苏格拉底呈现为色诺芬的"父亲"。第三卷以认可阿里斯托芬的说法开篇,也以认可阿里斯托芬的说法结束。

* * *

在《上行记》的论证中,卷三概述了这位苏格拉底式的王如何协调虔敬与安全和政治利益的要求。这一问题最终具有两面性,因为虔敬具有两面性:虔敬本身是一种德性,同时,虔敬又是其他个别德性的基础。在接下来的研究中,我们必须思考,虔敬如何影响这位苏格拉底式的王在勇敢(卷四)、正义(卷五)、感恩(卷六)和爱士兵(卷七)这些德性上统合或调和高贵与好。

* * *

作者在卷三讲述的最后一件事是献祭——这是色诺芬当选后唯一一次献祭。万人军的将领决定他们必须(anagkaīon)向北行军进入卡尔杜奇亚人的山区(3.5.17),没有其他路可走。随后,众将领献祭,以便可以在看上去合适的时候开拔(3.5.18)。但这次献祭既没有决定行军的方向,又没有决定离开的时间,什么都没决定。决定离去的时间要确保军队在天亮时能到达山区(4.1.5)。① 虔敬在必然性面前低头。② 因为众将领害怕卡尔杜奇亚人先行占领山口。

---

① 这个决定最终证明是万人军成功穿越卡尔杜奇亚山区的关键,见 4.1.10–11。

② 在卷三的最后部分,希腊人受到必要性的"教导"或引导,见 3.4.32、3.4.19–23。

第四章　勇敢

(《上行记》卷四)

[149]《上行记》卷四是关于必然性的一卷。"必然"(anagkē)一词在卷四第一章的频繁出现暗示出这种特征,对本卷内容的分析也可以支持这一概括。①万人军在卷四遭遇到一些受制于必然性的情况和一些致命的危险:一连串敌对且善战的部族,比如卡尔杜奇亚人、科尔奇亚人(Kolchoi)、卡卢比亚人(Chalubes),阻挠他们撤退,对他们发起一连串毁灭性的攻击,致使他们损失了一些好战士;军队还挣扎熬过了亚美尼亚的严冬,饥饿的将士和驮兽在六英尺厚的雪地里行进,被刺骨的寒风冻僵,还有人冻死、累死。因此,卷四记述了万人军在被迫向海边行进的过程中苦苦挣扎。苦难的旅程终结于赫柯斯(Ēchēs)山上,一群疲惫不堪的人在这山上瞥见了期盼已久的目标——海!海!

赫柯斯山上的这一幕振奋人心,然而,在此场景之前出现的却是《上行记》中最令人沮丧的一些事件。为了克服这些致命的危险,也为了克服军中反复出现的士气低落现象,万人军的统治者被迫采取一系列冷酷无情的措施。卷四是关于死亡的一卷。哈德斯之门在

---

① 在相对比较短的卷四第一章,"必然性"(anagkē)及其同源词出现了六次(4.1.9,4.1.12,4.1.15,4.1.16两次,4.1.19)。4.1.16的那一次只见于那些最佳抄本。这个词在《上行记》其他任何一章出现得都没有如此频繁。该词在卷三第四章和卷六第四章都出现过五次,在卷五第五章出现过四次。

每一页都可以看见。① 更确切地说，这一卷写的是人类对死亡的回应。[150]请记住，色诺芬曾在卷三面对统治阶层的演讲中暗示，人对死亡的意识在某种意义上与热爱高贵相联(3.1.43)。在此基础上，我们有理由期望卷四将会探索高贵这一主题。而我们将会看到，这个期望得以充分实现，以至于我们可以恰当地将卷四描述为关于必然性与高贵的一卷。卷四是高贵之卷，这恰恰因为它是死亡之卷。卷四描写了许多丧命的场景，但也歌颂了万人军中那些最高贵的男子汉。他们由于在致命险境中的英勇表现而出类拔萃——卢西亚人(Lusia)欧律洛科斯(Eurulochos)、帕拉西亚人(Parrasia)卡里马科斯(Kallimachos)，斯图姆法利亚人阿伽西阿斯(Agasias)，还有其他一些人。②《上行记》纪念了这些高贵男子汉的行动，为他们戴上了象征不朽荣耀的花环。如果说死亡的迫近将人性(humanity)拉低至人性的必然层面，那么它也将我们的灵魂提升至[对高贵]的热望。③

---

① 作者在4.1.10处第一次提到死亡的人。此后，死亡在希腊人中间频繁出现(4.1.18–20，4.2.17–18，4.2.23–34，4.5.4，4.5.12，4.7.13)，在他们的敌人中间同样如此(4.1.22，4.2.5，4.2.7，4.4.21，4.6.26，4.7.13–14)。

② 在卷四中，色诺芬用短语"好男子汉"(agathos anēr)来表示有勇气或勇敢的人。还用andreia这个单词来表示"勇敢"(4.1.18，4.1.26，4.2.23，4.3.29)。有一次，色诺芬说起两位"既高贵又好的男子汉"(kalō te kagathō andre, 4.1.19)。然而，为了恰如其分地解释第四卷，我们还必须考虑到形容词itēs，它的意思有"鲁莽的"、"大胆的"(bold)、"冒失的"或"敢于冒险的"(daring)，这个单词与动词"去"(eīmi)有关联，它的含义既可以是高贵的(比如柏拉图《普罗塔戈拉》349e3)，也可以是可耻的(比如阿里斯托芬《云》445行)。我们必须始终记住它的含混性。《云》中的那段文字将可耻的冒失与苏格拉底和他的弟子挂钩，色诺芬自然也是这些弟子之一。

③ 在卷四当中，作者提到单个男子汉的名字在全书当中次数最多，多于其他各卷之和：见4.1.18，4.1.27–28，4.2.13，4.2.21，4.2.28，4.3.22，4.4.15，4.5.24，4.6.1，4.6.20，4.7.8–12，4.7.13，4.8.18，4.8.25。但请注意，那两个为军队

4.1 必然性与高贵（勇敢）

在卷三的最后一个场景中，希腊众将领曾考虑，由于底格里斯河沿岸的道路突然中断，他们还有什么可行的选择，当时的结论是：必须北行(3.5.17)。随着卷四铺开，他们尽力在拂晓时侵入卡尔杜奇亚地区。他们努力避开当地人的注意，同时试图突然发动袭击占领高地，因为卡尔杜奇亚地区是个极其多山的地区。他们的努力成功了：先锋部队在凯里索弗斯的带领下快步前进，趁敌人还未发现登上了第一座山峰。卡尔杜奇亚人措手不及，他们携妻带子逃向更高处。[151]第一天，希腊人一波一波地登上第一座山峰，然后下到散落在山谷间幽僻处的村庄。然而，行军很快就变得吃力起来。由于与卡尔杜奇亚人一样都是波斯国王的敌人，希腊人本想和平地穿过卡尔杜奇亚，就像行经友好地区那样。故此，希腊人没有过于为难卡尔杜奇亚人，没碰房子里的青铜器皿，也没有追赶逃跑的卡尔杜奇亚人。但卡尔杜奇亚人没有理睬希腊人的呼吁，也没有做出什么友好姿态，这也许并不令人惊讶。事实上，既然希腊人拿走了他们恰巧碰上的任何给养——"那是必需的"——战争便爆发了(4.1.9)。

山间道路迂回蜿蜒。回过神来的敌人发动了一轮又一轮的攻击。卡尔杜奇亚人是出色的弓箭手，他们的箭很重，正好可以射穿盾牌和胸甲。第三天，几轮小规模战斗过后，刮起一场大风暴(cheimōn polus)。但希腊人不得不向前推进，因为他们给养供应不足。这时卡

的安全做出决定性贡献的年轻人(见4.3.10以下)，作者没有说出他们的名字。难道他们的行为不高贵？

尔杜奇亚人开始发动猛攻。由于要反过来追赶并且逼迫卡尔多奇亚人后撤,希腊人不得不缓慢行进。不止一次,由于敌人压得紧,色诺芬就从殿后部队传话给凯里索弗斯,请他停下来。凯里索弗斯就停了下来。然而,凯里索弗斯有一次不理会色诺芬的请求,反而带领部队快速前行。如此,殿后部队的行军看起来就像一场大溃败。就是在这个时候,两位好男子汉被敌人杀死了,①即拉科尼亚人克勒奥尼莫斯(Kleōnumos)和阿尔卡狄亚人巴希阿斯(Basias)。一到当天的行军站点,色诺芬就和往常一样上行至凯里索弗斯身边,责怪凯里索弗斯不等殿后人员:

> 致使我们被迫一边逃跑一边战斗。现在两位既高贵又好的男子汉已经战死,我们却不能收尸或安葬他们。(4.1.19)

凯里索弗斯指向前方说:

> 你看看这些山,看一看它们都是多么难以通行。只有这一条路,你看得到,这是一条陡峭的路。在那条路附近,你可以看见多么庞大的一群人已经占领了通道,还据守在那里。这就是我加急前行没有等你的原因,为的是能够以某种方式抢先占据那条通道,那些向导说没有别的路可行。(4.1.20–21)

色诺芬回复道:

> 但是,我手上有两个男的。敌人找我们的麻烦时,我们打了

---

① 更确切地说,色诺芬在其叙事中只说其中第一个人是"好男子汉"(agathos anēr, 4.1.18)。但在责备凯里索弗斯时,他说这两个人都是"既高贵又好的男子汉"(kalō te kagathō andre, 4.1.19)。

个伏击,这让我们得以喘息,[152]还杀死了一些敌人;我们也急于抓几个活口,正是为了用作向导,他们熟悉地形。(4.1.22)

于是,他们立即将那两人带来,分别盘问他们,除了可以看见的这条路之外,他们是否知道另有通路。甲说他不知道,即使希腊人多加威吓。既然甲没有说出什么有用的东西,希腊人便当着乙的面将他处死。剩下的乙讲道,甲之所以说不知道,是因为甲的一个女儿正好与其丈夫住在那里。乙说,他可以领希腊人走另一条路,这条路连驮兽都能前进。当希腊人问这条路上有没有难以通过的地方时,乙回答说,有一处山顶,如果不先占据,就无法从旁边经过。(4.1.23-25,安伯勒译文)

《上行记》中很少有同样动人的情节。为了保护自己的女儿,一个男人试图隐瞒一条道路。他努力将自己的女儿从奴役或更糟糕的境遇中救出,并因此被杀。[①]希腊人的行为像蛮人,倒是这位来自卡尔杜奇亚的父亲身上散发着高贵献身的光芒。这位父亲的白白牺牲,加重了这个场景的感伤意味。然而,该片段引人注意之处不只是其戏剧感染力,它还就必然性与高贵提出了难以回答的问题。在某种意义上,必然性与高贵这两个概念当然相互排斥:一个人做(或没能做)超出自己控制之外的事情,也就是在必然性之下行动(或没能行动),我们无论赞扬还是责备此人都不公平合理;高贵的行动则要求做出抉择。然而,这个片段使我们想弄明白:撇开严格非自愿的情况不论,必然性是否在人类事务中存在过。尽管人们普遍相信死亡是最大的恶,然而,就死亡作为一种强加于人的或不可抗拒的结局而言,避免死亡显然并非"必然"之举。尽管自我保存的自然冲动在人的胸中飞扬跋

[①] 请思考4.1.14和4.3.19。

扈,但它仍可能服从于更高或更强烈的关切。有一些人,比如那位卡尔杜奇亚父亲,愿意选择为保护心爱的人而死,或者为了他们认为值得献身的目标而死。

当然,并非每个人都会做出这种选择。第二个俘虏向希腊人泄露了那条隐蔽的道路,尽管他一定知道此举会伤害他的卡尔杜奇亚同胞(对比4.2.22)。他的行为可耻吗?我们或许会承认他的行为不勇敢。但他应该受责备吗?一方面,有人可能会说,[153]自我保存可以为其他情况下可耻的行为做辩解——如果这些可耻行为是受必然性所迫的话。然而另一方面,人们又常说,像伤害自己同胞这样的行为在根本上就是错的。另外,那位父亲的例子表明,第二个俘虏本可以有不同的选择。然而,针对这第二个论点,有人可能会回应说,那位父亲的牺牲恰恰因为如此高贵、如此令人敬佩,已经超出了责任的要求。第二个俘虏若选择为同胞而死,可能成为英雄,但若拒绝做这一选择,可能也并不会因此就成了罪犯。我们能够用相同的理据为杀死那位父亲的无名希腊人开脱吗?尽管这支军队的存亡取决于能否找到第二条道路(4.2.2–4),尽管杀死那位父亲的确帮助希腊人发现了新路,但我们并不完全确定,这种残酷的审问方式对于获悉情报来说是不是绝对必要。无论如何,有一点是显而易见的:杀死这位父亲并非高贵之举。卷四甚至在表明必然性如何突出高贵之时,也令人沮丧地展示了高贵在与必然性相遇时的脆弱。

4.1.1 必然性与高贵:向往不朽

那位父亲与第二名俘虏之间的对比,在希腊人中间也有类似的情况。①实际上,当色诺芬描写高贵对希腊人和非希腊人同样持久的魅力时,他拿出了强有力的证据来证明人性这种东西的存在,它存在于无穷多样的礼法和习俗之中,人类总是生活在这些礼法和习俗之下。我们立刻见证了高贵的这种魅力。众将领了解到,万人军若想安全地在第二条道路上行军,必须先占领一处山峰,于是他们号召百夫长做志愿者,他们问道:有人自愿当一名好男子汉(agathos anēr),主动请缨前去占领那座山峰吗(4.1.26)? 三位百夫长挺身而出:麦图德里亚人阿里斯托尼莫斯(Aristōnumos of Methudria)和斯图姆法利亚人阿伽西阿斯,与他们竞争的是来自帕拉西亚的卡里马科斯。这三个人都是来自阿尔卡狄亚的希腊人(4.1.26-28,对比6.2.10)。

必然性创造了对高贵行为的需求,但仅仅将高贵的行动看成驯化必然性的一种手段,就过于简单和失真了。在这些勇猛的百夫长看来,必然性(anagkē)为他们创造了机会:他们欣然接受这个可以成为好男子汉的机会。他们显然将高贵当作某种就其本身而言就值得追求的东西来追求,甚至撇开了对荣誉、优越感或名声的考虑。但为何高贵对他们有这样的吸引力? 毕竟勇敢是要冒风险的,[154]大多数百夫长实际上拒绝效劳。②为什么高贵对少数高尚的人有如此大的吸引力?

---

① 当然,就高贵而言,不同的父亲之间也是有差别的,见4.6.1-3。
② [原注9]在第一次征召主动请缨者时,没有一个轻装兵的百夫长挺身而出,这与重甲兵的百夫长的表现截然不同(4.1.26)。直到第二次征召主动请缨者时,开俄斯人(Chian)阿里斯特阿斯(Aristeas)才站出来(4.1.28)。正是鉴于这种冷淡的表现,抄本C和A在4.1.28处用gumnitōn来描写那些轻装兵百夫长,而非用更常见的gumnētōn(意思是"轻装的"),gumnitōn等于gumnos-itēs,

让我们回来看那位父亲的牺牲,这可能是卷四所描绘的高贵行动中最高贵的行动了。显然,父爱,或者,更宽泛而言,爱欲(eros),是这位父亲做出高贵之举的根基。这就引导我们去反思爱欲与高贵之间的关系。色诺芬帮助我们看到,两者之间的关系并不简单。入侵卡尔杜奇亚地区之后,万人军众将领随即放掉大多数驮兽和所有新近俘获的奴隶。由于痛心早前遭受的损失,他们尽量减少辎重车队的规模:

> 这件事定下来之后,众将领便传令要放掉驮兽和奴隶。当军队吃过早饭开始前进时,众将领站在狭窄处,如果发现什么指定要丢弃的东西就没收。士兵都遵守要求,只不过有人私藏东西,比如,出于对有魅力的男童或女人的欲望。(4.1.13–14,强调符号乃笔者所加,安伯勒译文)

爱欲使那位父亲为了尽力保护自己的女儿而死;爱欲也使战士私自携带男性童奴或军妓(对比4.3.19)。这些士兵显然更关心私欲(epithumeō),而非公共的好。爱欲某种意义上成了高贵奉献与满足私欲的共同根基;利己主义式的利益追求,以及无私地忽略利益追求或看起来克服利益追求,均以爱欲为基础。《上行记》没有足够的文本基础供我们分析爱欲,实际上,以对比的眼光浏览一下《居鲁士的教育》,就会发现爱欲这一主题在《上行记》几乎完全缺席。这种缺席需要加以解释,我们到时候会回过头来分析这个问题。①然而,眼下我们得记着,色诺芬已经将对死亡的意识与高贵关联起来。此外,如果我

意为"那些没有胆量的人",参Hude/Peters和Dindorf的校勘记。这种同样的"误拼"还出现在4.1.6(见抄本C和A)和6.3.15(见抄本C、B和A)。[译按]对勘本书第六章的原注57。

① 见本书英文版页299–300对这一缺席的解释。erōs这个单词在《上行记》只出现过一次(2.5.22)。

们看一眼色诺芬的《会饮》,就会发现色诺芬在那里将"高贵行为"与"渴望不朽"关联起来,也就是与渴望克服死亡关联起来。① 可是,"死亡"与"高贵"又是如何关联在一起的呢?

[155] 日常生活中的许多好东西,首先是吃喝之物,人类若要享受之,就必须消耗之。我们对这些东西的需求或欲望很快会再次出现。更大或更强烈的好东西,诸如荣誉或情欲之乐,显而易见是短暂的,即使是像知识那样属于灵魂的好东西,也将——并且最终将——因遗忘而丧失。我们的需求和欲望的这种短暂性,根源于我们的有限性,造成了最大的困难。当下的满足感无论多么真实、多么强烈,却总是受到如下意识的限制:我们意识到所有的满足终有一日会停止。然而,我们人类的本性不满足于只是一时享受一些好东西,我们渴望幸福——一种完整、恒久和自足的好。② 高贵能够使我们获得幸福吗?③ 在此请回想一下,色诺芬曾明确表明高贵带来的承诺,即高贵会以某种方式将人引向幸福,以此来激励那群热爱高贵的人(3.1.43)。

重申一下,单凭《上行记》这一文本,爱欲无法得到充分的分析。

---

① [原注12]色诺芬表明,既美且好的人的高贵之举是"以严肃的态度"做出的(meta spoudēs:《会饮》1.1)。他随后将那种能够严肃起来的能力与对不朽的全心关注关联起来,或者更确切地说,他将那种缺少能够严肃起来的能力与随意摒弃那种获得不朽的观念关联起来(《会饮》1.15)。[译按]对勘本章原注45。

② 正如柏拉图笔下的第俄提玛(Diotima)所言:"爱若斯是对总是自己的好东西的爱欲"(《会饮》205e7–206b8)。[译按]中译文参:《柏拉图四书》,刘小枫译,生活·读书·新知三联书店,2015,页238。

③ 如果死亡本身不可克服,那么我们可以通过钝化人对死亡的意识,来使人接近某种幸福状态。卢梭显然为这条道路所吸引,见《孤独漫步者的遐想》(第五漫步)。相关讨论,参Bruell,"Happiness in the Perspective of Philosophy",这是Bruell于2007年在慕尼黑大学所作的公开演讲,尚未发表。

然而我认为,万人军中那些爱高贵者,正是在军队面临最严峻的威胁时挺身而出,这并非偶然。这些男人被死亡包围,却急于牺牲自己。他们毅然将那种有需要、有渴求的生存置之度外,甚至牺牲这种生存——如果必须如此的话;恰是这种毅然之心,在他们灵魂中注入了一种希望,即他们将会因此得到一种未受图利之心玷污的好(good)。他们将分有一种洁净纯粹的好——好本身(good-in-itself),这是一切目的之目的,而不仅仅是满足活命需求和欲望的手段。这些需求和欲望既变动不居,又不长久。用一种自相矛盾的说法来表述这一点,即:这些热爱高贵的人克服或压制对自己利益的关切,希望藉此获得幸福。可见,高贵之所以深具吸引力,是因为它许诺了一种自我超越——一场胜利,即战胜深陷于变动、生成和有限性之中的人性。只要高贵服务于一桩更高的事业——就此处的情况而言,即这支军队的福祉——高贵就会许诺[高贵者]分有这桩事业的恒久性。

希腊人极其看重索回战死者的尸体,这一点在当下语境中得到了强调(4.1.19,4.2.18–19)。埋葬死者当然是希腊式虔敬所规定的义务,[156]然而,色诺芬在此更强调的不是这种义务,而是希腊人决心在可能的范围内 "为好男子汉做一切合符习俗之事"(andras in agathoīs, 4.2.23)。① 各位将领甚至同意用他们唯一的向导——当时他们身处致命的险境——来换回战死者的尸体(4.2.23)。即使是而且正是在死亡之中,好男子汉拥有了一种必须由生者来承认的价值。勇敢的人必须得到荣誉。他们的终极牺牲,部分意义上通过生者的较小但并非不重要的牺牲得到了尊荣(4.2.23–24)。因此,受到尊荣的不是他们的效劳——因为其中一些人是白白送死——而是他们的献身。活

---

① 色诺芬没提到埋葬死者这种义务是虔敬的内在义务。请对比6.4.9处埋葬死者的语境。

着的人和倒下的人同样都在急切寻求自我超越。

* * *

让我们返回《上行记》的叙事。大约两千人的部队在临近夜晚时开始向山中行进,那些自愿挺身而出的百夫长和充当向导的第二个俘虏在前领头。一场大雨帮忙隐蔽了他们的行踪(4.2.1-2)。为了确保尽可能不被敌人发现,色诺芬带领殿后部队朝那条可见的山路进发,吸引敌人的注意力,与此同时,那支两千人的部队则绕道上去,轻松占领了那座隐匿的山峰。他们整夜守在山上。黎明时分,他们又静悄悄地沿一条小路行进,小路从这座隐匿的山峰通向那条可见的控制主干道的山路。晨雾隐藏了他们的行踪。当双方都发现对方时,希腊人吹起冲锋号,呐喊着发起攻击,卡尔杜奇亚人则转身逃跑。希腊人占领了这条山路,那些自愿挺身而出的百夫长与大部队顺利会师。

从《上行记》的论证来看,色诺芬和殿后部队参与了这一天的主要事件(4.2.9以下)。他曾与驮兽队一起沿第二条道路行进,将一半的队伍安排在驮兽队的前面,一半安排在其后。他碰巧遇到一座敌人占领的山峰,该山峰是路上的要害之地,他要么赶走敌人,要么就只能与大部队隔开。因此,希腊人展开纵队阵形,对这座山发起攻击,同时为敌人留下一条逃跑的出路。

纵队安全地经过了这座山,但很快就遭遇第二座山,同样被敌人占领,看来也是攻下来最有利。然而,色诺芬思忖着,如果他们弃守第一座山,敌人可能会再次占领那里,然后据此攻击行经第一座山的辎重队——[157]由于道路狭窄,纵队拖得很长。于是色诺芬留下三名百夫长守卫第一座山:其中两人是雅典人克斐索多若斯(Kēphisodōros)和安斐克拉忒斯(Amphikratēs),一人是阿尔戈斯的流放者阿尔卡戈拉斯(Archagoras)。色诺芬带领其他人占领了第二座山。

然而，他们仍需继续努力：第三座山横亘在眼前，是目前为止最陡峭的，矗立在先前由那些挺身而出的百夫长夺得的那处山顶的上方。然而，出乎希腊人意料，敌人撤离了此地，前去攻击希腊人的殿后部队。色诺芬此时尚未意识到敌人的意图，他带领麾下最年轻的战士登上了第三座山峰，命令其他人继续前进，然后把武器放在平地上。

就在那时，百夫长阿尔卡戈拉斯逃着回来说，他们到第一座山的去路已被切断，克斐索多若斯和安斐克拉忒斯都已经死在敌人手里，还有些人没有从山岩上跳下来赶上殿后部队，也被杀死了(4.2.17)。敌人取得这样的战果之后，如今正在附近的一座山上集合。接下来，色诺芬与卡尔杜奇亚人商谈停战与交还尸体事宜，与此同时希腊人的纵队在前进，而敌人正在大量集合。很快，卡尔杜奇亚人中断了所有和谈，再次与希腊人对峙。色诺芬从山上撤离，慢慢地下行至他的部队。但卡尔杜奇亚人从山顶往下滚石头，一名战士的腿被砸得粉碎，为色诺芬持盾的那位士兵也弃他而去，拿着色诺芬的盾牌逃了。幸运的是，卢西亚人欧律洛科斯，一名阿尔卡狄亚重甲兵，冲上山去，将他的盾牌挡在色诺芬和自己面前。其他部队也抵达平地上的士兵身边，整支希腊部队最终会师。那一夜，希腊人住得很舒服，可以感觉到他们明显的喜悦之情。这是他们历经艰难的一天(4.2.22)。

占领隐匿山峰这个情节突出了高贵的吸引力，同时也让人注意到高贵的问题所在。如果说欧律洛科斯充满勇气且获得成功的举动鼓舞了我们——他可能救了色诺芬一命——两位百夫长克斐索多若斯和安斐克拉忒斯不幸的下场则让我们有所犹豫。这两人都是在保卫辎重队时被杀死的；① 相较而言，百夫长阿尔卡戈拉斯则纵身从岩石上

---

① 4.2.13处位于中心位置的角色是"雅典人安斐克拉忒斯(Amphikrates)，安斐德摩斯(Amphidemos)之子"，Amphidemos的意思是"为了民众的好"(amphi-dēmos/for the sake of the people)。

跳下,才没有遭殃。这三位百夫长的命运映照出那位卡尔杜奇亚父亲和第二位俘虏的命运,前者坚决不招供而被杀,后者屈服而得以活命(4.1.23)。[158]这个情节表明了可能存在于高贵与好之间的分裂。①

当然,欧律洛科斯的行动表明高贵与好能够统合起来。②但色诺芬,这位苏格拉底式的王,命令克斐索多若斯和安斐克拉忒斯去守卫那座山峰,最后两人被杀,就此而言,色诺芬的统治未能为了这两位百夫长的利益与他部下有些人的利益而统合高贵与好。

面对这种结论,可能有人反驳说,认为克斐索多若斯和安斐克拉忒斯的高贵行为不好(good)是错误的。这种行为是好的(good),恰恰因为它是高贵的。它本身就是好的——好本身(good-in-itself)——即便可能在某种功利意义上不算好。③当然(反驳者会继续说),这两个人的高贵行为导致了他们自己的死亡,可是,人的什么行动又能保证一定获得成功呢?然而,对此可以这样来反驳:假如说这些人的高

---

① 这个情节同样展现了公共的好与个人的好之间可能的分裂。此外,它突出了高贵与人性的诸要求之间的张力。因为高贵,即在此被理解为政治勇气的高贵,可以说与施加伤害分不开。这些主动请缨者是为了希腊军队的利益而冒险,然而他们的成功一定会给当地人造成伤害,包括有可能伤害到那位卡尔杜奇亚父亲的女儿。实际上,若是没有杀掉那位父亲,那些主动请缨者可能也就不会有英勇行动的契机。反过来,那位父亲的勇敢可能会保全他的女儿,然而这可能会断送众多希腊人的性命,甚至可能导致整支希腊军队的覆灭(对比3.5.16)。 尽管勇敢的目的不一定是施加伤害,但伤害还是会紧随勇敢而来。对高贵的热爱根源于对不朽的渴望,但悖谬的是,这种热爱却引发了导致死亡的行动。参4.7.1–14,特别是4.7.13–14处,再次展示了这一问题。

② 无疑,色诺芬喜欢欧律洛科斯以及与之相似的人,而不是阿尔卡戈拉斯。色诺芬特别指明,阿尔卡戈拉斯是一位阿尔戈斯"流放者"(phugas,4.2.13),他以"逃跑"(pepheugōs,4.2.17)的方式保住性命。他惯于逃跑。

③ 请思考苏格拉底在《回忆》3.8处就"好"所说的那些内容。关于高贵,请思考色诺芬《会饮》第五章和《回忆》3.8。

贵之举本身就是好的或者就是好本身，那么它就一定是对他们有利的——对他们的灵魂来说是好的，即便不是其他方面的好。（否则，我们就难以理解他们的行动如何能够被说成是好的，因为我们假定他们高贵的行动不仅仅对军队来说好。）然而，如果这两个人的举动以某种方式对他们本身有益，如果其举动恰恰在这个意义上才是好的，那么，这种举动在什么意义上算是无私的呢？无私与有利是相互排斥的概念。另一方面，如果这种行动并非无私——如果它只是在当时的情境中（可能是）最有利的可行做法——那么，它在什么意义上算得上高贵的行动呢？我们再一次碰触到第二章讨论过的那个最重要的两难问题。看来，基于我们目前为止考虑过的说法，这个两难问题还解决不了。

4.1.2 必然性与高贵：一个出自虔敬的事例

[159]《上行记》的七卷中，只有在第四卷，才可以说诸神是缺席的。没有任何角色在任何时候发过誓；卷四也极少提及献祭、祈祷、占卜、兆头之类的事物。此外，一系列与天气有关的事件，包括一场暴雨、一次暴风雪和一场晨雾，作者一概将其描写为自然现象，而这些事件——或者其中有帮助的事件——本可以解释成部分应验了救主宙斯的保全之兆（3.2.9）。当然，卷四中虔敬和诸神的实际缺席，从一个方面来讲是合适的：在《上行记》的论证中，这些主题都是卷三处理的主题（至少是在这位苏格拉底式的王统治的语境中）。然而，从另一个方面来说，虔敬和诸神的缺席还是令人吃惊。正如我们所见，高贵承诺了幸福，尽管在勇敢品质这一层面上，丧命沙场的可能性会使幸福的获得变得成问题。神意代表着一种可能的解决方式，可以解决克斐索多若斯和安斐克拉忒斯这两人的悲惨下场所生动展示出来的两难

问题。① 因此，我们以为虔敬和诸神会成为卷四的重要主题，然而事实并非如此：随着必然性变得越来越重要，诸神基本上消失不见了。

[原文脚注] 在卷四第四章，希腊人与亚美尼亚地区的统治者缔结了停战协议。协议规定，这位亚美尼亚的统治者不会对希腊人行不义，希腊人可以从这位统治者的土地上获取必要的给养；作为回报，希腊人不会焚毁当地的房屋。双方举行了奠酒仪式，以确保这些条款的效力(4.4.6；关于奠酒的意义，对比4.3.13-14)。

不久希腊人就违反了协议。在一场暴风雪后，各连队分散开来，在当地一座村庄扎营。希腊人认为，既然四面看不到任何敌人，雪又这么厚，这么做似乎没什么危险。然而，各位将领很快收到情报，说一支敌军正在山间某个地方集结(4.4.9)。希腊人因害怕遭到攻击，再次将部队聚合起来。有一伙士兵，因为要再次露宿而心生懊恼，可能也因为喝醉了，便放火烧了一些房子。这次违反停战协议的事会受到诸神的惩罚吗？就在第二晚，暴雪落在希腊人身上，积雪覆盖了人和武器，也妨碍了驮兽前行。士兵都冻得麻木，起身缓慢。这场暴雪下得出人意料，因为天刚才还是晴天(4.4.10-11)。色诺芬的评论如下：

> 在这场雪之后，众将领决定他们不得不重回村庄扎营，分散开来住在不同的房子里。当然，士兵们大声欢呼着，高高兴兴地奔着房舍和给养去。而先前所有那些在离开房子时狂妄地(atasthalia)将其烧毁的人，现在受到的惩罚是住得差。(4.4.14，安伯勒译文，我略作改动)

犯过者受到了自己行为的必然后果的惩罚。

请允许我补充一下我对这件事的评论。一些落伍者报告说，一支敌军正在山间的某个地方集结，由于想要知道这个说法的真实性，希腊人派出一支侦察队前去侦察，由某个叫德莫克拉特斯(Dēmocratēs)的人领头。这名侦察员值得我们注意，所有抄本都无一例外地将他戏称为一个"特梅尼特斯"(Temenitēs，4.4.15)。

然而，很多学者都想要搞明白他的实际出身之地。Temenitēs是个令人

---

① 请思考亚里士多德，《尼各马可伦理学》，1117a29-1117b20，特别是b11-20。如果我们接受1115a24-27处所做的假定，这个问题就无解了。

费解的词,并不指涉任何具体的城。一些学者曾依据拜占庭的斯特法努斯(Stephanus)的说法下结论说,Temenitēs指的是弗里吉亚(Phrygia)某个小城的居民,或者可能指西西里某个同样很小的地方的居民(比如Dindorf就持此观点)。可是,这些小地方到底存不存在,我们仍然不清楚。另一些人(如Dakyns)则援引修昔底德的说法(见《伯罗奔半岛战争志》6.75,6.100),认为Temenitēs必定是指叙拉古某个地方的居民。但如果是这样的话,为何不直接说德莫克拉特斯是叙拉古人呢(对比《上行记》1.2.9和1.10.14)?

然而,大多数学者还是选择修改各抄本上都保持一致的读法。到目前为止,最受欢迎的一种提议是将Temenitēs改为Tēmnitēs,这样一来,就使得德莫克拉特斯成了特姆努斯(Temnus)的居民,此城位于亚细亚的埃奥利德(Aeolid),Masqueray、Hude/Peters、Marchant和Gemoll都持这种主张。另一种提议依据的是斯特拉波(Strabo)和泡赛尼阿斯(Pausanias)的著作,读作Tĕmenitēs,这样一来,就使得德莫克拉特斯成了特梅努姆(Temenum)的居民,此地在阿尔戈利德(Argolid)。

这种晦涩的学术争执恐怕没法澄清任何事情,只能暴露出这种琐屑的历史知识的种种危险。但是,这样的争执的确有助于我们注意到一个难题,这个难题如果得到恰当解决的话,会有助于我们理解色诺芬在写及虔敬和诸神时采用的写作手法。

其居民叫作Temenitēs的那个城要么是默默无名之城,要么根本就不存在,这应该引导我们去考虑这样一种可能性:色诺芬在这段文字中并不是在说德莫克拉特斯所属何地。毋宁说,他说的是德莫克拉特斯的特征:Temenitēs是种戏称。请注意,色诺芬是在士兵烧房子的同时提到这位所谓的Temenitēs(4.4.14-15)。Temenitēs是色诺芬新造的词,可以拆分为temenos-itēs,意思是"那个莽撞地对待圣地的人"。我相信,色诺芬是在暗示,德莫克拉特斯就是放火焚烧那些受停战协议保护的房子的其中一名士兵:此人没有以对待圣地时应有的礼敬方式来对待这些房子。temenos的意思是"圣地",比较经常在色诺芬笔下出现,例如《居鲁士的教育》7.5.35和8.3.1,《希腊志》6.5.27和7.1.31,《邦国资源》[On Revenues]4.19。

如下考虑证实了我对Temenitēs的解释。德莫克拉特斯的行为,以及他对神的看法——这种看法肯定是其行为的基础——解释了色诺芬为什么要刻意以如下奇怪的方式描述这个人:

因为即使是在以前,他似乎在许多这样的事情上讲真话,既在那些存在的事情上讲了存在的真话,又在那些不存在的事情上讲了不存在的真话(for even before, he seemed to speak the truth about many such things, both the things that were, that they were, and the things that were not, that they were not, 4.4.15)。

Flower谈到以上最后一句引文时说,"这句话的最后一部分听上去怪怪的",但他相当合理地认为,这个句子是普罗塔戈拉那句著名格言的翻版:"人是万物的尺度,是存在的事物存在的尺度,也是不存在的事物不存在的尺度"(Man is the measure of all things, of the things that are, that they are, and of the things that are not, that they are not),见Flower, *Xenophon's Anabasis, or The Expedition of Cyrus*, p. 37。

然而,Flower在关键问题上虚晃过去了:是什么导致色诺芬将这位无足轻重的侦察兵德莫克拉特斯比作著名的智术师普罗塔戈拉呢?如果说Flower的这个类比是正确的,那么,色诺芬的理由应该是:这两个人都认为,人(man)是存在者的尺度。

[160]虔敬和诸神在卷四前五章差不多完全消失,由必然性占了上风(4.1-4.5)。①然而,正是在这五章中,而且是在中间的一章,虔敬和诸神消失这一模式被明显打破。在肯特里特斯河边,色诺芬成为神意的载体,他做了一场梦,这场梦预示着他们会发现河流的浅水处,随

---

① 除去渡过肯特里特斯河那一段之外,虔敬和诸神只在卷四前五章出现过一次,即4.5.3-4处。下面是我对这次出现的解释。卷四第五章可以分为两个非常明显的时间段:最糟糕的时候(4.5.1-22)与最好的时光(4.5.23-36)。第一个时段的引子是一位卜士(4.5.3-4),第二个时段的引子是一位"猎手"(4.5.24)。第五章时,希腊人可以说是处在必然性的低谷之中。在第五章后,虔敬和诸神渐渐再次变得重要,特别是在希腊人登上赫柯斯山之后:见4.6.23, 4.6.27, 4.8.7, 4.8.16,还有4.8.25。

后他便引领万人军渡过此河(4.3)。[161]这个片段描写了神意发挥效用的过程。在万人军朝向大海的整个行程中,这是唯一一次最引人注目地展示出神意发挥效用的过程,①因此,我们必须解释这个片段如何阐明了卷四的主题:这位苏格拉底式的王如何努力统合或调和高贵(勇敢)与安全和利益。我们将会发现,这个片段展现出一种勇敢,说得更确切点,一种鲁莽;在必然性之下的成功统治需要这种勇敢。但既然我希望以轻快的风格来传达色诺芬的思想,请让我简要讲一讲希腊人渡过肯特里特斯河的故事。我会增添我自己的七则注释。

* * *

肯特里特斯河约二百英尺宽。它是卡尔杜奇亚地区与亚美尼亚地区的分界线。在卡尔杜奇亚地区的最后一晚,希腊人在山坡上的村庄里舒舒服服地临时露营,营地距肯特里特斯河大约三分之二英里。希腊人看到平原,心里高兴。在行经卡尔杜奇亚地区的一周里,他们所受的罪,比在国王和提萨斐尔涅斯手上遭的罪加起来还要多(对比3.5.16)。他们相信自己已经摆脱了这些麻烦,于是这一夜欣然入睡(4.3.2)。

但天亮时,希腊人看到河对岸有全副武装的骑兵,看样子是要阻止他们渡河,骑兵上面的地方还有步兵,驻扎在高岸上,看样子是要阻止他们进入亚美尼亚。希腊人尝试在一处有利的地点渡河。可是,这里的水没过胸脯,河床高低不平,河底的石头又大又滑。他们进入水中就拿不住武器。水流太急。如果他们将武器高举至头顶,自己的身体就失去了护卫。因此必须回撤。可是,希腊人在河边扎下营后,

---

① 从这支军队发誓一到达友好之地就向诸神献祭(3.2.9),到他们在黑海岸边真正献上牺牲(4.8.25)期间。

却看见大批武装起来的卡尔杜奇亚人聚集在他们自己昨晚驻扎过的山上。

这时,希腊人非常沮丧。他们看到眼前横亘着难以渡过的河流,河对岸的人一心阻止他们渡河,如果他们试着渡河,卡尔杜奇亚人就会袭击队伍的后部。在白天所剩的时间里和夜间,他们极其茫然。[162]然而,就在他们运势低迷之际,上天出手干预了。与多位将领遭到提萨斐尔涅斯算计时发生的事情十分相似——那是希腊人另一个沮丧和茫然的低谷——色诺芬又做了一场梦。①在梦里,色诺芬的双脚似乎被拷上了脚镣,可是,脚镣又自动脱落了,他可以随意自由走动或迈步(diabainō[译按:diabainō也有"渡河"的意思])(4.3.8)。②天亮时分,色诺芬将梦的内容告知凯里索弗斯,并说他对将来一切都会好起来(kalos: 4.3.8)抱有希望。凯里索弗斯听到这个梦后很高兴。天刚刚亮,所有将领一起献祭,结果第一次就出现吉兆(kala: 4.3.9)。然后众将领传令军队准备吃早餐。接下来的场景值得全文引用:

> 色诺芬正在用早餐时,两位年轻人跑来见他;因为人们都知道,如果有任何与战事相关的信息要报告,无论他正在用早餐还是晚餐,都可以去见他,即使他正在睡觉,也可以叫醒他再讲。在这个时候,两位年轻人说,他们碰巧在收集生火用的木柴,随后——在对岸的一些岩石之间,这些岩石笔直地插入河流——他们看见了一个老头、几个妇女和几个小姑娘好像在将几个装

---

① 色诺芬的另一场梦出现在3.1.11–12。

② 色诺芬的第二场梦描写的是自动的解放,第一场梦描写的则是禁锢(3.1.11–12),在宙斯王手里受到禁锢。我翻译成"自动"的那个词是automata。与此一致的是,两位年轻人发现河流浅水处时,"碰巧"正在捡生火用的柴(tugchanō[碰巧],4.3.11)。

了衣服的包裹放进一个洞穴式的岩石里。他们说,见此情景,觉得似乎可以安全渡河,因为这个地点就连敌军骑兵也不得通行。他们说,① 所以他们脱光衣服,只带着短刀开始渡河,目的是探探路。不过,当他们往前走的时候,在他们的私处被河水弄湿之前,就已经过了河。于是,他们便再次渡河返回,拿上衣服回来了。(4.3.10–12)②

一听到这番话,色诺芬立即奠酒一杯,他还要求这两位年轻人也斟满酒,向明示了梦与河流浅水处的诸神祈祷,祈求诸神实现其余的好事(agathos)。奠完酒后,色诺芬立即带领两位年轻人去找凯里索弗斯。听完他们的讲述后,凯里索弗斯也奠酒一杯。奠酒之后,他们传令军中其他人收拾行装,[163]自己则召集其他将领商议如何才可以最高贵地(kallista)渡河,既能击败身处前方的阻拦者,又能免受后面追兵的伤害(kakos)。众将领做出决议:凯里索弗斯带领一半队伍在前领路,色诺芬带领一半队伍殿后,驮兽和非战斗人员在前后两部之间渡河。

渡过肯特里特斯河一事,凸显了色诺芬的战术技巧和冷静沉着。假如不讲究严谨,我会说这件事还展现了色诺芬的大胆冒险。河流浅水处约在半英里远的地方。希腊人由那两位年轻人领着前进,河流在他们左手边。亚美尼亚骑兵在河对岸迅速移动,咬住他们不放。希腊人到达河流浅水处之后,放下自己的武器。凯里索弗斯率先戴上花环,脱下衣服。然后他捡起武器,命令所有人都照他的样子做。这时,

---

① 请考虑色诺芬反复使用的"他们说"。

② 安博勒的英译文,我稍作了修改。严谨的读者必须对比4.3.12与1.4.17和3.2.22。在此使用的双副词(prosthen...prin)营造出一种刻意的含混,即刻意模糊了该事件中的神显成分。

敌人放箭投石,但都未射中。希腊人的占卜者杀牲祭献给河流。祭兆吉利(kala,4.3.19)。所有战士都唱起凯歌,发出战斗呐喊声。所有妇女也都一起尖叫(sunōloludzō),色诺芬明确说道,"因为军中有许多妓女"(4.3.19)。① 色诺芬的梦,最重要的是他对两位青年的说法做出的反应,让所有人信心高涨,斗志昂扬。凯里索弗斯踏入水中。色诺芬则带着他麾下最敏捷的战士全速往回向一处可能渡河的地方跑去。他的伴动意在暗示他将在那里渡河,然后在对岸截击敌人。亚美尼亚骑兵看到凯里索弗斯正在轻松过河,又看到色诺芬正往回飞奔,就害怕遭到截击,于是全速逃跑。他们跑向山上,然后消失在山里。亚美尼亚的步兵紧随骑兵之后逃跑。

色诺芬看到河对岸形势大好(kalos),便尽快飞奔回到大部队。因为河这边的卡尔杜奇亚人正从山上下来进入平原,意图攻击希腊军队的后部,而此时辎重队和非战斗人员还在渡河。色诺芬转身去对付正在逼近的敌人。他传下的军令是:将各小分队带至左方组成方阵;百夫长和小队长要前去迎战卡尔杜奇亚人,殿后队伍的领导者则留在河边。卡尔杜奇亚人加速前进,[164]因为他们看见希腊人的队伍稀稀拉拉。河那边凯里索弗斯见自己这一边安全了,便派遣轻盾兵和轻甲兵回渡至色诺芬身边,让他们听候色诺芬调遣。但色诺芬看到这些士兵要重新渡河,就撤销了凯里索弗斯的命令,命他们直到色诺芬的殿后部队开始渡河时才进入河中,显得就像打算在殿后部队两侧回渡似的;他们还要随时准备好投射标枪和开弓射箭,但他们不可回渡得太

---

① 根据 *LSJ* 的解释,sunōloludzō(其意思是"一起尖叫"或"一起喊叫")是个罕用语(hapax legomena),可能与 ololudzō 一样有两重意思——高兴地尖叫,或悲伤地尖叫。当然,此处的妇人是在高兴地尖叫,她们因发现了河流浅水处而感激诸神。这个场景出现的地点是先前[那两名发现可渡之处的年轻人]看见其他几个女人的地方(4.3.11)。

远。至于色诺芬麾下的士兵,色诺芬给他们下达了最终命令:当敌方石矢袭来时,他们务必唱起凯歌冲向敌人;而当敌人被赶跑、我方冲锋号响起时,他们则务必掉头,尽可能快逃,一边渡河一边各据其位,"谁最先到达对岸,谁就是最好的男子汉"(aristos〔anēr〕,4.3.29)。勇敢有时候意味着在逃跑中跑得最快。

卡尔杜奇亚人投石放箭,紧逼殿后部队。但希腊人唱起凯歌,冲向卡尔杜奇亚人。卡尔杜奇亚人的装备不利于近身战,便转身逃跑。当冲锋号响起时,卡尔杜奇亚人逃得更快。希腊人却掉头尽快跑去渡河。一些卡尔杜奇亚人明白过来,跑回河边,伤了几个希腊士兵。可是,直到希腊人渡过河安全地站在了对岸,大多数卡尔杜奇亚人明显还在奔逃。然而,有一些希腊人想当男子汉(andridzomai,4.3.34),在河里前进的距离过远,他们其中的一些人也被卡尔杜奇亚人打伤了。

渡过肯特里特斯河是一场令人瞩目的胜利。色诺芬的梦,两位年轻人的行为,以及整支军队已然恢复起来的信心,这一切都让胜利成为可能。然而,若没有色诺芬那令人讶异的大胆冒险,这些要素就不会聚合起来促成这个结果。正是为了纪念这次大胆的冒险,色诺芬把这条河重新命名为"肯特里特斯","肯特里特斯"的意思是"激励大胆冒险的河"(Kentridzō-itēs, The-River-That-Spurred-Audacity)。① 但色诺芬的成功还有另一个不那么明显的原因。他最后激励殿后部队时,将"最好的男子汉"等同于"逃得最快的人"(4.3.29)。他将高贵与好等同("好"被理解为有用或安全),立足于苏格拉底的道德功利主义来激励他们。当然,对士兵而言,坚守阵地和"想当男子汉"——一些士兵真的这么做了——本来就不明智,还可能遭遇灾难性的后

---

① kentridzō 的意思是"鞭策"或"刺打"。该词还出现在《居鲁士的教育》8.7.12,《会饮》8.24,还有《论骑术》11.6。

果。跑得快才是关键。然而,色诺芬是一位演讲大师。[165]他原本可以在激励他的士兵快跑时不把高贵与好等同起来。诚然,单单一通激励之词,无法确定色诺芬对待苏格拉底式功利主义的立场。实际上,《上行记》卷四引人注目,因为大多数时候它并没有将高贵与好等同。其文本还是贴近日常道德的视角,即认为高贵既区别于好,又与好构成一定程度的张力。色诺芬并没有尝试将高贵定义或重新定义成什么有用或必要的东西。因为如果我们轻易将高贵看成一种单纯的手段,或草草地将高贵重新定义为有用或必要,那么,高贵就无法得到充分理解。正如我们所见,高贵最深的吸引力在于如下事实——它对我们有所要求,要我们奉献和自我牺牲。因此,在某种程度上,理解高贵就等于理解这种吸引力。

话虽如此,色诺芬清楚表明,如果脱离了"好",高贵也无法得到理解。勇敢会变得与莽撞无法区分,除非我们将"好"纳入考虑,"好"超越勇敢本身,在某种意义上是勇敢为之效力的对象,即这支军队的福祉。那些士兵"想当男子汉",但他们非但毫无必要地自己冒着生命的危险,还在危害集体的安全;他们坚守阵地,尤其是为了避免在先前败在自己手下的敌人面前露出逃跑的样子。色诺芬语带贬义地使用"当男子汉"(andridzomai)一词,这表明他否认此类行动是真正的勇敢之举(4.3.34)。更一般而言,他引导我们思考,切断了高贵与好的关联的行动,是否可能是真正高贵的做法。可是,那些"试图当男子汉"的士兵的事例表明,勇敢可能会切断高贵与好的关联。恰恰是因为勇敢与好之间有某种程度的张力——恰恰是因为勇敢最深层的吸引力便是其高贵性——勇敢才容易将"好"完全抛弃,变成纯粹的顽强不屈,罔顾具体情况或后果。然而色诺芬拒绝这种倾向。如果说色诺芬所受的苏格拉底式教育是他拒绝这种倾向的原因,那几乎不算夸

4.1.3 必然性与高贵:指向哲学生活

[166]这是最好的时代,也是最坏的时代,这是智慧的年代,也是愚蠢的年代,这是怀疑的时期,也是信任的时期,这是光明的季节,也是黑暗的季节,这是希望的春天,也是绝望的冬天。

——狄更斯《双城记》

希腊万人军的运势在亚美尼亚高地降至低谷(4.5)。② 经过三天在

---

① 请思考色诺芬《会饮》第五章和《回忆》3.8。kalos这个单词在这一章共出现了七次(4.3.8,4.3.9,4.3.14,4.3.16,4.3.19,4.3.24,4.3.25)。agathos在这章只出现过一次,但出现的位置很突出(4.3.13)。kakos意思是"坏的",也只出现过一次(4.3.14)。本章第十四节的这段话很有趣:前锋部队处境的判断标准是kalos,而殿后部队(色诺芬所在的地方)处境的判断标准是agathos(4.3.14)。一方面,4.3.24-25(两次)证实了这个判断,另一方面,4.3.29以下也证实了这个判断。实际上,一等到前锋部队的处境完全安全(asphalos,4.3.27),一些轻装兵就从前锋部队被派去殿后部队,正是这些轻装兵将要追求高贵,"试图当男子汉",还负了伤(4.3.34)。

② Ainsworth写道:

我们现在知道,这些亚美尼亚高地的高海拔可以解释这里的冬天何以如此酷寒,这已经是众多争论的主题……尊敬的库尔宗先生(Hon. Mr. Curzon)曾于1842至1843年在阿尔兹鲁姆(Arzrum)即亚美尼亚现在的首府度过一个冬天,他谈起在那里体验到的酷寒时说:"在一年里的大多数时间里(原文如此),当然都是冬季,天气如此酷寒,以至于任何人只要站着不动即便一小会儿,也会冻死。经常有冻僵的尸体被拉进城里;在夏季冰雪融化时,人们常常发现大量人和马的尸体,它们都在刚过去的冬天里被冻死。此类事情如此常见,以至于在亚美尼亚山区存在一种风俗或一种法规,即每年夏季村民都踏上很危险的山间道路去埋葬那些他

荒凉之地的行程后，他们渡过幼发拉底河，河水深至肚脐。接下来，他们又被迫在深达六英尺的雪地里连续行军四日，穿着凉鞋，还没有冬衣。①一些驮兽和奴隶，连同三十多名士兵，都死了。渡过幼发拉底河的第三日，冰冷的北风迎面扑来，所到之处，每件东西都被吹透，人都冻僵了。那一晚是在篝火边度过的。率先到达当天停歇地点的一批人在那里找到了大量木柴，晚到的人却没有木柴可用。先到的人不让晚到者靠近火堆，除非他们拿食物来交换。就这样，人们互相分享自己手中少得可怜的一点东西。

接下来的一天，他们在深雪地里行进。一些人饿得头晕目眩。指挥殿后部队的色诺芬遇到这些瘫在地上的人，但不知道他们所患何病。一些有经验的人告诉色诺芬，这些人显然是饿晕了，"如果他们吃点东西，就可以起来"（4.5.8）。于是，色诺芬寻遍驮兽队，搜寻食物。他把能找到的任何东西都分给了那些病人，照料他们。与此同时，凯里索弗斯和先锋部队约莫在傍晚时分到达一座村庄，抓到几个出栅栏打水的妇女和女孩。因为天就快黑了，他们便跟随她们进了村。[167]但所有没能走完当日行程的战士，就只能在平地露营过夜，既没有食物也没有火烤，于是又死了一些人。

关于那些落在队伍最后面的人，色诺芬描画出一幅悲惨的图景。他承认，一些人是因为多种必然的限制而落在后面（4.5.15, 4.5.12）。因为有几伙敌人紧跟在行进中的希腊部队后面，抢夺筋疲力尽的驮

们一定会看到的尸体……"这些话多多少少可以让我们了解希腊人在冬季穿越亚美尼亚高地时不得不经历的苦难。

见 Ainsworth, *The Anabasis; or, Expedition of Cyrus, and the Memorabilia of Socrates*, pp. 319–320。

① 士兵用新剥的牛皮为自己制作做工粗糙的靴子（4.5.14）。

兽,为了战利品而攻打希腊人。在这些遭弃的希腊战士中,有些人被雪光晃得看不见东西,有些人的脚趾头冻掉了。一群筋疲力尽的士兵发现小山谷中某处有一口泉,泉水使周围的雪都融化了,便迈开步挪到那里坐下来,拒绝再前行。色诺芬看到后,苦苦央求他们千万别落队。最后,他发怒了,

    然而,他们求他杀了他们。他们说自己没法再往前走了。
(4.5.16)

如此悲惨的灾难令色诺芬心中触动,他认为,若有可能,最好试着吓跑那些尾随追踪的敌人,免得这些病号受袭:这在《上行记》中尚属首次,必然性的力量击败了一帮希腊人,使他们屈服。色诺芬对尾随之敌发起佯攻,并获得了成功。色诺芬在继续前进之前安抚落队的士兵,说救护队第二天会来帮助他们。然而,色诺芬很快又碰上些瘫在雪地里的士兵,零零散散,人整个被雪盖住,周围也没有安置任何卫兵。由于这一支部队以这种方式在休息,色诺芬的队伍也就不可能继续前行了。色诺芬和殿后部队必须在此露营,既没有火烤,也没有晚餐吃。在救助了那些奄奄一息的战友之后,他们在第二天早上成功赶上了凯里索弗斯。

如果说万人军在亚美尼亚高地度过的头七天是最糟糕的日子,那么,他们在接下来的七天里则迎来了最好的时光。军队各连队分别住在他们在第一道围栏附近发现的那些村庄里。士兵在那里恢复了体力。当地的房子是地下室,人和动物都住在里面,有山羊、绵羊、牛和各种家禽,还有它们的幼崽。他们还发现了大量小麦、谷物和豆类,还有许多用大缸装起来的美味的大麦烈酒。无须赘言,饥肠辘辘的希腊人尽情享用了这些食物。到达之后的第二天早上,色诺芬前去巡视各分散开的营地,所到之处,人们都拿出绵羊羔肉、山羊羔肉、乳猪肉、小

牛肉和各种家禽肉来招待色诺芬,还有小麦面包或大麦面包。士兵们畅饮大麦酒,互相敬酒,祝福大家身体健康。色诺芬看到凯里索弗斯及其部下的营地很舒适,他们都带着干草做成的花环,亚美尼亚儿童在一旁服侍(4.5.33)。① [168]他们的宴会也在洋溢着真挚战友情的氛围中进行。在残酷的必然性当中,万人军度过了一段得之不易的舒适和欢快的时光。

哲人施特劳斯注意到,在亚美尼亚高地的行军位于《上行记》的中间位置:全书共五十一章,卷四第五章是全书的第二十六章。② 在卷四当中,第五章接近中间位置,卷四本身又是全书的中心卷。这种多层中心位置模式的原因何在?是因为这一章所涉内容是在行军途中的半道儿上吗?尽管希腊人还没有脱离困境,但他们此后的处境将有所改善。只是这一理由没有解释,为何卷四第五章有大约一半的篇幅都在描写最好的时光。施特劳斯提出了一个更好的理由:

> 当我们从《上行记》转向《居鲁士的教育》(3.1.14和3.1.38-39),在这部作品里,也只有在这部作品里,我们才能找到一种解释《上行记》为何给予亚美尼亚独特地位的说法。亚美

---

① 显然,凯里索弗斯曾进行过一次感恩献祭,尽管色诺芬对此着墨不多:可以说,虔敬和诸神在4.5.23-36是缺席的。比如说,请思考"猪肉"(choireia)这个单词在4.5.31处的中间位置,同时对比7.8.5:猪肉在这里只是餐桌上的食物。就色诺芬而言,他以自己特有的方式表达感恩。作者写道,他有一匹相当老的马,因为听说马是太阳神的圣物,便交给村长,让他把马养肥并用来献祭。他恐怕这匹因行军受伤的老马也许真的会死。他在村里找到十七匹公马驹,就从中为自己挑选了一匹来代替这匹老马。色诺芬两次说到,这些公马驹在这里饲养,是"献给国王的贡品"(4.5.24和4.5.34)。色诺芬在《居鲁士的教育》(8.3.12和8.3.24)中讲过献上这种贡品的意图。

② 关于《上行记》五十一章的划分是否真实可信,请参看本书附录二。

尼亚国王的儿子有一个"智术师"朋友,这位智术师和苏格拉底下场一样,因为亚美尼亚国王嫉妒这位智术师,原因是儿子对这位智术师的敬重超过了对父亲的敬重,于是国王指控那位"智术师""败坏"自己的儿子。①

对第五章的细心阅读会支持施特劳斯的上述解释。这一章包含一些指向苏格拉底和"智术"的线索。例如,色诺芬说,他和他的部队在占领那个所驻扎的村庄时,俘虏了所有村民,其中包括村长的女儿。她是几天前刚结婚的年轻新娘:

> 但她的丈夫离家猎兔去了,所有没在村里被抓到。(4.5.24)

这句话令人好奇。色诺芬为什么岔开话题,提起一个在其叙事中没有发挥任何作用的无名猎手呢,更别说他对猎兔的偏爱了?有一位学者提到,色诺芬自己钟爱狩猎,"这位男子,人们会觉得,[169]是一个与色诺芬有共同爱好的人"。②如果我们记得色诺芬常用"猎捕"来比喻哲学的话,这位学者的说法还是有益的。色诺芬经常明确地将苏格拉底比作(猎捕好友的)猎手,还曾经将苏格拉底的"猎捕"比作猎兔。这种比喻不但出现在两部苏格拉底作品中,即《回忆》和《会饮》,还出现在《居鲁士的教育》和《狩猎术》里。③此外,《会饮》的结

---

① Strauss, "Xenophon's *Anabasis*", in *Studies in Platonic Political Philosophy*, p.119.
② L. Fox, *The Long March*: *Xenophon and the Ten Thousand*, p.188.
③ 《回忆》2.6.28以下,整个3.11,特别是3.11.7-8;请思考苏格拉底在《会饮》(4.63)如何谈起自己"带着猎狗捕猎";《居鲁士的教育》3.1.38;"狩猎"作为"哲学"的比喻,这是《狩猎术》一文的主线。例如,《狩猎术》的中间一章讨论如何培育幼犬学会猎捕。色诺芬强调,应该暂时控制住天赋最好的"幼

尾情节表明，与那位亚美尼亚女子的丈夫一样，比起在家陪妻子，苏格拉底更喜欢外出"打猎"。他"实际上是个光棍"。① 卷四第五章之所以在《上行记》处于核心位置，是因为它向我们指示了苏格拉底和苏格拉底所代表的活动。②

然而，这种关于卷四第五章的中心位置的解释，看上去并不圆满。毕竟，对于色诺芬这样一个极具写作天赋的作者而言，挑选任何一个地方放到其作品的中间位置，在其中不露声色地编造出指向苏格拉底的线索，都是一件易事。让我挑明来说：文中并没有证据表明哲学存在于亚美尼亚人中间。即使那位无名的猎兔者实有其人，他也肯定不是苏格拉底。换言之，《上行记》居于中间位置的文本是由色诺芬的技艺创制而成，而不是出于地理或历史的考虑而预先规定的。那么，为什么尤其是亚美尼亚值得作者将其放在《上行记》的中心位置呢？③

[170] 为了寻找那个消失不见的解答，我们解释亚美尼亚的种种

犬，免得它们因太有活力而伤到自己(7.7–9)。这篇短文的最后一章(第十三章)为何会讨论并批评智术师的教育呢？这个比喻解开了这种相当费解的安排的含义。柏拉图也用"狩猎"比喻哲学：例如《法义》822d3–824a22。

① R. Bartlett, "On the Symposium", in *The Shorter Socratic Writings*, p. 183.

② 实际上，卷四第五章还以其他方式这样做，参本书附录二。除了我在附录二举出的证据外，色诺芬还强调最好的时光持续了七日(4.6.1)。毕达哥拉斯学派赋予数字七以象征意义：它显然代表自然(对比亚里士多德《形而上学》1093a13以下)。从《上行记》开篇(1.4.2)来看，色诺芬心里是想着毕达哥拉斯的，一旦忆及于此，我们便可以看到，在亚美尼亚那段舒适和充满快乐的时光中，色诺芬允许自己再度恢复自己的哲学式心智，尽管只是一小会儿。

③ 所以，有一点我不同意施特劳斯的看法，我认为《居鲁士的教育》不能解释《上行记》为何"给予亚美尼亚独特地位"。毋宁说应该反过来：历史作品《上行记》可以解释虚构作品《居鲁士的教育》。正是因为亚美尼亚对于色诺芬的意义，即因为他在亚美尼亚地区经历的必然性，才有一名"智术师"出现在《居鲁士的教育》虚构的亚美尼亚地区。

事件时，必须从一个事实出发，即卷四的主题既是必然性又是高贵。卷四指向我们需要据于其上来思考这两个概念的那个层面。因为到目前为止，我的解读尚不充分。我一直在用"必然性"一词来指"巨大的困难"或"致命的危险"。但"必然性"的首要意思当然并非困难或致命的危险，而是"不变的东西"或"永恒的东西"。必然之物是那种一定以其本然方式存在的东西。必然之物即永恒之物，永恒之物即必然之物。① 此外，最高意义上的知识也是关于必然之物的知识，因此，哲学最重要的目标看来必定是关于必然性的知识。②

卷四第五章位于《上行记》的正中央，是因为它指向关于必然性与高贵的分析的巅峰。置身于亚美尼亚的多种必然性之中的希腊万人军经历了那段舒适欢心的短暂时光，这表明，在包罗万象的必然性之中，持久的满足（lasting contentedness）是可能的，那位名义上的丈夫代表了这种可能性，他宁愿外出"狩猎"，而非在家陪着新娘子。③ 此

---

① 亚里士多德，《论生灭》（On Generation and Corruption）337b33–338a3。"消亡"这个概念连接起"必然性"的两种含义。

② 亚里士多德，《尼各马可伦理学》1139b18–24，对比《回忆》1.1.11–16。

③ ［原注43］请思考 Alexander Grant 的说法：

> 《狩猎术》的大部分篇幅都在写猎兔；在色诺芬说一般意义上的狩猎活动是为战争做准备之后，看到作者大写特写一种如此安全的活动，读者可能会略感失望。

见 Grant, *Xenophon*, Philadelphia, PA: J. B. Lippincott, 1871, p. 164。倘若对照猎兔与苏格拉底式的"狩猎"，格兰特这种可爱而又有理据的抱怨便可以得到部分解释。我们也必须留心"安全"与"苏格拉底主义"之间的关联：见《回忆》3.10.9–15。与两位居鲁士不同，色诺芬对猎捕野兽几乎不感兴趣（《上行记》1.9.6 和《居鲁士的教育》1.4.7–15）。［译按］对勘本书第五章，英文版页195的原注41。

外，这位猎人在关于高贵的卷四的核心位置现身，这暗示出他体现的是高贵的最高形式。那位哲人在自己的生活中将高贵与好合二为一（《回忆》1.6.14和4.8.11）。他甚至在人可能做到的范围内达到了不朽的境地。因为，如果最高意义上的知识是关于必然之物的知识，故而也就是关于永恒之物的知识，那么，我们可以说，只要那位哲人通过思想理解了永恒的存在，他就分有了不朽。①卷四第五章位于《上行记》的正中央，原因是它指向这本书的论证的顶峰。

4.2　必然性的终结

[171]让我们不要总惦念着这些神圣的高峰。尽管《上行记》指向如下观点，即哲学于人而言是最高贵和最好的生活，但它仅仅是指向这个方向而已。《上行记》的首要目标是分析政治生活中的高贵与好。那就让我们前往勇敢的深谷吧。我迄今已经分析过这位苏格拉底式的王如何统合或调和高贵(勇敢)与安全和利益。由于这样的调

---

① [原注45]亚里士多德，《尼各马可伦理学》1177b30–1178a8。我们已经看到色诺芬将严肃的态度与"关注不朽"关联起来(本章原注12，英文版页154)。色诺芬还描写道，当苏格拉底的"舞蹈"成为讨论的主题时，他变得"极为严肃"(《会饮》2.17)。关于以"舞蹈"比喻"哲学"，参本书第六章，英文版页222–229和附录一。然而，我必须强调，单单以《上行记》为基础，还不足以探究"关注不朽"是否或如何在得到恰切理解的哲学生活中发挥作用，遑论探究哲学是否可以通向永恒的存在——如果有永恒的存在的话。就此而言，我们很幸运地看到，对于"自古代以来哲学式的知识（Philosophic Science）是什么"这个问题，最好的阐述近来已经完成：见Bruell, *Aristotle As Teacher: His Introduction to a Philosophic Science*, South Bend, IN: St. Augustine's Press, 2014。

和是在必然性的情况下达成的,故而不怎么完美。色诺芬曾屡次被迫在高贵与安全之间做出选择——一次是刚进入卡尔杜奇亚地区时,还有一次是渡过肯特里特斯河时,最后是在亚美尼亚的雪地时——而他屡次在必然性面前低头。

现在我们应该思考的是,当必然性消失了,或者至少当必然性不再苛刻到否定任何有意义的选择时,色诺芬的统治如何随之变化。色诺芬会恪守高贵吗,即便是在好(the good)这一方面要付出巨大的代价?较之高贵,色诺芬会优先选择好吗?他有能力在不牺牲高贵或好的前提下统合高贵与好吗?在《上行记》的论证中,关联在一起的三个片段分析了这些问题:与卡卢比亚人(Chalubes)的交战(4.6),与陶肯人(Taochoi)的交战(4.7),与科尔奇斯人(Kolchoi)的交战(4.8)。①

4.2.1 高贵地与卡卢比亚人交战

在亚美尼亚休整之后,万人军继续在雪中前进(4.6.1)。那个向导总是不带他们去任何村庄。第三天,怒气冲冲的凯里索弗斯打了这名向导一顿。但他疏忽了,没有把这个向导捆起来,结果这名向导在夜里逃走了(4.6.3)。希腊人几乎别无选择,只好沿着当地一条所谓的"法希斯"(Phasis)河行进,②希望河水会流入大海。最终,他们继续

---

① 这三章关联密切。我们在每一章都可以看到,色诺芬在回应高贵战斗所提出的挑战:"如何才可以最高贵地作战"(4.6.7),"你们这是朝高贵而来"(4.7.3),"如何才可以最高贵地作战"(4.8.9)。

② [原注47]河名"法希斯"造成了一些疑难,我们在导言中已经看到(见本书英文版页24)。据说色诺芬将亚美尼亚的阿拉克瑟斯(Araxes)河(色诺芬称之为"法希斯")误当作科尔奇斯地区那条有名的法希斯河,见Masqueray, *Xénophon: Anabase*, p. 180和Baslez, "Fleuves et voies d'eau dans l'*Anabase*", p. 81。然而,色诺芬果真混淆了吗?即使他在行军时误把阿拉克瑟斯河当成了

在内陆行进。他们遭遇了卡卢比亚人(还有卡卢比亚人的一些盟友),后者占据着一条山间通道。[172]凯里索弗斯召集将领和百夫长,一起商议如何尽可能高贵地作战(4.6.7)。凯里索弗斯问,应该立刻进攻,还是等到第二天才进攻。克勒阿诺尔力主即刻发起正面进攻。但色诺芬另有提议:希腊人应该试着"偷取"这座山:

> 我这么判断(色诺芬说),如果必然得战斗,我们就必须准备尽可能强有力地作战;可是,如果我们是想尽可能轻松地翻越此山,那么我认为,我们必须考虑怎样才可以损伤最小并且尽可能少地牺牲我们的士兵。
>
> 现在我们看到的这座山绵延六十多希腊里,可是除了沿那条路布防的敌人之外,我们在其他地方看不到布防的人。那么,试着悄悄偷取山上无人防守的某个地点,如果能做到,就抢先占领它,比起攻击防守坚固的地点与严阵以待的战士,这要好得多。因为在陡峭的地方只前行而不战斗,比起在平坦的地方行进但处处是敌人,要容易得多[……]。在我看来,偷取[这座山]并非不可能,因为我们可以在夜里行军,免得敌人发现,我们还可以走得离开敌人足够远,免得他们对[我们的行动]有丝毫察觉。

法希斯河,那他写作《上行记》时也应该已经认识到这是一个错误,因为他提到"真正的"法希斯河——即科尔奇斯的法希斯河——是一片确定无疑的水域(5.6.36,5.7.1,5.7.5,5.7.9)。

那么,他为什么保留这个"错误"呢? 是为了凸显失去向导所造成的后果? 我倾向于认为这又是"重新命名"。不重读的phāsis与不重读的phasis("控诉")拼法相同。色诺芬刚刚控诉凯里索弗斯先是错待然后疏忽了那位向导,"这是行军期间两人之间的唯一一次不和"(4.6.3)。色诺芬是要表达自己对凯里索弗斯那种还未消失的恼怒之情,凯里索弗斯的粗暴和粗心迫使军队一度沿着"控诉之河"迷茫地游荡。

在我看来,如果我们佯攻这个地方,就会发现防守这座山其他地方的人会更少,因为更多的敌人会在此地集合。(4.6.10–13,安伯勒英译文)

色诺芬以一个语带挖苦的玩笑结束讲话:

但为什么是我来提出偷取的想法呢? 因为我听说,凯里索弗斯呦,你们拉刻岱蒙人,所有的贵族,从孩提时起就开始操练偷窃,只要法律没有禁止,偷窃任何东西和每一样东西,就不可耻反而高贵。为了让你们尽可能最快地去偷东西并且设法不让人发现,于是有法律规定,一旦你们在偷盗时被抓个现形,就会遭鞭笞。那么,眼下正是你展示教养的关键时机,当然也是提起警惕心的关键时机,好让咱们在偷取这座山的某些地方时不被抓住,免得咱们挨打。(4.6.14–15,安伯勒英译文)

[173] 凯里索弗斯回敬道:

我怎么也听说你们雅典人在偷盗公共财物上手法高明,尽管贼人得冒着相当可怕的危险;并且实际上,最好的人偷得最多,如果你们中最好的人确实就是你们公认为配得上进行统治的人。因此,这也是你展示教养的时候。(4.6.16,安伯勒英译文)

这场有趣的交锋意涵丰富。① 首先,色诺芬引用拉刻岱蒙的法律,让凯里索弗斯相信偷窃是高贵的,并不可耻。然而,两人之间的一个重要区别也显现出来:凯里索弗斯期望"尽可能高贵地"(hōskallista)

---

① 这次相互打趣标志着凯里索弗斯与色诺芬之间的嫌隙得以弥合。见英文版页 171–172 的原注 47。

战斗,①色诺芬说的是"尽可能强有力地"(hōs kratista)战斗。②色诺芬希望避免任何形式的战斗,除非"必然"(anagkē)要战斗。他宁愿"尽可能轻松地"(hōs rasta)翻越过去。具体而言,最起码,如果偷取这座山可以像正面进攻那样带来胜利,他便愿意"偷取"这座山。其次,这场交锋引出了拉刻岱蒙教育与雅典教育之间一种怪异的、不对等的相似之处。凯里索弗斯(色诺芬说)将露一手偷窃的技艺来展示他的教养(paideia)。将凯里索弗斯教化成人的法律规定,在某些情境下,偷盗得手是高贵的。③可是,色诺芬又何以能通过显露这种同样的偷窃技艺来展示他的教养呢,既然雅典法律规定偷盗可耻且不义,他岂不是只会展示出那种教育的失败?④当然,这可能正是凯里索弗斯的意思:他瞧不上雅典人卑下腐化的生活方式。然而,作者色诺芬为何要将读者的注意力引向雅典教育对他的影响呢?还是说,我们在此要记得,色诺芬所接受的教育不是一种,而是两种?听上去或许显得矛盾,但却有可能——与卡卢比亚人作战而选择的战术,将要求色诺芬展示自己所受的苏格拉底式教育。⑤更笼统地说,[174]我们将要思考的这三个片段将展示出关于高贵(勇敢)的苏格拉底式教育。

"偷山"的计划得到采纳。色诺芬主动请缨,前去占领卡卢比亚人没有据守的地方。他说,他已经从几个俘虏口中了解到,这座山并非不可通行,有羊和牛在山上吃草。他还补充说,他希望或预料卡卢

---

① 对比3.3.3,那里的发言者是凯里索弗斯。
② 在5.2.11处,色诺芬表达的是同样的意思。然而,在致命的险境中,色诺芬认可这种恰当的激励——即激励热爱高贵的人"尽可能高贵地"战斗或竞争,见3.1.16(对比他面向整支军队的发言,见3.2.27)。
③ 对比《拉刻岱蒙政制》2.6-8。事实上,斯巴达只允许为了充饥而偷盗。
④ 凯里索弗斯说,在雅典"贼冒着相当可怕的危险"(4.6.16)。
⑤ 对比《居鲁士的教育》1.6.27-34。

比亚人一旦看到希腊人与他们处于同一高度,就不会坚守阵地了:他主动请缨,英勇但并非特别危险。然而,凯里索弗斯不接受,他已经学会珍惜他的这位同僚。他说色诺芬应该留在殿后部队,改派另一些人前去,除非另有人自愿出战。在严格意义上的军事行动期间——其中部分行动是在夜间进行的——主动请缨者相继占领了无人防守的山区和通道。敌人进行了反抗,而色诺芬原来预料敌人不会这么做的。色诺芬本人没有出现在这段文字中(4.6.20–27)。最后一次进攻之前,凯里索弗斯向诸神献祭。在这次进攻之后,希腊人献上了更多的牺牲,还立起了胜利纪念柱。必然性的终结使得虔敬和诸神重新回到显著位置(4.6.23,4.6.27)。

4.2.2 高贵地与陶奇亚人交战

现在万人军正侵入陶奇亚人的地盘。他们的给养很快吃完了(4.7.1–14)。他们在当地无法收集任何给养,因为陶奇亚人已经躲进坚固的堡垒,把所有的财物藏到里面。凯里索弗斯一到,便正面攻击其中一处据点,但攻击受阻。此地有一条河流环绕,守卫者占据了通向据点的道路上方突出的高地,可以从上往下推石块、投石弹。凯里索弗斯的攻击失败后,色诺芬和殿后部队到达,凯里索弗斯对色诺芬说:"你们来得正是时候。"凯里索弗斯说的这句话,其字面意思是"你们这是朝高贵而来"(eis kalon hēkete,4.7.3)。

色诺芬注意到,这条通道大约三分之二的路程都受到大松树的保护,这些松树彼此间隔一段距离。色诺芬说,如果躲在松树后面,男子汉们(andres)就可以轻松得到掩护;从松林那里开始攻击据点,伤亡会大幅减少。因为在第一次攻击中,许多希腊人的腿和肋骨都被石头砸断了。于是,色诺芬建议在松树背后布置一队士兵。凯里索弗斯反对说，士兵们一靠近那些松树，陶奇亚人就会向他们投掷石头。"但这正是我们需要的东西"，色诺芬回答说(4.7.7)。[175]因为一旦陶奇亚人把石头用完，这处据点就成了防守脆弱之地，就会成为唾手可得的猎物。在提议"偷"山之后，色诺芬紧跟着就提议"躲藏"在松树背后。他不喜欢发动正面进攻。

于是，一支约七十人的小分队在松树背后就位，其他人则在安全距离之外看着。读者的注意力被转移到一个叫作卡里马科斯（Kallimachos）的百夫长身上，这个名字的意思是"高贵的战士"。卡里马科斯并不情愿遵从色诺芬的安全战术，相反，他采取了一种有利但冒险的策略：他迈步离开树木的遮挡，想要招惹敌人用石头攻击自己。但石弹砸下时，他就退回树后。他每这么进退一次，陶奇亚人就要耗费大量的石弹。就在那时，另一名百夫长斯图姆法利亚人阿伽西阿斯进入我们的视野。阿伽西阿斯没有藏在树后，而是远远地看着卡里马科斯的一举一动，也看到整支军队都在观望(4.7.11)。他生怕自己不是第一个冲进据点的人，禁不住起身冲向据点，就他自己一个人，没有叫上任何战友。他正好从卡里马科斯身边跑过，冒着飞石，急速冲向据点。但卡里马科斯不甘人后，他扯住阿伽西阿斯的盾沿，二人并排向前跑。这时又有两个人，麦图德里亚人阿里斯托尼莫斯和卢西亚人欧律洛科斯，加入这场竞赛，他们也向据点猛冲。色诺芬评论如下：

> 因为他们所有这些人都在竞争德性，相互展开竞争。就这样你争我抢，他们占领了这处据点；因为他们一跑进去，就再也没有一块石头从上面飞下来。(4.7.12)

这四位百夫长在这支军队面临重大需求时使军队大大受益：一

大批给养到手了。色诺芬强调说，他们四人是在竞争德性（aretē）：他们是热爱高贵者的卓越典范（4.7.12）。实际上，这四个人在卷四前面的地方就已经脱颖而出：其中的三个人在卷四开篇处是主动挺身而出的人（4.1.26-27），第四个人曾救过色诺芬一命（4.2.20-21）。①然而，眼下这个片段标志着《上行记》论证的重要推进。看上去，这四位百夫长现在不是为了高贵自身的原因而追求高贵，他们首先关心的也不是这支军队的福祉。阿伽西阿斯致力达到的目标显然是在全军注视下第一个冲进据点（4.7.11），他寻求的与其说是德性，不如说是寻求在德性方面的优越感——以及紧随优越的德性而至的美名和荣誉。其他人是在与阿伽西阿斯进行竞争，就此而言，他们显得是在追求相同的东西。

[176]难道我们要得出这样的结论吗：热爱高贵者只是热爱他们自己的好处？一种真正无私的行动是不可能的？然而，倘若作此定论，岂不是忘了那位卡尔杜奇亚父亲做出的高贵牺牲？我们也不应该忘记，这四位百夫长的高贵行动或许并非无私，但却彰显出只有少数人才有的而且令多数人敬佩的灵魂力量。②尽管如此，高贵行动背后的动机问题依然令我们疑惑。请思考一下四位百夫长进入陶奇亚人的据点之后出现的场景：

---

① 其中一个人在战胜卡卢比亚人的过程中又立了一次功（即阿里斯托尼莫斯，4.6.20）。

② 然而，阿伽西阿斯的勇敢根源于一种特定的恐惧：他"生怕自己不是第一个冲进据点的人"（4.7.11）。相比于恐惧陶奇亚人的石弹，他更加恐惧自己没能获得德性方面的优越感。另一方面，色诺芬表明，敢于冒险（tolmaō）有时候表现在那些几乎没什么人期待的行动上（4.4.12）。4.4.12的那个场景证明了色诺芬不是出于软弱而避开正面攻击。他和他们一样强硬。

这时出现了骇人的一幕。女人们把孩子抛下山崖,然后自己也纵身跳下山崖,男人们亦如此。然后,百夫长斯图姆法利亚人埃涅阿斯(Aeneas)看到一个身着美袍的人奔跑着想要跳崖,便一把将其拽住,想要阻止他;但[这个陶奇亚人]拖住埃涅阿斯一起跳了下去,二人跌在岩石上,都摔死了。(4.7.13–14,安伯勒译文,我稍作修改)

埃涅阿斯试图阻止这个陶奇亚人,他图的是什么呢?他要救下这个异乡人的性命,还是要偷这个人身上华美的(kalos)袍子?他是一个高尚之士,还是低劣之徒?色诺芬没有回答这些问题,以此引导我们思考那些热爱高贵(kalos)的人的动机。①

* * *

在向陶奇亚人发起进攻时,色诺芬扮演的是次要角色。尽管是他提出这种取得成功的战术,而且他也和树后的战士们在一起,但在那四个人彼此竞争时,他也在观望。②或许我们可以说,色诺芬的勇敢囿于一定限度之内。色诺芬不会为了成为第一个冲进据点的人,或为了获得勇敢过人的美名,或为了获得随之而来的荣誉而以身冒险。但其勇敢的限度是什么呢?此前,色诺芬曾偶尔为了确保公共的好,而撇开高贵或不顾某些个人的福祉。但色诺芬什么时候会为了这支军队而准备撇开或牺牲他自己的福祉呢?[177]色诺芬如何看待他的利益与其治下之人的利益之间的关系?后者的利益可能与色诺芬自己的

---

① 《回忆》分析了"那些渴求高贵事物的人"的渴求有什么特性(见3.1.1;大体的分析见3.1–3.7)。同参《回忆》1.1.8和3.8.4–7。

② 我们并不完全确定色诺芬自己是否藏在树后面:对比4.7.6–8。

利益有分歧。随着必然性的终结,这些问题将会变得重要,因为此时各种致命危险将迅速消失,而这些致命危险迄今为止促成了某种公共的好(common good)或某种类似公共好的东西。现在我们会回到这些问题。

4.2.3　高贵地与科尔奇斯人交战

> 是疯狂允准了无神论者的无法行径。
> ——据说出自陀思妥耶夫斯基(F. Dostoevsky)

万人军遭遇的那些必然性问题在赫柯斯山上"正式"终结。他们在这座山上远远望见了黑海。在最后一段行程中,一名有所企图的当地人为他们领路,承诺五日之内就可以到达一个地方,在那里他们将会看见期盼已久的目标。他声称"如果做不到,那我就去死"(4.7.20)。这个人实现了自己的承诺。第五日,希腊人到达并爬上了赫柯斯山。先锋部队登上山顶,士兵们开始欢快尖叫——"海!海!"很快,整支军队都奔向山顶。万人军凝视着他们渴盼已久的海。他们相互拥抱,众将领和百夫长亦然,他们都流下了热泪。他们堆起一处石堆作为纪念。① 万人军回家了。他们的磨难结束了。②

然而,磨难并未结束。他们必须首先去到黑海岸边。这需要他们

---

① 这堆作为纪念的石堆(cairn)的遗迹显然留存到了我们的时代。参 Waterfield, *Xenophon's Retreat: Greece, Persia and the End of the Golden Age*, p. 153 的图片。

② 请注意4.7.26处居于中间位置的"手杖"。各部队都以为他们的行军结束了。

侵入科尔奇斯人的地盘,这可是个敌对又善战的部族。①

随着万人军靠近一座巨大但可通过的山峰,他们看见科尔奇斯人在山上严阵以待。[178]希腊人一开始是列成方阵。然而,随后,众将领认为最好认真计议,以便尽可能高贵地战斗(4.8.9)。色诺芬再一次提出了制胜的战术。②他的主张是:方阵不适应这里的地势,因为万人军将要登山行进,会发现有些地方易行,有些地方不能通行,如此一来,方阵在与敌人交手之前就会乱了阵脚,陷入混乱。此外,如果列成纵深多层方阵,敌人的战线长度将会超过它;如果列成浅层方阵,阵形则很可能被切断。故而,应该将各个连队列成纵队,彼此隔开一定距离,这样一来,外层的纵队将在敌人的两翼之外。经过这样的安排,最好的队伍将在前面行进,并且每支连队都将取道最易通行的地方。敌人也不容易突入队伍的空隙之中,因为敌人四面都有希腊人的连队。如有哪支连队受到猛攻,旁边的连队可以伸出援手。

色诺芬的提议得到采纳。各连队列成纵队。色诺芬从队列的右

---

① [原注62]在到达科尔奇斯人的地盘之前,希腊人遇到了一个叫作马克罗尼亚人(Macronians)的部族(4.8.1-8)。军中一名轻盾兵说自己曾在雅典为奴——他显然在那里学过交谈——他说他能与马克罗尼亚人交谈。这次遭遇说明,任何时候只要有可能,色诺芬都偏爱本着和平与友谊的原则与非希腊人打交道。这种偏爱与色诺芬所受的苏格拉底式教育之间有联系吗?这个片段的核心内容是色诺芬与马克罗尼亚人(字面意思是"有着长脑袋的人")之间的交谈(dialegesthai),对话以"……是什么"或毋宁说"……是谁"(tines eisin)这个问题开场(4.8.4)。无论如何,这个片段有助于我们理解色诺芬后面发表的一场演讲(5.5.13-23,特别是5.5.18,参本书第五章,英文版页207原注78)。

② 在这次会议上,我们只听到了色诺芬的发言,随着每一次新获得的胜利,他威望日隆。对比作者在4.6.7-16处记述的那次会议(更别说3.3.11以下的情况了)。

边走向左边,同时敦促众将士:

> 诸位男子汉,你们看到的这些人,是唯一一群还在阻拦你们去到你们早就急着要去的地方的人。如果我们能以某种方式做到的话,就必须把他们生吞了! (4.8.14)

在祈祷和唱起凯歌之后,万人军开始登山。科尔奇斯人同时向左右两边展开他们的方阵,以免在两翼被包抄。然而,当他们向这两个方向跑开时,方阵中央就变得虚空脆弱。很快,他们就转身逃跑。他们的失败几乎没有伴随明显可见的杀戮,希腊人没有"生吞"科尔奇斯人。然而,听到色诺芬使用如此残酷的言辞,还是让人不安。①虽然对万人军而言打败科尔奇斯人是必要之事,但这就表示他们采用任何战斗方式都正当吗?这位苏格拉底式的王在某个时刻只受"好"(the good)指引——不惜任何代价获胜这一意义上的"好"。然而,一段结语有助于我们恰切理解这一情节。就在战胜科尔奇斯人之后,希腊人在当地的多个村庄里宿营,他们在那里找到了充沛的给养。但发生了意外:

> 在其他方面,没有什么事情令[希腊人]惊奇。但那里的蜂巢很多,并且凡是吃过蜂巢的士兵都变得稀里糊涂,上吐下泻,没有一个人站得起来;[179]那些只吃了一点儿的人就像大醉了一样,那些吃了很多的人就像疯了一样,其他人甚至像死了一样。这么多人躺在那里,就像遭遇了一次溃败,还弥漫着重重的沮丧情绪。(4.8.20–21,安伯勒译文,我稍作修改)

---

① 关于"生吃这些人"(to eat men raw)这句话暗含的残忍意味,参《希腊志》3.3.6。*LSJ*对ōmos(raw)这个辞条的解释是:"to eat men raw,即用以表达'野蛮的残酷'的俗语。"同请参看亚里士多德《尼各马可伦理学》1148b19以下。

毒蜂蜜的影响持续了三四天。最终,所有人都恢复了理智。这是神降下的惩罚吗？希腊人因为愿意追随色诺芬这番残酷的激励之词,所以受到惩罚了？毕竟,他们的确有"把这些生吞下去",当然并非生吞科尔奇斯人,而是生吞蜂巢。①因此,他们吃了苦头,"就像遭遇了一次溃败"。还是说,这仅仅是恶有恶报？色诺芬在这段文字中没有提到诸神,然而,他明显暗示了诸神的存在。②这个片段使读者的心情平静下来,或者说,它旨在安抚我们的心：万人军已因无视高贵而受到了惩罚。它还透露出在诸神的问题上什么东西存在风险。

* * *

万人军到达黑海岸边的特拉佩宗忒(Trapezonte),这是一座希腊人居住的城,是西诺佩人(Sinopeans)的殖民地。他们在此停留了大约三十天。他们在准备感恩献祭,因他们先前曾发誓,一到达友好之地就进行献祭(3.2.9)。他们向"救主宙斯、领路者赫拉克勒斯和其他诸神"献上牺牲(4.8.25)。中间提起的领路者赫拉克勒斯值得注意。原先的誓言没有提及这位神或者被神化的英雄(3.2.9)。与这一增添一致的是,士兵没有特别感谢各位将领。相反,士兵选出一个名为德

---

① 请思考色诺芬在4.8.14处激励士兵的原话："诸位男子汉,你们看到的这些人,是唯一一群还在阻拦你们去到你们早就急着想去的地方的人。如果我们能以某种方式做到的话,就必须把他们生吞了！"奇怪的是——或者也不是特别奇怪——色诺芬实际上从未提到"科尔奇斯人"。

② ［原注67］中间那群受折磨的人遭受的是"疯狂"之苦(mainomai：4.8.20)。据认为,是诸神把人弄疯的,尤其是女神阿忒(Atē)：对比《上行记》3.3.6和本书英文版页23-24,页99,页101-102,页144的原注85。在《居鲁士的教育》(8.3.27-30)中,作者用"疯"形容的那个人是斐饶拉斯(Pheraulas)(8.3.30),当时他正在传达神般的王居鲁士的命令。在《上行记》中,士兵们恢复了理智(anaphroneō),这标志着他们所受的惩罚结束了(4.8.21)。

拉孔提昂（Drakontion）的斯巴达人担任赛跑比赛的组织者和赛会的主持者,这可是充满荣誉意味的职位。①[180]还真是名副其实,"小德拉孔"立下一条严厉的规则:他选了一小片粗糙的地方用作摔跤比赛的场地,他说,好让那些被摔倒的人"感觉更疼"(4.8.26)。②这次赛会圆满成功。许多人参加了跑步、拳击和全能比赛。③由于观众都是那些参赛者的友伴,因此,竞赛的争胜氛围很浓。赛马甚至被安排在下山的路上:

> 骑手们必须驱马奔下陡坡,在海边掉头,然后向上奔驰回到祭坛。下行时,许多骑手都滚跌下来;而在上行过程中,逆着陡坡,马儿几乎是以步行的速度前进。这时他们中间响起喊声、笑声和欢呼声一片。(4.8.28,安伯勒英译文,我稍作修改)

这些竞赛是一道美丽的风景。④它们恰当地为以高贵（kalos）为主题的第四卷画上了句号。

---

① 作者在此第一次提到德拉孔提昂。他是个粗野平庸的人,还是个男孩时就从斯巴达流亡出来,因为他在并非情愿的情况下用短剑刺死了一名少年。这场赛会旨在荣耀诸神及诸神给予的保命引导,然而万人军选出来的赛会主持人不是那些配得上此位的将领,反倒是一个被重罪玷污的人!这件事预示了接下来要发生的事情。

② 关于德拉孔（Drako）,参《治家者》14.4—5。

③ 注意"拳击"所处的中间位置(4.8.27)。在战友情谊和争胜的气氛中,比赛的得分是面对面较量出来的。

④ 色诺芬只赞美这次赛会是高贵的（kalos）,而没说这次纪念赫拉克勒斯之引领的献祭是高贵的(4.8.27)。

第五章　正义

（《上行记》卷五）

[181]各种致命危险的结束重塑了这支军队的动力(dynamics)，还突出了正义问题。《上行记》的阐释者们常常将万人军描述成一座"行进中的城邦"，"行进中的城邦"即由士兵公民组成的漂泊的民主制共同体，这些士兵商议共同面临的问题和新出现的种种威胁。① 这种描述在某种程度上是准确的，但有些误导人。首先，这种描述只适用于撤退途中的一部分路程，即到达特拉佩宗忒之后的那部分路程(4.8.22)。从扎帕坦河(3.3.6)至特拉佩宗忒城期间，希腊人没有召开过一次士兵大会。② 更何况，万人军从未变成一个城邦。在此我只提两个他们明显缺乏的要素：第一，尽管在俘虏中间有女人和孩子，但这

---

① 此观点最知名的支持者是Nussbaum，见Nussbaum, *The Ten Thousand: A Study in Social Organization and Action in Xenophon's Anabasis*, Leiden: Brill, 1967。不过，还有其他几位学者持这一观点，例如Hornblower, "This was decided: The Army as polis in Xenophon's *Anabasis*—and Elsewhere", in *The Long March: Xenophon and the Ten Thousand*, pp. 243-263。对此观点有益的批评，参Lee, *A Greek Army on the March: Soldiers and Survival in Xenophon's Anabasis*, p. 9。有学者认为，万人军充其量代表着"一个理想的色诺芬式的共同体或一个乌托邦"，见Dillery, *Xenophon and the History of his Times*, p. 63。

② 作者记述的士兵大会总是有将领参加，有时候是将领和百夫长都参加，见3.3.11-19, 3.5.7-12, 3.5.14-17, 4.1.12-13, 4.1.18-28, 4.3.10-15, 4.4.22, 4.6.6-21, 4.7.3-7, 4.8.9-14。

座"城邦"没有家庭;第二,万人军从未在某个地区定居下来(5.3.1)。他们曾有可能定居亚细亚建立一座城邦,但他们强烈拒绝了这一可能性,因为他们想回家,回到所爱的人身边(6.4.8)。因此,下面的说法更好:卷五记述了一次将这支军队转变为城邦的尝试。但这种尝试失败了。因此,尽管卷五标志着色诺芬统治的顶点——他在这一卷始终是万人军实际上的王者——但它也标志着色诺芬上行的限度。[182]色诺芬从未成为一个建城者。① 他也没有上升至立法者的地位。

正义问题的出现因此也与政治或政治生活降生时的阵痛相伴而生。在《上行记》的论证中,卷五探索的是这位苏格拉底式的王如何尽力调和正义与安全和利益,正如卷三和卷四从相同的角度分别分析了虔敬和勇敢。然而,卷五引入了一种新的复杂状况。虔敬和勇敢主要涉及军队内部管理,相比之下,正义还有一种外部因素,在万人军与外人打交道时,这种外部因素给万人军强加了一些义务。可是,这些义务是什么呢?这些义务主要是由色诺芬称之为"希腊礼法"(hellēnikoi nomoi, 5.4.34)的不成文法规定的。万人军并不认为他们可以随心所欲地对待外人——无论他们是希腊人还是非希腊人——尽管有一些与此说法相反的表面印象。例如,当诸神发出不同意的指示后,万人军便避免向一个非希腊部族开战。即便他们想洗劫异族人的领土(5.5.1-3),但他们仍避免向这个非希腊部族开战。当然,万人军若是与希腊同胞打交道,则希腊礼法所规定的义务要详尽和广泛得多。万人军常常违

---

① 希腊人的城邦创建者都在生前得到了极高的荣誉,并在死后被尊奉为英雄:请考虑修昔底德史书中的布拉西达斯(《伯罗奔半岛战争志》,Brasidas, 5.11.1)和希罗多德(《原史》1.168)。一般的情况请参考Fustel De Coulanges, *La cité antique*, Hachette: Paris, 1900, 卷三第五章。成为建城者就是成为半神性质的存在者。[译按] Fustel De Coulanges, *La cité antique*, 中译本参库朗日,《古代城邦》,谭立铸译,上海:华东师范大学出版社,2006。

背希腊礼法。尽管如此,还是有某类义务存在于所有情况中。①

5.1 正义、私利与公共的好

我们必须先探究万人军一到达海边就面临的那个问题,即谁来统治这支军队,然后才能思考希腊礼法。[183]正义问题在卷五开篇处凸显为分配正义这个问题。这支军队用行动回答这个问题,而且以对自己有利的方式进行回答。卷五以这支军队的全员大会开场,自卷三以来,这是第一次全员大会。大会讨论的焦点是如何走完返回希腊的路程。第一位发言者是个普通士兵,他声称自己厌倦了打点行装、行走、奔跑、携带武器、列队前进、站岗和战斗。因此,他说:

> 我现在渴望摆脱这些辛劳,既然我们有海了,我渴望坐船走完剩下的路程,像奥德修斯那样躺着到达希腊 。(5.1.2)②

---

① [原注4]此处有人可能会反驳说,色诺芬在他的开场演讲中没有努力制止针对非希腊人的劫掠(5.1.5-14)。在这件事情上,色诺芬似乎认为,不受限制的贪婪在道德上是得到允许的。但色诺芬之所以持如此态度,很可能是因为针对此类劫掠的重要禁令都是徒劳无效的。而实情也是如此,色诺芬的确下达了有分寸的禁令,但遭到无视(对比5.1.8-9与5.7.14)。同样请注意,色诺芬在开场演讲中明确区分了"获取给养"与"前去劫掠"(5.1.6-8)。"获取给养"是必需的,故而是正义的,或至少并非不义;"前去劫掠"在道德上则更成问题。最重要的是,请留心色诺芬说当地的敌人"在正义地(dikaiōs)密谋对付万人军,因为我们占据着他们的东西"(5.1.9,强调符号乃笔者所加)。"正义的"(dikaios)这个单词在第一章出现了两次(5.1.9,5.1.15)。在正义问题上,万人军这两次都犯了错。

② 这名士兵指的是奥德修斯即将到达伊塔卡的时候(《奥德赛》13.70以下)。当然,奥德修斯的苦难历程远未结束,他在希腊土地上还将遇到许多困难。

与会者大声嚷嚷,说他讲得好。又有人说了同样的意见,然后所有在场的人都这么说。因此,将领凯里索弗斯提议去向拉刻岱蒙的海军司令阿那克西比奥斯(Anaxibios)要船,阿那克西比奥斯是他的朋友,在滂沱斯(Pontos)指挥舰队。这支军队应该等着他回来。"我很快就会回来",他说(5.1.4)。士兵们听到这个提议后感到高兴,便投票决定凯里索弗斯应尽快出航。这时色诺芬开始讲话,他也提出五条动议让士兵来决定,这些动议说的是在等待凯里索弗斯返回期间他们应该做什么(5.1.5)。①因此,军队权威明显出现了转移:现在士兵期待将领去迎合士兵的意愿或决定。这种转移也富有启发意义。在撤退期间,众将领表现得既能干又审慎,但一到达海边,他们的权威就受到限制。②卷五开篇表明了德性作为一种统治资格的脆弱性。如果没有致命的危险,德性在很大程度上就无力以自己的名义并靠其自身内在的权威来进行统治。德性需要同意的支持,即便同时要冒风险——小人的煽动或群氓的愚蠢会削弱德性。③

[184]这个结论此时非常适用,因为此时被统治者武装到牙齿,彼此之间不相上下,人数也远远多于统治者。然而,这一切情况

---

① 除了中间一条即第三条之外(5.1.9),五条提议都获多数投票通过。在其讲话末尾,色诺芬提议命令沿海各城修整道路,以便如果有需要的话,将来这支军队可以更轻松地行进。但士兵不同意陆路行军。这一举措只是未雨绸缪,然而士兵的敌意如此强烈,以至于色诺芬甚至都没有将之付诸表决。胜利已经使士兵的希望膨胀起来:他们已经变得轻率冒失(aphrosunē,5.1.14)。

② 当然,士兵们先前是完全同意这些将领的统治的,其中许多将领都是他们选举出来的(3.2.47)。

③ 在卷四中冲在行动第一线的那些英勇之士,很少在卷五中扮演重要角色。当危险退去,不那么优异的人就开始走上前台。卷五开篇让人想起英国1945年的选举。

都不会否认一点:卷五是色诺芬行使王权的一卷。①人们可以感觉到,士兵们每次做出决定,色诺芬那更高超的才干和审慎都在背后发挥了影响。他有时候还纠正士兵的错误(例如,5.1.13-14,对比5.3.1)。另外,军事权威仍是由他和其他将领来执行,而非由士兵来执行。

现在,除希腊礼法之外,正义将会由士兵大会来决定:法律或法规由多数人投票确立。然而,这种新情况预示着新难题。首先,由谁来执法惩罚那些违法的士兵,这并不明晰。②我们已经看到,将领的威望开始减弱。③实际上,万人军将表现出他们非常不情愿遵守自己投票通过的法律或法规。④我们不难看出这种不情愿的原因:这支军队不再是由致命的危险凝聚在一起。⑤但卷五第一章更确切地表明了这种原因。色诺芬提议,在等待凯里索弗斯返回期间,士兵应该搜集尽可能多的船只,这样一来,即便凯里索弗斯没能完成使命,希腊人也可能有足够的船只乘坐。士兵大会通过了这条提议(5.1.11)。因此,希腊人从特

---

① 众将领之首凯里索弗斯在卷五开篇处离开了军队,到卷六开篇才回来。色诺芬代替了他的位置。
② 投票过程并非毫无异议,见5.1.7,5.1.8,5.1.11,5.1.12;请对比5.6.33-34处的那次投票。
③ 一名市场管理员试着严格执行市场的管理法,结果他差点没有躲过石头的袭击(5.7.13-33)。
④ 关于士兵们目无法纪的行径,请对比5.1.8,5.6.33-34与5.7.13-33,特别是5.7.14-15和5.7.31-33。
⑤ 即便是由士兵大会颁布的"法律",在正义方面也会有可疑之处。由于万人军好几个月都没有收到薪饷,因此他们急于填补所失去的薪饷:例如6.2.9-12。当然,个人的行动也可能是不正义的。在大会上第一个发言的士兵名为"勒翁"(Leōn),这个名字的意思是"狮子",色诺芬警告士兵,他们可能会被当地的敌人"猎获"(thēraō,5.1.9)。

拉佩宗式人那里借了一些船，以便征用他们看到的沿海岸航行的商用船只。军队将一艘五十桨战舰交给某个拉科尼亚边民（perioikos）德克西珀斯（Dexippos）掌管。然而，德克西珀斯对收集船只的事毫不上心，反倒把船驶出滂沱斯，还偷走了这艘战舰。

德克西珀斯违背军队的法规，为自己谋取好处。私利是士兵不守法的确切原因（5.1.15）。私利与公共的好之间的张力是一种永久的政治张力，一到达海边，这种在致命危险中有所缓和的张力就再度突显出来。鉴于万人军是一个雇佣军共同体，[185]他们对"这座城邦"的爱从来都不是由城邦内部的章法滋养出来的，这种爱实在是太过温吞，不足以抵制自我之爱的强大作用。实际上，将领的威望之所以开始减弱，尤其是因为各部队不信任将领的动机。公共的好此前一直根源于大家都需要的安全，现在致命危险已经消失，这种公共的好也就淡化了，各部队的士兵开始怀疑他们的将领会利用他们来追求一己私利。

然而，法律的确还保留着对那些有高尚品质之人（the high-minded）的号召力。例如，一个名为珀吕克拉特斯（Polukrates）的雅典百夫长，负责掌管一艘三十桨战舰，他将搜集到的所有船只都停泊下来（5.1.16）。①

* * *

卷五的第一场军事行动，是负责劫掠给养的队伍向德里莱人（Drilai）发起的攻击。这个部族不见于其他地方，至少没有以这个名字出现过（5.2）。在卷五开篇的讲话中，色诺芬提议通过劫掠

---

① Flower认为，"珀吕克拉特斯与德克西珀斯两人截然相反的做法，标志着由色诺芬与凯里索弗斯在卷四中小心翼翼维持的雅典–斯巴达合作关系的破裂"，见Flower, *Xenophon's Anabasis, or The Expedition of Cyrus*, p. 199。

(pronomai)敌人领地来为军队提供给养。此提议获得通过(5.1.6-7)。为了理解我们现在看到的这支劫掠队伍对于《上行记》论证的意义,我们必须记住,这是一次公共的军事行动,其目的是为军队获取给养,这不同于个人掳获的战利品。①因此,这个情节说明了到达海边之后希腊人如何处理"公共事务"(to koinon, 5.1.12)。②此外,它还说明了这位苏格拉底式的王如何努力调和正义与好。

附近土地上的出产消耗完之后,负责劫掠给养的队伍就开始出动(5.2.1)。色诺芬带上几个特拉佩宗忒人作向导,带上全军一半的士兵去对付德里莱人——这是滂沱斯地区最善战的部族,并留下另外一半士兵保卫营地。当搜寻粮食的士兵到达善战的德里莱人所居住的难行的高地时,他们发现土地已经烧焦,③任何地方都找不到一点给养。当地人已经涌入主城。那是一座防守牢固的堡垒,一条极深的沟壑、难行的道路、[186]一条壕沟以及带木制塔楼的土丘工事上面的栅栏,

---

① [原注15]获取给养(poridzesthai ta epitēdeia)与获取战利品(ekporeuesthai epi leian)之间的区别,请参5.1.6-8和本书英文版页182原注4。
② 形容词koinos及其同源词在卷五出现的频率要高于任何一卷,见5.1.12、5.4.15、5.6.27(两次)、5.7.17、5.7.18。
③ [原注17]负责搜寻给养的队伍经历的是地理兼政治意义上的"上升",因为这是色诺芬在凯里索弗斯不在的情况下第一次独立指挥军队。然而,作者在这一章四次使用了"下行"(katabasis)这个单词,而非"上行"(anabasis):色诺芬上升了,但这支军队下降了(5.2.6、5.2.26、5.2.28、5.2.30)。请注意,特拉佩宗忒人拒绝带希腊人到轻而易举就可以获得给养的地方,因为"这些人是他们的朋友"(5.2.2)。相反,他们热切地把希腊人引向善战的德里莱人,因为他们自己吃过德里莱人的苦头,而且德里莱人住在难行的多山地区。与一支希腊军队比起来,特拉佩宗忒人与当地蛮人的关系更友好:希腊礼法规定希腊人之间有义务互帮互惠(5.5.7-12; 5.5.20-22),而他们违背了这一礼法。

共同将堡垒保护起来。

与色诺芬一起出动的轻盾兵和枪矛手跑到了重甲兵的前面,与重甲步兵分开了,然后立刻越过沟壑,发起进攻(他们看见那里有大量的羊和其他财产)。尽管他们人数多达两千多人,还是没能攻下堡垒,于是他们企图撤退。但由于难以从堡垒上下来,再加上敌人正在发起攻击,他们一时无法脱身。困境中他们向色诺芬求助,色诺芬很快赶到那里,他跨过沟壑,以决定自己是应该组织轻装部队撤回,还是命令重甲兵跨越沟壑——前提是假定可以拿下这座堡垒。这时候撤退的话,似乎会牺牲很多人的性命。然而,那些与色诺芬同来的百夫长认为堡垒可以攻破。色诺芬同意发动进攻,因为他信任祭兆:

> 因为卜士认为,尽管会有一场战斗,但这次短途出击的结局(telos)是高贵的。(5.2.9)

重甲兵得令跨过沟壑。色诺芬命各位百夫长以他们认为可以最有效战斗的方式排兵布阵。因为这些百夫长以往时时刻刻都在相互比谁更英勇(andragathia),现在他们一个挨一个排列着(5.2.11,对比4.1.26-28,4.7.8-12)。这时轻装部队接到命令,要准备好标枪、弓箭和石弹。①一切准备完毕后,"各位百夫长、在下面的分队(the under-troops)②以及那些自料并不比这些人差的人"立刻相互看着对方,"因

---

① 很能说明问题的是,色诺芬派出他手下可靠的助手前去,以确保轻装部队会执行命令(5.2.12)。

② [译按]Ambler的英译本采用的抄本读法是hupolochagos(意为"副百夫长"),而非本书作者采用的hupolochos("在下面的分队")。

为混乱骚动(taraxis)是一致的"。①

尽管有这种不常见的混乱,希腊人还是唱起凯歌,吹响号角。[187]他们还向厄努阿利奥斯(Enualios,意为"好战的"[译按]战神阿瑞斯的别名)呐喊。重甲兵开始跑步前进,轻装兵投出大量投枪、箭

---

① 根据最佳抄本C、B和A的读法,我将此处读作 monoeidēs gar dia to chōrion hē taraxis ēn(意为"因为混乱骚动是一致的,由于他们所在的地方"),而非 mēnoeidēs gar dia to chōrion hē taxis ēn(意为"因为[他们的]队形呈月牙形,由于他们所在的地方"),绝大多数现代校勘者会采纳后面那种读法(5.2.13[译按]Ambler的英译本也采用后面这种读法)。

此处的要点并非在于希腊人的"队形"(taxis)是"月牙形的"(mēnoeidēs),而在于希腊人队伍中的"混乱骚动"(taraxis)难以控制或是"一致的"(monoeidēs)。粗心的修正和过分依赖较差的抄本F和M,损害了卷五第二章的文本。读者一定得记着,卷五第二章记述的是这支军队的"衰落",既有军事上的衰落,也有其他方面的衰落。因此,我们看见只有一名希腊百夫长攀上栅栏(即斯图姆法利亚人阿伽西阿斯),并且他还必须"拽上"另一个人一起(helkō,5.2.15,据最优的抄本C、B、A和E,对比4.7.8–14)。

我还认为,那个诚然未经证实的hupolochos的确是原文如此,我相信该词是一个带玩笑意味的新造词:"在下面的分队"(hoi hupolochos,under-troops)是"躲起来的分队"(the-troops-that-hide),即"懦夫"(5.2.13,见于最佳的抄本)。因此,我相信下面这句话遭到了误解,"那些认为自己并不比那些在下面的分队更差的人",这肯定不是表扬话(5.2.13)。

与这种解释一致的是,请注意传令官托尔密德斯(Tolmidēs)出现在这个片段(5.2.18)。托尔密德斯(意为"勇者之子"[The-Son-of-Daring])在《上行记》出现过三次。托尔密德斯每次出现的时候,希腊人都处于惊恐状态(同参2.2.19–21,3.1.46)。

大体而言,最佳的抄本C、B、A和E保留了重要段落的原本读法:在5.2.21处,我们应该读作sathrous(剔除"无战斗力的士兵"),而不是读作staurous(移走"木栅栏");在5.2.22处,我们应该读作apotharreīn("重获信心"),而不是读作apochōreīn("撤退")。在这些"无战斗力的士兵"被剔除后,少数优秀之人"重获信心"。

矢和石弹，一些人甚至投掷火把。猛攻之下，敌人放弃了栅栏和木制塔楼。这个地方看上去就要被攻下。阿伽西阿斯特有的勇敢暂时确保了希腊人的胜利(5.2.15)。

然而，战斗远未结束。这只是第一阶段而已。希腊轻盾兵和轻装兵冲进城堡，劫掠了他们能够抢到的任何东西。色诺芬则站在门口，尽自己能力将尽可能多的重甲兵拦在门外，因为其他占据着难攻的高地的敌人也出现了。过了一会儿，里面传出一阵喊声，还在里面的希腊人开始往外逃。一些人紧紧抱着他们抢到的东西。很快又有其他受伤的人逃出来，门口处挤作一团。冲出来的人报告说，里面还有一座堡垒，并有许多敌人，这些敌人从堡垒冲出来，不断用投物攻击里面的希腊人。

> 那时，色诺芬命令传令官托尔密德斯宣布：凡是想抢东西的人都进去。许多人便冲向里面，那些向里面蜂拥而去的人(即大多数希腊重甲兵)压制住了那些正在冲出来的人(即大多数希腊轻装兵)，并且再次把那些敌人堵在堡垒之内。希腊人将堡垒外面的所有东西都劫掠一空，然后运走了。(5.2.18–19)

因此，这场战斗的第二阶段又以希腊人的胜利结束。然而，这一次胜利靠的并不是少数好男子汉的德性，而是因为许多重甲兵对掠夺物的渴望。这意味着什么呢？当传令官托尔密德斯宣布"凡是想抢夺东西的人都进去"时，这支负责获取给养的队伍就变成了一群掠夺抢劫之徒。这次出征的性质变了。所有人都可以保留他们能够抢到手的东西，[188]换言之，公共目标已经遭到抛弃：希腊人现在是作为一个由贪婪的个体组成的集体在行动，这些个体关心"公共事务"的能力连同他们的军纪和战斗精神一起在衰退。① 尽管最终强行从德里莱人手里夺得了大量战利品,但这支军队自身却什么都没有得到。② 希腊人在战斗的第二阶段获胜的原因便清楚了:色诺芬用"抢劫"替换了"获取给养"。这位苏格拉底式的王抹消了他自己一直坚持做出的区分。③ 他有能力保全公共的好,但代价是牺牲正义,公共的好本身沦落为个人私利的总和。考虑到希腊人当时的军纪状况和战斗精神,他们可能无法以其他方式获胜,但这样获胜的代价是清楚的。

这场战斗的第三即最后一个阶段充分显示出,万人军的行进给滂沱斯当地居民造成了怎样的影响:

> 重甲兵手持武器停下来,有些列于栅栏旁,有些列于通往里面堡垒的路上。色诺芬和他手下的百夫长正在考察是否可能攻下这座堡垒:如果可以攻下的话,就可以确保他们的安全,否则的话,他们的撤退看上去非常艰难。然而,经过一番考察,似乎根本不可能攻下这座堡垒。这时希腊人开始准备撤退,每支连队都开始剔除他们中间无战斗力的士兵。他们打发走那些无用之人、负重之人和多数重甲兵,每位百夫长都留下自己信任的士兵。当他

---

① 请注意,在那些必须剔除掉的无战斗力的士兵中,处于中间位置的是"那些拿着大堆战利品的人"(5.2.21)。

② 请琢磨记述这次攻击的最后一句话:第二日(也就是攻击德里垒人之后的那一日),希腊人外出,以获取给养(5.2.28, apēesan... es ta epitēdeia,见于抄本C、B、A和E,强调符号乃笔者所加)。现代的校勘者一致拒绝介词es("以"[获取给养]),他们认为这说不通:既然希腊人已经从德里垒人那获得了给养,为什么还需要去获取给养呢? 其实答案就是他们并没有得到给养。士兵个人得到了战利品(leia),但军队自身没有获得给养(epitēdeia)。介词es诚然令人惊讶,它只见于那些最佳抄本,为原文所有,反映了这一章的中心思想。

③ 5.1.6—8,参本书英文版页182原注4。

们开始重获信心时，许多敌人手持柳条盾和矛，身着护胫甲，戴着帕弗拉戈尼亚式头盔，冲出来攻击他们。另外一伙敌人则爬上通往内堡的道路两旁的房子上，这样一来，希腊人就连在通往内堡的各个口子处追击敌人也不安全了。因为敌人正在从上面［朝希腊人］砸下巨大的木头，结果希腊人留退两难。可怕的是，黑夜正在来临。

正当希腊人一边战斗一边不知所措时，诸神中的某一位赐给他们保全之计。因为右边的一座房子突然燃烧起来，有一个人点燃了它；房子塌陷时，[189]敌人都从路右边的房子里逃了出来。色诺芬偶然得知这一情况后，便下令希腊人把路左边的木头房子也点着，结果这些房子很快就烧起来了。敌人也从这些房子里逃了出来。现在只有正前方有敌人仍然在困扰着希腊人，他们显然会在希腊人撤退和下行时攻击希腊人。这时色诺芬就在此处下达命令：所有位于弹矢射程之外的人都要搬来木头，放在他们自己与敌人中间的地方。木料一够，他们便点燃这些木头；他们还点燃了栅栏旁边的房屋，这样，敌人可能也会忙于处理这些。

希腊人在敌我之间的地方点火后，才吃力地从这处堡垒脱身。整座城都烧毁了，房屋、塔楼、木栅栏以及除堡垒以外的所有其他东西。(5.2.19–27，安伯勒英译文，我稍作修改)

在战斗第一阶段，胜利凭借德性或英勇获得，而在第二阶段，则凭借被释放的贪欲获得。但如若没有色诺芬从机遇（或者从"诸神中的某位"？）那里学习的能力（manthanō，5.2.25），那么，直到最后都陪在他身边的少数优秀男子汉就会遭受灭顶之灾。这位苏格拉底式的王通过毁灭德里莱城，救下了这些有德之士。

让我们暂时离开这悲惨的场景，思考这次出征的结局。因为卜士

之前曾预言(我们还记得)"结局将是高贵的"(5.2.9):

> 第二日,希腊人外出以获取给养。由于惧怕下行至特拉佩宗忒的路程——因为下行的路既陡又窄——希腊人便假装进行埋伏。一个生于米索斯(Mysos)、名字也叫米索斯(Mysos)的人,带领十名克里特人留在一处植被茂密的地方等待,伴装企图避免让敌人发现。然而,他们的盾是青铜做的,会时不时地闪烁一下,敌人见此情景,便害怕有伏兵。大部队便趁机下山。当他们看上去下行得足够远时,这个米索斯人收到了全力逃跑的信号,他便起身逃走,那些与他在一起的人也这样做。其他的人,也就是克里特人——因为他们后来说自己在奔跑中被赶上——便从道路冲进树林里,滚下山谷,这才保全了性命。这个米索斯人一边沿路逃跑一边呼喊求援。他们的确帮了他,并且搭救了这个负伤的人。然后,救下这个米索斯人的那些人开始以步行速度撤退——即使正在遭受敌人的射击——一些克里特人射箭还击。他们所有人就这样安全返回营地。(5.2.28-32,安伯勒译文,我稍作修改)

[190]"一个生于米索斯、名字也叫米索斯的人",统领十名克里特人打埋伏。为了理解这个有趣的情节,请回想一下,希腊人常因米索斯人的胆怯和缺乏战斗精神而鄙视他们,这在希腊人中间是众所周知的。而我们的这位米索斯人——可谓卓越的米索斯人①——相比于匆忙冲进树林才捡回一命的那十个克里特人,他的举动就像一名英

---

① 根据Dillery的观点,"这位卓越的米索斯人的名字即便真实,也是罕见的……"。见Dillery, "Introduction", in *Xenophon: Anabasis*, p. 399, note 7。确实如此。

雄。①说句公道话,那些克里特人是因为快被敌人赶上才那么做的——或者说他们就是这么说的。不过当然了,克里特人的善于说谎也是众所周知的。②

很难用比这更文雅的方式来表现万人军好战精神的衰落了。他们"所有人都安全返回营地"(5.2.32),这自然是色诺芬在赞美十分丢人的一天时所能说出的最文雅的话。回想起这次出征不那么高贵的结局,回想起在战斗的第二即中间阶段的关键时刻,希腊重甲兵"赢了"他们自己的轻装部队这一事实,色诺芬重新命名了这支军队遇到的敌人(5.2.18)。从词源上讲,"德里莱"(Drilai)这个名字的意思是"[隐藏在]林中的一群士兵"(drios-ilē)。③万人军变成了他们自己最危险的敌人。

---

① 作者明确地将这个米索斯人描述为一个"男子汉"(anēr,5.2.29)。并非每一位米索斯人都如此幸运,见6.1.9-13。

② 这支军队中的克里特人可是杰出的奔跑者,见4.8.27!

③ "一群士兵"这个单词(ilē,其主格复数是ilai)出现在1.2.16;同参《居鲁士的教育》6.2.36和《拉刻岱蒙政制》2.11。据我所知,drios(树林、灌木丛)这个单词很罕见,没有在色诺芬的作品中出现过,但请思考荷马《奥德赛》的14.353或赫西俄德《劳作与时日》530行,同时请对照色诺芬反复提到的"茂密的地方"(lasiō chōriō: 5.2.29)或"树林"(hulēn, 5.2.31)。"德里莱"的真实名字很可能是桑尼(Sanni),参Dindorf, *Xenophtis Expeditio Cyri, Ex Recensione Et Cum Annotationibus*, p. 221, note. 1 和 Chambry, *Xénophon: L' Anabase, Le Banquet, L'Economique, De La Chasse, La République des Lacédémoniens, La République des Athéniens*, Traduction, notices et notes, Paris: Garnier-Flammarion, 1967, p. 492, note. 102。

5.2 希腊礼法、莫绪诺齐亚礼法与自然

> 参孙说:"您说得对呀。不过,诗是诗,纪事是纪事。诗人歌咏的是想当然的情节,不是真情实事。史家则不然,他记载过去的一言一行,丝毫不能增减。"
>
> 塞万提斯,《唐吉诃德》(下),第三章①

考虑到万人军不情愿遵守他们自己投票通过的法律或法规,又鉴于劫掠对他们具有强烈的吸引力,希腊礼法作为道德约束与军队内部团结力量的源泉,就变得愈发重要。[191]尽管私利和族群差异②在进一步撕裂这支军队,但希腊人还是拥有某种共同的希腊遗产,严格说来,大量伦理观念和伦理判断将他们凝聚在一起。③

卷五余下部分的相当篇幅,都在分析这位苏格拉底式的王如何努力统合或调和希腊礼法与安全和利益。我将在下一节即第三节思考这一主题。为了准备好下一节的绎读,当色诺芬"离题"时,我必须跟随他。《上行记》接下来的两章对于这部作品的论证的作用在于厘清希腊礼法是什么(5.3–5.4)。色诺芬概述了这些礼法规定的义务,还分析了这些礼法与自然(phusis)的关系。因为,如果希腊礼法纯粹是习俗性的,由它们所规定的义务也就相应地被拉低。

---

① [译按]中译文参塞万提斯,《唐吉诃德》(下),杨绛译,北京:人民文学出版社,1978,页26,略有改动。

② 对比5.5.5与4.8.25–28两处描写的节庆和运动赛会。

③ 希腊礼法变得越来越重要,与之相伴,卜士和献祭也变得更重要:见5.2.9,5.4.22,5.5.2–3,5.5.5–6,5.6.16–18,5.6.28–29,5.7.35。

因此，接下来的两章结构如下：卷五第三章在关于斯基卢斯（Skillous）的著名"离题话"中概述了希腊礼法；卷五第四章几乎与前一章同样出名，概述了莫绪诺齐亚人的礼法与习俗，在参加这次军事行动的人看来，莫绪诺齐亚部族是"他们遇到的最野蛮的人"，也是"与希腊礼法相去最远的人"(5.4.34)。因此，第三章和第四章构成的这幅双联画就是在对比中展开研究：作者将我们从希腊主义的高峰抛入野蛮性的低谷。然而，细心的读者很快就发现，希腊礼法与莫绪诺齐亚礼法并非完全相左，而是比乍看上去有更多的共性。此外，这两类礼法在政治卓越与道德卓越的光谱上确实分立于两端，就此而言，这两者之间的分离并非总是在礼赞希腊礼法更大的荣光。随着我们向前推进，这一点会变得清楚明了。一旦完成了我对希腊礼法的分析（本章第二节），我便会回过头去分析卷五的主导性问题：这位苏格拉底式的王如何努力统合或调和正义与安全和利益（本章第三和四节）。

* * *

凯里索弗斯履职迟迟不归，他们搜集到的船只又显得太少，并且再也无法从当地获得给养，此时希腊人决定离开特拉佩宗忒。病弱者和老人可以登上现有的船只（还有女人和孩子），[192]但剩下的人必须前进。路已经重新修整过。①第三天，他们到达克拉苏斯（Kerasous），这是一座滨海之城，也是希腊的西诺佩人的殖民地。他们在此停留十日，举行了一次全副武装的检阅式，还清点了人数，共有八千六百人。"这些人得救了"，色诺芬相当明确地说(5.3.3)。②

---

① 5.3.1，对比 5.1.13—14。

② [原注32]色诺芬这么早就宣称希腊人获救了，很是令人奇怪。因为不久之后万人军就遭遇了最惨烈的一次失败，不下五百人被杀(6.4.23—27；对比5.6.12—13，5.6.32—33，6.1.29，6.3.1—9，6.3.17，7.2.5—6)。色诺芬在此是采用

第三章余下的篇幅都是关于斯基卢斯的离题话(5.3.4-13)。这段内容出现的机缘如下：色诺芬在克拉苏斯受委托接管一大笔钱，他现在必须解释用这笔钱做了什么。①

一种纯粹形式上的"得救"标准么：既然万人军已经到达海边，就可以说他们已经"得救"，尽管以后还会继续损兵折将？然而，假若接受这种解释，那色诺芬为何不在特拉佩宗忒就宣称希腊人"得救"，毕竟这支军队是在那里首次到达海边的？色诺芬这次宣称得救，要么早得令人奇怪，要么晚得令人奇怪。

为了理解这个"失误"想要暗示什么，请细察以下事实：第一，这支希腊军队接连到达三座沿海的希腊城市，三座城都是西诺佩这个大城的殖民地。第二，这支军队在第一座城即特拉佩宗忒举行了感恩献祭(4.8.25)，又在第三座城即科图奥拉城举行了感恩献祭(5.5.5)，但没有在第二座城也就是中间那座克拉苏斯城举行感恩献祭。这些献祭清楚表明，各部队相信他们的得救乃诸神所赐。第三，中间的那座克拉苏斯城见证的不是感恩献祭，而是一次全副武装的阅兵式(5.3.3)。第四，正是在克拉苏斯城，色诺芬以自己的名义宣称希腊人已经得救——这个"失误"暗示出色诺芬在宣称万人军得救的原因。

① ［原注33］我相信，卷五第三章也概述了色诺芬在上行之后的生活的主要阶段。他的叙述次序暗示出如下的事件次序：

（1）上行之后，他暂时回到希腊，并且将献给阿波罗的还愿供奉物存入雅典人在德尔斐的宝库，当时他尚未遭到雅典流放。我们看到色诺芬在《上行记》的末尾(7.7.57)准备回家。

（2）感受到雅典人对他的敌意后，色诺芬又返回亚细亚，因为雅典人把他看作雅典城新近的敌人居鲁士的朋友和苏格拉底圈子的成员。雅典人已经在公元前399年处死了苏格拉底，就在上行结束前的几周或几个月。然而，色诺芬没有亲历这场审判，《苏格拉底在法官面前的申辩》（第1节）和《回忆》(1.1.1)都可以证明这一点。

（3）色诺芬再次加入居鲁士雇佣军的残部，跟随斯巴达人提布戎(Thibron)、德尔居里达斯(Derkulidas)和阿格西劳斯在亚细亚征战（对比《希腊志》3.2.7)。

（4）色诺芬第二次返回希腊（这也是他最后一次返回希腊，以后都待在希腊），站在斯巴达这一边，与雅典人在克罗内亚(Koroneia)交战（公停留在克拉苏斯城期间,万人军瓜分了出售俘虏得来的钱,但留出了献给阿波罗和以弗所的阿尔忒弥斯的十一捐。这十一捐被委托给众将领——每位将领保存了一份圣款。但色诺芬用他的那份圣款做了什么呢?

色诺芬告诉我们,他用这份圣款中属于阿波罗的部分来作还愿供献。他将供献放在雅典人在德尔斐的宝库中,刻上他自己和普罗克色诺斯的名字,普罗克色诺斯一直是他的客友(5.3.5)。几年后,在他返回希腊后,色诺芬才献上属于阿尔忒弥斯的那一份(显然款额更大)。色诺芬用这笔钱在奥林匹亚附近的斯基卢斯为女神购买了一块圣地。这位神向他指示了确切的地点。[193]塞里努斯(Selinous)河流经这块圣地,色诺芬说,在以弗所的阿尔忒弥斯神庙旁,也有一条名为塞里努斯的河流,两条河都有鱼和贝类。①斯基卢斯的这块土地有很多可猎捕的动物。色诺芬用一部分圣款建造了一座祭坛和一座庙宇。后来色诺芬一直都将田地上的时令果实的十分之一献给这位女神。所有当地的

元前394年)。

(5)色诺芬被雅典人流放,斯巴达人将他安置在斯基卢斯。

上述的事件次序表明,色诺芬之所以遭流放,是因为他在克罗内亚与雅典人交战,而非因为他与居鲁士结交。请同时对比阅读5.3.7与5.3.6:色诺芬从"危险"(kinduneuō)中被救出,这在某种程度上既使他得以"逃脱",又导致了他的"流放"(pheugo)。对比Flower,*Xenophon's Anabasis*, *or The Expedition of Cyrus*, p. 24。色诺芬遭流放的时间和原因是个棘手的问题,参Tuplin对各家观点的梳理,见Tuplin, "Xenophon's Exile Again", in *Homo Viator*: *Classical Essays for John Bramble*, edited by M. Whitby and P. Hardie, Bristol: Bristol Classical, 1987, pp. 59-68。

① 据最佳抄本C的读法,这两条河的名字并非完全一致:斯基卢斯这条河的名字是Elinous,以弗所那条河的名字是Selinous。

居民和邻近地区的人,男人和女人,都会来参加这位女神的节庆:

> 这位女神为住宿之人提供大麦片、小麦面包、酒、干果以及一份来自神圣畜群的祭肉,还有那些打猎打到的动物的肉。因为色诺芬的儿子①和其他公民的儿子那时经常为了这种节庆进行狩猎,那些乐意参加狩猎的人都可以加入。他们从这片圣地猎获野猪、瞪鹿和鹿,也从福洛[山]上猎获这些野兽。此地位于人们从拉刻岱蒙前往奥林匹亚要行经的道路边,距奥林匹亚的宙斯庙大约二十希腊里。在这片圣地内,既有草地,又有长满树木的山丘,足以喂养猪、山羊、牛和马,因此甚至那些前来过节之人的驮兽也可以饱餐一顿。这座庙宇周围栽种的是一小片果树,出产很多甜甜的应季果子。这座庙宇与以弗所的那座相仿,不过一者小,一者大;神像也与以弗所的那尊相似,不过一者为柏木,一者为金。这座庙旁竖立着一块石碑,上书:此乃阿尔忒弥斯的圣地,占用此地并享用其果实者必须每年供奉十分之一,[194]必须利用过剩部分修缮庙宇。如有不照此行事者,女神自会处置。(5.3.9-13,安伯勒译文)

这种祥和的田园生活和虔诚的礼敬构成一幅动人的场景,长期以来令学者们困惑不已。为什么色诺芬要以这种方式离题而且离题那么久?然而,他们之所以无法解释这个场景,是因为没有关注《上行记》的论证。我已经表明,这一场景旨在简要描述希腊礼法。更确切地说,这个场景最重要的目的是简要描述希腊礼法。而它最明显的意

---

① 既然色诺芬那些青春期的儿子已年长到可以打猎了,很明显,这段内容勾勒的是很久之后的事情。因为上行时色诺芬还没有孩子(7.6.34)。我相信,这个事实证明,《上行记》出版于这次远征结束多年之后,甚至是二三十年后。

图是申辩。①

现在就让我们来思考希腊礼法规定的各种义务,以及更一般而

---

① [原注37]色诺芬必须解释他用这笔圣款干了什么。因为在献上这笔圣款时,色诺芬是以万人军统治者的身份在履行其最后的职责。因此,这段内容是在回应一个严厉(尽管含蓄)的贪污指控。值得注意的是,这段文字展示出色诺芬如何统合高贵与好(《回忆》3.8;《会饮》第五章)。但这段内容在次要意义上也有申辩的意图。色诺芬在卷五第三章承认——在《上行记》中属首次——他从亚细亚返回后就遭到雅典人流放(5.3.7)。因此,他描绘的关于希腊礼法的动人画面——还有他自己对这些礼法的遵从——都旨在缓和他承认自己遭流放所产生的影响。色诺芬可能是一个糟糕的雅典人,至少雅典人曾这么认为,然而,他对希腊主义的遵从是无可置疑的。

卷五第三章的这幅动人场景,插在卷五一长串令人沮丧的事件之间。请特别考虑5.7.13-35,这段内容记述的事件实际上发生在克拉苏斯。但色诺芬在卷五第三章并未提及此事,因为色诺芬不希望玷污"一幅展现出希腊人的虔敬和主客之道(Xenia)的理想场面",正如Dillery准确指出的那样,见Dillery, *Xenophon*: *Anabasis*, p. 403, note 18。

Masqueray指出,5.3.10处提到福洛山(Mount Pholoē)已经被认为是一个笔误,因为这座山距离斯基卢斯太远,因而不可能是一处好的狩猎场地,见Masqueray, *Xénophon*: *Anabase*, vol. 2, p. 184, p. 59的注释。但这种批评忽略了一种情况,即福洛山是福洛斯(Pholos)的居住地,福洛斯是个智慧的马人,他因为与一名客人分享了马人共有的酒而变得不幸。而且福洛斯当然是西勒涅(Silene)的儿子。色诺芬可能认为自己是个智慧的马人,这一点在《狩猎术》中也有所体现。

《狩猎术》一开篇讨论了刻戎(Cheiron)如何因为他的正义从诸神那里获得"狩猎"的天赋,又如何变成教授"狩猎"和其他高贵事务的教师。刻戎有许多学生,他们后来变得德性超群,包括阿基琉斯、奥德修斯,尤其是帕拉梅德斯(Palamedes),他在智慧上超出其同时代人(《狩猎术》1.1-2, 1.11,对比《回忆》4.2.33)。但在《狩猎术》里,当然是色诺芬在教授狩猎。临近作品的末尾时,色诺芬讨论了自己的教育意图和教育方法(即第十三章)。他告诉我们,他写作的意图是想让年轻人变得"智慧且好"(《狩猎术》13.7)。在这方面,请思考马基雅维利在《君主论》(第十八章)中关于刻戎的说法。

言,思考希腊礼法视之为高贵的(那些)活动或生活方式。

虔敬是此处田园生活方式的核心。至于在哪里购买地产,色诺芬获得了阿波罗的指引。[195]而这片土地之所以神圣(hieros),因为它属于阿尔忒弥斯(5.3.10)。① 这里土壤肥沃,还有很多猎物,为此要感谢这位女神。色诺芬从大地的慷慨施予和神圣的畜群中挑选出每年例行的什一贡,他还维护着一座神庙和祭坛。阿尔忒弥斯的慷慨包含着报恩的要求,女神的慷慨使色诺芬自己的慷慨成为可能。因为在数量众多的节庆期间,他都会献上什一贡和祭牲。男人与女人都参加节庆,尽管根据推崇男主外、女主内的希腊礼法,两性之间的自然差异仍得到保留或被夸大。② 狩猎尤其是男人的专属。③ 因为除了能捕获新鲜的野味之外,狩猎还是战备训练,可以增强身体和灵魂的力量。狩猎是德性方面的训练。因此,希腊礼法致力于培养活力与男子气,没有了活力与男子气,作为希腊之特征的共和式生活方式便无法长久。④ 第三章提到了奥林匹克竞技会,这再合适不过了,因为这一竞技会既促进又展现了希腊礼法的一些教育成果:活力、勇敢、热爱竞争、礼敬诸神(5.3.7)。⑤ 运动员裸身参加这些运动项目,即他们摆脱了穿衣的习

---

① 在这短短的一章中,形容词hieros及其同源词出现了六次。

② 这种礼法认为,高贵的做法是在夫妻之间进行某种相当精确的劳动分工,见《治家者》第七章,特别是第30节。

③ 尽管狩猎活动的守护神是一位女性,即女神阿尔忒弥斯,情况也依旧如此。也请琢磨《狩猎术》的最后一句话。我认为,它一定程度上反映出色诺芬的如下观点:最高形式的"狩猎"没那么富有男人气。

④ [原注41]《狩猎术》第一章第12-13节及其他多处;《居鲁士的教育》1.2.10-11。然而,《上行记》5.3处描述的狩猎活动猎捕的主要是无害的动物:"野猪、瞪鹿和鹿"。对比本书第四章,英文版页170原注43。

⑤ 色诺芬在概述希腊礼法的这一章宣称希腊人"得救"了,这也并非偶然。他以此暗示希腊礼法对这一结果有贡献。

俗;就此而言,他们代表着希腊礼法的一个主张——赞扬或规定一种完全遵从自然的生活方式。最后一点,色诺芬对阿波罗的还愿献祭使我们想起主客之道(xenia)的惯例,使我们想起希腊礼法要求各城邦在德尔斐保留一座宝库(thēsauros)。有大笔的钱献给那里的神,因为不只个人应该报恩,各个城邦也应该报恩(5.3.5)。如果有人不履行报恩义务,"这位神自会处置"。

卷五第三章所勾勒的田园生活对色诺芬有吸引力,他在相当程度上过的就是这种生活,对于这一点我们没有充分理由去怀疑。举例而言,狩猎就相当合《狩猎术》("论带着猎狗狩猎")作者的胃口。①

---

① 同样值得注意的是,在这一段里——他只在这里讨论了他在上行之后的生活——色诺芬强调了这种生活的私人性质。他丝毫没有提到他进一步参与的任何政治事件,尽管《希腊志》的许多场景都暗示出,在上行结束之后,他曾在亚细亚进行征战。在《希腊志》中,色诺芬从未将自己描写成一个政治参与者,尽管我相信他在《希腊志》3.2.7说的就是他自己。

我认为,色诺芬在《希腊志》中沉默不谈他的政治生活的主要原因在于,他想让他的读者依据《上行记》而非《希腊志》来判定他看待政治生活的立场。因为他在上行结束之后的政治参与,至少在很大程度上是偶然的或并非出于自愿。他无法回家,因为他遭到流放。他后来的政治活动——虽然不算多——起于下面这个事实:异乡客的生活到处都行不通(《回忆》2.1)。我会补充说,色诺芬在一部以"希腊事务"为主题的著作中不点名道姓地提到自己,这很可能并非偶然:在最重要的那些方面,色诺芬显然不是"希腊人"(Hellene)。

关于这一点,请注意,色诺芬在《上行记》中一贯称万人军为"希腊人"(the Hellenes),但在《希腊志》中,他很少这样称呼他们。相反,他在《希腊志》中用的叫法是"居鲁士的人"(the Cyreans)或"居鲁士的军队"(the Cyrean army)(见3.1.6,3.2.7,3.2.18,3.4.20,也参看6.1.12,对比3.1.2)。色诺芬甚至有一次将"居鲁士的人"说成一支"外邦"(xenikos)队伍(4.3.15和4.3.18;3.4.20可以证明这支"外邦"队伍就是居鲁士的军队)。这种称呼的变化意味着什么?要解答这个问题,我们需要先阐释,在"希腊事务"的语境下,作为一名"希腊人"意味着什么。

[196]然而,这个事实并不证明色诺芬是希腊礼法的信徒。毕竟,希腊礼法规定的那些义务,以及希腊礼法称之为高贵的(那些)活动或生活方式,要么属于虔敬的范围,①要么为虔敬所支持。②而我们在拙著第三章已经看到,色诺芬本人的虔敬并非毫无疑问。此外,卷五第三章没有提到我们从色诺芬本人著作中得知的他在成熟期的那些活动:哲学性的反思和写作。③斯基卢斯的情景是对色诺芬后来数年生活的一种记述,这种记述很大程度上要归于技艺(an account of

---

① 例如,献祭、祈祷、存放在德尔斐的东西、占卜和每年一度的各种节庆。
② 例如,农耕的各项活计、主客之道、共和式自由、夫妻之间的劳动分工。希腊礼法称赞夫妻的劳动分工是高贵的,关于这种分工背后的神圣支撑的重要性,见《治家者》第7章以及Bruell的文章:"Strauss on Xenophon's Socrates", *The Political Science Reviewer* 15 (Fall): 263–318, 1984, pp. 289–294。

根据伊斯霍马霍斯的观点,某些工作依照自然就是男人更有能力完成的,另一些工作则是女人更有能力去做。法律同样也赞美这些任务。不履行这些任务,或者男人去干女人的活计,都"可能"受到神的惩罚(7.30–31)。但我们必须得问,倘若自然确实支持这种劳动分工,那为何还需要表扬和惩罚呢?法律所赞美的劳动分工,其好处并非无可置疑,尤其对妻子而言。

③ 有趣的是,卷五第三章是《上行记》中唯一含有引文的一章,尽管只是引自一块石碑(5.3.13,对比7.5.14)。当然,这一章强调的是色诺芬的"狩猎"活动。斯基卢斯情节的其他特征容易让我们更怀疑色诺芬对希腊礼法的忠诚。请思考Hirsch的说法:

> 他在上行期间了解到波斯人的惯例,这对他有影响,有一个确切的例子可以表明他如何受其影响,那就是他从亚细亚返回之后在斯基卢斯的地产上建成的狩猎园。他在《上行记》(5.3.7–13)中对这座园子的描述让人想起别处所描述的波斯猎苑……(Hirsch, *The Friendship of the Barbarians: Xenophon and the Persian Empire*, p. 153, note 11)

Dillery也持相同观点:"以弗所的阿尔忒弥斯庙(Artemis Ephesia)在希腊大陆的其他地方是从来都找不到的",见*Xenophon: Anabasis*, p. 404, note 19。

Xenophon's later years that owes much to art）。[197]为了理解色诺芬如何评价希腊礼法,我们必须思考莫绪诺齐亚人的礼法和习俗(5.4)。

* * *

莫绪诺齐亚人的名字由来是因为他们住在木房子或木楼里(mossun-oīkos)。他们是居于室内者。因为这个部族的男子待在室内的时间并不比女子少,故而他们的肤色与女人一样苍白(5.4.33)。①这里的男子不狩猎。莫绪诺齐亚人以谷物尤其是以坚果为食,将谷物烘焙成面包条。他们保持着早期的素食生活。②尽管他们生活在城里,过的并非游牧生活,可还是受那些最初的王者统治,对技艺所知甚少。③他们杀死敌人后会肢解其尸体,目的是不让敌人得到适当的安葬(5.4.17,对比5.3.5)。莫绪诺齐亚人的军事队列反映出他们缺乏勇敢的那种习气。行进中的战士被比作"按韵律唱歌"的"歌队舞者"(5.4.12,5.4.14)。他们用插着羽毛的头盔来装饰军队,这种头盔像极了波斯头巾,头盔中央还有一绺头发,盾牌像常春藤叶子的形状(5.4.12–13)。战士们就像酒神节上的舞者。④他们的胸甲与装铺盖的麻袋一样厚,他们的矛很长,一个人几乎都没法拿(5.4.13,5.4.25)! 莫绪诺齐亚战士更多是在家里表演,而不是在战场上。无怪乎当万人军

---

① Brulé正确地评论说,"关于莫绪诺齐亚人的整段文字富有希腊女性的特征",见Brulé,"Un nouveau monde ou le même monde?", p. 18。这种观点得到了《希腊志》(3.4.19)和《阿格西劳斯》(1.28)的证实。

② 正如我在文中表明的那样,5.4.28处提到的"海豚"有宗教上的重要性,而非饮食上的重要性。

③ 请琢磨色诺芬关于他们的独木舟的描写,见5.4.11–12。

④ 常春藤的希腊文是kissos或者kittos:对比阿里斯托芬《地母节妇女》988行;欧里庇德斯《酒神伴侣》81行。

用心作战时，就能完胜这些跳着舞的战士。①

[198]殷实的莫绪诺齐亚人将他们的孩子养得闲散慵懒。希腊的男孩们要操练狩猎(5.3.10)，更不用说体育锻炼和运动比赛了(对比5.3.7)，而殷实的莫绪诺齐亚人的孩子——既包括男孩，也包括女孩——则与希腊的男孩不同，大人在室内用烹煮过的坚果将他们养得肥嘟嘟的(5.4.32)。作者对他们的描述是：

> 相当细嫩、白皙，身高与体宽几乎不相上下，后背还饰以许多颜色，他们的前身也刺满了花纹。(5.4.32)

尽管是不可否认的蛮人，但莫绪诺齐亚人并非生活在"自然状态"。他们也有礼法。例如，他们试图与希腊人的那些妓女公开交媾，"因为这是他们的礼法"(nomos, 5.4.33)。一般而言，莫绪诺齐亚人若

---

① [原注51]万人军与莫绪诺齐亚人之间的军事冲突可以简要概括如下。希腊人到达莫绪诺齐亚人的边界，请求获准以朋友的身份通过。莫绪诺齐亚人拒绝了，他们相信自己的堡垒。于是，希腊人与住在西边更远些的莫绪诺齐亚人结为盟友，他们是近处这些莫绪诺齐亚人的敌人。尽管并非没有遭遇困难，但在盟友莫绪诺齐亚人的帮助下，希腊人打败了这些更近的莫绪诺齐亚人。后来，几十个不守军纪的士兵在一次倒霉的劫掠中被击溃，希腊人遭遇了这次交战过程的第一次失败(5.4.16)。希腊人发起第二次进攻，这一次组织得更加有序，取得了胜利(5.4.22-26)。希腊人占领了他们的主城，此事标志着莫绪诺齐亚人彻底战败。希腊人是在献祭并获得吉兆后才发起第二次进攻的(5.4.22)。为了防止出现临阵脱逃现象，"最精锐的重甲兵"(tous tomōtatous tōn hoplitōn)被安排在纵队后面不远的地方，这很可能是色诺芬安排的(5.4.22)。这种令人产生联想的抄本读法——让人想起了刀刃的锋利——只见于那些最佳抄本。大多数现代校勘者都拒绝这种抄本读法，因为他们未能恰如其分地注意到《居鲁士的教育》的四处文本：3.2.5-6, 3.3.41-42, 7.1.34，最重要的是6.3.26-27。[译按]对勘本书第六章，英文版247页原注92。

在一群人之间，就做别人私下才做的事情，单独一人时，就做别人在一群人当中时才做的事情。他们与自己交谈，对着自己笑，还跳舞——又是跳舞！——碰巧跳到哪里就在哪里停下来，好像在对着别人表演（5.4.34）。最后一点，在概述莫绪诺齐亚人的礼法与习俗时，作者一次都没有提到诸神或虔敬，这与斯基卢斯那里的场景形成鲜明对比，就好像野蛮的莫绪诺齐亚人以某种方式受到了"启蒙"似的。当然，万人军不会以这种眼光看待莫绪诺齐亚人，"那些参加此次征战的人"都说，莫绪诺齐亚人是"他们遇到的最野蛮的人"（5.4.34）。

对莫绪诺齐亚人的描述直接关系到色诺芬对希腊礼法的评价。让我们从头开始。为什么色诺芬不以自己的名义公开赞同"那些参加过此次征战的人"（5.4.34）关于莫绪诺齐亚人的负面评价呢？① 他比这支军队更加同情这些野蛮人么？他暗示说，莫绪诺齐亚人在一些方面与希腊人相像。比如说，当希腊人劫掠莫绪诺齐亚人的地盘时，他们发现了一些盛着海豚油脂的罐子，色诺芬强调，莫绪诺齐亚人用这种东西"就像希腊人用橄榄油"（5.4.28）。希腊人是在锻炼期间和锻炼之后用橄榄油涂身的——莫非莫绪诺齐亚人并不像看上去那样缺乏男子气或不活动身体？看上去是这样。[199]他们可能甚至享有一定程度的政治自由，因为在希腊人中间，与橄榄的香气相伴的是自由的劳作和惯例（色诺芬《会饮》2.1-6）。

我们刚提到的希腊人与莫绪诺齐亚人之间的相似之处，尽管的确微不足道，却鼓励我们去探寻他们之间更重大的相似点。在探寻过程中，我们很快就会看到，色诺芬关于莫绪诺齐亚人的祖传面包的描述令人费解（5.4.27）。希腊人在莫绪诺齐亚人的房子里发现的东西，除了海豚油脂外，还有"库藏的小麦面包，一堆一堆的，莫绪诺齐亚人

---

① 对比色诺芬如何表达自己的看法，例如4.7.15处。

说，这些是他们祖先的库藏"(5.4.27)。可是，这些小麦面包的"祖先库藏"到底是什么呢？这些面包是一代一代传下来的，像可以吃的传家宝一样吗？可是面包不会坏吗？为了突显这个难题，色诺芬在下一句说到了"腌制的海豚片"。作者没提到与面包相关的任何防腐剂。① 实际上，这个难题如此明显、如此难以解决，以至于那些校勘者都动手修正原本保持一致的抄本。②我想提出更好的解决之道：色诺芬描写这种面包的意图，正在于勾勒出莫绪诺齐亚人正在"成堆成堆"地浪费面包。

为了能够理解我这条建议的意思，请注意，我刚译作"库藏"（thēsauros）的那个单词，与我在那段关于斯基卢斯的离题话里译作"宝库"（thēsauros）的单词是同一个单词，即在"雅典人存在德尔斐的宝库"这一短语里用到的那个单词(5.3.5)。③

---

① 色诺芬对面包的这种"出色的保存"未加说明，令Amigues困惑不已，她有趣地推测说，这部分很可能是因为"面粉的品质"：见Amigues, "Végétation et cultures du Proche-Orient dans l'*Anabase*", *Dans Les Pas des Dix-Mille: Peuples et pays du Proche-Orient vus par un Grec*, edited by P. Briant, Toulous: Presses Universitaires du Mirail, 1995, p. 73。Masqueray认为，这种面包是一种"军用饼干"。但即使是"军用饼干"，最终也会腐烂，见Masqueray, *Xénophon: Anabase*, vol. 2, p. 64, note 1。

② 各抄本上5.4.27处的读法是thēsaurous ... artōn ... patrious（祖传的小麦面包库藏），但Hude/Peters、Marchant、Couvreur和Brownson/Dillery将之校订为thēsaurous ... artōn ... perusinōn（去年的小麦面包库藏）。Masqueray、Dindorf和Gemoll的校勘本都保存了各抄本的读法。

③ thēsauros这个单词在《上行记》中只用过这两次。在其他文本中，色诺芬说到"库藏"或"库房"时，他用的是tamieīon，而非thēsauros（参《希腊志》5.4.6,《回忆》1.5.2,《论骑术》4.1）。《回忆》1.6.14和4.2.9显示出色诺芬视为真正宝库（thēsauroi）的东西是什么。

在《居鲁士的教育》中，thēsauros这个单词使用了不下九次，其中五次集同样要注意的是,形容词"德尔斐的"与名词"海豚"在希腊文中的写法可以是相同(delphis)的。色诺芬两次使用名词"海豚"时,之前提到了莫绪诺齐亚人的"面包库藏"(5.4.28)。[200]由于这种词源上的相似,那位德尔斐的神在这里被呈现为海豚。因此,色诺芬大体表达的意思就清楚了:祖传的面包库藏在莫绪诺齐亚人中间的功用,类似于德尔斐的宝库在希腊人中间的功用。那些祖传的面包是蛮人给他们的诸神的供献,正如德尔斐的宝库是希腊人给他们的诸神的供献。无论对希腊人还是蛮人,供献之物的用处都相同。因此,关于莫绪诺齐亚人的这一章并没有对诸神或虔敬保持沉默,尽管明显是以间接的方式提及诸神或虔敬。莫绪诺齐亚人比初看起来既拥有更多的自由,也更虔敬。就色诺芬将他们呈现为"受过启蒙"的样子而言,色诺芬关于莫绪诺齐亚人的描述只是一种夸张的描述。

面对这一分析思路,有人会提出反驳意见:色诺芬在《希腊志》以及别的地方都有维护不可侵犯的德尔斐宝库。倘若他对这些德尔斐的宝库持批评态度的话,他又怎么会维护它们呢?此外,如果色诺芬真的想要进行我们刚勾勒的那种招惹是非的对比,他为何如此遮遮掩掩呢?

中出现在居鲁士与克罗伊苏斯的一次短暂谈话中(8.2.15-23)。当时大居鲁士向这位被废黜的吕底亚统治者吹嘘说:"你看到了吗,克罗伊索斯,我也有许多宝库(thēsauroi)喔?"(8.2.19,强调符号乃笔者所加)大居鲁士的宝库是他的那些朋友,他们随时准备向他献上大量金子供他使用。为了理解"也"(kai)这个副词的言外之意,我们必须意识到,大居鲁士不仅仅是在将他的宝库与一度极其富有的克罗伊索斯的宝库进行对比(7.2.14,7.3.1),尤其重要的是,他是在对比自己的宝库与德尔斐阿波罗的宝库。克罗伊索斯之所以出现在这个场景中,是因为他本人与阿波罗的一场纠葛(7.2.15-28)。大居鲁士与阿波罗一样,有为他献上大量金子供他使用的"朋友",他是神般的王(Godlike King)。

读过色诺芬的读者一定会承认,色诺芬在其全部著作中曾几次为德尔斐的宝库进行辩护。①这些辩护之词用色诺芬的威望,全力支持这一称赞或者说要求人们在德尔斐存放财宝的希腊礼法。尽管如此,如果像近来一位学者那样,宣称色诺芬是"极其虔敬的德尔斐支持者",就是没有理解色诺芬是从什么样的角度出发,来为这些存放宝物的行为进行辩护的。②我已经在拙著第三章提出如下主张:色诺芬出于他视为德政(a politics of virtue)的前提条件和含意的那种东西,隐微地阐发他对虔敬的批评。德政部分立足于虔敬和虔敬行为之上,既然色诺芬是德政的捍卫者,他就认为自己有责任去捍卫虔敬和虔敬行为的核心并为之辩护,他可以偶尔纠正它,但在任何情况下都不公开攻击它。[201]由斯基卢斯与莫绪诺齐亚构成的这幅双联画,很好地展示出色诺芬写作方式的这一面。他避免公开批评德尔斐的宝库——他甚至将自己描绘成一个向德尔斐宝库致敬的人(5.3.5)——尽管他也暗中透露出对这种习俗做法的批评。色诺芬止于不动声色地暗示:一旦我

---

① 请思考忒萨利亚的伊阿宋(Jason)的经历(见《希腊志》6.4.27-32)。人们怀疑伊阿宋计划攫取德尔斐的宝库(thēsauroi)。德尔斐的居民忧心忡忡:

> 据说,当德尔斐人求问神谕,如果伊阿宋拿走神的钱财,他们应该做什么时,答复是:"这位神自会处置。"(《希腊志》6.4.30)

在下一句话中,伊阿宋就遭到暗杀(《希腊志》6.4.31-32)。在以阿格西劳斯的名字命名的颂文中,色诺芬还赞扬了阿格西劳斯在德尔斐奉上大笔还愿供献的做法(1.34,不过,对比《希腊志》4.3.21-23,特别是紧随供献之后发生的事情。然而,色诺芬本人仅仅将属于阿波罗财富的(更少的?)那部分圣款保存在雅典人在德尔斐的宝库中,我们要注意到这一点才算合理。请以同样的思路体会《希耶罗》的11.13。

② D. Thomas," Introduction", in *The Landmark Xenophon's* Hellenika, p. XVII.

们抽掉这种习俗做法的政治用途和道德用途——这种教化(civilizing)作用不可否认——德尔斐的宝库就无异于巨大的资源浪费。这种浪费将希腊与一个非常野蛮的部族联系起来。然而,色诺芬确实小声道出了这些真相,因为他首先是一名哲人。

莫绪诺齐亚人显然并未受过启蒙,色诺芬却将其呈现为受过启蒙的样子,为什么呢?[上一段的]最后那句话指出了最重要的原因:"莫绪诺齐亚人"是"苏格拉底式的人"的替身。这种说法可能会让读者觉得诧异或不切实际。然而,请花少许时间回顾一下阿里斯托芬的《云》对苏格拉底及其追随者的刻画,以及色诺芬的苏格拉底作品的某些段落。莫绪诺齐亚人与苏格拉底式的人之间有许多引人注目的相似之处:莫绪诺齐亚人大部分时间都待在室内并且极为苍白(对比《云》92-104,120,186,194-99,718,1112,1171行及其他多个地方);他们没有男子气,并且(显然)避开体育锻炼(对比《云》670以下,特别是678-679,417,836);他们非常热爱高地或山头(akra),在这些地方建造他们的城和塔楼,这是在模仿苏格拉底,苏格拉底从高处的吊篮里探究万物(对比《云》223-238,868-869);与苏格拉底一样,他们与自己争论并且"独自跳舞"(对比《会饮》2.15-20);就连莫绪诺齐亚人的王的下场,也类似于《云》末尾苏格拉底遭受的威胁——对于苏格拉底式的人而言,苏格拉底就是"王"(对比《上行记》5.4.26与《云》1478行至末尾)。野蛮的莫绪诺齐亚人与经过启蒙的苏格拉底式的人某种意义上可以互换。

可是,这种怪诞的对比,其意义何在?莫绪诺齐亚人与苏格拉底式的人可能"共有"什么东西呢?

由斯基卢斯与莫绪诺齐亚构成的这幅双联画——其中包含着希腊礼法与莫绪诺齐亚礼法之间的对比——是在分析礼法与自然之间

的关系,即 nomos 与 phusis 之间的关系。① [202] 这是一种复杂的关系,因为人的天性在任何地方都不是以"纯洁"(purity)的状态存在。天性总是受到礼法的型塑和铸造。就此而言,

> 礼法于人而言是自然的,或者说礼法隶属于人的自然。②

这并不意味着礼法与自然之间的区分无足轻重,或者可以摒弃这一区分。这也并不意味着所有的礼法都是平等的。一些礼法提升并且在某种意义上完善人的天性,另一些礼法则扭曲并且拉低了人的天性。例如,希腊的礼法反复教导一种更好地践行政治德性和自由的能力,就这一点而言,希腊礼法真的比莫绪诺齐亚人的礼法更胜一筹,就其本性而言更胜一筹。莫绪诺齐亚人在践行政治德性和践行自由两方面都不是很能干。这是莫绪诺齐亚人与苏格拉底式的人共有的特点之一。无论像色诺芬这样的人能够多么出色地把政治德性与哲学德性结合在一起,这两种德性各自的要求之间仍存在永久的张力。色诺芬对莫绪诺齐亚人的描述提醒我们:热爱哲学的"舞者"共同体,尤其不是以特别高水平的政治德性为其标志。

当然,希腊礼法并非就是自然的,也并非就与自然一致。色诺芬将

---

① [原注59] nomos 这个单词在论莫绪诺齐亚人的这一章出现了三次(5.4.17,5.4.33,5.4.34)。除了卷七第三章出现了六次之外,这个单词在这一章出现得最频繁。而 phusis 这个单词没有出现在这幅双联画中,也没有出现在《上行记》中,但有三个以 PHUSIS 为词根的单词的确在《上行记》出现过,而其中的两个就出现在我们的这幅双联画中。这两个单词是:5.3.12 处的 phuteuō,意思是"种植";5.4.29 处的 diaphuē,意思是"自然的分离"或"自然的隔断"。第三个单词是 1.4.10 处的 phuō,意思是"生长"或"自然产生"。关于这个单词,请参考本章下面的两条注释(原注 61 和 62)。

② Strauss, "Xenophon's *Anabasis*", in *Studies in Platonic Political Philosophy*, p. 123.

德尔斐的宝库与成堆变质的面包对比,就挑明了这一点。实际上,莫绪诺齐亚人的礼法为满足诸如性欲之类的自然欲望留有更大的自由度,或者毋宁说,莫绪诺齐亚人的礼法规定,满足性欲之类的自然欲望是一种"义务";就此而言,莫绪诺齐亚人的礼法比希腊人的礼法更符合自然。莫绪诺齐亚人几乎没有或没有显示出与自然的"分离"。①然而,从教化的视角来看——这是我在此次研究最关心的立足点——希腊礼法(也包括其他类似的礼法)正是因其特有的对自然的"奴役",才比莫绪诺齐亚人的礼法更胜一筹,也因此在更高的意义上更符合自然。②

---

① [原注61]请琢磨作者对莫绪诺齐亚人所食的坚果充满暗示意味的描述,"[果肉间]没有任何自然的隔断"(ouk echonta *diaphuēn* oudemian,5.4.29,强调符合乃笔者所加)。参本章上文的原注59。

② [原注62]请琢磨色诺芬在5.3.12处富有暗示意味地使用的phuteuō这个单词。phuteuō的词根当然是phusis,在谈论希腊礼法的卷五第三章,这是"自然"唯一一次出现。然而,phuteuō在指向自然的同时又偏离自然。这个单词让人们注意到,习俗(convention),或毋宁说教化(cultivation),在产出原本会发育不足的自然果实(otherwise stunted natural fruits)时所起到的作用。因此,采用phuteuō这个单词暗示出希腊礼法对教育的贡献,这种贡献的前提是最初就抑制、安排和型塑自然。

当然,希腊礼法并不足以生产出有最完美结果的自然之果。关于这一点,请思考下,色诺芬只选择在1.4.10处一个类似的段落中使用PHUŌ这个单词(其意思是"生长"或"自然产生"),而没有在卷五第三章用这个单词。显然,当他谈到希腊礼法的成果时,他并不想谈及自然会"生长"或"产出"什么东西。之所以不这么做,不单单是因为这些成果是"培育或教化"的结果,还因为这些成果被礼法缠住。从自然的角度来看,这些成果还是不成熟的。

种植与生长之间的区别是荷马关于"自然状态"(state of nature)的叙述的核心。根据诗人荷马的说法,那些"傲慢而无法的"库克洛普斯(Cyclops)"不用他们的双手种植(phuteuō)任何东西,也不耕地;但所有作物无需种植或耕种就自然生长(phuō)"(《奥德赛》9.105–115)。[译按]中译文参荷马,《奥德赛》,王焕生译,北京:人民文学出版社,1997,页155,有改动。

[203]因为莫绪诺齐亚人的礼法,其首要缺陷是几乎没有对自然加以任何限制。① 比如说,莫绪诺齐亚人的礼法允许或要求不受约束地公开性交,这既助长滥交行为,又助长不知廉耻的习气。② 就让读者去想象一下这些做法对家庭产生的影响。③ 最重要的是,莫绪诺齐亚人的礼法所允许或要求的这种恬不知耻且毫无限制的享乐主义,是在绝对无视高贵。这些礼法教导人必须屈服于种种自然冲动,甚至要如履行"义务"一般,这几乎完全没有超出欲望的满足。④ 然而,若要达成我们天性的目的,就要求天性首先由礼法来"奴役",原始的自然冲动必须受到约束、安排和塑造,首先是在孩子身上。除此之外,还要让人的天性体验高贵所具备的那种振奋和鼓舞人的魅力。最后,如果一种苏格拉底式的教育介入并且有效的话,人的天性就转向哲学,此乃天性最重要的目标。

因此,莫绪诺齐亚人与苏格拉底式的人之间的这种滑稽对比,其背后的严肃意义在于:⑤ 这两种人的生活都"摆脱"礼法的约束,并且

---

① 请思考莫绪诺齐亚人的小孩的饮食习惯:5.4.32。

② 关于苏格拉底式的人物与羞耻感,参《云》445行以下,1236行及其他多处。

③ 虽然色诺芬没有挑破,但他的叙事暗示出,莫绪诺齐亚人用自己的孩子换取与希腊妓女性交的机会。我们可以推测,他们对于婚姻忠诚、对于乱伦禁令都不是很在意(5.4.32-33)。关于乱伦问题,参《云》1369-1376,1439-1451。

④ 无可否认,西边的莫绪诺齐亚人指控他们东边的同族人不义或者"贪占"(pleonekteīn,5.4.15)——莫绪诺齐亚人并非不知道义务这种东西。色诺芬的描述是一幅漫画,但正因为是漫画,它才得以将真实的倾向放大。

⑤ 色诺芬对"莫绪诺齐亚人"的最终评论是,他们会独自对着自己笑(5.4.34)。色诺芬心里想的是他自己。

"符合自然的要求"。①我得赶快补充一句,这样描述二者的相似之处并不准确,因为,尽管莫绪诺齐亚人的自然生活可以预示出将高贵等同于好的苏格拉底式的做法,但它粗鄙地将好等同于身体方面的快乐。自制又禁欲的苏格拉底式的人不会掉进纵欲的陷阱。不过,苏格拉底式的人也会寻求某种令人快乐的东西——知识。此外,苏格拉底式的人快乐地追求知识,但那种对基于礼法的高贵的批评,塑造了这种追求的性质和范围,莫绪诺齐亚人也"共有"这种批评。②[204]苏格拉底和苏格拉底式的人物站在教育之路的终点。而莫绪诺齐亚人站在教育之路的起点,或者毋宁说站在一个粗鄙或卑陋的起点上。希腊礼法(或某种与之相当的东西)是这条教育之路上一个至关重要的站点。从政治与道德的立场言之,希腊礼法是顶峰。此外,希腊礼法既然强制规定了义务——希腊礼法不把高贵等同于好——它本身就必须由虔敬来加固。而莫绪诺齐亚人的礼法则允许或者要求满足自我欲望,还废除了羞耻感,他们几乎不需要诸神。卷五第四章表面上对诸神保持沉默,也透露出这个事实。就"哲学"而言,莫绪诺齐亚人与苏格拉底式的人相像。我们甚至可以说,莫绪诺齐亚人的礼法预示了后来启蒙运动的政治享乐主义的出现。

---

① 这两群人也都可以说是活生生地体现出"纯粹"的爱若斯(eros)。然而,这样的刻画在此处仅仅是简单勾勒而已,因为爱若斯在《上行记》中可以说是缺席的。参本书英文版页299–300。

② 苏格拉底式的人将高贵等同于好,参《回忆》3.8和色诺芬《会饮》第五章。关于"基于礼法的高贵"这个概念,见《回忆》3.3.1;关于高贵与快乐之间的关系,见《回忆》3.8.8–10。

5.3 希腊礼法、建城与好

我们现在回过头来分析卷五的主导问题:这位苏格拉底式的王如何努力统合或调和正义与安全和利益? 同时,我们将会更深入地理解希腊礼法和色诺芬对它们的评价。①实际上,甚至在5.3–5.4所描绘的双联画里,色诺芬也不动声色地处理了这个主导问题。②

* * *

穿过莫绪诺齐亚人(还有其他部族)的地盘后,万人军抵达希腊城市科图奥拉(Kotuora),此城是西诺佩人的殖民地。他们在此停留了四十五天(5.5.5)。万人军再次举行公共献祭,还组织了列队行进和运动赛会。到达科图奥拉标志着他们的陆上撤退之行结束。[205] 此后,他们将要从海上行进。他们的给养部分得自帕弗拉戈尼亚

---

① 值得注意的是,尽管色诺芬在不动声色地批评希腊礼法,但在他讲述完这些礼法(5.3–5.4)后,他让我们见证的第一件事情是,这些礼法可以有效地抑制劫掠(5.5.1–3)。在这个情节中,色诺芬尽管怀疑卜士受贿,还是屈从了他们的判断。请想一下色诺芬在5.5.3处如何使用"发表看法"(apodeiknumi gnōmēn)这个表达;相同的表达还在下一章出现过,用来指将领提马宋的(极其缺乏)见解,提马宋很可能受了贿(5.6.37, 5.6.21)。在最佳抄本C、B和A,5.6.18处提到的钱数又一次是1.7.18处提到的一半。指控卜士收贿赂,当然并非闻所未闻的事:例如6.4.14和《居鲁士的教育》1.6.2。

② [原注71] 这个问题在卷五第四章得到处理:色诺芬提出要帮助西边的莫绪诺齐亚人报复他们在东边的莫绪诺齐亚人那里遭受的不义——如果西边的莫绪诺齐亚人遭受过不义的话——并使东边的莫绪诺齐亚人日后臣服于西边的莫绪诺齐亚人(5.4.6)。希腊人以某种方式修正了那种不义(5.4.15,对比5.4.30)。卷五第三章也处理了这个问题:请思考本章的原注37。

(Paphlagonia),部分得自科图奥拉的希腊人的土地(科图奥拉的希腊人不[向他们]开放市场)。科图奥拉人还拒绝接受病弱者或负伤者入城。不久后,西诺佩城向科图奥拉派来了使者。西诺佩人担心他们的殖民地——因为这个殖民地向他们缴纳贡款。他们还担心这片土地正遭受劫掠,正如他们所听说的。西诺佩使团推出赫卡托努莫斯(Hecatonumos)来向万人军发言,他们认为此人是一名聪明的发言者:

> 各位战士,西诺佩人的城邦派我们来,一是称赞你们,因为你们作为希腊人战胜了蛮族人,二是与你们同贺,因为你们已经安全到了这里,历经许多危险的挑战,正如我们听说的那样。我们认为,我们应当受到你们的善待,因为我们本身就是希腊人,不应当在你们手上遭受任何恶行,因为你们是希腊人,而且我们不曾先行伤害你们。
>
> 这些科图奥拉人是我们殖民地的居民,我们从蛮族人手中夺过这片土地,然后交给了他们。因此,他们向我们缴纳定额的贡赋,克拉苏斯人和特拉佩宗忒人也是如此。所以,无论你们对这些科图奥拉人造成什么伤害,西诺佩人的城邦都会感同身受。现如今,我们听说你们凭暴力进城之后,你们有些人住进了他们的房舍,你们还在没有通过说服得到允许的情况下,凭暴力从他们地里拿走你们想要的任何东西。
>
> 总之,这些事情,我们不应遭受。如果你们还要继续这么干,我们就有必要与科儒拉斯(Korulas,帕弗拉戈尼亚人的统治者,非希腊人)和帕弗拉戈尼亚人以及其他任何我们能够与之结交的人结为朋友了。(5.5.8–12,安伯勒译文,我稍作修改)

万人军现在面临着行不义的指控:他们违反了希腊礼法。因为希腊人配（axioō）受到希腊同胞的善待并且不受伤害。①既然万人军据称使用了暴力，这个指控就相当于指控万人军有肆心（hybris，对比5.5.16）。这位苏格拉底式的王从座位上起身，以其充分的威望和权力，"代表士兵"回应了这种"指控"（5.5.13）。②他的辩护在赫卡托努莫斯面前扭转了局势。

他辩护说，科图奥拉人才违反了希腊礼法。科图奥拉人或许从没有伤害过这支军队，但也确实没干什么好事：他们不开放市场，[206]不送任何表示友好的礼物，不接收病弱者入城。这时，色诺芬讲述了万人军与特拉佩宗忒人打交道的过程，以证明他们自己过去就已经在遵守希腊礼法。他们是希腊式正义的典范。色诺芬对比了特拉佩宗忒人友好的接待与科图奥拉人不友好的对待，如果说科图奥拉人土地上的东西被拿走，那只能怪他们自己，万人军队是出于必然性才拿走这些东西的。而且万人军也没有凭暴力进入科图奥拉，只是从可通行的地方进去，将病弱者和伤者安置在房子里。因为这些人作为希腊人配（axioō）得到这样的对待。③最后，如果西诺佩人认为他们最好像赫卡托努莫斯所威胁的那样，与科儒拉斯缔结友谊对抗万人军，那么万

---

① axioō 这个单词，赫卡托努莫斯使用了两次。

② "代表士兵"这个短语指向如下事实：色诺芬的威望和权力现在已臻至顶峰。随着他在亚细亚建城的企图落空，他的威望和权力即将受到动摇（5.6）。建城企图将招致责备（5.7），还会导致他人指控色诺芬有肆心（5.8）。既然卷五第五章标志着这位苏格拉底式的王的威望和权力达到顶峰，在《上行记》第三部分的所有三十五章里，此章位居第十八章也就理所当然了。

③ 色诺芬还说，万人军现在正把守着城门，以保护自己的战友，以免他们落入驻扎在西诺佩的斯巴达总督（Harmost）手中。色诺芬两次使用了"斯巴达总督"这个单词（5.5.19-20）。"斯巴达总督"是斯巴达进行帝国统治的官员，常常残暴又腐败。其中的讽刺意味显而易见：西诺佩人是无视希腊自由的帝国主义者，而且是不入流的帝国主义者。

人军将对他们所有人开战。万人军甚至可能会与科儒拉斯结为朋友,因为万人军可以满足科儒拉斯想得到西诺佩和西诺佩沿海堡垒的欲望(5.5.23)。

色诺芬的辩护强而有力,显然说服了西诺佩使者团相信这支军队行事正义。① 不管怎样,使团成员显得对赫卡托努莫斯非常生气,因为他竟然那样讲话(5.5.24)。色诺芬在维护希腊礼法的同时捍卫了这支军队,因为他强调了这支军队遵守希腊礼法。然而,就在接近其辩护的中心位置时,色诺芬示意了一个不同的方向:

> 无论我们到哪里,不管是蛮族还是希腊人的土地,如果没有市场,我们都会拿走给养,并非因为肆心,而是出于必然性。卡尔杜奇亚人、陶奇亚人和卡尔丹人,即使他们不是波斯大王的属民,尽管他们还非常令人生畏,既然他们不提供市场,我们就与他们为敌,因为我们必然要获取给养。而马克罗尼亚人虽为蛮族,却尽己所能给我们提供市场,那我们相信他们是朋友,又没有凭暴力夺取任何属于他们的东西。[207]但至于这些科图奥拉人,你说他们是你们的人,如果我们拿走了他们的任何东西,这得怪他们自己。因为他们没有以朋友的身份与我们打交道,而是关起门来,既不让我们进去,也不在外面给我们安排市场。(5.5.16—19,安伯勒译文,我稍作修改)

---

① 请对比5.5.14—15与5.2.2和本章原注17。色诺芬当然美化了万人军与特拉佩宗忒人之间的关系。此外,在他洋洋洒洒地讨论这种关系时,他却不说万人军如何与克拉苏斯人打交道。赫卡托努莫斯在5.5.10中间提起了克拉苏斯这个地方。色诺芬沉默的原因显而易见,见5.7.13—35。听色诺芬的讲述,万人军在有市场可买到给养的地方从不劫掠。他三次使用了"给养"(epitēdeia)这个单词,而一次都没用"掠获物"(leia)这个单词。

一开始色诺芬是在谈论肆心和获取给养的必然性,后来却变成了解释"朋友"(philos)是什么。据色诺芬所言,万人军将所有帮助自己的人看作"朋友"。朋友并非靠希腊人的身份来定义——更别说什么其他更高尚的因素——而是靠其效劳能力来定义。既是友人又是蛮人的马克罗尼亚人表明了这一点。①这个定义的弦外之音显而易见:希腊的科图奥拉人和西诺佩人如果拒绝帮助万人军,那就有成为万人军之敌的危险。因此,色诺芬的统治所依据的原则看上去并非严格意义上的希腊礼法,而是一种可以表述如下的准则:回报所得的好处,报复所受的伤害(对比5.5.21)。这一准则要凭靠万人军的利益才得以成立,因此尽管与希腊礼法有重叠之处,但两者并不一致。希腊人之为希腊人不会影响这位苏格拉底式的王要考虑的内容。

在以这种方式示意超出希腊礼法并示意要追求军队的好处(good)之后,色诺芬返回希腊礼法,以此结束发言。但色诺芬并非简单地返回希腊礼法。他亲自发出威胁来回击赫卡托努莫斯的威胁。更确切地说,他重新表述了赫卡托努莫斯的威胁:他认为此人是成心要威胁与万人军开战。②正是面对这种威胁,色诺芬才以牙还牙地加以

---

① [原注78]色诺芬在演讲的正中间提到马克罗尼亚人(5.5.18)。据卷四的记述,马克罗尼亚人与万人军交换了誓言,以相当复杂的仪式吁求诸神来做见证(4.8.7)。由于这些誓言,马克罗尼亚人虽非希腊人,却成了万人军的朋友,这是誓言的结果。直到那之后,他们才为万人军开放市场(4.8.8)。然而,据色诺芬在演讲中的说法,马克罗尼亚人之所以成为万人军的朋友,是因为他们为万人军开放了市场,是这一做法的结果。[译按]对勘本书英文版页177原注62。

② 赫卡托努莫斯已经表明,西诺佩人可能出于必然性(anagkē)的逼迫而与万人军开战(5.5.12)。色诺芬将下面这个威胁归在赫卡托努莫斯头上:即他们可能向万人军开战,"如果你们认为好"(见5.5.22)。

回应。色诺芬说,若有必要,万人军将向所有敌人开战。说完此话后,正如我们刚才所见,色诺芬犀利地补充道:

> 如果我们觉得好的话,我们将会与帕弗拉戈尼亚人(即科儒拉斯)结为朋友。因为我们听说科儒拉斯渴望得到你们的城和你们海边的堡垒。[208]通过带给科儒拉斯他所渴望的东西,我们将力图成为他的朋友。(5.5.23)

色诺芬威胁说,万人军要帮助蛮人重新获得海岸线的控制权——现在它掌握在希腊的西诺佩人手里(对比5.5.1)。他可能会不顾希腊人之间的情谊,可是,当然了,在成心侵略的人面前进行自卫,这是正义的或合法的,赫卡托努莫斯自己也已经承认这一点(5.5.9,5.5.12)。①

这位苏格拉底式的王,其统治是受军队的利益(the good)而非希腊礼法的引导,这一点必须恰切地加以理解。色诺芬在演讲收尾处发出的威胁,意在促使西诺佩人和科图奥拉人以更友好的方式行事,也就是说,促使西诺佩人和科图奥拉人遵守希腊礼法。威胁奏效了:紧随色诺芬的辩护之后,西诺佩使团的一名成员宣布说,他们来不是为了向万人军开战,而是为了表明他们是万人军的朋友。②他说,如果万人军前往西诺佩,就会有表示友好的礼物送上。他还补充说,他们也会同时命令科图奥拉人给予万人军他们所能给予的东西,"因为我们看到你所说的每件事情都是真的"(5.5.24)。表示友好的礼物及时送

---

① 然而,请注意,尽管色诺芬在其辩护中三次使用了"必然性"(anagkē)这个单词,但他威胁说要与科儒拉斯结为朋友,"如果我们认为好"(5.5.23)。

② 赫卡托努莫斯被誉为擅长发言的人,但他在演讲中只有一次使用了"朋友"(philos)这个词,他当时威胁万人军说,他要"与科儒拉斯结为朋友"。色诺芬则五次使用"朋友"这个单词,一次使用"友谊"(philia)这个单词。

到了万人军手中,希腊将领也款待了(exenidzon)同为希腊人的西诺佩使团。双方友好地探讨了涉及共同利益或共同需求的事项,其中包括万人军如何返回希腊。色诺芬在演讲末尾发出的威胁使万人军得了好处,也使希腊礼法得到遵从。这位苏格拉底式的王调和了高贵与好。

* * *

"那一日就这样结束了"(telos,5.6.1)。第二天,希腊将领召集士兵。看上去最好是召来西诺佩人,与他们一起商议余下的路程。因为,如果希腊人决定步行前进,那似乎就得用上西诺佩人,因为他们熟悉帕弗拉戈尼亚这个地方;而如果希腊人决定航行前进,那么似乎①也只有西诺佩人有能力提供足够的船只,因此希腊人还是会需要他们。众将领以这样的开场白开始商议:

> 他们配得上(axioō)受到西诺佩人高贵的招待,②既然大家同为希腊人,[209]首先西诺佩人要展现出善意,并给出最高贵的建议(ta kallista sumbouleuein)。(5.6.2)③

可见,众将领向西诺佩人寻求建议时,是诉诸我们刚才考虑过的希腊礼法,或诉诸希腊礼法的某个方面。因为,正如我们在拙著第二章看到的那样,给出高贵建议的人必须考虑接受建议者的利益,即便自己要付出重大代价。在这个情节中色诺芬的名字没有出现

---

① 动词"看上去"(dokein)在卷五第六章的开头段出现了五次。

② "高贵地招待"(kalōs dechesthai:5.6.2)这个表达呼应了5.5.24及上下文的内容。

③ 较差的抄本F和抄本M在5.6.2处是"最好的建议",而非"最高贵的建议"。

(5.6.1–11)。没有人再发出威胁。

赫卡托努莫斯再次代表西诺佩人发言。他一上来便为自己昨天的发言道歉,声称自己的本意并非西诺佩人会向希腊人开战,而是说,"尽管有可能与蛮人结为朋友,但[西诺佩人]还是会选择希腊人作为朋友"(5.6.3)。万人军请求赫卡托努莫斯给出建议,后者以祈祷开场:

> 如果我建议的是在我看来最好的东西,那就愿我得到好东西,如果不是,那就相反。因为我似乎面临着要给出被称之为"神圣建议"的任务。如果我现在明显地提出好建议,许多人将赞扬我;但如果是坏建议,许多人将会诅咒我。(5.6.4)

这一通浮夸的祈祷让我们想起:要求希腊人向希腊人提出高贵建议的这种希腊礼法,创造了一种由诸神强制实行的责任。但赫卡托努莫斯会相信那些复仇神的存在吗?我们不知道。值得注意的是,他说提出"在我看来最好的"建议,而不是[众将领要求的]"最高贵的"建议。赫卡托努莫斯建议万人军从海路走。这就是他的建议,尽管(如他所强调的那样)该建议若经采纳,西诺佩人将承受更大的麻烦。因为如果万人军走海路,西诺佩人就必须提供船只,而如果走陆路,那这支军队就必须自己战斗。但赫卡托努莫斯是撇开了西诺佩人的利益还有他自己的私人利益,来为万人军的利益考虑吗?有听众怀疑他的动机,怀疑他是考虑到自己与科儒拉斯的友谊,因为科儒拉斯是他公开的客友;还有人怀疑赫卡托努莫斯期望凭借该建议得到礼物;又有人怀疑他这样建议是因为害怕万人军蹂躏西诺佩人的土地。①尽管有这样那样的怀疑,士兵们还是投票决定经海路行进。他们厌倦了行军。

---

① 在三种怀疑的理由中,最严重的当然是第二个即中间的那个(5.6.11)。

[210]赫卡托努莫斯在多大程度上完成了给出"神圣建议"的任务呢？在演讲中,他细数了万人军若走陆路的话会遇到的许多军事上和地理上的阻碍。他说,这些阻碍如此之多、如此之大,以至于"我相信你们不是难以行进,而是完全不可能行进"(5.6.10)。他的说法真实吗？万人军几乎无从探明真实情况(对比5.6.7)。但等他们沿着海岸向西航行,他们就会发现实情是怎样的。在此只要看到一点就够了,即沿海地区有几条注入大海的小河,赫卡托努莫斯几乎是以可笑的方式夸大了渡过这些小河的难度:他是地道的"裹了百层伪装的人"。①

在卷五中,赫卡托努莫斯第一个援引"希腊"作为达成自利目标的借口。尽管面临神罚的威胁,在属人的威胁阙如的情况下,这一希腊礼法还是遭到违背。"希腊"成了恶棍的遮羞布。

* * *

我们已经看到,这支军队刚到达海边时,私利与公共的好之间的张力就已经再度出现。而在色诺芬企图在亚细亚建城之后,这种张力将达到极致。在等待西诺佩人的船只时,色诺芬考虑着将这支军队转变成一座城邦,他写道:

---

① 其希腊文为hecaton-onoma。这个人声称,希腊人需要渡过四条河才可以到达西诺佩。他说,帕尔忒尼奥斯(Parthenios)河"不可渡过"(abatos),但这条河位于西诺佩的西边(对比6.2.1)。同样请注意,5.6.9处没有出现"我知道"这个单词,也请对比5.6.7与5.6.8:赫卡托努莫斯没有声称自己知道他所报告的关于沿海河流的情况。他甚至戏称其中一条小河为"底格里斯"(Tigris),这是见于那些最佳抄本的一种有趣读法(见Hude/Peters和Dindorf在5.6.9处的校勘记)。当希腊人实地亲自看见这条河时,它被降为"小老虎"(tigrios:6.2.1)之列。5.6.9处的底格里斯(Tigris)的拼法不寻常,拼成Tigrēn而非Tigrēta,希罗多德也这么用过(例如《原史》1.189和1.193)。

增加希腊的疆土和权力，在他看来是高贵的。

鉴于士兵们来之不易的经验、庞大的人数，再加上那些居住在滂沱斯地区的居民的数量，他想"这座城应该会变成大城"(5.6.15-16)。于是，在没有跟任何士兵讲的情况下，色诺芬先为建城的事献祭卜问。他召来了先前居鲁士的卜士阿姆布拉奇亚人西拉诺斯。然而，西拉诺斯向士兵透露了风声，说色诺芬愿意留在亚细亚建立一座城邦，"为自己赢得声望和权力"(5.6.17)。西拉诺斯之所以泄露计划，是受私利驱动：他希望尽快到达希腊，因为他存着一大笔钱，[211]这是他作出准确预言之后居鲁士给他的奖赏(5.6.18，对比 1.7.18)。得到风声的士兵有的认为最好留在亚细亚，但大多数人不这么想，他们不愿告别希腊。①

士兵中四处弥散的反对情绪给其他统治者创造了机会，他们为这支军队勾勒出其他的选择。比如说，达尔达尼亚人(Dardanian)提马宋告诉集合起来的士兵，"他们不应该考虑留[在亚细亚]，也不应该把任何东西看得比希腊更重"(5.6.22)。提马宋主动提出带领士兵去特罗阿得(Troad)，还承诺会有丰厚的掳获和每月发的饷银。他显然想利用这支军队的力量去攫取他母邦的僭主之位，他对希腊的依恋，无论真诚还是伪装，都无法隐藏其巨大的政治野心。第二位统治者玻俄提亚人托拉克斯(Thorax)也以希腊的名义在集会上反对留在亚细亚，也承诺发饷。他的野心同样昭然若揭(5.6.25-26)。

色诺芬考虑在亚细亚建城，是受野心驱使吗？我们看到，他把自

---

① 我们稍后会得知，许多士兵在希腊都有生计和家人(6.4.7-8)。然而，作者在此没有提到这些因素，那是因为此处论证的关注焦点是士兵对希腊的依恋。[译按]原为正文圆括弧中的内容，译者将其移入脚注。

己刻画成一名身负扩张希腊疆土和权力之任务的统治者。他没有承认自己有任何向往"名望与权力"的个人野心。①但我们应该按其表面意思来理解色诺芬的这种自我描述吗？毕竟，正是这种留在亚细亚的意愿，给他对希腊的依恋蒙上了一层阴影。色诺芬的自我描述，看上去意在消除他这种留在亚细亚的意愿所造成的印象。换言之，看来我们最好假定——这样假定也更贴近常识——色诺芬在一定程度上受到野心的驱动，至少当他考虑在亚细亚建城时是受野心的驱动：增加"希腊的疆土和权力"并没有道尽他的关切。②

对于这种说法，可能有人会反驳说，色诺芬在《上行记》后文中确实公开承认他有野心要坐上万人军的"唯一统治者之位"（6.1.20-21和6.1.31）。既然如此，对于创建城邦的野心，他又为何遮遮掩掩呢？然而这条反驳忽略了一个事实：比起在万人军中行使一人统治之权，在蛮人中间建城是一种微妙得多，或模糊得多的野心。让我们先搞清楚色诺芬的目标：[212]色诺芬想要夺取一座现成的蛮人城市，然后在此殖民。③他正在考虑在某种程度上"混合"希腊主义与野蛮主义

---

① ［原注87］色诺芬声称自己遭到西拉诺斯的"诬陷"（diaballein, 5.6.29）。然而，只有我们将这些话置于西拉诺斯之口，色诺芬才算遭到"诬陷"。见本书第一章，英文版页43的原注10。也请思考那位私下知道色诺芬的计划的提马宋是如何讲述的，他在讲述那个计划时分别用了三次"愿意"（boulomai）和两次"乐意"（ethelō, 5.6.20）。

② 请回想一下，在叙述科图奥拉人的那个部分，色诺芬曾威胁说要帮助削减希腊人的地盘和权力（5.5.22-23）。

③ 色诺芬公开说，他曾打算夺取滂沱斯地区的一座现成城市（5.6.30）。那些转述他私下言辞的人可以证实这一点：夺取一块有人居住的地方，哪里则随你们的心意（tēs ... chōras oikoumenēs ... hopoi an boulēsthe kataschein, 5.6.20，强调符号乃笔者所加）。在最佳抄本中，动词katoikeō出现在5.6.15处，而非katoikidzō，后者为现代校勘者所接受，但只见于较差的抄本。这两个动词

(barbarism)。计划中的建城事业要求在伦理上与希腊分离,而不仅仅是地理上的分离(5.6.20,5.6.30)。然而,色诺芬想要摆脱(或改进)希腊礼法的意愿并不完全令人惊讶:毕竟,他是"莫绪诺齐亚人"的支持者,而"莫绪诺齐亚人"是蛮人。①

提马宋和托拉克斯在士兵大会上公开控诉(尽管只是含蓄地)色诺芬,说他将某些东西看得比希腊还重,但色诺芬对此保持沉默(5.6.27)。又有另外两个发言者明明白白地控诉色诺芬,说他私下里劝说人、私下里献祭卜问,而不是将这些事情拿到士兵大会上公开商议。此时色诺芬被迫为自己辩护,他开声说道:

> 我确实献祭卜问了,诸位男子汉,如你们所见,我尽自己所能多为你们和我自己献祭,为的是我可能会碰巧说(legein)、想(noeīn)和做(prattein)那类将会对你们和我自己而言最高贵和最好的事情。(5.6.28)②

色诺芬继续说,

的意思看起来有重叠,但katoikidzō首要的意思看起来是"创建"一座新城,而katoikeō首要的意思看上去是在一个现成的地方"居住或殖民"(请思考亚里士多德,《政治学》1266a40–1266b5,还有《上行记》6.6.3处所用的oikidzō,人们正盘算建新城)。即使万人军将建立一座全新的城,他们也得从当地人那讨老婆,之后的结果就可以预见到了。对比《上行记》3.2.25与《创世记》31.19以下。另参希罗多德《原史》1.146.2。

① 色诺芬用"事务"(TO PRĀGMA)一词来指称他在蛮人中间建城的计划(5.6.28)。他接下来又非常频繁地使用同一个词来指称一系列违反希腊礼法的行径:5.7.12、5.7.18、5.7.20、5.7.22、5.7.23、5.8.7。

② 换言之,与西拉诺斯说的相反,色诺芬的私利与士兵的利益之间没有冲突。[译按]此句原为正文圆括弧中的内容,译者将其移至脚注。

> 我刚才正为下面这件事献祭占卜:到底是对你们说(legein)然后做(prattein)这些事更好呢,还是完全不碰这桩事更好。(5.6.28)①

色诺芬声称自己已经从西拉诺斯那里了解到最重要的一点:针对"这件事"(to prāgma)的祭兆是吉利的。然而,他在演讲的任何地方都没有说破,"这件事",即他心中所思(noeīn)的事,究竟是什么事。[213]最接近于表达他心中所想的,就是他承认自己曾打算夺取一座现成的城,以缓解士兵的贫困,到时候谁愿意回家就可以航行回家,军中的其他人过一段时间也可随他们而去。可色诺芬从未公开承认留在亚细亚的计划(5.6.30,对比5.6.20)。

接下去色诺芬又说,但他改变主意了:既然当地的那些城正在送来运输船只,既然提马宋和托拉克斯承诺发饷,

> 在我看来,这是高贵的:安全到达我们想去的地方,同时可以因我们所受的困苦而获得饷银。我本人放弃那个念头(dianoia),而且对那些曾来到我身边说我们应该做这件事的人,我也告诉他们要放弃[那个念头]。(5.6.31)

色诺芬几乎是在自己生出这个"想法"的时候就放弃了它。这并非因为优柔寡断,而是出于更高的审慎:计划中的建城会威胁这支军

---

① 施特劳斯评论道:"这意味着,用平实的话来说,考虑建城这种想法可取与否,[色诺芬]没有就此献祭卜问过。"见Strauss,"Xenophon's *Anabasis*",in *Studies in Platonic Political Philosophy*, p. 125,强调符号乃笔者所加。

队的统一,因此会威胁到其安全和福祉(5.6.32)。① 因为万人军的力量一旦散掉,他们就将失去获取给养的能力,并且"你们不会高高兴兴地离开[亚细亚]"(5.6.32)。色诺芬为高远的政治前景所吸引,但他从未忽视属于"好"(the good)的更庸常的成分。他对政治情势的把握,从未因为这种高远的政治前景而变得迟钝或陷入迷乱,并且他体面而坦然地接受此类前景的丧失。② 但要说他一点都不失望,又有点过了。③ 建城本会是一件非凡的功业——他政治上行之旅的顶峰。然而,诸神嫉妒人类的好运④——是上天阻挠色诺芬的上升吗?

提马宋和托拉克斯曾依仗西诺佩人和赫拉克勒亚人给他们送钱的秘密承诺,向士兵许诺发饷。然而,各城邦一旦得知这支军队决定返回希腊,并且得知色诺芬本人已将返回之事付诸表决,[214]就都送

---

① 色诺芬之所以不得不放弃自己的抱负,还有另外一个原因:假如色诺芬公布并执行他的这个意图,西诺佩人和赫拉克勒亚人就不会送来万人军所必需的船只了。西诺佩人和赫拉克勒亚人不希望万人军永远留在亚细亚。

② 色诺芬以其政治前景的丧失为杠杆,支撑起了这支军队的团结(5.6.33-34)。他使军队做出规定:在整支军队获得安全之前,个人离开军队就是不义的(adikos)。万人军并没有形成一个仅仅为了极其重要的个体利益而存在的自由主义式的共同体,去掉其中任何一个人都会削弱整体的力量。读者也应该对比一下5.6.12-14与5.6.32-33:希腊人要么将来在亚细亚沦为奴隶(如果他们放任自己的力量受到分裂的话),要么成为法律的奴隶(以保存他们的力量)——奴役在政治上是不可避免的(对比《回忆》2.1)。

③ 对比5.6.28的"最高贵并且最好的事情"([ta] kallista kai arista)与5.6.31的"在我看来是高贵的"(kalon moi dokeī eīnai)。放弃建城计划就是放弃"最好的事物"(强调符号乃笔者所加)。与此一致的是,色诺芬被迫(ēnagkasthē)发表讲话,以声明放弃建城计划(5.6.27)。

④ 希罗多德《原史》8.109,亚里士多德《形而上学》982b32,对比《回忆》3.9.8。

来了船只，而不是钱财。①他们不再害怕这支军队在亚细亚定居。提马宋和托拉克斯由于无法兑现对士兵的承诺，转而开始畏惧士兵。二人把他们的秘密行动透露给其他将领。(然而，他们没有告诉一位叫作聂翁[Neōn]的将领。②)然后，他们找到色诺芬，承认自己为已经发生的事感到后悔。他们说，既然船已经到了，他们觉得最好是向东航行，然后夺取法希斯人的土地。他们姗姗来迟地重新提起色诺芬的建城规划，但色诺芬拒绝向军队发言，他说："但如果你们愿意，你们就召集士兵大会，对他们说。"(5.6.37)提马宋这时"发表见解"，认为不要召集军队，而是由每位将领先去尝试说服自己手下的百夫长(5.6.37)。他们便去做这些事情。

秘密说服百夫长的企图肯定会被泄露给士兵。当士兵得知后，聂翁立即指控色诺芬试图说服其他将领，并打算欺骗士兵，之后将士兵带回法希斯(5.7.1)。这种指控当然是冤枉色诺芬，可它怎么看都像真的，因为色诺芬刚刚公开承认过，自己曾经想驶入法希斯。色诺芬察觉到士兵正在愤然集合，便立即召集士兵大会。他说，他听说"有人正在诽谤我"(5.7.5)。色诺芬喊道：

> 请听我说，当着诸神的面，如果我看上去显然做了不义之事，那么，在受到惩罚之前，我一定不能离开这个地方。但倘若是那些诽谤我的人明显做了不义之事，那么，你们就要按照他们应得的来处置他们。(5.7.5)

---

① 对比5.6.35：显然，只有赫拉克勒亚人违背承诺。
② 关于Neōn这个名字以及这个人的出身城邦，各抄本的拼写有分歧。我怀疑这个人原本就出自色诺芬的重新命名，"一个保持清白的人"(The-One-Who-Remains-Blameless/menōnos asineōs)： 见Masqueray和Dindorf在5.6.36处的校勘记。

色诺芬这话说得就好像要把士兵集会变成意在审判众将领的法庭。然而,正如他自己强调的,他后来在自我辩护时并未指控这些将领(5.7.4)。

色诺芬易如反掌地就表明了下面这种想法的愚蠢之处:认为他只身一人就能够骗过数千名战士,并且违背其意愿将其带入法希斯。因为那样做无异于让士兵相信太阳西升东落。况且,如果他真的带领他们东去,那么,当这些武装起来的人到达目的地并意识到自己受骗时,色诺芬将不可能逃脱惩罚。色诺芬说,事实上,是那些愚蠢的人和那些心怀嫉妒的人在诽谤他,因为士兵敬重他。色诺芬坚持认为这种嫉妒并不公正,并解释了为何不公正。

然而,色诺芬从未指控过这些将领,正如我刚才指出的那样,他也没有挑明诽谤之言的始作俑者就是聂翁。他为什么不这样做呢?[215]毕竟众将领一直以来都在针对士兵秘密设谋,还有,聂翁尽管是个不知内情的诽谤者,但显然对色诺芬心怀恶意。色诺芬为什么不公开指控他们所有人呢?我相信,那是因为如此指控会摧毁士兵对统治者残存的信心。尽管众将领在骗士兵,但公开指控一定会引来各种反指控。既然这次密谋无法由无可争议的证据来证实,那么,任何一场"审判"都可能会转变成一场恶意中伤。一旦各部队倾向于作为"自封的将领"而各行其是(5.6.29),信任之情的普遍失落就是不可避免的结果。色诺芬正在努力使军队避免堕入混乱。

我的解读过于同情色诺芬吗?毕竟,他拒绝公开指控其他将领,其结果是支撑住了以他为首的统治者群体的威望。比起军队的利益,色诺芬可能对延续自己的统治更为上心?其发言的后半部分以引人注目的方式缓和了上述猜疑。

在结束了他反驳诽谤的自我辩护后,①色诺芬说,既然士兵们已充分了解这些事情,他们就先不要离开,而应该听他来讲几句,因为据他观察,军中出现的一些情况越来越严重。他说,如果任其蔓延,这样的事会使他们沦为"诸神、凡人和敌人眼中最坏和最无耻的人"(5.7.12)。②色诺芬将自我辩护转变成一次抨击。③其发言的后半部分详细罗列了各群士兵犯下的一系列目无法纪的罪行。这些行为包括(还有其他的行为,但首先是这些):对一座友好的小村庄发动残忍的夜袭;用石头砸死为和平商谈而来到军中的三位年长使节;攻击一群希腊籍使者,致其溺死;"像"追逐"一头野猪或一只鹿一样"追捕一名市场管理员(5.7.24)。这些行径不仅仅违背了这支军队自己的法律或法令,④[216]也是违反了神圣的希腊礼法。其数量如此之多,范围

---

① 尽管色诺芬的辩护是完全成功的,但他并没有回应原诽谤内容的各个方面。这条诽谤包含两方面:(1)色诺芬已经说服了其他将领;(2)色诺芬打算在骗过士兵们之后将他们带回法希斯河(5.7.1)。色诺芬只针对指控他欺骗这一方面做了辩护。之后他"忘记"了指控他"说服"人的这一方面,从容地停顿一下,然后巧妙运用修辞手法转换话题,开始满足士兵的好奇心——由他自己激发起来的好奇心——从而使自己能够连贯地向前推进(5.7.12)。色诺芬无法轻松回应这种说他进行"说服"的指控,同时又不揭露提马宋和其他将领在这件事情上所扮演的骗子角色。

② 我依从最佳抄本,删去了5.7.12处的"朋友们"这个单词:万人军已经没有能力与任何人结为朋友。

③ Strauss, "Xenophon's *Anabasis*", in *Studies in Platonic Political Philosophy*, pp. 126-127.

④ 在其讲话中,色诺芬称万人军大会为"公共的[大会]"(to koinon, 5.7.17, 5.7.18)。但在叙事中,他将其称作 agora(5.7.3处两次)。那些市场管理员(agoranomoi)完全没能力去运用法规,这说明了万人军的 agora 发生了什么。万人军已经变成一个没有"法"(nomos)的 agora(5.7.2, 5.7.24-25)。[译按] agora 在此一语双关,agora 有"大会、公民大会"和"市场"等义项。

如此之广，以至于人们会认为在色诺芬发言结束后净化军队乃恰当之举(5.7.35)。然而，色诺芬的这次发言再一次因其遗漏的内容而引人注目：色诺芬没有要求审判参与这些罪行的士兵。考虑到他在前一章刚这么要求过(5.6.33-34)，这里的"遗漏"就尤其值得注意。即便在当前讲话中，色诺芬还公开谴责说，一个涉嫌作奸犯科的人可能已经"未受审判"而逃脱了惩罚(akritos, 5.7.29；同参5.7.28)。然而，他最终以一个温和的建议结束了讲话："请考虑制止这些［目无法纪的行为］吧"(5.7.32)。色诺芬为什么不提议审判？我相信，原因是犯法者人数实在太多，无法安全地进行审判。

让我来详细解释下这条建议。在这种情况下，军队的利益与(惩罚性)正义的要求不可调和。若要万人军有能力获得所需要的给养并抵御敌对的威胁，就必须保存万人军的兵力；然而，如果他们突然相互攻击并且公正地处决彼此，就会摧毁他们的实力(对比5.7.32末尾)。在无法无天的万人军已经多方树敌，甚至与一些希腊人为敌时(对比5.7.30)，大规模的死刑案审判——假设这样的审判能够组织起来的话——会使这支军队彻底完蛋。万人军承受不了以这种方式来减损自身兵力。

尽管有风险，色诺芬还是应该试图惩罚这些违反希腊礼法的行为么？纵使毁灭世界，也要让正义实现(fiat justitia, et pereat mundus)。①可是，正如我们刚才所见，如果试图审判这些罪犯，色诺芬可能会有损公共的好。难道公共的好不是正义的一种至关重要的含义吗？破坏公共的好的行为，还配得上称为"正义之行"吗？在这件事情上，做到完全正义是不可能的，因为正义本身与自己龃龉不合。"要让正义实现"(fiat justitia)，这表达的是一种相互矛盾的命令。也许更准确的说

---

① ［译按］这是神圣罗马帝国皇帝斐迪南一世的名言。

法是：正义的完全实现需要神意。只有一位既强大又正义，并且愿意为万人军战斗的神，才可以使他们既审判罪犯，同时又不彻底破坏公共的好。然而，在色诺芬看来，没有任何一位［神］在为万人军战斗。这位苏格拉底式的王必须确保他们自己能够为自己执行这项任务。①

［217］士兵大会对色诺芬这次发言的反应引人注目。所有人都

---

① ［原注102］宙斯并没有为万人军施行统治或进行战斗，面对不义，宙斯也一直没有出手干预，没有对正义施以援手，这一点在文中反复得到暗示：见5.7.22，5.7.32，5.8.6，以及最重要的一处5.8.21。关于妒忌（phthonos）的那段文字（5.7.10-12）在此也很重要，它可以说位于色诺芬辩护词的两个部分的中间。这段文字必须从两个层面来解读。第一，它回应了聂翁和其他诽谤色诺芬的人，他们诽谤色诺芬部分是因为妒忌。第二，我们也必须考虑来自神的妒忌（divine envy）。这段文字让人想起希腊式的虔敬所熟悉的一种观念：诸神妒忌凡人的好运。我们要考虑，色诺芬的上升可能受阻于神意。我相信，当他将妒忌描述为不正义时，他也是在回应这种据认为存在的妒忌：

> 在他们中间，如果有人有能力为你们的某种好处（some good）发声，我可有阻碍他吗？或者如果有人愿意为我们和他自己战斗，我可有阻碍他吗？如果有人努力为我们的安全而保持警醒，我可有阻碍他吗？（5.7.10，强调符号乃笔者所加，我依据的是最优抄本的读法。另参 Strauss, "Xenophon's *Anabasis*", in *Studies in Platonic Political Philosophy*, p. 126）

色诺芬甚至甘愿让出自己的位置给怀有妒忌的神，"让他来统治吧，我让位。只要他显然是在为我们做某种好事。"为了支持我的解释，请注意，色诺芬在演说开始时如何高调地提起诸神，"请听我说，当着诸神的面……"（pros theōn，5.7.5，强调符号乃笔者所加）。色诺芬发表这番讲辞时邀请诸神来听，它在某种程度上也是说给诸神听的。

亚里士多德一番有些调皮的说法很好地表达了色诺芬如何看待神的妒忌：见《形而上学》983a2-4及上下文。《居鲁士的教育》（2.3.12）已经暗示出，从妒忌这一角度来看，神般的王能够比诸神做得更好。

站起来说，非法行径的始作俑者必须受到惩罚。日后再也不允许有非法行径，那些肇事者应该被处死。众将领应该将所有这些人付诸审判，而且，自居鲁士死去以来任何一个犯下不义之行的人，都应该接受审判。百夫长受命担任审判员。然而，这是我们第一次也是最后一次听说士兵受到审判。这一章以色诺芬的告诫收尾，色诺芬在众卜士的支持下力劝士兵大会要洁净这支军队。"举行了净化仪式"（5.7.35）——只有净化仪式而已。这支军队的罪恶以符合军队自身安全的方式得到洁净。万人军——他们中的许多人曾犯下严重的罪行——渴望惩戒性的正义，而色诺芬，一个不曾犯下任何罪行的人，却没有这样的渴望。

5.4 正义与好

士兵现在开始尽情发泄他们对众将领的猜疑和敌意。士兵大会决定，所有将领都要为过去的所作所为接受审判。有三位将领因渎职而被处罚金。色诺芬本人所受的指控是，在并非必要的情况下打人，也就是说，他有肆心(5.8.1)。① 雅典人指控苏格拉底使他的学生成为肆心之徒，在此回想起这一点至关重要。这一指控反映出阿里斯托芬在《云》中提出的控诉。② 色诺芬直面这些指控者。他请第一个人说说自己是在哪里挨的打。[218]事情发生在亚美尼亚山区，那时候军队正在深雪中艰难前行，士兵忍饥挨饿，还有人死于严寒和疲乏。色诺芬

---

① 这一指控是"对肆心的控诉"（graphē hubreōs）。对比亚里士多德《修辞学》1402a1-3。

② 《云》1298, 1505。克里提阿斯，特别是阿尔喀比亚德的人生经历后来为这个问题提供了实例，见《回忆》1.2.12-48（还有1.2.9-11）。

当时强迫眼前这个正在指控他的人,命他背上另一名虚弱得无法前进的士兵一起前进。稍后,色诺芬又碰到这个人,当时此人正在挖坑,要把他背着的那个士兵埋掉。色诺芬停下来表扬了这个挖坑者的虔敬做法,直到他注意到这个"死人"的腿还可以动弹!色诺芬承认,

> 于是,我打了你,你说的是实情,因为我觉得你像是知道这个人还活着。

这个指控者顶嘴说,"那又咋样?在我把他给你看之后,他不也是死了吗?"

色诺芬回击道,"我们所有人都会死,难道因此就必须被活埋吗?"(5.8.10-11)

这时,大会上的那些士兵大喊道,那名指控者太欠揍了。色诺芬随即要求其他指控者都说说他们是因为什么挨的打。然而,没有一个人肯站起来继续指控色诺芬。

因而,色诺芬再次继续发起攻势:"我同意,男子汉们,我的确打了人。"(5.8.13)他的辩护旨在证明他打人的正当性。

色诺芬表明,他在三种不同的情况下动用过他的拳头。第一,他会打这样做的士兵:一边享受着军队的秩序和纪律带来的安全,一边却擅自离队抢劫,为自己获取更多东西。"如果我们所有人都曾这般行事,我们早就完了。"(5.8.13)将万人军团结在一起的公共的好一直都是一种不完美的好,必须禁止白占便宜的人利用这种不完美。第二,那些瘫软下去并且在敌人面前自暴自弃的人,色诺芬曾用拳头强迫他们站起来(5.8.14-15)。这些事发生在亚美尼亚的冬季。色诺芬曾在一场暴风雪中坐了很久,等那些负责打包的人,之后他发现自己几乎站不起来了,双腿几乎无法伸展。他有了这种亲身经验后,只要

看见任何人坐在雪地里犯懒,他都会驱赶他们起来。第三种情况涉及那些懒洋洋的人,他们落在后面,拖累军队的前进(5.8.16–17)。

色诺芬说:

> 我的道理很简单,如果我是为了好而惩罚某个人,那么,我应该遭受的惩罚就与那些惩罚儿子的父母和那些惩罚学童的教师应该遭受的惩罚一个样。医生也是为了好才又烧又割。(5.8.18)

色诺芬配得上像一位父亲或教师那样享有荣誉,配得上像一位医生那样获得奖赏。然而,色诺芬说他为了好(epi agathō)才打士兵,这句话是什么意思? 其意思是,他打士兵是为了军队的好。请想想第一种情况,尽管挨打对那些白占便宜的人而言显然并不好。[219]在第三种情况下,即落队的人拖累了大部队的前进,打他们也是对军队有好处,而且与第一种情况不同,挨打对落队者本人而言甚至也可能有好处:

> 我用我的拳头打他们,为的是他们不会被敌人的矛击中。(5.8.16)

然而,最有趣、最意味深长的,还是第二种即位于中间的那种情形。色诺芬打那些士兵,为的是让他们站起来。他知道,① 隆冬季节坐在冰冻的地面上不想起来,会导致"血液凝固、脚趾冻烂"(5.8.15)。色诺芬是为了士兵本人的好才打他们。正如医生的治疗虽然疼痛却对病人有益,色诺芬不是受法的指引,而是受好(the good)的指引——

---

① 色诺芬在5.8.14处用的是 katemathon 这个单词,其意思是"我知道"或"我了解";在5.8.15处,即说到士兵时,用的是 kai humeīs iste 这个表达,其意思是"你们也知道"。

受他关于好的知识的指引。他向士兵证明了自己打士兵的正当性,像极了斐狄庇得斯(Pheidippides)向斯特瑞普西阿得斯(Strepsiades)证明他打父亲的正当性:有知识者可以为了无知者的好而正当地打无知者。① 像一名高超的苏格拉底式人物,色诺芬没有把那些不好或有害的法放在眼里。② 在《上行记》的论证中,卷五的结尾与卷四和卷三的一样,都指向处于优先地位的军队的好。③

---

① 《云》1321-1438行;对比《回忆》1.2.49-50。

② [原注107]《云》1400行;《回忆》1.2.9-11。当然,比起斐狄庇得斯的辩护,色诺芬的辩护有说服力得多。首先,在他与军队的关系中,他把自己公开描述成施惠的父亲,而非不孝的儿子。另外,色诺芬给士兵带来的好处明显又实际(即便同时是痛苦的),而斯特瑞普西阿德斯获得的"好处"充其量是不确定的。因此,色诺芬才能够令人心服口服地诉诸这种属于日常道德范畴的共识:一种法要想成为法,就必须是好的;否则,它就可能既不是法,也没有约束力(对比阿尔喀比亚德如何反驳伯里克勒斯关于法的见解,见《回忆》1.2.42)。

此外,色诺芬提醒听众,亚美尼亚的冬季极度难熬,非常恶劣(5.8.20)。在正常情况下,当万人军安享"好天气"时,色诺芬也遵守那种禁止打人的法(5.8.19)。然而,值得注意的是,色诺芬没有求助于"必然性",以证明自己是正当的,或者为自己开脱(对比他在5.5.16处的辩护,还有5.5.17和5.5.22)。严酷的亚美尼亚冬季并不是他打人之举的正当理由;毋宁说,它有助于阐明色诺芬通常遵守法律时背后依据的是什么原则。

③ [原注108]卷四与卷五有着更大的相似性。卷五第八章与卷四第八章(即写科尔奇斯人的那一章)有相同的写作目的。这两卷结尾的情节都概括了(这支军队的)好(the good)的优先地位,都将这种优先地位与诸神问题勾连起来。请注意色诺芬在卷五第八章末尾对士兵说的话:

你们也已经判定,我打[那些坏士兵]打得合乎正义:当时你们在场,你们手里拿的是剑,而不是石子儿,只要你们愿意,你们就可以帮他们。但是,宙斯在上,你们既没有帮他们,也不帮我一道打那些违法乱纪之徒。因此,你们在放纵士兵中间的坏蛋,既然你们任他们肆意妄为。(5.8.21,强调符号乃笔者所加)

第五章　正义（《上行记》卷五）　325

[220]为了完成辩护，色诺芬争辩说，那些士兵自己当时都已经判定他打人乃正义之举。① 因为当他打人时，他们就在现场，本可以对那些挨打的士兵出手相助，然而他们并没有这样做。他们也没有帮色诺芬打那些违法乱纪的人。因此，他们这么做就等于放纵士兵中间的坏蛋，任他们肆意妄为。②

色诺芬再次将矛头指向士兵，结束他的辩护。色诺芬暗示道，这些士兵才应该因其肆心而接受审判，毕竟，因施惠者的施惠行为而控告施惠者，这就是肆心。③ 如此行径也是一种负恩：

> 可是，我感到惊诧的是，如果我招你们当中哪个人讨厌，你们都会回想起来，也不保持沉默，而如果我曾使谁少受酷寒，或者

色诺芬打那些坏士兵的时候，其他士兵只是站在一旁，从而，他们认可了色诺芬打人的合理之处。士兵的不作为映照出最高级别的旁观者（bystander-in-chief）的不作为。色诺芬的誓言旨在表达的意思，与那个记述与科尔奇斯人作战的段落结尾所表达的意思相同：宙斯以其不作为，承认了那些不合法却好的行为是正义的或者说并非不义的。更笼统地说，唯有宙斯才能让人们恪守一条坏的或有害的法律。

① 色诺芬从没有直接说他打人乃正义之举。他甚至差一点承认他的某些打人之举"有悖正义"（5.8.17）。尽管他仍旧继续坚称士兵以其不作为认可了打人之举的正当性，但他并没有以自己的名义直接宣称这一点（5.8.21）。

② 色诺芬举了拳击手波伊斯科斯（Boiskos）的例子，显然，色诺芬没有能力用自己的拳头去约束这个人。

③ [原注111]在向万人军讲话的过程中，色诺芬一再用到一个表达与实际情况相反的短句"如果你们节制"（5.8.24）。"节制"（sōphrosunē）是肆心的对立面（例如：《回忆》1.2.19以下，3.10.5）。对父母忘恩负义是不节制的一种形式，而色诺芬将自己比作一位父亲（《回忆》2.2.13–14）。关于色诺芬将自己比作一位父亲的更深层含义，见本书第三章，英文版页122的原注36。[译按]对勘本书第七章原注63。

为谁抵挡了敌人,或者在谁生病或处于困境时和大家一起给他提供了某种东西,却没有人会回想起来;如果我表扬过谁行事高贵,或者如果我尽己所能给予某个好人荣誉,你们也没人记得。然而,铭记好事多于铭记坏事,是高贵的、正义的、虔敬的,也是更快乐的。

　　这时,他们站起来,追忆往事,一切顺利结束。(5.8.25-26,安伯勒英译文)

以正义为主题的卷五列举了不止一处令人沮丧的叙述恶行的插曲,但其结尾令人愉悦:士兵们在向色诺芬致谢。

第六章　感恩

(《上行记》卷六)

[221]色诺芬在卷五结尾处所说的话,使叙事非常完美地过渡到以感恩为主题的卷六。色诺芬现在将分析他作为统治者如何统合或调和感恩的要求与安全和利益的迫切要求。因此,我们继续沿着第三部分的脉络前进:虔敬(卷三)、勇敢(卷四)、正义(卷五)、感恩(卷六)和爱士兵(卷七)。然而,比起前面或后面诸卷之间的关联,卷五与卷六之间的关联要更紧密。我已经在全书导言部分指出,在卷一之后,《上行记》每一卷的开篇处都有一段总结前文的论证的文字。但卷六并未附有此类总结,卷五与卷六之间可以说是天衣无缝地相连。① 因此,色诺芬使得这两卷在第三部分的论证中构成一个单独的阶段或时刻,而第三部分本身也是《上行记》的论证中最重要的阶段。是什么将这两卷连接起来? 是它们的主题。尽管正义(卷五)和感恩(卷六)是不同的德性,但两者并非全然分开:感恩是正义的一部分。② 因此,分析感

---

① 卷五与卷六甚至在句法上都相关联,即由 men…de 从句相关联,卷五最后一行始于 ek toutou men,卷六第一行始于 ek toutou de。参 Høeg 的有益论述:"Xenophontos Kurou Anabasis. Œuvre anonyme ou pseudonym ou orthonyme?",p.164。

② 在与的确水平有限的希琵阿斯对话时,苏格拉底表示:不管在什么地方,帮助那些善待过自己的人,这既正义又合法:见《回忆》4.4.24及上下文。另参《会饮》4.2-3。

恩就是继续分析正义。①更确切地说，[222]卷六分析的是我们可以称之为前政治道德（prepolitical morality）的那种东西的某个方面。既然万人军从未转化成一座城邦，那么，法的概念，因而还有正义的概念，就从未充分地实现自身。感恩是正义的一种尚未成熟的表达形式，而且与希腊礼法并非不相似的是，感恩可以部分代替正义。此外，既然正义在某种意义上仍然是卷六的主题，那么，与法这一主题紧密相关的创建城邦这个问题在这一卷就仍然重要。②

6.1 感恩、舞蹈与哲学

> 因此，凡是背叛者都在位于狄斯所在的宇宙中心的那个最小的圈子里受永恒之苦。
>
> 但丁，《神曲·地狱篇》第十一章③

---

① 正义主题在卷六开篇仍然显而易见，见6.1.1（与6.1.2-3合起来读）。6.1.3处提到的那些"最正义的人"，看上去就是那些从市场（AGORA）购买物资过活的人，与那些外出劫掠的人正好相反（6.1.1处）。因此，邀请这些最正义的人赴宴，其目的就是荣耀和鼓励他们所代表的东西：对比《居鲁士的教育》2.1.30。还请注意，卷六也像卷五那样结束于一场审判或类似于审判的情景（6.6.19-34）。

② 感恩存在于"自然状态"中并且预示着正义的生成。感恩不依赖法律和城邦，或者说，远不如正义那样依赖法律和城邦：对比马基雅维利《论李维》，1.2.3，见 *Discourses on [the First Decade of Titus] Livy*, trans. by H. C. Mansfield and N. Tarcov, Chicago: University of Chicago Press, 1996。同参《回忆》2.2.1-3。关于创建城邦的问题，见《上行记》6.4.1-8和6.6.1-4。

③ [译按]中译文参：但丁，《神曲·地狱篇》，田德望译，北京：人民文学出版社，2002，页66。

第六章 感恩(《上行记》卷六)

转向第六卷时,我们会碰到一个令人困惑不解的难题。这一卷以一场宴饮开始(6.1.1-13)。该片段的大部分篇幅都用来描写由希腊士兵和非希腊士兵表演的五场舞蹈——以感恩为主题的第六卷为什么以精心安排的舞蹈场景开篇?

在《上行记》的论证中,这段舞蹈服务于下面几个目标。第一,舞蹈情节深化了作者在卷五(还有卷三)开始的关于希腊主义(Hellenism)的分析。这里描述的这段舞蹈有助于我们理解希腊主义如何不同于野蛮主义(barbarism),即希腊主义与野蛮主义各自如何调和(或未能调和)自由的要求与文明的要求。我们将会看到,五场舞蹈反映了希腊部族与蛮人部族格外看重的那些德性或品质。

第二,这些舞蹈说明了希腊主义内部的多元性。因为希腊主义并非一个铁板一块的概念,而是包括迥然不同的或相互冲突的表现(manifestations),一些要高于另一些。实际上,正是由于希腊主义内部的冲突在第六卷给万人军造成了最严重的困难,因而,这个舞蹈情节是恰如其分的开篇。[1]

然而,这两条理由都不足以解释以感恩为主题的第六卷为何以舞蹈开场。莫非是要我们想起希腊内部的不和将会导致军队的分裂,在分裂期间,[223]士兵将会对色诺芬负恩(6.2.9-12)?但在试图回答我们的问题之前,可能最好还是先分析这个舞蹈情节。预告一下,我们将会发现,在色诺芬看来,"舞蹈"是负恩问题的一种解决之道。

---

[1] 在卷六中,这支军队第一次与斯巴达爆发冲突:希腊内部的不和开始影响万人军的对外关系,而不仅仅是影响了这支军队的内在动力(dynamics)(6.6)。

＊＊＊

宴饮一开始是向诸神献祭(6.1.4)。希腊人和他们想要与之订立和约(spondē)的帕弗拉戈尼亚客人一起进食、饮酒。他们奠酒并唱凯歌。然后开始娱乐活动。第一场是忒拉刻人的表演(6.1.5-6)。[①]他们手持武器,跟着长笛声跳起舞来。他们激动地挥舞武器,敏捷地高高跃起。舞蹈的结尾或高潮(telos)是一次身体上的击打:甲击打了乙并且看起来杀了乙(然而,甲并没有真的将乙杀死)。这时甲剥去死者的武器。这场表演明显是野蛮的。不过,在场的帕弗拉戈尼亚人喜欢他们看到的这场表演,他们大吼着叫好。忒拉刻人能够取悦帕弗拉戈尼亚人,原因是后者也是野蛮的。两个部族的人都看重原始的力量和活力。靠着培育这些特定的品质,忒拉刻人保持着独立——他们唱的是本部族的颂歌[②]——然而,他们并不怎么着力培育美。他们只是离队单行者和强盗,既没有文明,也没有真正的自由。

第二场舞蹈由忒萨利亚人表演(6.1.7-8)。[③]舞蹈名为卡尔派亚(Karpaia),意为"大地的果实",也是带着武器来跳。一个男人将武器放在一旁,然后开始播种耕地。他频频扭头向后看,仿佛心有所惧的样子。一个强盗正在逼近。耕夫看见强盗,便抄起武器,在一对轭牛面前与敌人打斗起来。这些动作都应和着长笛的旋律。在结尾或者说高潮处,强盗捆住耕夫,牵走了耕牛。然而,有时候是耕夫占了上风,捆住强盗,然后离开。这支舞蹈反映出忒萨利亚的落后状态。尽

[①] 这些忒拉刻人是克勒阿尔科斯原来队伍的成员:1.2.9。

[②] 这些忒拉刻人唱着西塔尔卡斯(Sitalcas,6.1.4)退场。西塔尔卡斯是忒拉刻的创建者和国王(参修昔底德《伯罗奔半岛战争志》2.29)。

[③] 这些忒萨利亚人来自埃尼阿尼亚(Aeniania)和马格涅西亚(Magnesia)。那些埃尼阿尼亚人是梅侬原来队伍的成员:1.2.6。

管忒萨利亚形式上属于希腊,也比忒拉刻更文明开化,但忒萨利亚是一个缺乏安全的地区。舞蹈应和着长笛的旋律^①来表演,歌颂的是农耕,而非服务于劫夺的暴力。[224]"大地的果实"属于强者。战争的技艺仍然压倒了和平的技艺。这场舞蹈没有激起观众的任何反应。色诺芬没有赞美它。

专心的读者可能期待着今晚的第三场舞蹈会讲述那种处于巅峰的希腊主义。因为前面两场舞蹈遵循的是一种上升次序:从(忒拉刻人的)野蛮主义到(忒萨利亚人)原始的希腊主义。然而,作者迟至第四场舞蹈才满足读者的期待。今晚反常的第三场即中间那场舞蹈由非希腊的米西亚人(Mysian)来表演(6.1.9–10)。舞者双手各持一面小盾牌登上舞台。他开始跳舞,一时假装在抵挡两个向他进攻的人,一时用他的盾牌,好像在抵挡一个人,一时又手持盾牌转身和翻跟头,"所以场面显得(appeared)美"(kalos,6.1.9)。^②五场舞蹈中,唯有这一场,色诺芬以自己名义称赞它显得美。在结尾或高潮处,那个米西亚人跳起一种波斯舞,其主要动作是"屈膝"(okladzō)。^③在培养美方面,米西亚人比忒拉刻人和忒萨利亚人都更有技巧。他们是经过文明开化的人,但他们的阳刚之气和战斗勇气有所不足。故而,米西亚人是双手各持一面盾牌来跳舞,他没有拿攻击性的武器。他更擅于抵挡

---

① 忒拉刻人的舞蹈伴着长笛声进行,而忒萨利亚人的舞蹈是有节奏地应和着长笛声进行。作者也在米西亚人和阿尔卡狄亚人的舞蹈处提到了节奏,阿尔卡狄亚人是应和着一种战斗节奏跳舞。

② 抄本F和M的读法为"所以场面显然(manifestly)是美的"(6.1.9)。

③ "屈膝"(okladzō)是个罕见的单词。我相信,它在色诺芬作品的其他地方只出现过一次,指一匹马"弓下后腿"。马弓下后腿,为的是让骑者上马(《论骑术》11.3)!

而非发动攻击。① 米西亚人在波斯王面前"弯膝下跪",就是因为这些军事方面的缺陷。米西亚人虽然文明开化,但不自由。

色诺芬赞赏米西亚舞蹈不尚武的美,这将他与所有别的观众(希腊人和非希腊人)区分开来。因为这位米西亚舞者并没有得到掌声。一些来自曼提内亚人和阿尔卡狄亚的希腊人甚至将这位米西亚舞者赶下舞台,他们反感他那种透着奴性的舞蹈,对这种舞蹈更高的审美价值视而不见。② 曼提内亚人和阿尔卡狄亚人是斯巴达人的近邻,他们表演了第四场舞蹈(6.1.11)。[225]他们把自己尽可能美地武装起来。他们和着一种战斗旋律登上舞台,唱起凯歌,跳起舞来,就像在祭神的行进中一样(6.1.11)。他们的舞蹈混合了虔诚的崇敬和战斗的勇气:自由与文明在巅峰阶段的希腊主义那得到调和,因为它们是在礼拜诸神中,并通过礼拜诸神而得以调和的。希腊人向诸神下跪,且只向诸神下跪,与米西亚人向波斯国王下跪不一样(3.2.13)。但色诺芬并没有称赞阿尔卡狄亚式的或"斯巴达式的"舞蹈。它远不如米西亚人的舞蹈美。色诺芬也没有讲到这场舞蹈的结尾或高潮,这是唯一一次色诺芬略去了 telos[高潮](6.1.11)。③

---

① 尽管米西亚人缺少战斗装备,但米西亚舞者仍然"假装用自己的盾牌去攻击另一个舞者"(6.1.9)。这个动作出现在舞蹈结尾(telos)之前的那个部分的中间部分。可是,你如何用一对盾牌来发动攻击呢?这是一个完美的例子,反映出色诺芬如何一本正经地搞笑。米西亚人是居鲁士的对立面,居鲁士双手各持一支标枪投入战斗,但没有带盾牌(1.8.3)。关于苏格拉底与米西亚人在这方面的相似性:参《回忆》3.10.9。

② 色诺芬写道,那些曼提内亚人"攻击"(epiontes)那个米西亚舞者,这是一种有趣又真实的读法,但粗心的 Cobet 删去了这种读法(6.1.11),这是他惯常的做法。

③ [原注14]色诺芬略去这里的 telos,莫非是因为希腊主义的顶峰(即诸神)已经显而易见了?更深层的原因分析,见本书英文版229页的原注26。

帕弗拉戈尼亚观众感到震惊:目前所有的舞蹈都是带武器表演的。见他们大为惊讶,①前面表演不成功的米西亚人决定进行第二次表演。因为他想得到喝彩声,所以又试了一次(6.1.12–13)。然而,这一次他改变了策略。他从其中一个阿尔卡狄亚人②那里借来一位女奴舞娘,花尽心思将她美美装扮一番,给她一面轻盾牌。这女子敏捷起舞,跳的是所谓的庇里克(Pyrrhic)舞蹈,一种明显是与战争有关的舞。③尽管她是个女奴——一个确实不具男子气概和战斗气概的表演者——但她的舞蹈是当晚最成功的,激起了满堂喝彩。色诺芬甚至说,这场舞蹈是整个夜晚的终结或曰高潮(6.1.13)。这个女人的战斗动作、战斗服装使观众忘记了——更确切地说是热情接受了——她的内在本性,即不具男子气概和没有战斗气概。

对于《上行记》的论证而言,这一晚的telos[高潮]意味着什么呢?为了回答这一问题,请回想一下,色诺芬在《会饮》中将苏格拉底呈现为一名舞者(《会饮》2.15–20)。我们知道色诺芬用"跳舞"来比拟"哲学探究"。 我相信,《上行记》的舞蹈情节是在不动声色但富有启发地分析如何在希腊公众面前饶有趣味地呈现哲学,[226]毕竟,希腊人更看重男子气、虔敬和战斗勇气。哲学(我们可以说)是一种不具

---

① [原注15]"大为惊讶"(astonishment)翻译的是动词plēssō(6.1.12)的被动态形式。plēssō在这个场景中还出现了一次,在6.1.5处:忒拉刻人甲击打了忒拉刻人乙的身体,而且看起来杀死了乙。为了赢得掌声,这位米西亚舞者必须用一场比前面那场演出更加粗野或没那么美的表演,来"打动"他的观众。不过,米西亚舞者的第一场表演失败了,没有获得喝彩声。这是关键的一点,它与哲人色诺芬在《上行记》中的自我呈现的特性直接相关。

② 这个女人是某个阿尔卡狄亚人的奴隶,这让我们想起了希腊主义——即使是或者正是处于巅峰的希腊主义——在获得自由时付出的代价。

③ 柏拉图的《法义》(815a1–b3)描写过庇里克这种舞蹈。另参阿里斯托芬的《鸟》1169行。

男子气的对美的培育,①哲学是"米西亚式"的,严格来说,它对希腊公众并没有什么吸引力。②如何为哲学赢得喝彩声呢?为哲学穿上战服。给哲学配上武器,让它经历一场战"舞"。这正是色诺芬在《上行记》中所做的事。他给自己穿上了战服。这一晚最后一场舞蹈,告知我们色诺芬在《上行记》中呈现他自己时所遵循的原则:他将自己描述成一名有德性的战士,目的是为哲学赢得某种程度的宽容甚至喝彩。他隐藏了他的哲学之"舞",或者说赋予这种"舞"一种吸引公众的外观。③

---

① 在苏格拉底的德性列表中,色诺芬没有提到勇敢(andreia),见《回忆》4.8.11。

② 例如,请思考卡里克勒斯对哲学的攻击:哲学是一种缺乏男子气概的追求,见《高尔吉亚》484c4以下,特别是485b7-e2。

③ [原注21]也请参考本书英文版页225原注15。这个片段的倒数第二句话证实了这一点:跳庞瑞克舞蹈的那个女奴象征着武装起来的哲学。那些帕弗拉戈尼亚观众为女奴的表演所震惊,他们问希腊人,是不是连女人也和他们一起战斗。"他们说,把波斯国王从希方营地赶跑的正是她们。"(6.1.13) 希腊人的吹牛涉及《上行记》前面的一处情节,当时希腊的随军人员在国王及其军队逼近时保卫自己的营地(1.10.2-3)。

从一个层面来看,这次吹牛的含义很清楚:就连女人都能够击溃波斯军队。然而,从另一个层面来看,这是一次奇怪的吹牛。这里提到的那两个女人是居鲁士的希腊籍侍妾,我们根本没有看见她们参加战斗。她们完全是手无缚鸡之力。其中一个好不容易才逃出波斯人的控制,几乎是赤身裸体,而另外一个是弗开亚人(Phocaean),据说"既智慧又美貌",她实际上被波斯人抓住了(1.10.2)。

色诺芬为什么要提及前文的这个情节呢?它肯定不是在证明希腊女人的战斗勇气。我相信,对此的解释是:色诺芬想让读者在想起跳庞瑞克的女奴舞者时连带想起居鲁士的两名侍妾(6.1.12-13)。那位女奴舞者配有武装,而侍妾们毫无防护,但她们的内在本性一致。这一点为什么重要?因为其中一个侍妾据说"既智慧(sophos,1.10.2,强调符号乃笔者所加)又美貌"。在整部

第六章　感恩(《上行记》卷六)

　　我将详细阐述下面这种想法:色诺芬在《上行记》中所用的修辞策略,旨在将他本人或他军事方面的德性和军功变成哲学与希腊诸城邦之间的桥梁。他尽可能将自己描述成这样一个人:此人分有那些军事和政治类型的人物的关切、品质和特性。因此,他设法营造出一种印象,即他渴望过政治生活,急于离开苏格拉底去居鲁士身边。①然而,他同时在颂扬苏格拉底。[227]在《上行记》中,色诺芬记叙自己的功绩,这肯定会博得那些军事和政治类型的人物的尊重与仰慕;同时他又暗示,尽管他获得了这些成就,但苏格拉底比他更高超,苏格拉底甚至还是他获得这些成就的首要原因(3.1.5-8)。因而,色诺芬在希腊各城邦及其首领心目中培养起一种对待哲学的态度,即便不是承认哲学的优越性,至少是在一定程度上容忍哲学。换一种方式表达:《上行记》使希腊的自由更加接受文明的最高表现形式——哲学。

　　前文的解读揭示了舞蹈之夜的结尾或高潮(telos)对于《上行记》的论证而言最重要的意义。我将在附录一表明,这种解读也为色诺芬研究中一个从未得到解决的问题,即色诺芬为什么在《希腊志》(3.1.2)中将自己托名为"叙拉古人忒弥斯托革涅斯"(Themistogenēs),提供了解决之道。然而,我关于舞蹈之夜的结尾或高潮的解读,还必须解释"舞蹈"为什么在《上行记》卷六开篇与"感恩"相关联。为了解开此谜,我们需要回顾一下,哲学出于什么理由首先需要某种修辞

《上行记》中,唯一的另外一次提及"智慧"是指马尔叙亚斯-苏格拉底的智慧(sophia,1.2.8)。换言之,那位女奴舞者象征着武装起来的哲学智慧。她是色诺芬的替身。

　　另外请注意,作者通过一名"智慧的"侍妾赋予居鲁士与智慧一种带有爱欲意味的关联。为什么呢? 在《上行记》中,居鲁士在某种意义上是"上升"的最重要的化身。参本书英文版页299-300。[译按]对勘第一章的原注44。

　　① 见本书第三章,英文版页113-117。

性辩护。

到目前为止,我的论证所立足的前提假设是:哲学对希腊公众不具有吸引力。实际上,哲学令人反感。之所以反感,是因为人们认为哲学是不虔敬的并且是败坏人的活动。苏格拉底的受审与死亡清楚表明了这一点。我们可以从感恩的角度重新表述这位哲人当时受到的两条指控:苏格拉底不信城邦所信的诸神,反而引进新神;他还败坏青年。他们认为这位哲人对诸神负恩,因为他否认他和城邦从上天那里已经得到的好处。例如,在《苏格拉底在法官面前的申辩》一文中,苏格拉底通过在雅典人面前"说大话"或"吹牛"来为自己辩护:他使用了"大话"(megalēgoria,第1–2节)。要说清楚在那种语境中"说大话"的含义,从而阐明苏格拉底在受审时采用的辩护修辞策略,需要我们去细解文本。我在这里无法细读该文本,但对于我的研究目的而言,注意到作者在《申辩》中只有一次使用过"感恩"这个单词就足够了——出现在《申辩》的正中央、在苏格拉底意味深长的一段话里:

> 任何人都不会要求我回报[他给我的]好处,反倒是许多人都承认他们对我感恩(charitas)。(第17节,强调符号乃笔者所加)①

苏格拉底说他不欠任何人的恩情,反倒是别人欠他的恩情。只要注意到"大话"(megalēgoria)这个极为罕见的单词也在《上行记》出现过一次,我们就很容易揭示这种吹牛的含义。[228]色诺芬把这个单词用在一群士兵身上,他们吹牛说,靠他们自己,即没有诸神的任何

---

① 这句话引人注目,尤其参照苏格拉底告诉赫尔莫艮涅斯(Hermogenēs)他在辩护发言中要讲明的东西来看(第9节),就更是引人注目。

帮助,就为整支万人军获得了安全。①哲学标榜自身的自足性,这遭到城邦的厌恶,因为标榜自身的自足性就等于对诸神负恩——带吹牛性质的负恩。

我们也可以从感恩的角度来重新表述关于败坏青年的指控。色诺芬在《回忆》中回应苏格拉底所受的败坏青年的指控时,一大半篇幅都在就臭名昭著的克里提阿斯和阿尔喀比亚德的事情为苏格拉底辩护(1.2.12-48)。我们当记得,克里提阿斯和阿尔喀比亚德这二人一度是苏格拉底的"学生",在伯罗奔半岛战争期间和战争之后曾是斯巴达的支持者。他们是雅典的叛徒。他们展示出的是一种有罪的负恩。色诺芬欣然前去结交居鲁士,而居鲁士在伯罗奔半岛战争期间是雅典的敌人,在许多人看来,这义是一件性质相似的事。无论如何,色诺芬在《上行记》的远征结束之后将会遭雅典人流放(5.3.7)。面对那种说哲学教导城邦民负恩(civic ingratitude)的指控,哲学需要得到辩护。平心而论,这条指控也并非没有合理的根据。色诺芬的"舞蹈"如何有助于解决我所说的负恩这个问题呢?

色诺芬在《上行记》的"舞蹈"表明,哲学,或更确切地说,那种为真正的哲学做准备的苏格拉底式教育,能够结出最杰出的政治之果。这位苏格拉底式的王以他的统治拯救了数以千计的希腊人。这一成就也为公元前4世纪[亚历山大]征服波斯打下基础。在大多数希腊人眼中,这些都是赫赫功业,提升了希腊的荣光。还请回想一下,在概述自己上行结束之后的生活(5.3)时,色诺芬强调了他自己对希腊主义的遵从。对希腊和希腊礼法的遵从,有助于弥补一种别人注意得到的对[雅典]城邦的不遵从。

---

① 当然,这个"大话"(megalēgoria)出现在以感恩为主题的卷六(6.3.18)。它以动词的形式出现,即"说大话"(megalēgoreō)。

但还不止如此。正是就不虔敬指控而言,色诺芬的"舞蹈"是一种极其有效的修辞策略。在这次研读中,我曾不得不以怀疑的眼光来看待色诺芬多次表达出的对诸神的感恩之情。然而,我从来没有否认,色诺芬多次使用诸如"在诸神的助佑下""感谢诸神"以及"让我们给诸神献上感谢供献"这类短语,次数多到我们都数不过来。成功统治的要求与有效修辞的要求在《上行记》这样一个文本中汇聚在一起。我们只需想起,色诺芬直到今天还被誉为一个格外虔敬的人,他从古代以来就或多或少一直享有此誉,[229]从这一点就可以看出,色诺芬极其成功地反驳了那种认为"哲学从本性上就是一种不虔敬的活动"的观点。色诺芬的"舞蹈"——像极了那晚宴饮中那个女奴的舞蹈——不只是战舞。色诺芬的"舞蹈"是为拥有神意的诸神更伟大的荣耀而表演的"舞蹈"。①

正如我将在这本研究结尾处主张的那样,《上行记》尽管表面上是编年史和战士回忆录,但根本上是一部通向哲学的导论。通过记述他的政治和军事功绩,色诺芬将最好的年轻人送上通向哲学生活的道路。但就目前而言,还是让我们注意下,舞蹈之夜的结尾(telos),除了我已经阐释过的那种含义之外,还有更进一步的含义。色诺芬不只是一名打扮成战士的"米西亚人"。在从事战争事务和行使自由时,他比任何一名"斯巴达人"都要娴熟。舞蹈之夜的结尾(telos)暗示出希腊主义的真正高峰——自由与文明之间最高形式的和谐,它结合了"米西亚主义"与"斯巴达主义"。那一夜的结尾(telos)是对色诺芬

---

① 显而易见,舞蹈可以是荣耀诸神的一种形式:例如,柏拉图《法义》815d4-7及上下文;阿里斯托芬《云》987-989。

本人的无声赞美。①

6.2 军队的感恩与色诺芬的感恩

在卷五的辩护发言中,色诺芬抱怨士兵负恩(5.8.25–26)。士兵们好像是听进去了他的话,因为他的受审一结束,各队伍就考虑选举他为军队的唯一统治者(6.1.19)。因为随着士兵越来越接近希腊,他们开始比以往更认真地考虑将来如何带着可以炫耀他们功劳的东西回家。他们认为,若能选出具有乾纲独断之权(full executive authority)的唯一统治者(6.1.31),那他们会获得更多的劫掠物,因为那时候军队行动起来将更加隐秘和果断。② 士兵对色诺芬的友好态度也反映出他们对凯里索弗斯的失望,此人离开了两个月,现在才返回军中(6.1.16)。凯里索弗斯受命前去向斯巴达人要船,[230]却只带着一艘三层桨战舰回来(5.1.4)。士兵们原本期待他带点什么回来,可他什么都没带回,除了拉刻岱蒙人的海军司令阿那克西比奥斯的表扬之外。阿那克西比奥斯还承诺,只要万人军离开滂沱斯地区,他就雇佣他们。鉴于其他将领要么不再受到士兵的信任(5.6.36),要么受了处罚(5.7.1),士兵对色诺芬的好感在某种程度上源于缺乏合适的唯一统

---

① [原注26]正如我在本章原注14提到的那样,色诺芬在6.1.11处没有提到"斯巴达式"舞蹈的结尾(telos)。这一省略最深层的原因是,希腊主义的高峰(telos),即自由与文明之间的和谐,在某种程度上只能由色诺芬来成就。希腊主义的政治顶峰,即"斯巴达",远没有达到高峰(telos)。色诺芬代表的是处于顶峰的希腊主义所渴求却达不到的东西。

② 色诺芬向军队讲话时提到了"一人统治"(monarchia,6.1.31);而在其叙事中,他用的是"全权统治者"(autokratōr archōn,6.1.21)。第一种表达强调了这种统治的统一性;第二种表达强调这位统治者无需听命于更高的权威。

治者候选人。

　　从某些方面来看,这种成为唯一统治者的前景确实吸引着色诺芬。色诺芬写道,他在友人中间的荣誉将会更大,并且他的名字将来传到"城邦"(即雅典)时会更出名;他还可能成为军队获得某些好处的原因(6.1.20)。然而,色诺芬继续写道,他犹豫不定,因为"未来对每一个凡人来说都不明朗",他也可能失去已经得到的声誉(6.1.21)。色诺芬没有说明他为何对未来如此焦虑。在不知所措时,他寻求神的指引。他向宙斯王献祭,这是德尔斐神谕指示给他的那位神(3.1.6)。

　　但在揭示献祭占卜的结果之前,色诺芬回顾了他与这位神的关系史。自从德尔斐的神谕宣告以来,宙斯曾两次给色诺芬遣兆。第一次是他首次开始承担军队的共同管理之责时,他做了一场梦——他认为这场梦来自宙斯王(我们记得,他把那场梦解成激励他去统治的预兆:3.1.11–12)。第二次,色诺芬想起来,是当他从以弗所出发去参见居鲁士时,一只鹰在他右边发出尖叫,这件事前文未曾记述。然而,这只鹰是在栖息,而不是在飞翔,当时与色诺芬随行的卜士说,这是伟大的预兆,不是针对一个私人身份的人,这预示着隆盛的声誉。可是,这也是辛劳之兆,"因为尤其在鹰栖息的时候,群鸟会攻击它"。卜士还说,但这并非得财之兆,"因为飞翔着的(in flight/petomenon)鹰才能捕到食"(6.1.23)。

　　当色诺芬向宙斯王献祭卜问之后,这位神非常清楚地指出:色诺芬既不应该索要唯一的统治权,也不应该接受它。可是,(我们感到疑惑的是)那只栖息的鹰看上去不是吉利的兆头吗?一位专业的卜士曾将此预兆解为"不是针对一个私人身份的人"。的确,鹰是诸王的象征(1.10.12)。至伟如大居鲁士者,在开始那场为自己赢得大半个亚细亚王权的战争时,也曾看见一只鹰在他的右边出现。①换言之,一名虔敬之士很可能已经得出结论:宙斯王已经遣给色诺芬吉兆。②[231]然而,色诺芬还是进一步向这位神寻求指引。③他为何如此谨慎?关于未来,他害怕什么呢?

军队集合起来,人人都说必须选出一个人来。这一点决定下来后,色诺芬得到了提名。就在士兵看上去就要选举色诺芬时,色诺芬起身,恳求大家不要选他:

> 诸位男子汉啊,如果我真的是凡人,你们敬重我,我感到高兴,并且心怀感恩,还祈求诸神准许我可以给你们带来某些好处。然而,如果有一位拉刻岱蒙人在场,你们选举我作统治者,在我看来不会对你们有利,反而由于这件事,如果你们需要从拉刻岱蒙人那里得到什么的话,你们就会获得更少的东西。至于我,我一点都不认为这样做非常安全。因为我看到拉刻岱蒙人以前不停地对我的祖邦发动战争,直到整个城邦的人都承认拉刻岱蒙人是主子。在整个城邦的人承认以后,拉刻岱蒙人便立刻停止了战争,也不再围城了。那么,尽管曾目睹这一切,在但凡我有能力这么做的地方,如果我如今还是表现出在撼动拉刻岱蒙人的地位,我担心自己很快便会受到惩戒。至于你们心中所想的,即如果只有一个人进行统治,而不是多人统治,内讧就会少些,你们要明白,即使你们选

---

① 《居鲁士的教育》2.1.1。然而,那只鹰当时是在飞翔。另参《居鲁士的教育》7.1.4。

② 请思考,后来有一次当一只预示吉祥的鹰出现时,色诺芬愿意理会卜士的建议(6.5.2以下)。

③ 色诺芬在没有任何见证人的情况下进行这次献祭,这与他试图建城时的做法相反:请对比6.1.24(autō)、6.1.31(idiōtēn)与5.6.16–18。

了别人,你们也不会发现我搞分裂。因为我相信,任何人在战争中搞内讧与统治者为敌,这个人也就是在搞内讧与自身的安全过不去。但如果你们选了我,如果你们发现有人对你们和对我有憎恨之心,我不会感到惊讶。(6.1.26–29,安伯勒译文,我做了改动)

色诺芬为什么要将自己的名字从士兵考虑的候选人中撤回,而支持"在场的拉刻岱蒙人"(即凯里索弗斯)来当候选人呢?① 他的发言或许既想向士兵说明他们应该选举谁,也想向他们说明他自己为什么不应该当选。② 色诺芬看上去尤其关心安全问题。③ [232](请注意,他仍不得不向士兵大会公布他向宙斯王献祭的结果。到目前为止,他只诉诸理智思考:如果"未来对每一个凡人都不明朗",那么他显然认为,一个"凡人"能够对未来做出基于一定知识的猜测[6.1.21]。)④

---

① 色诺芬实际上并没有提凯里索弗斯的名字,以免激起针对凯里索弗斯的异议。毕竟,凯里索弗斯刚让士兵们失望过。

② Strauss, "Xenophon's *Anabasis*", in *Studies in Platonic Political Philosophy*, p. 130.

③ 在这次简短的讲话中,色诺芬两次提及自己的安全:6.1.26和6.1.29。无疑,色诺芬也曾宣称,如果这支军队由一个非拉刻岱蒙人率领,那么它从拉刻岱蒙人那里得到的好处就少。然而,请想一想凯里索弗斯受命前去找拉刻岱蒙人阿那克西比奥斯的那次任务的结果(6.1.16)。有一点引人注目:色诺芬承认,在唯一统治权这个问题上,他的动机是出于自身利益考虑。他也考虑了军队的好,但仅仅是一种事后想法,特别是在叙事中(6.1.20)。然而,请记住士兵在此是在请求色诺芬参加他们的计划。士兵在争取色诺芬。这一次他们不能像先前那样,指控色诺芬利用这支军队来达到自己的目的,当时他试图建城而且其叙事给了其建城动机某种更高贵的说法(5.6.15–16)。

④ 或者说色诺芬并非"凡人"?请再次思考6.1.26:"如果我真的是凡人"(eiper anthrōpos eimi)。色诺芬是否是凡人这个问题,与"赫拉克勒斯向导"这个主题有关联。请参本章第三节。

考虑到斯巴达新近在希腊获得的霸权地位,统治一支会被人视为挑战斯巴达霸权的军队,对一个雅典人来说是不安全的。实际上,拉刻岱蒙人的权势此后会大大影响色诺芬在军队事务上的决策。这是其一。其次,色诺芬也不希望疏远凯里索弗斯。色诺芬明白,这位同僚是一个可以向拉刻岱蒙人传达好意的使者(对比6.1.32)。因此,通过主动靠边站,色诺芬使凯里索弗斯心生感激。① 最后一点,色诺芬关心军队内部的分裂问题。② 这些不久前还将所有将领送去受审的士兵,不可能温顺地服从唯一的统治者,即使这位统治者是由他们自己选出来的。万人军现在即将进入希腊地区,制约劫掠将是必须采取的措施,而新近发生的事情表明这些制约将遭到忽视。

色诺芬对安全问题的担忧并不限于顾忌拉刻岱蒙人。对比一下色诺芬在公共集会上的讲话与他以第三人称进行的叙述,这一点就清楚了。根据他的第三人称的叙述,色诺芬受唯一统治之职的吸引,原因有三。第一,他在友人中间的荣誉将会更大;第二,他的名字将来传到城邦(即雅典)时会更出名;第三,他还可能成为这支军队获得某些好处的原因(6.1.20)。色诺芬在公共集会演讲中的第一句话"重复"了这些好处。在公共背景下,[233]色诺芬声称:第一,受士兵敬重,他感到高兴;第二,他心怀感恩;第三,他将向诸神祈求,让他成为军队获得好处的原因(6.1.26)。

他在叙述中提到的那些好处,与公共场合重述时提到的好处之

---

① 凯里索弗斯渴望统治,这体现在如下事实:他接受了士兵的委任,甚至没有向诸神请示自己是否应该这么做(6.1.32–33)。

② 色诺芬提出,选举唯一统治者可能有助于减少内讧。他将这种想法归于士兵,但士兵心里想的只是军队行动的隐秘和果断(6.1.18)。换言之,他表达的是他自己的担忧。

间有几处差别,其中最重要的变动,是第二个即位于中间的那个好处。色诺芬以"我心怀感恩"这种说法取代了他的心愿,即希望他的名字"传到(雅典)城邦时会更出名"。但"在雅典更大的名声"与"心怀感恩"①之间有什么关联?

随着越来越接近希腊,色诺芬正在考虑返回雅典的事情。他一直记得苏格拉底先前的警告——结交居鲁士可能会被城邦视为冒犯之举,从而受到指控(3.1.5)。我觉得,色诺芬受到唯一统治之职的吸引,是因为他认为更大的名声将有助于他免受指控或为他进行辩护,这种指控源于他们会认为他负恩。色诺芬可能会受到雅典人的指控,因为他与居鲁士结交。居鲁士在伯罗奔半岛战争期间曾大力支持雅典的大敌斯巴达(3.1.5),帮助斯巴达打败了色诺芬的祖邦,②而这次战败在雅典引发了深重的苦难。③即便色诺芬对士兵心怀感恩,他的雅典同胞也显然不会认为他是懂得感恩之人。雅典同胞甚至可能认为色诺芬是个叛徒。因而就有了栖息之鹰那个隐喻:色诺芬或许能够通过飞翔(take flight)④的方式摆脱更小的"鸟"的攻击。(雅典人就是"鸟";请琢磨阿里斯托芬以"鸟"命名的那部戏剧。)如果色诺芬最终拒绝"飞

---

① 卷六以感恩为主题,但"感恩"这个单词仅此一次出现(charis, 6.1.26)。其出现突出了这段文字的重要性。这个单词的确在6.1.31处出现过,但仅仅是在一个较好的抄本上出现过。同源动词"感恩"(charidzesthai)在6.4.23出现过。

② 色诺芬在《上行记》中仅此一次称雅典为"我的祖邦"。

③ 请注意,其实6.1.28处并无必要提起拉刻岱蒙人的"围城"。许多雅典人在围城期间饿死了,见《希腊志》2.2,特别是第11、14、16、21节。[译按]英文版给的出处是6.6.28,应是笔误。

④ [译按]参上文英文版230页"飞翔着的鹰"。

翔"这个想法,那是因为唯一统治权带有更大或更迫在眉睫的危险。①

色诺芬在这番演讲中把自己的名字撤出候选名单,但演讲未能使士兵信服。越来越多的人站起来说,色诺芬必须统治。士兵对色诺芬如此不满,甚至就连色诺芬的密友百夫长阿伽西阿斯都起来反对他的说法(对比6.6.11)。阿伽西阿斯反驳道,认为色诺芬若统治,拉刻岱蒙人就会迁怒于色诺芬,这是荒唐的想法(6.1.30)。[234]阿伽西阿斯本人似乎对拉刻岱蒙人妨碍色诺芬当选感到恼火,因为色诺芬是一个既极具统治才能,又非常值得人们对他心怀感恩的人。拉刻岱蒙人正在行不义。然而,阿伽西阿斯看起来也在生色诺芬的气。②因为英勇的阿伽西阿斯在色诺芬施行统治期间的几个紧要关头都支持并帮助过色诺芬(3.1.31、4.1.27、4.7.9-12、5.2.15;也参6.4.10-11)。阿伽西阿斯似乎认为,如果所有人都展现出感恩之情,那么,好东西就将流向所有人:色诺芬将得到荣誉,士兵将得到战利品。感恩不仅仅是高贵的,也是好的——它本身是好的,带来的结果也是好的。拉刻岱蒙人的霸权在此无关紧要。在卷六中,感恩之情的命运映照出阿伽西阿斯的命运。

色诺芬看到他还需要摆出更多的理由,这才公开了他从宙斯王那里得到的凶兆(6.1.31)。他之前还没这么做。直到此时,大会上的士兵才终于答应,同意选凯里索弗斯。色诺芬说服不了的事,宙斯能说服。③我们不惊讶这位神能够说服阿伽西阿斯。

---

① 实际上,栖息之鹰这个预兆表明,当色诺芬考虑返回雅典时,他心里最重要的两项考虑是安全和"给养"(6.1.23-24)。也正是这两项考虑导致他当初离开雅典。

② 阿伽西阿斯后来的所作所为也暗示出这一点,见6.2.7。

③ Larcher写道:"色诺芬已然注意到,对于精神的统治而言,仅有理性并不够,于是被迫诉诸一种迷信,以构建对大部分人的僭政",见Larcher, *L'Expédition de Cyrus dans l'Asie Supérieure et la Retraite des Dix Mille*, Vol. 2, p. 111, note17。

6.3 对诸神的负恩和对人的负恩

第二日,由于服从新的唯一统治者凯里索弗斯的决定,万人军朝希腊的赫拉克勒亚(Herakleia)起航。①从希腊的西诺佩出发,到那里只需两天航程。坐船航行时,他们注意到了伊阿宋海角(Cape Jason),据说阿尔戈船英雄(Argonauts)在寻找金羊毛时曾到此处停泊。到达赫拉克勒亚后,万人军到阿克罗西亚的刻尔索涅索斯(Acherousian Chersonese)附近停泊,据说赫拉克勒斯就是从这里下到哈德斯带走克尔贝罗斯(Cerberus)这只狗的(6.2.1–2)。

色诺芬为什么停下来提起这些神话呢?阿尔戈船英雄的神话,通过这位希腊英雄,能够与赫拉克勒斯下行至哈德斯的神话关联起来。②因为赫拉克勒斯是阿尔戈船英雄远征之旅中的一员,他做了许多事情来保证其同伴的安全,之后同伴们却抛下了他。根据这个神话的某个版本,赫拉克勒斯比他那些同伴出色太多,③毕竟他是众神之王[宙斯]的儿子。卷六讲述了英雄赫拉克勒斯下行至地狱的故事,他遭受了同行船员的负恩,但他还是[235]在同行船员有罪的情况下拯救了他们。他再次出现,而且比之前更有荣耀。④

---

① 这是凯里索弗斯以唯一统治者身份所做过的唯一决定(6.1.33)。
② 整个卷六记叙的事情都发生在一个名为"赫拉克雷奥提德"(Herakleiotid)的区域(6.2.19)。
③ 参亚里士多德,《政治学》,1284a23以下。亚里士多德在讨论政治能否公平对待杰出的德性时,提到了赫拉克勒斯。
④ 请琢磨6.2.3处提及的吕科斯(Lukos)河。这条河得名于神话中一个马里安杜尼亚人(Mariandunians)的国王吕科斯,当阿尔戈英雄航行经过时,这个国王曾招待过他们。因此,赫拉克勒亚人(6.2.3)之款待万人军,颇像当初好

第六章　感恩（《上行记》卷六）　347

　　士兵就像选举没有发生过那样自行其是。他们到达赫拉克勒亚，然后讨论接下来是走陆路还是走海路。我们没有听到那位"唯一统治者"的只言片语。在公共集会上，一名阿开亚士兵责备"众将领"没能提供足够的钱给军队购买食物(6.2.4)。东道主赫拉克勒亚人送来的礼物连三天都支撑不了。因此，这名士兵提议向赫拉克勒亚人"索取"数额过大的一笔钱(6.2.4)。① 凯里索弗斯和色诺芬强烈抵制该提议，但无济于事。士兵向赫拉克勒亚人传达了他们的要求，甚至加以威胁。赫拉克勒亚人请求宽限些时间来计议此事。然而，他们火速收回田地里的物产，并将市场转移到城墙内。各个城门都关上了，城垛上露出了武器。

　　挑头勒索的人将计划落空归咎于"众将领"(6.2.9)。人数占军队一半多的阿尔卡狄亚人和阿开亚人决定自行集合。他们争辩说，一个没有给这支军队贡献一兵一卒的雅典人，居然统治着伯罗奔半岛人和拉刻岱蒙人，真可耻；是他们承受辛劳，而别人在享用好处，而且即便"他们完成了保全军队的任务，情况也是如此；因为正是他们阿尔卡狄亚人和阿开亚人保全了军队，而军队的其他队伍(他们说)，啥都不是"(6.2.10)。(他们继续说)如果他们头脑清醒的话(moderate/sōphronoīen)，他们就应该组织起来，选出自己的将领，然后独自前进，尽力在途中攫取些好东西。此提议获得通过。于是，每个阿尔卡狄亚人和阿开亚人都离开了凯里索弗斯——如果有人恰巧和他在一起的话——也离开了色诺芬，还选出他们自己的十位将领。凯里索弗斯对全军的统治，就在

客的吕科斯款待阿尔戈英雄。然而，赫拉克勒亚人的好客之情得到的回报却是阿尔卡狄亚人的勒索！（然而请思考5.6.35）。《上行记》在几处地方呼应着阿尔戈英雄的远征，暗示出万人军是在反向(向西行)重演阿尔戈英雄远征这个故事。

　① 这个凶猛的士兵有个凶猛的名字："狼"(lukōn)。

他当选为唯一统治者之后的第六或第七天,结束了(6.2.12)。

关于分配正义的争议,加剧了希腊人内部的嫉妒情绪,引发了军队的解体。然而,毫无疑问,在这件事上阿尔卡狄亚人和阿开亚人犯下了严重的不义之罪。他们对凯里索弗斯的负恩,尤其是对色诺芬的负恩,[236]令人震惊。难道他们的命不是色诺芬给的吗?难道不是色诺芬将他们从致命险境中拯救出来的吗?然而,他们还是离弃了色诺芬。色诺芬将被迫带着少量兵力穿行一个敌对地区(6.2.18–19)。① 然而,可能会有人这样来反驳上述说法:色诺芬为拯救军队所作的贡献尽管很重要,却不应被夸大。万人军这一集体得以保全,士兵首先应该感恩救主宙斯和领路者赫拉克勒斯——无论如何,这是士兵的看法(4.8.25)。但如果我们确实认同士兵的这一看法,那么,阿尔卡狄亚人和阿开亚人吹嘘说"自己完成了保全军队的任务",就等于是在贬低或否认诸神的援助。那么这些士兵就不仅仅是对色诺芬和凯里索弗斯负恩,最重要的是他们还对"救主宙斯、领路者赫拉克勒斯和其他诸神"负恩(4.8.25)。② 为了理解接下来发生的事情,我们必须将这一看法铭记心头。

面对士兵的负恩,色诺芬和凯里索弗斯有着非常不同的回应。色诺芬仍然希望与阿尔卡狄亚人和阿开亚人一道前进(即使是队列分离),因为他认为这比独自行军更安全(6.2.13)。而凯里索弗斯既沮丧,又憎恨这支军队(6.2.14)。③ 凯里索弗斯允许自己的副将聂翁去破坏

---

① 尽管凯里索弗斯和色诺芬都被迫走陆路前行,至少大部分路程是这样,但凯里索弗斯的行进肯定比色诺芬的更安全,因为"克勒阿尔科斯麾下的忒拉刻人"在他军中,并且他们取道亚细亚的忒拉刻地区(6.2.16;6.2.17–19)。结果,凯里索弗斯安全到达卡尔佩港(6.3.10)。

② 忘恩负义的人会忽视诸神:见《居鲁士的教育》1.2.7;对比,例如,《居鲁士的教育》4.1.2。

③ 忘恩负义是引起憎恨的重要原因:见《居鲁士的教育》1.2.7。

阿尔卡狄亚人和阿开亚人的安全。聂翁得知,驻扎在拜占庭的斯巴达总督克勒安德尔(Kleander)将带着三层桨战舰来到卡尔佩港(Kalpe Harbor),他就设法确保各支队伍只会单独前进,他试图以此确保只有凯里索弗斯和他的队伍将来可以乘坐这些三层桨战舰。①

万人军分裂成三个分队:阿尔卡狄亚人和阿开亚人,人数超过四千五百,全是重甲兵;第二个分队,首领是凯里索弗斯,有至多一千四百名重甲兵和至多七百名轻盾兵;第三个分队,为首者是色诺芬,有至多一千七百名重甲兵和至多三百名轻盾兵。只有色诺芬这边有一支骑兵分队,大约四十骑。阿尔卡狄亚人从赫拉克勒亚人那里获得船只后便驶向卡尔佩港,夜间在那下船。他们在黎明时分攻击了亚细亚的忒拉刻人。凯里索弗斯和色诺芬朝同一个地方而去,但取道不同,凯里索弗斯沿海行进,[237]色诺芬则先航行了一段路,然后经这一地区的内陆前进。②

* * *

事实表明阿尔卡狄亚人的劫掠行动对他们自己是一场灾难。③起初,阿尔卡狄亚人出敌不意,攫取了大量掳获品。但敌人很快从最初的惊慌中回过神来,集中兵力,使得阿尔卡狄亚人伤亡惨重。阿尔卡

---

① 当然,聂翁也对色诺芬怀恨在心(5.7)。

② 色诺芬一度考虑乘船离开,卸下统治的担子。但"赫拉克勒斯向导"指示他继续留在军中(6.2.15)。这段文字不无幽默感。

③ 读者当记得,关于分配性正义的争执激起了阿尔卡狄亚人想要分裂这支军队的欲望(6.2.10)。他们当时似乎认为,与其他人撇清关系后,他们就再也不必分享他们的劫掠物了。然而,分配正义的问题还是继续困扰着他们。一些阿尔卡狄亚连队夺取了东西(things),另一些则没有(6.3.6)。分配正义与政治生活形影相随。然而,我译成"东西"(things)的那个古希腊语单词(pragmata)也可以译成"麻烦"(troubles)。

狄亚人没有弓手，也没有轻盾兵和骑兵，故而无法防止敌人的轻盾兵逼近，也无法组织任何类型的追击。忒拉刻人的轻盾兵行动敏捷，又有骑兵保护。阿尔卡狄亚人的两个连队被歼灭(6.3.4-5)。幸存的阿尔卡狄亚人最终被包围在一座山丘上，面临全军覆没的危险。军队被围加上水源被切断，阿尔卡狄亚人的困境显得令人绝望。与此同时，色诺芬正取道内陆地区前进。他得知了发生的事情。彼时凯里索弗斯已经安全到达卡尔佩港(见6.3.10)。于是，色诺芬集合起自己的士兵，激励他们前去援救阿尔卡狄亚人。

他发言简短，但令人难忘(6.3.12-18)。如果报复有罪的阿尔卡狄亚人会把色诺芬属下的士兵和色诺芬自己置于险境，那么他就不会想去报复他们。他只专注于安全：

> 我相信，如果[阿尔卡狄亚人]被歼灭，我们也毫无安全可言，[我们的]敌人，数量那么多，自信心那么强。(6.3.12)

色诺芬致力于使军队重新聚合，他把阿尔卡狄亚人的困境当作一个实现聚合的契机。①

但色诺芬面临一个大难题：这些阿尔卡狄亚人和阿开亚人行事极端自私，他手下的人不是必然不情愿去帮助他们吗？那些人为了自己能够劫掠更多东西，不惜危害战友的生命。让他们听天由命去吧，这样的想法必然非常强烈。此外，色诺芬所呼吁的援救也并非不需要一番大冒险(6.3.17)。[238]然而，色诺芬的演讲还是成功了，我们没有听到反对声。色诺芬在修辞上的成功部分归因于他手下的人员组成：

---

① 色诺芬起初说的是"阿尔卡狄亚人"，但在演讲结尾处再次提到他们时，则是"希腊人"(6.3.12, 6.3.17)。

那些极为反对他统治的人已经不在他身边了。① 然而,这次演讲的内容,还有他发表演讲的方式,在这里极其重要。

如我们所见,一开始色诺芬就坚称,为保自己麾下各队伍的安全,他们需要去援救阿尔卡狄亚人。他的第一句话是:

> 各位战士,一些阿尔卡狄亚人已经被杀死了。(6.3.12)

色诺芬强调这些阿尔卡狄亚人的死亡,以此来平息麾下士兵的怒气,激发他们的同情心,使他们更有可能想去施以援手。这时,色诺芬不寻常地中断了讲话,以便派出一些轻装兵去执行任务。这些队伍要承担哨兵的职责,色诺芬命令他们点燃他们遇到的一切可燃之物(6.3.15)。然后,色诺芬继续对重甲兵发表讲话。只是在那个时候,色诺芬才承认此次提出的援救有危险,当时他面对的是麾下的精英部队:

> 我们必须前进,要做好心理准备,要么是光荣地死去,要么是完成一桩极其高贵的事业——拯救那么多希腊人。(6.3.17)

色诺芬不向轻装部队承认此次援救有危险,轻装部队是所谓的"缺乏胆量的人"(gumnitai),② 因为他顾虑轻装部队的反应

---

① 另外,那些相信色诺芬领导能力的士兵一定是选择了追随色诺芬。
② [原注57]古希腊语单词gumnitai的意思是"那些没有胆量的人",见本书英文版页154第四章的原注9。绝大多数校勘者在毫无抄本依据的情况下改动了色诺芬在6.3.12-18的发言(Masqueray、Marchant、Gemoll、Hude/Peters)。他们把中间的叙事部分(6.3.15)移到了这次发言的末尾。这是一个严重的错误。这些校勘者没能充分理解他们致力于"矫正"的这个反常现象——即色诺芬自己中断讲话,然后遣走轻装部队——对色诺芬修辞上的成功很有助益。如往常那样,Dindorf的做法更谨慎。

(6.3.15)。① 实际上,即便是面对英勇的重甲兵,色诺芬也是强调他们只是在某种程度上有可能取得一场高贵的胜利。因为(他表明)阿尔卡狄亚人所受的灾难源自神意:

> 或许这位神是如此安排的,因为神希望让那些说大话的人(megalēgorēsantas)受辱,他们自视过高,神还想让像我们这样事事遵从诸神的人更受人敬重。(6.3.18) ②

虔敬之人能够希望得到神的帮助,就像说大话的阿尔卡狄亚人可能由于负恩而受到神的惩罚。③

色诺芬策划的救援成功了。在预期的战斗前夕,色诺芬下令尽可能多地点起火,然后再熄灭。[239]忒拉刻人见到多处火光照亮了夜空,就害怕有数量占优的敌军会攻击自己。④ 于是,傍晚时分,他们解除

---

① 他们可能会催促色诺芬让阿尔卡狄亚人听天由命,并催他直接向卡尔佩港进发:对比6.3.16。

② 关于这次灾难的原因的另一种暗示,请思考6.3.6。

③ [原注60]色诺芬提到那些"自视过高"(pleon phronoūntas)的"说大话之人"(megalēgorēsantas),这让我们想起了苏格拉底(见《苏格拉底在法官面前的申辩》第1-2节),他在受审时"吹牛"或"说大话";还让我们想起了整个苏格拉底圈子,其成员表现出一副"自命不凡"的样子(mega phroneō,见《会饮》第3-4章)。即使在《苏格拉底在法官面前的申辩》(第24、26节)中,苏格拉底也自命不凡。总体而言,《上行记》(6.3.18)的这段文字,提醒读者注意色诺芬在《上行记》中对自我的公开描述,与苏格拉底在《苏格拉底在法官面前的申辩》的自我描述之间有重大差别。色诺芬在《上行记》中的自我描述遵循的模范是《希腊志》(1.7.15)那个虔敬的苏格拉底,而不是《苏格拉底在法官面前的申辩》那个说大话的苏格拉底。见本书附录一的结尾部分。

④ 色诺芬虚张声势,骗过了忒拉刻人。色诺芬在某种程度上是靠吹牛获得了成功。

了对阿尔卡狄亚人的包围,阿尔卡狄亚人得以逃走(6.3.23)。三个希腊分队很快在卡尔佩港重新团聚。士兵们彼此再见面,相当高兴,他们像兄弟一样相互问候。希腊人内部的相互嫉妒得以缓和。

那些阿尔卡狄亚人问那些跟随色诺芬的士兵为什么要把火熄灭。阿尔卡狄亚人说:"因为看不到火光之后,我们起初以为你们会在夜里攻打敌人。至少在我们看来,敌人是害怕遭攻击而撤走了;因为敌人正是大概在那个时候撤离的。可时间都过了,你们还是没到,我们以为你们已知道我们的遭遇,你们心里害怕,就走开跑向海边去了(即卡尔佩港)。我们决定不能远落在你们后面,所以也向此地行进。"(6.3.25–26,安伯勒译文)

爱吹牛的阿尔卡狄亚人已经彻底受到羞辱。他们曾声称他们靠自己的努力完成了保全军队的任务,现在他们则害怕色诺芬麾下又少又弱的部队将自己丢在后面。因为像逃跑的奴隶一般(apodidraskō)逃向卡尔佩港的正是阿尔卡狄亚人,而不是色诺芬及其部队。[①]然而,鉴于阿尔卡狄亚人对这件事的解释,我们没有听到阿尔卡狄亚人的感谢之词,这并不令人惊讶。负恩的习气难改。

[①] "可时间都过了,你们还是没到",阿尔卡狄亚人这么说,意在暗示他们曾等待色诺芬的部队(6.3.26)。但据目击者报告,阿尔卡狄亚人黎明时分就离开了(6.3.23)。

6.4 弥补对诸神的负恩

既然色诺芬担心他返回雅典之后的人身安全,那么,他一点都不急于返回,[240]而且他还是得打消留在亚细亚的念头也就不奇怪了。① 因而卷六第四章的开篇详细描写了卡尔佩港,并且强调这个地方适合作为新的居住点(6.4.1-6)。然而,建城的想法遭到大多数士兵反对,他们渴望回到自己的孩子身边,回到先前的生活(6.4.8)。② 因此,色诺芬从未公开承认他在那个地方建城的抱负。他也没有朝那个方向采取任何明显的措施,一旦行动,必定会撕开旧日的伤口(6.4.7-8,6.4.14,6.4.21-22)。③ 然而,色诺芬显然一度希望正在改善的形势可以让留在亚细亚的想法更吸引人,并说服足够多的人支持这种想法(6.6.1-4及上下文)。但这个计划最终一无所成。所以,色诺芬仅止于在《上行记》描写卡尔佩港,以此来鼓励有利于希腊人的建城之事

---

① 对比6.2.15。色诺芬也根本不急于回自己的家。请琢磨如下情况:色诺芬说,万人军中有一些人"曾像逃跑的奴隶一样逃离他们的父亲和母亲"(6.4.8)。尽管这句话在解释为何大多数士兵"渴望安全返回希腊"这个问题时显得奇怪,但作为一种自传性的暗示,这句话完全说得通(6.4.8,强调符号乃笔者所加)。

② 这支军队现在以"家庭"的名义反对建城。先前,他们是以"希腊"的名义(5.6.22,5.6.25)。这个转换与环境的变化相符。既然卡尔佩港比克尔齐斯离希腊近得多,在卡尔佩港这里建城招致的反对势必会更弱些。另外,这片无人居住的地区本来就可以由希腊人而且只能由希腊人来殖民。但另一方面,这项殖民工程相当于色诺芬原初抱负的缩小版。在卡尔佩港建立起来的城会是一座"小镇"(polisma)。色诺芬曾经的想法是,建立在滂沱斯地区的城会变成"大"城(megalē,5.6.16)。

③ 不过,请思考6.4.17-19,6.4.21-22和下文的原注73和原注74。

(6.4.2–3)。然而,这种荣耀将属于另一个人。①

色诺芬恢复他在军中的地位后,面临的主要难题源自阿尔卡狄亚人所经历的那次灾难(6.4.10–11)。我们已经看到,关于那场灾难的原因,色诺芬提倡一种特定的解释,这种解释帮助形成了全军自己的解释,但却产生了自身的难题:受到羞辱并且垂头丧气的阿尔卡狄亚人,现在急切地要弥补赎罪。很清楚,除非他们信服"诸神赞同他们想要做的事",否则他们就不会行动,或不会做得好。②既然他们的人数占军中大半并且是核心战斗力,对色诺芬而言,他们的心理新动向不容忽视。[241]因此,在卷六第四章,色诺芬十分注意虔敬之事。在军事行动或获取给养之前,他都一次不落地进行献祭,总共七次。他还冒着极大的风险去埋葬死者。但虔敬的义务、虔敬的行事总是与政治利益和安全相一致吗?《上行记》的论证现在就要分析这位苏格拉底式的王如何调和阿尔卡狄亚人得到增强的虔敬之心——甚至可以说是变得更加浓烈的虔敬之心——与必然性的要求(6.4–6.5)。③

---

① 在古代,卡尔佩港从未有人定居,如今由一些开发者开发成静谧的度假区,不过这也是新近的事。见 Waterfield, *Xenophon's Retreat: Greece, Persia and the End of the Golden Age*, p. 169 的图片。

② 到达卡尔佩港时,色诺芬抱着想要外出的想法献祭:"因为必须获取给养。"(6.4.9)他说他心里还想着要埋葬死者:"当祭兆吉利时,阿尔卡狄亚人也一道前往。"(kai, 6.4.9,强调符号乃笔者所加)值得注意的是,色诺芬在描述负责获取给养的分队时,专门聚焦在埋葬死者上,用了相当的篇幅来记述此事(6.4.9–10),而关于必要的给养他则只字未提。获取给养是这个分队外出的名义上的目标,既然万人军在回到营地后便准备晚餐,那么他们一定是有所收获(6.4.10)。在卷六第四章的开头,虔敬胜过了"必要的"给养。

③ "必然性"这个单词在卷六第四章出现了五次,见第9、12、17、19、21节。只有在卷四第一章,"必然性"这个单词的出现频率才高于卷六第四章。

* * *

色诺芬一复位,①就发表了简短的演讲:

> 各位战士,看来这次行程,显然一定得走陆路,因为没有船;而且我们必须现在出发,因为留下来的人没有给养。(6.4.12)

色诺芬补充道,"我们将献祭",卜问归去之事——他让寻找给养的必然性屈服在是否获得吉兆之下。于是,众将领在一位新任的首席卜士阿瑞克西翁(Arēxiōn,意为"给予帮助者"[He-Who-Gives-Help],6.4.13)面前进行献祭。这位卜士是阿尔卡狄亚人,这一事实表明,获得吉兆对于阿瑞克西翁所属的这个族群来说已经成为非常重要的事。②然而,阿瑞克西翁能够帮助克服其阿尔卡狄亚同胞的沮丧之情吗?

---

① [原注70]这些因新近的灾难而感到内疚的士兵决定:第一,从今往后,无论是谁,再提分裂军队的事,就处以死刑;第二,这支军队将恢复先前的安排;第三,由原先的将领统治(凯里索弗斯期间已经死于高烧,因此由其副将聂翁接手他的职务)。Masqueray注意到,色诺芬只是捎带提及凯里索弗斯之死。Masqueray声称,色诺芬没有写诔文来赋予凯里索弗斯荣誉,这流露出他对这位已故同僚的些许恶意,见Masqueray, *Xénophon*: *Anabase*, vol. 2, p. 187。然而,情况显然并非如此。在《上行记》中,色诺芬为谁写过诔文,并不必然表明色诺芬对此人有好感。梅侬的诔文便是明证(2.6.21–29)。色诺芬对凯里索弗斯的描写几乎一贯是正面的,他不为凯里索弗斯写诔文另有原因:凯里索弗斯没有体现出一种截然不同的统治类型。在《上行记》中,色诺芬为其作诔文的人都是一种截然不同的统治类型的化身:居鲁士,克勒阿尔科斯(以及在较低程度上的普罗克色诺斯和梅侬)。凯里索弗斯是一位虔敬的王,不像克勒阿尔科斯那么独断专行,也更容易接受色诺芬的指引。

② [原注71]请对比作者在6.4.13和6.5.8处对阿瑞克西翁的描述。我们将在适当之处思考6.5.2处的描述,请参本章原注79。

[242] 为即刻归去而献祭的兆头不吉。所以他们那一天不再献祭。一些人甚至胆敢说,是色诺芬贿赂了卜士,让他说兆头不吉,因为色诺芬想在此地殖民。为了打消这些疑虑,色诺芬宣布,只要愿意,任何人都可以来参加第二天的献祭。色诺芬的话还传到了任何一个可能是卜士身份的人那里,他们都可以来参加献祭并检视牲兆。于是,第二天,有一大群人在场观看献祭。然而,三次献祭都不吉。士兵们很沮丧,因为给养已经告罄,也没有市场开放(6.4.16)。一些人心中必定会闪现出这种念头:诸神正在进一步惩罚阿尔卡狄亚人早先的负恩行为。

色诺芬充分利用了这次艰难的境遇。他第二次对士兵们讲话,承认目前离开的祭兆"还不"吉利(6.4.17),但他补充道,既然士兵都需要给养,"在我看来,必须为这件事[即外出获取给养]进行献祭卜问"(6.4.17)。此时有人打断他说:

> 我们的祭兆不吉利,这算合理(eikotōs),因为有一艘船昨天已经自发地到达这里,我从船上下来的一个人那听说,驻扎在拜占庭的斯巴达总督克勒安德尔将带着船和三层桨战舰来此。(6.4.18,安伯勒译文,我做了轻微改动)

此人给不吉利的祭兆提供了一个吉利的解释:诸神实际上在试图帮助万人军。这次打断是出自色诺芬的安排吗?① 无论如何,"[此人插

---

① [原注73] 6.4.18处"自发的"(apo toū automatou)这一表达,应该与1.3.13处的同一个表达进行比较:如果那艘船"自发地"前来,我们不清楚此次插话是否也是"自发的"。此人的话显然也模糊不清:他从船上的某个人那里听到消息,而这艘船来源不明,前来卡尔佩港的原因也不明(对比6.5.1)。这次遭打断的发言是色诺芬在卷六第四章位于中间的发言。

话]之后,所有人都认为最好是原地不动"(6.4.19)。① 然而,负责获取给养的分队还是必须获得吉兆方可行动。[243]尽管连续三次献祭,结果还是一直不吉利。不断有人来到色诺芬的营帐,报告说没有食物了。"但色诺芬说,祭兆不吉利,他就不会带领军队外出"(6.4.19)。

色诺芬的回答引人注目。② 看来,他宁可让军队挨饿,也不肯违背神意。有一位学者评论道:

> 人们经常援引这件事来说明一些希腊将领服从预兆,甘愿忽视普通人的谋虑都可以判断出的最佳之策。这种现象有两个老套的例子,这里是其中之一;另一个是尼基阿斯的例子,公元前413年在叙拉古,尼基阿斯信从月食之兆,推迟撤兵,酿成灾难性后果。③

---

① [原注74]但色诺芬如何看待此事?作者暗示如下。色诺芬在第一场发言中谈及即将离开卡尔佩港的行程,说"这次行程,看来显然一定得走陆路,因为没有船"(6.4.12)。这是一种别扭的表达(正如Gemoll和Krüger提议的修正所表明的那样),因为,怎么就能够"看来"此次行程"显然一定"得走陆路呢?这种别扭的表达提醒我们注意色诺芬没说出来的内容:"必需"(necessary)走陆路行进。

他为何不说出来?(他在下一句话就用了"必需"这个单词,6.4.12)答案是:色诺芬得知了这个传言,即克勒安德尔将带着船和三层桨战舰来到卡尔佩港(对比6.2.13-14)。换言之,尽管这支军队也许可以乘船航行,但色诺芬没有屏息以待——接下来发生的事情证明这是一种审慎的态度(6.6.5)。即便是色诺芬巧妙安排一个人"自发地"插话,他也不相信那人归结于牲兆的那种合理性。尽管如此,那人的解释还有进一步的好处——将万人军留在卡尔佩,色诺芬想在这里殖民。

② 色诺芬的回复出现在卷六第四章的第四次同时也是中间的那次献祭之后。

③ R. Parker, "One Man's Piety: The Religious Dimension of the *Anabasis*", p. 135.

第六章 感恩（《上行记》卷六）

这位学者将色诺芬与尼基阿斯相提并论,我们应该接受这种类比吗？答案是:色诺芬并非尼基阿斯。色诺芬与迷信的尼基阿斯不一样,色诺芬不会善罢甘休。次日,由于祭兆再次不吉利,献祭用的牺牲也快要用完了,色诺芬便向士兵建议进行更多的献祭,但不是为归去的事或者获取给养的事,而是为与忒拉刻人作战之事献祭:他说,"忒拉刻人可能已经聚集起来,必然要战斗一场"(6.4.21)。① 因为与忒拉刻人作战当然有可能"顺带"获得一些给养,② 实际上,忒拉刻人并无正在"集结"的迹象。一句重要的话出现在这个当口。色诺芬就要献祭了,他请"阿尔卡狄亚人克勒阿诺尔要振奋起来(prothumeīsthai, 6.4.22,强调符号乃笔者所加),③ 说不定这次有不同的结果"。然而,兆头仍旧不吉。

虔敬的阿尔卡狄亚人克勒阿诺尔至今都是坚定和决绝品质的典范。他曾蔑视波斯国王,在居鲁士死后,宣称宁肯死也不会放下武器(2.1.10)。他曾坚决支持色诺芬的全面战争之策(3.2.4-6)。[244] 现在色诺芬必须鼓励克勒阿诺尔"振奋起来",这透露出克勒阿诺尔惯常的坚定和决绝品质已经像阳光下的雪一样消融了。这两种品质并

① 请注意色诺芬在第21节重复使用了"可能"这个表达。
② 请想一想色诺芬前去救援失败的给养分队之后发生的事:先前还没有食物的希腊人正在准备晚餐(6.4.25-26)。
③ [原注79] Bornemann 提议把 prothumeīsthai 校正为 prothuesthai(意为"代表…献祭"),各抄本一致作 prothumeīsthai("振奋起来"),有一些校勘者接受了 Bornemann 的修正。这些校勘者忽视了克勒阿诺尔的沮丧之情的重要性。动词 prothumeīsthai("振奋起来")在色诺芬的作品中常见。请注意色诺芬在此处强调了克勒阿诺尔是阿尔卡狄亚人(6.4.22;在其他语境中,作者都没有把克勒阿诺尔说成是阿尔卡狄亚人:例如2.5.37,4.8.18,7.1.40,7.5.4)。色诺芬在6.4.13处也这么对待阿瑞克西翁,说他是阿尔卡狄亚人。参本章原注71。

非源自某种毫不含混的力量。当克勒阿诺尔确信自己犯下罪行并且正在承受诸神的惩罚时,这两种品质就容易蜕变为摇摆不定和一蹶不振。① 此外,克勒阿诺尔的态度清楚表明,其族人阿尔卡狄亚人在当前这种状态下无法很好地作战。他们极其沮丧。色诺芬不得不担心:在这个当口打仗,万人军会败在忒拉刻人手上,据说这些忒拉刻人会极其肆心地对待希腊人(6.4.2)。万人军的虔敬先前一直是其力量的一种来源,现在已经变成了虚弱之源。以必然性的名义无视凶兆,就等于忽视吉兆现在是一种必然性。色诺芬别无他选,只有在频繁献祭中等待吉兆。②

---

① 比起居鲁士死后,或者比起克勒阿尔科斯和其他将领中计被捕之后的困境,万人军现在的困境要好一些。然而,克勒阿诺尔却远比以前更沮丧。

② [原注81]色诺芬在本章的第二次即中间那次讲话中说,若要外出获取给养,就"必须进行献祭"(6.4.17)。然而,在他的叙事中,他只是说"必须获取给养"(6.4.19)。从某种角度来看,献祭并非必需;但从现实的角度来看,献祭确实是必需的,至少在某些即将触及的限度内是必需的。也请琢磨一下色诺芬演讲的开头(6.4.17)所表达的意思:那些士兵看着(horaō)不吉利的祭兆,而色诺芬却看着(horaō)这些需要帮助的人。在某种意义上,希腊人已经丧失了受眼前所见之情形引导的能力,即他们已无法受到"普通人的谋虑视之为最佳之策的那种东西"的引导。

聂翁倒是试图受眼前所见之情形即"亟需帮助的那些人"引导,但他却酿成了一场灾难,不是因为他的眼睛欺骗了他,而是因为他没有充分意识到希腊人的困境有多么严重(6.4.23)。只有在获得吉利的祭兆和鸟兆之后,希腊人才恢复了受眼前所见之情形引导的能力。希腊人在卷六第五章的开头才恢复过来,那时,卜士阿瑞克西翁"看见"一只预示吉祥的鹰(还有别的东西)(6.5.2,对比本章原注89)。在卷六第五章的决定性战斗中,作者重复说,希腊人受他们眼前所见之物的引导(6.5.29,6.5.30)。总体而言,horaō[看见]这个单词在卷六第五章出现的频率相当高(6.5.2,6.5.7两次,6.5.10两次,6.5.14,6.5.16,6.5.21,6.5.29,6.5.30)。

代替凯里索弗斯担任将领的聂翁看到士兵极其匮乏,就想讨好他们。①尽管兆头凶恶,聂翁还是决定组织一个给养分队。聂翁发现"某个赫拉克勒亚人"说他知道附近哪里的村庄能够获得给养(6.4.23)。于是,聂翁通过一名传令官宣布:任何人若想外出获取给养的话,都"会有向导"(6.4.23)。有两千人响应了号召。[245]他们带上杆子、兽皮袋、麻布袋和其他容器离开了营地。然而,他们一到达村庄,四处散开去获取给养时,立刻遭到了忒拉刻人的突袭。②不下五百人遭到屠杀(6.4.24)。

我们应该如何解读这一悲惨的插曲?这是在提醒人们要认真对待献祭占卜结果的重要性吗?毕竟,聂翁先是藐视献祭占卜,然后就自食恶果。然而,尽管这样的解读与色诺芬的意图并无龃龉,却并非十分令人满意。比如说,这难以解释,那两千人怎么会跟随聂翁,如果明知聂翁藐视献祭占卜的话。难道是群体性的饥饿如此严重,以至于这么多的人对上天的意志都漠不关心?

现在我来提出另一种解读,它可以得到文本更有力的支持:当聂翁宣布"某个赫拉克勒亚人"(tina anthrōpon hērakleōtēn)将作为给养分队的"向导"(hēgemōn)时,我相信这句话透露出的意思是,聂翁正在宣布,"赫拉克勒斯向导"(hēraklēs hēgemōn)已经给出新的祭兆,表示同意引领给养分队外出(6.4.23,对比《希腊志》6.4.7及上下文)。这两千人正是因此才信服地跟随而去。

然而,尽管这些饥肠辘辘的人显然信任聂翁的说法,但他们还是

---

① "讨好"(charidzomai)这个动词与名词"感恩"(charis)的词根相同。从"感恩"的角度来看,聂翁与色诺芬不一样。获得士兵的感恩之情的潜在快乐征服了聂翁,这是不自制的一种形式,在政治上有重要意义。

② 这些忒拉刻人得到波斯总督帕尔纳巴兹多斯麾下骑兵的支持,这个总督试图将万人军赶出其领地(6.4.24)。

希望遵守色诺芬先前根据献祭结果所做的决定,即禁止外出"参加战斗",换言之,禁止武装起来(6.4.21)。这些人试图调和不可调和之事。结果是致命的:这些跟随"赫拉克勒斯向导"的人完全没有武装!拿着杆子、①兽皮袋、麻布袋和其他容器,在面对忒拉刻人时,他们毫无防卫之力(6.4.23)。就他们变得更加浓烈的虔敬之情而言,这些人乐于遵从先前的献祭占卜结果;就他们日益严重的饥饿而言,这些人无法抗拒聂翁那富有诱惑力的公告。②此外,这一集体性的轻率反映出这些人的赎罪愿望,他们希望将自身置于弱势处境,以此表达他们信任赫拉克勒斯向导的深远威力,对赫拉克勒斯向导的深远威力有信心,[246]而阿尔卡狄亚人之前曾对这位英雄(还有其他神)如此负恩。③

---

① 我译成"杆子"(poles)的希腊语单词是doration,它也可以意指"小矛"。毕竟,杆子用来挑给养。这个十分含混的词意在表明这些人外出时带着极少的武器。

② [原注85]聂翁的这次公告很可能是在撒谎。色诺芬写道,聂翁"发现了"(heuriskō)那个"赫拉克勒亚人"。请琢磨2.3.21处是如何使用"发现"(heuriskō)这个单词的。色诺芬屡次说那些追随赫拉克勒斯的人是"人"(anthropoi):饥饿已经摧毁了他们的男子气,所以不再是"男人"。甚至连赫拉克勒斯也只是人(anthropos,6.4.23)。这是可理解的:他的贪吃和不自制众所周知——他也饿。《回忆》2.1.21-34详述了赫拉克勒斯在德性那里所受的教育。参Buzzetti,"The Rhetoric of Xenophon and the Treatment of Justice in the *Memorabilia*," *Interpretation* 29 no. 1 (Fall) 3-33,2001,pp. 6-7。[译按]中译文见《经典与解释13:色诺芬的品味》,北京:华夏出版社,2006,页105-138。

③ 负责获取给养的分队里有阿尔卡狄亚人。对比阅读6.5.4与6.5.11,就可以证实这一点。那些跟随聂翁出去过的人因为不能一起参加后面那次出击而感到羞愧(6.5.4),其中有一个阿尔卡狄亚人,他叫"皮瑞亚斯"(Purrias,意为"那个红着脸的人"[The-Red-Faced-One, purros],6.5.11),这是作者的"重新命名"。皮瑞亚斯是一个典型的例子,表明战斗力最弱的士兵被安置在中间。

但这次行动的后果,便是降临在万人军头上的最严重的灾难。

负责获取给养分队的幸存者逃到附近一座山丘上。其中的一个人回到营地报告了发生的事情。因为那一日得到的是凶兆,色诺芬便从一辆车上卸下一头牛——毕竟没有其他祭牲了——把它杀了献祭,之后便带着所有三十岁以下的人前去救援。色诺芬没有告诉我们那次祭兆是否吉利,这是一次显眼的忽略。一旦超过某个特定的临界点,这位苏格拉底式的王就会认真对待必然性(6.4.25)。让一支军队挨几天饿是一回事,让数百个无防守之力的人遭杀戮就完全是另一回事。有人会反驳说,带着垂头丧气的士兵前去施救,可能会使这支军队的处境更加糟糕。针对如此反驳,我的答复是,色诺芬只带了最年轻的士兵前去援救。他显然认为,年轻人身上天生的信心,可以减缓致人沮丧的虔敬所产生的影响。①

* * *

我曾在本章第三节表示,卷六写的是赫拉克勒斯的下降和上升。现在目睹了赫拉克勒斯的统治的低谷后——或者说低谷在卷六第二章就已经出现了?——现在我们转向赫拉克勒斯大获全胜的时刻。仅仅在遭遇了惨重打击的一天之后,②万人军就在与忒拉刻人及其波斯盟军的作战中取得了一场决定性的胜利。开战之前,色诺芬激励士兵追随赫拉克勒斯向导(6.5.24)。选定的口令"救主宙斯和赫拉克

---

① 受阿尔卡狄亚人的灾难影响最明显的是年纪较大的克勒阿诺尔 (6.4.22,对比 2.1.10)、年纪较大的希耶罗尼莫斯(Hierōnumos,6.4.10,对比 3.1.34),以及大体上"那些年纪最大的阿尔卡狄亚人"(6.4.10)。克勒阿诺尔在 7.2.2 处并没有获得的那种礼物,这有趣地证实了克勒阿诺尔年纪较大。

② 请注意 6.4.26 和 6.5.32 两处重复使用的"大约在日落时分"。这提醒我们要充分意识到形势在一日之内出现了大逆转。

勒斯向导"(6.5.25)显然引来了这位英雄(和宙斯)的援助。万人军将在获胜之后树立起感恩纪念柱(6.5.32)。他们已经赎清了对神犯下的罪过。

色诺芬清晨早早起床,然后便为外出之事献祭占卜。期间,从赫拉克勒亚来的一艘船已经运来了大麦粉、祭牲和酒。[247]第一次献祭,兆头就吉利。就在献祭即将结束之时,①卜士阿瑞克西翁看到一只预示吉祥的鹰②(6.5.2)。阿瑞克西翁让色诺芬领路,他们越过防护营地的壕沟,然后放下武器。③一名传令官宣布:早餐过后,战士们要带上武器外出(6.5.3,强调符号乃笔者所加)。色诺芬根本没提什么杆子或容器。

给养分队承担的第一个任务是埋葬死者。色诺芬和其他将领始终谨慎行事。他们不允许士兵脱离方阵队形或四处分散开来(6.5.7,对比6.4.24)。等到他们开始收集给养时,已过中午。突然间,敌人的方阵出现在一座山丘上,一大群骑兵和步兵秩序井然。卜士阿瑞克西翁快速献祭,又出现了吉兆。色诺芬向其他将领提议在方阵后面安排一些后备连队,以随时增援任何需要增援的地方,另外也可以让敌人在阵脚大乱之后又撞上秩序井然又精力充沛的士兵。所有人都赞同色诺芬的提议。④

---

① 其字面意思是"并且正好在献祭有其终点时"。献祭之所以有其终点,是因为祭兆吉利。

② [原注89]在最好的抄本C和B上,作者在此处说阿瑞克西翁是帕尔纳西亚人(Parnasios, 6.5.2,参Hude/Peters和Dindorf的校勘记)。我们会想起那位发明了鸟卜技艺的英雄帕尔纳索斯(Parnassos)吗?参6.5.21中间部分。

③ "他们"显然指色诺芬和卜士阿瑞克西翁,他正拿着武器(6.5.3)。

④ 相似的战术之前也运用过:见本书第五章,英文版页197原注51。此战术旨在避免士兵的溃退。

第六章 感恩（《上行记》卷六） 365

　　色诺芬叫其他将领带领方阵冲向敌人，他本人负责部署后备连队。色诺芬在某种意义上放弃了战斗的领导权。但当他们前进时，最前面的士兵碰上了一道难以越过的大沟壑。在前头的人站住了，不知道该怎么做(6.5.12)。他们传话让将领和百夫长上前来——真正的领导者并非"那些在前头的人"。色诺芬尽快策马来到前方。统治者们一集合，年事最高的将领索淮内托斯便说：是否要跨过这么一个沟壑，甚至不值得讨论。然而，色诺芬热切地打断他说，"但你们了解我，诸位男子汉啊，我从没有故意让你们蹈险，"然而，

　　　　不交战一场，我们就没法离开这个地方。如果我们不向敌人发起进攻，敌人就会趁我们撤离时尾随并袭击我们。(6.5.14–15)

　　色诺芬强调了下面这种危险情况：他们的武器若不朝向敌人，敌人就会从背后攻击他们。他还说，最重要的是，撤退会灭自己的气势，[248]长敌人的威风。即使军队撤退到卡尔佩港，那里也既没有船只，又没有给养。一到达卡尔佩，他们就必须再次出来。今天饱着肚子打一场仗，好过明天瘪着肚子打：

　　　　诸位男子汉，营地献祭(hiera)吉利，鸟兆(bird omina)吉祥，阵前献祭(sphagia)上上大吉。让我们冲向敌人。既然敌人肯定已经看到我们了，那我们就一定不能让敌人吃上安生饭，也不能让敌人想在哪扎营就在哪扎营。(6.5.14–21)

　　百夫长请求色诺芬在前带路(hēgeīsthai)。没有人——众将领中间没有人——反对。色诺芬在前领路，命令那些士兵跨过沟壑。他们一跨过沟壑，色诺芬就骑马沿着方阵骑行，激励战士们记住：在诸神的助佑下，他们以近距离作战的方式已经赢得了多少场胜利，而那些逃

跑的人是什么下场。他们还应该记在心头的是，他们现在就在希腊的大门口：

> 那就跟随赫拉克勒斯向导，呼唤彼此的名字来相互激励！通过此时此刻说一些和做一些勇敢和高贵的事情，在自己想要留给的人心中给他们留下关于自己的回忆，这一定是件乐事。(6.5.24，安伯勒译文)①

卷六第四章是杀戮，卷六第五章却是胜利，截然不同的两种结果，反映出赫拉克勒斯向导积极有效的统治和参与。②

6.5 感恩与好

我们迄今对感恩的分析可能会给人留下这样的印象：万人军在卷六经历的所有困难都根源于负恩这种根深蒂固的习性。但这个印象

---

① 卷六第五章描写的战斗是《上行记》中最震撼人心的军事壮举之一。尤其请考虑，当时希腊人是在身后有一道大沟壑的情况下作战，情势非常危险：请对勘6.5.18与6.5.31（6.5.18正好处于色诺芬发言的中心位置）。希腊人当时要是被打退——当时的情形看上去有这种可能——就会遭到歼灭。

② [原注94]请对照阅读6.5.24与6.5.22。读者还应该对比6.5.24与5.8.26。凭某种勇敢且高贵的言行而被人记住，这样的前景令人愉快，这是比感恩或"记住好事情"都更不含混的乐事。而另一方面，既然记着坏事情并非全然令人不快（依从5.8.26处的看法），当色诺芬为了留下关于索淮内托斯的回忆而记录此人的言行时，他那时可能从中得到了些许乐趣(6.5.13)。色诺芬在《上行记》只让索淮内托斯说过这么一次话。关于色诺芬对这位将领的批评，见本书英文版页35-36的原注88，英文版页104的原注68和附录三英文版页319原注6。

第六章 感恩(《上行记》卷六) 367

是不正确的。万人军不仅有感恩的能力,而且恰恰是这种能力,或者说恰恰是对这种能力的运用,将把他们卷入一场会危及其返回希腊的危机(6.6)。

战胜忒拉刻人之后,万人军不再面临任何严重的威胁。他们以为克勒安德尔将会到来,便在卡尔佩港等待他的三层桨战舰和船。①[249]每一天,他们都毫不担心地外出收集大量给养。在军队休息不外出的日子里,士兵可以进行劫掠,劫获之物属于劫获之人。但在军队外出的日子里,任何擅自外出劫掠的人若有任何劫获,都属于公共财产,这是经投票决定的(6.6.2)。此乃军队的法律或法规(dogma,6.6.8和6.6.27)。现在各种物品应有尽有。商人从四面八方的希腊城邦赶来,航经此处的人听说这里将有一座带港口的城,也都乐意靠岸。甚至连附近的忒拉刻人也前来询问色诺芬:如果想成为色诺芬的朋友,他们需要做些什么。因为他们听说是色诺芬正在这个地方建城。色诺芬径直将他们引见给士兵。②就在这时,克勒安德尔带着两艘三层桨战舰驶入卡尔佩港,但连一艘运输船只也没带来(6.6.5)。然而,他确实驶入了卡尔佩港,这意味着在卡尔佩港的等待结束了。士兵们再也不会允许自己沉浸在建城的繁荣前景中。但他们将不得不经陆路前进。换言之,克勒安德尔之到达卡尔佩港,意味着色诺芬要两受其难。在我们刚才间接提及的那场危机之后,建城的念头被明确打消。

克勒安德尔到达的那一日,这支军队碰巧出去获取给养。③一些

---

① 色诺芬并未催促军队离开卡尔佩。

② 色诺芬没有说这些使节得到了什么答复,这一做法让这件事情显得非常清楚。

③ [原注97]"机运"(tuchē)在这一章发挥了至关重要的作用,见6.6.5,6.6.7,6.6.25(见于最好的抄本),6.6.32,6.6.38。参本章原注113。

人擅自离开队伍,抢到了许多牲畜。这些人担心抢劫到的牲畜会被当作公共财产没收,便跟拉科尼亚人德克西珀斯商量,此人就是先前在特拉佩宗忒背叛军队的那个人,他带着一艘五十桨战舰逃走了(见5.1.15,德克西珀斯与克勒安德尔一起航行回到卡尔佩港)。这些人请求德克西珀斯为他们保存这些牲畜,事成之后其中的一些归他,其余的还给他们。当时有些士兵站在四周,坚持说这些牲畜是公共财物,德克西珀斯立即赶走他们。德克西珀斯向克勒安德尔抱怨,说那些士兵企图偷走牲畜。克勒安德尔让德克西珀斯将贼人带到他面前。德克西珀斯便抓了一名士兵。但阿伽西阿斯碰巧路过,放了那名士兵(6.6.7),①因为该士兵是他麾下的成员。其他人一边叫德克西珀斯"叛徒",一边想用石头砸他。在随后的骚乱中,许多跟克勒安德尔一起航行到来的人都逃向海边。[250]就连克勒安德尔自己都逃走了。色诺芬和其他将领必须介入制止这场石击。他们解释说,军队的法规是此次事件的肇因。但克勒安德尔受到德克西珀斯的煽动,再加上因自己的恐惧而感到恼火,他便威胁说,他要驶离此地,还要派传令官宣布任何一个城邦都不要接纳万人军,因为万人军是敌人,而"那时候,拉刻岱蒙人统治着所有希腊人"(6.6.9)。这看上去是个糟糕的问题。希腊人请求克勒安德尔不要这么做。克勒安德尔坚持说,若要他不这么做,除非万人军把那个最先投石的人和放开士兵的人交由他处置。他们显然是同一个人:

> 要找的人是阿伽西阿斯,这人是色诺芬从始至终的朋友(telos)。(6.6.11)

---

① 动词"放开"(aphaireō)在卷六第六章出现不下十次。每一次都说的是放开一名可用的士兵,只有一次除外。这次例外情况出现在6.6.5,它说的是放开那些被当作公共财物的牲畜。色诺芬能够做到坚定而不感情用事。

统治者们不知道如何是好,便集合队伍。因为阿伽西阿斯是个高贵的百夫长,他屡次为了军队自愿承担危险的任务,冒着丧失生命和肢体伤残的危险(4.1.27,4.7.9-12,5.2.15)。由于人们尊敬他并给予他荣誉,所以,集合起来的士兵必定不愿意将阿伽西阿斯交给克勒安德尔,特别是因为他还将一个无辜的士兵从德克西珀斯这个叛徒的魔爪中救了出来。这支军队对阿伽西阿斯心怀感激,更何况阿伽西阿斯可以说是正义的一方。实际上,当阿伽西阿斯介入时,德克西珀斯又在行欺骗。一些统治者甚至也连带着轻视克勒安德尔(6.6.11)。

但色诺芬认为,轻视克勒安德尔是没有意义或有欠考虑的(phaulos)。他向军队宣告说,如果克勒安德尔带着现在的心情驶离,事情将非同小可:

> 希腊各城就在附近,拉刻岱蒙人是希腊的领头羊。即便是单个拉刻岱蒙人,都可以在这些城中为所欲为。(6.6.12)

因此,如果克勒安德尔将士兵拒之于拜占庭门外,然后知会其他斯巴达总督不要接纳这些人进城,说他们不服从拉刻岱蒙人并且不守法纪——如果这话进而传到拉刻岱蒙海军司令阿那克西比奥斯那里——那么这支军队将进退两难。因为现在陆地和海洋都由拉刻岱蒙人统治。色诺芬坚持说,一定不可以为了"一两个人"而使这支军队被拒于希腊之外(6.6.14)。他们反倒必须服从拉刻岱蒙人的任何命令,因为这些士兵所属的城邦会服从拉刻岱蒙人。

色诺芬的演讲更多意在说服阿伽西阿斯本人自愿屈从接受审判,而非意在说服大会上的士兵,这种做法是在衡量感恩(和正义)的力量。色诺芬说服阿伽西阿斯的方式也耐人寻味。他没有诉诸审慎。阿伽西阿斯已经表现出他不情愿听从拉刻岱蒙人的统治,无论这样做

审慎与否,因为拉刻岱蒙人的统治对他而言显得并不公正。①[251]相反,色诺芬给了阿伽西阿斯一个高贵的范例让他去模仿:

> 现在,我,就我而言(色诺芬说),因为我听说,德克西珀斯对克勒安德尔讲,如果没有我的授意,阿伽西阿斯就不会干这些事,就我而言,我说啊,如果阿伽西阿斯本人承认我在某种程度上是这些事情的起因,我便会使你们和阿伽西阿斯洗脱责任;如果是我引发了石击或其他任何类型的暴行,我判自己应受极端的惩罚并接受惩罚。而且我说,如果还有谁受到他的责怪,这个人就必须主动去克勒安德尔那接受审判,因为这样一来,你们将洗脱责任。但照现状来看,眼下的难题是,虽然我们心里想的是将来在希腊会既会受到称赞又会享有荣誉,到时候是否会反而落得会不如其他希腊人,被拒于希腊各城邦之外。(6.6.15-16,安伯勒译文,我稍作修改)

果如所料,高贵的阿伽西阿斯响应了色诺芬的高贵范例,即色诺芬自称他甚至愿意为洗脱这支军队的罪责而死。阿伽西阿斯以所有男神和女神的名义发誓之后,便证明色诺芬和其他所有人都无罪,并

---

① [原注99]请参看本书英文版页233-234。请琢磨作者在6.6.11处如何运用"统治者们"(hoi archontes)这个表达。色诺芬为何用"统治者们",而不是用更精确的表达即"将领们"(hoi stratēgoi)? 他在上几行还刚刚用过"将领们"这个表达(6.6.8)。这个不那么精确的表达意味着,一些在"统治者"之列却不在"将领"之列的人看不起克勒安德尔。就是说,一些百夫长看不起克勒安德尔。哪些百夫长? 其中必定包括阿伽西阿斯。这个不那么精确的表达表明,尽管阿伽西阿斯是个英勇之士,但他头脑中那种欠考虑的想法正在危及这支军队。因此,不那么精确的表达反倒是最精确的:它使色诺芬可以不动声色但又非常明确地谴责阿伽西阿斯。

第六章　感恩(《上行记》卷六)　371

同意把自己交给克勒安德尔审判：

> 别因这件事而与拉刻岱蒙人开战，而是祝愿你们可以保全自身并安全地去到每个人想去的地方。(6.6.17–18)

阿伽西阿斯还解释了自己当时的行为：

> 我当时看到德克西珀斯抓去了我麾下的一个好人(a good man)①，你们都知道德克西珀斯背叛过我们，这件事在我看来糟糕透了。于是，我带走了他，我承认。(6.6.17)

阿伽西阿斯无法忍受一个坏人正在毁掉一个好人。因为阿伽西阿斯认为知恩图报既高贵又好，所以当他看到负恩占上风时，他感到痛苦和愤怒。他自作主张去保护一个值得受到保护的好人。他支持正义的一方，同时出于正义和感恩来行事。他试图给予每个人他们应得的东西。②

[252] 就这样，阿伽西阿斯使军队免掉了将他拱手送入狼口这件令人苦恼的差事，之后，他请求军队帮个忙，以此结束他的发言：

> 从你们当中选派一些人与我一同前去见克勒安德尔吧，如果我有所疏漏，同去的人将为我说话和采取行动。(6.6.18)

这支军队允许阿伽西阿斯自行选择他所喜欢的任何一个辩护者。他选择了"众将领"。这是很好的选择，一位杰出的辩护者就

---

① [译按] 这个表达的希腊语原文为 anēr agathos，在这个语境下既可以理解为"好人"，也可以理解为与军事相关的"好男子汉"。

② 值得注意的是，阿伽西阿斯从未提起德克西珀斯近来犯下的罪行，即骗取这支军队的牲畜。他显然认为，比起他的背叛行为，这是小罪过。

在他们中间。然而,这位辩护者在紧接下来的事情里没有出声,也没有出手(6.6.19-28)。我们只听到出自"众将领"之口的简短发言(6.6.19-20)。色诺芬为什么没能为阿伽西阿斯说话或采取行动呢?难道他对他"从始至终的友人"负恩?

当然,色诺芬的确在最后的结局到来之前救了阿伽西阿斯(6.6.29-34)。然而,他的方式截然不同于阿伽西阿斯救下自己麾下那位男子汉的方式。因为,在这个关口,色诺芬的困境几乎与阿伽西阿斯一样危险。色诺芬刚刚公开坚称,一定不能为了"一两个人"的缘故,使军中其他人被拒于希腊之外(6.6.14)。用平实的语言来说,色诺芬的意思是:他们必须让克勒安德尔满意。然而,正如"一或两个人"这个说法所表明的那样,色诺芬清楚,如果克勒安德尔要求他们交出更多的人,他们将不得不服从他的要求。① 对于色诺芬自己来说,其中的含义足够清楚:德克西珀斯一直在克勒安德尔面前不停中伤色诺芬(6.1.32);此人一直在告诉克勒安德尔,是色诺芬正在煽动军队叛离拉刻岱蒙人(对比6.6.34);德克西珀斯之所以中伤并不怎么重要的人物阿伽西阿斯,甚至也是出自对色诺芬的仇恨(6.6.11)。要想帮上阿伽西阿斯,色诺芬必须非常小心谨慎地行事。首先,他必须缓和克勒安德尔对他的猜疑,否则他自己也可能被送入狼口(对比6.6.34)。

一个代表团去到克勒安德尔那里,其中包括阿伽西阿斯、"众将领"和被阿伽西阿斯救下的那个人(6.6.19)。② "众将领"率先开口。他们表达了对克勒安德尔的无条件服从:

---

① 请注意,在6.6.20处,"二"居中间之位,"如果你怪罪某个人,或是两个,甚或更多人"。除了Dindorf之外,其他校勘者都错误地拒绝采纳各个抄本上几乎一致的读法。

② "众将领"处在中间,因为我们必须留意他们说了什么和做了什么,或者没说什么和没做什么。

军队派我们来你这里,克勒安德尔啊,如果你在某些方面怪罪他们所有人的话,他们还请求你审判他们并给予他们你认为合适的处分;如果你怪罪某个人,或是两个,甚或更多人,他们认为这些人应该到你面前接受审判;如果你怪罪我们当中的一些人,我们现在就在你面前;如果你怪罪的是别的什么人,请说出来他是谁,因为凡是甘心服从我们的人,没有哪个人会躲得开你。(6.6.20)

[253]这时阿伽西阿斯站出来,一五一十地交代了自己的罪行:"就是我,克勒安德尔啊,夺回了德克西珀斯抓去的这个人,我还下令打德克西珀斯。"(6.6.21,强调符号乃笔者所加。我们在此第一次听说阿伽西阿斯命令他的手下打德克西珀斯,他当时要置德克西珀斯于死地。)阿伽西阿斯继续说:

因为我知道,这人是个好人,而且我知道,军队选举德克西珀斯负责统领一艘五十桨战舰,那是我们从特拉佩宗忒人那索取来作搜集船只使用的,为的是我们能够保全自身,但德克西珀斯[带船]逃走了,背叛了与他一起活下来的士兵。(6.6.22)

这时阿伽西阿斯坚称,既然德克西珀斯知道,如果没有船,军队就不能安全返回希腊,那么德克西珀斯就是毁掉了这支依赖他的军队。阿伽西阿斯补充说,如果当初是克勒安德尔(或克勒安德尔圈子中的其他人)带走了这个士兵,而不是这个背叛这支军队的逃兵带走了这个士兵,那么,你们

要知道我是不会做这些事情的。但如果你现在杀死我,请相信,你这是为了一个懦弱的坏人而杀死一个好人。(6.6.24)

阿伽西阿斯的供词清楚表明：尽管他的确是想把一个好人从德克西珀斯的魔爪下拯救出来，可他首先最想做的事情就是惩罚叛徒。①阿伽西阿斯明确表示，他知道（oida）自己队伍中的那个人是好人，他知道（oida）德克西珀斯背叛了士兵（6.6.22）。他在道德上是非分明，如他所宣称的，立足于知识之上，这种道德上的是非分明赋予他如此行动的力量。②然而，这种是非分明在其发言结尾处逐渐消逝。当他面临着因救人而被处死的可能性时，阿伽西阿斯告诉克勒安德尔，他应该相信（nomidze）一个好人即将由于一个懦弱的坏人而被杀死。阿伽西阿斯看上去不再对自己的好（goodness）完全有把握，甚至可能不再对德克西珀斯的懦弱和坏（badness）完全有把握。他不再知道知恩图报和正义是德性的组成部分。当"好"在现实中变成了坏的，而"坏"变成了好的或有利的时，他的观点就动摇了。

面对阿伽西阿斯的慷慨陈辞，克勒安德尔并非不为所动。克勒安德尔说，如果德克西珀斯确实干了这些事，那他不会称赞这个人。然而，克勒安德尔补充说，就算德克西珀斯坏到透顶，也不应该遭到暴力对待，而是应该在审判中受到符合正义的惩罚，[254]"正如你现在也期待的那样"（6.6.25）。克勒安德尔并没有提出要组织针对德克西珀

---

① 阿伽西阿斯大谈德克西珀斯的叛变行为。他仅仅提了一下他所救下的那个人是好人，尽管是以强调的语气。

② [原注105]同参阿伽西阿斯在6.6.17处对知识的强调。然而，阿伽西阿斯果真知道什么是好或德性吗？色诺芬让阿伽西阿斯夸大了德克西珀斯身上的坏，以此暗示出阿伽西阿斯并不真正知道什么是好或德性。德克西珀斯并不曾听说这支军队没有船就不能安全地返回希腊，阿伽西阿斯却宣称德克西珀斯听说过（6.6.23）。因为阿伽西阿斯宣称的内容得追溯至5.6.6–10，而德克西珀斯此前之前早已离开（对比5.1.15）。德克西珀斯从未听到过赫卡托努莫斯的发言，而后者的发言无论如何都夸大了陆地行军的难度。

斯的审判,他只是"不称赞这个人"。克勒安德尔说:

> 你们现在可以走了,把这个人(即阿伽西阿斯)留下。当我下令审判他时,你们再来参加他的审判。既然他自己承认是他带走了那个人,我就不再怪罪这支军队或其他任何人。(6.6.26)

万人军由此脱离了困境。色诺芬脱离了困境。但阿伽西阿斯很可能会死。"众将领"什么都没说。他们的沉默成了那个获救之人难以承受的重负。他(〔译按〕即那个被救的士兵)发声了,试图救出阿伽西阿斯,就像当初阿伽西阿斯救下自己那样。此人对克勒安德尔说,不应该认定他做了什么错事,他没有打任何人,也没有扔什么石头。他当时只是说,根据士兵所定的法规,那些牲畜是公共财产(6.6.27)。此事真正的罪魁祸首是德克西珀斯(未道其名),为了分得那些被盗的牲畜,德克西珀斯企图压制所有的反对声。这个获救之人发言时所秉持的信念和期待是,他身上无可指责的正义将有助于帮阿伽西阿斯洗脱罪责。但他肯定会感到惊愕,因为克勒安德尔蛮横地答复道:

> 既然你这么犀利,那就留下吧,好让我们也考虑考虑一下你。(6.6.28)①

这个人再次陷入困境。他试图救出阿伽西阿斯,却没有成功,就像阿伽西阿斯试图救他却没有成功一样。他们两人都是正义的守护者,两人都出于正义和知恩图报行事。他们的所作所为都是高贵的。然而,这两个人的结局都是面临死刑。他们没能帮到任何人,还害了自己。他们二人没有能力给予他们自己应得的东西。

---

① 最佳抄本C此处有脱漏。"犀利的"(toros)是较差的抄本F和M上的写法。抄本B写作"既然你是这样"(toioūtos)。

代表团一返回营地,色诺芬就开始行动。他召集军队,建议再向克勒安德尔派出一个代表团为这二人说情。经决定,派将领们、百夫长们、斯巴达人德拉孔提昂还有其他几个人前去,千方百计求克勒安德尔放了这二人。这一次,色诺芬领头。色诺芬向克勒安德尔重申了这支军队对他的服从:

> 这些男子汉是你的人,克勒安德尔,这支军队顺从你,可以去做任何你愿意与他们一起并且是与他们所有人一起做的事。(6.6.31)

色诺芬继续说:

> 可是,他们请求并乞求你把那二人还给他们,不要杀掉那二人。因为那二人过去为这支军队鞠躬尽瘁。(6.6.31)

色诺芬进一步向克勒安德尔提供了一份非常吸引人的奖赏:如果万人军从克勒安德尔手里得到那二人,如果克勒安德尔愿意领导这支军队,他们承诺(如果诸神支持的话)向克勒安德尔展示他们是多么秩序井然,多么有能力服从统治者,多么有能力在诸神的助佑下不惧敌军。色诺芬向克勒安德尔奉上了万人军的统治权。[255]他诉诸且仅仅诉诸克勒安德尔的野心。① 色诺芬还请求克勒安德尔当他们的审判者:

> 战士们还乞求你这一点,当你去到他们面前并且统治他们之后,你来审判他们两人和德克西珀斯,看看每一方到底是哪种人,然后给每一方应得的处置。(6.6.33)

---

① 色诺芬丝毫没有反驳说,这两个人将被不义地处死,他也没有提到德克西珀斯的罪行。

克勒安德尔将会给万人军,也给德克西珀斯带来正义。阿伽西阿斯和那个被救之人试图去做但没有能力做成的事情,克勒安德尔将要去做。

色诺芬的提议极其诱人。发誓之后,克勒安德尔当场就答应放了那二人。他说,如果诸神准许的话,他将带领万人军返回希腊。从这一刻起,他与色诺芬缔结了友好关系。他们互拜为客友(6.6.35)。克勒安德尔看到万人军秩序井然,就更加渴望成为他们的首领(hēgēmon)。然而,尽管他连续三天献祭卜问,却一直都是凶兆:诸神极力反对他成为万人军的首领。克勒安德尔召来了众将领,他说:

> 不要为此感到沮丧,领导这些男子汉的任务,看上去是被交给你们了。那么,前进吧! 当你们到达那里时(即拜占庭),我们会竭尽全力尽可能高贵地接待你们。(6.6.36,对比卷七第一章万人军所受到的接待)

色诺芬向克勒安德尔奉上万人军的统治权,对卷六而言,这是合适的结尾,我们记得,卷六始于寻求"唯一统治者"(6.1.31)。尽管色诺芬暗中怀疑万人军是否会听从一个人的意志——毕竟,凯里索弗斯的唯一统治权很快就瓦解了——然而,权势更大的克勒安德尔有可能在凯里索弗斯(和色诺芬)无法做成的事情上取得成功。使克勒安德尔成为首领将会有更多的好处,即可以让色诺芬卸下将这支军队带回希腊的重担。[①]几乎无需怀疑,当祭兆不吉利时,色诺芬是失

[①] 请琢磨6.6.36处使用的动词ekkomidzō。ekkomidzō的意思是"承担[重负]"(对比1.5.8,5.2.19)。色诺芬私下一直在考虑提早离开军队(6.2.15)。他很快会公开表达他想要离开这支军队的愿望(7.1.4)。

望的。①

克勒安德尔的领导权问题让我们想起了赫拉克勒斯的领导权问题,后者是卷六的重要主题。文本证据表明,色诺芬怀有的想法是,克勒安德尔可以成为一位"赫拉克勒斯向导"。②[256]克勒安德尔可以变成英雄般的领导者,以不受制约的权力进行统治,给予每个人其应得之物。③难道这意味着,(更宽泛而言)色诺芬怀有的想法是,拉刻岱蒙人可以成为某种泛希腊正义的伸张者?这一章几次提到拉刻岱蒙人的统治权(6.6.9,6.6.12,6.6.13),难道这就是作者此举更深层的含义

---

① [原注109]这是希腊文句子"不要为此感到沮丧"(mē athumeīte toutou heneka,6.6.36)的意思之一。我在下一个注释中会说明其另一种意思。

② [原注110](1)请琢磨6.6.29处的动词"求情"(paraiteomai)如何透露出关于克勒安德尔的情况:除非我弄错了,这个动词在色诺芬其他作品中仅仅在《回忆》2.2.14处出现过一次([译按]苏格拉底建议自己的儿子向诸神求情)。(2)克勒安德尔屡次被称为(潜在的)"首领"(hēgēmon,见6.6.32和6.6.35)。(3)"审判"(krisis)在卷六第六章出现过两次,用来指克勒安德尔将要主持的那场审判(6.6.20,6.6.26)。尽管我们在《上行记》中看到过好几场审判,但"审判"(krisis)一词在别处只出现过一次,指的是神般的王小居鲁士主持的那次审判(1.6.5)。(4)当克勒安德尔对众将领说"不要为此感到沮丧"时,他的意思是(或者毋宁说,在开玩笑的色诺芬的意思是),他们不应该因为一个"领导者"不能统治他们而感到沮丧。(5)请琢磨6.6.37处的"接受"(dechomai)这个单词:克勒安德尔"接受"了万人军的祭牲(请参看本书第一章关于1.8.17处dechomai这个单词的用法的讨论,见本书英文版页63—64)。(6)色诺芬对克勒安德尔说的一番话含有祈祷的意味:他表达了对这位"神"的顺从,并承诺更进一步的服从(如果某个特定心愿得到满足的话),还谦卑地请求得到正义的对待(6.6.31—33)。

③ [原注111]动词nemō有两个主要义项。第一:给每个人其应得之物。第二:放牧牛羊牧群。两个义项在神意问题上交汇在一起,在神意问题上,诸神被认为是神圣的牧者,给予各人所应得的东西。我们必须从这个角度来阅读《居鲁士的教育》的开篇。

吗?①然而,认为拉刻岱蒙人可能成为一种泛希腊式正义的伸张者这种想法,即使不算荒谬,也是牵强的。拉刻岱蒙人并不是以关注正义而闻名于世。即使是克勒安德尔,此人对正义的关注大大超出其拉刻岱蒙同胞(例如 7.2.6),但他也从未审判叛徒德克西珀斯,还差点处死了两名高贵的战士,而且其中一个没有丝毫过错。克勒安德尔的正义更像是机运(chance)。②阿伽西阿斯和他所救下的那个人得以保全,他们二人的高贵之举最终没有伤害到自己,这完全归功于那位苏格拉底式的王。是他成功统合或调和了高贵与好。他在自己的权力限度之内给予每个人其所应得之物。但如果说色诺芬通过他的统治统合了高贵与好,那他本人则超出了感恩的层面,他已清楚表明了这一点。[257]无论是克勒安德尔,还是拉刻岱蒙人都没有施行正义。没有任何一个有着充分权力的人给予每个人其所应得之物。卷六结尾与卷四和卷五的结尾相似。

* * *

卷六末尾的情节以令人愉快的方式提醒人们记住感恩在人类事务中的力量。万人军感激克勒安德尔饶恕了那二人。他们决定将引发这次危机的那些牲畜献给克勒安德尔。克勒安德尔接受了

---

① 万人军有沦为拉刻岱蒙人之"敌"的危险,拉刻岱蒙人在全希腊有着不容挑战的统治权(6.6.9, 6.6.18)。请比较作者此处对拉刻岱蒙人的描述与 2.5.7 处对诸神的描述。请再考虑一件事,即德克西珀斯最终在拉刻岱蒙人手里"落得符合正义的下场"(5.1.15)。但是,一燕不成夏。

② 请思考从克勒安德尔那里得到的那类正义:得到(tuchein, 6.6.25),得到(tuchontes, 6.6.32)。克勒安德尔的缺席并没有改变机运(chance)的作用:当他到达卡尔佩港时,这支军队"碰巧"外出了(6.6.5);他离去后,这支军队"碰巧"没有掳获任何东西(6.6.38)。[译按]tuchein 还有"偶然遇到"和"偶然发生"等意思。

这份礼物,然后宽厚地将礼物回送给他们。万人军很快就继续行军。他们在第六日抵达博斯弗鲁斯(Bosphorus)边上的克吕索珀利斯(Chrysopolis)。一路走来,他们掳获颇丰(6.6.38)。卷六开篇曾在某种程度上转离"劫掠"而转向"市场"(6.6.1和6.6.2-3),但万人军最终从未将自身转变成一座城邦。

第七章　爱士兵

（《上行记》卷七）

[259] 色诺芬为什么选择在第六卷之后继续《上行记》的写作？毕竟万人军的撤退已经结束。这支军队已经到达博斯弗鲁斯，并且安全地在希腊的克吕索珀利斯里面和周围扎营(6.6.38)。此后，士兵开始纷纷离去，军队即将解体(7.2.3-4，对比7.7.23)。连色诺芬都试图离开(7.1.4，7.1.40，7.2.8-9)。他的统治已经成功地结束。那么，《上行记》为什么要加上卷七呢？卷七是如何"完成"关于撤退的叙事？[①] 这一卷无疑包含着有趣的片段，但也不足以解释作者为何将这一卷列入《上行记》。因为即便撇开卷七如何与严格意义上的撤退相关联这个问题不论，卷七出现的几处费解的情节也定会令我们困惑不已(例如7.4.7-10)。最令我们困惑的，是《上行记》那臭名昭著的结尾场景(7.8.8-23)。色诺芬本可以用六卷来结束《上行记》，为我们免掉这种丢人的结尾。他本可以令人愉悦地结束全书，可是相反，他选择以令人失望的方式结束。为什么呢？他选择将卷七(还有卷七结尾的情节)加入进来，是因为他自己的上行尚未结束吗？请回想下，在这件

---

① Bradley正确地说道，狄俄多儒斯(Diodorus Siculus, *The Library of History*, 14.31.5)认为，万人军的远征结束于克吕索珀利斯，见Bradley, "Irony and the Narrator in Xenophon's *Anabasis*," in *Xenophon*, edited by V. J. Gray, pp. 526-527。狄俄多儒斯将万人军在忒拉刻的军事活动当作完全独立并且在某种程度上算次要的事件，见《史集》(*The Library of History*), 14.37.1-4。

事开始之初,色诺芬结交居鲁士部分是为了钱——色诺芬是"弥达斯王"。色诺芬在卷七大部分时间都处于贫困之中,[260]但结尾时他获得了大量钱财(7.3.20,7.8.1-4)①——可是,卷七的作用在于展示色诺芬的上行就是指金钱上取得的成功吗?

假如只考虑到最后的情节,那么前面关于卷七的作用的解释也不算误导人。但它显然不足以解释整个卷七。因此,我将设法表明,《上行记》卷七标志着全书论证的最后阶段。②尽管万人军的撤退结束了,《上行记》的论证却并没有结束。为了搞明白这一点,请回想一下我们迄今在第三部分揭示出的内容:当高贵与好陷入冲突并且不可调和时,这位苏格拉底式的王的统治都是受到"好"的指引。第三部分的每一卷都(以各自的方式)结束于这种相同的暗示性看法。然而,这种暗示性看法需要进一步澄清。因为,确切来说,"好"是什么? 如果军队的好与统治者的好之间相矛盾,会怎么样呢? 这个问题在卷六短暂出现过,当时的情况是,为了让希腊的大门向军中其他人敞开,色诺芬看起来可能不得不被送入狼口(6.6)。但作者没有继续深究这个问题。在第七卷,这个问题成了主导性的线索。因此,卷七在《上行记》论证中的作用,就是再次分析色诺芬作为一名统治者,如何努力统合或调和高贵的要求与"好"的紧迫之需。不过,卷七所理解的高贵,指的是为军队的福祉做出的奉献,或者用色诺芬在这个语境中使用过两次的一个罕见单词来说,高贵被理解成"爱士兵"(philostratiōtēs/love of the

---

① 其他将领在撤退的过程中发了财,比如提马宋,见7.3.18,7.3.27。同参7.2.1-2。

② Flower的说法是正确的,即卷七有重要的辩护作用,见Flower, *Xenophon's Anabasis, or The Expedition of Cyrus*, p. 152。但我们一定不可以据此下结论说,卷七的主要作用是辩护。卷七在成全《上行记》论证上所起的作用,带来的直接效果就是突出了卷七的辩护色彩。

soldier)这种德性或品质。①关于"爱士兵"的分析完成了《上行记》的第三部分,同时也成了《上行记》论证的顶点。

7.1 爱士兵与好

在卷七开篇,帕尔纳巴兹多斯(Pharnabazos)害怕万人军进入他在小亚细亚的辖地,[261]便请求滂沱斯地区的拉刻岱蒙海军司令阿那克西比奥斯,请他运送万人军渡过博斯弗鲁斯海峡。作为回报,帕尔纳巴兹多斯承诺为阿那克西比奥斯做任何他需要的事(7.1.2)。阿那克西比奥斯召见这支军队的将领和百夫长,要求他们渡海前去拜占庭,并承诺如果万人军渡过海峡,士兵将会得到饷银。众将领说,他们商议后再回话。然而,色诺芬说,他希望离开军队并即刻坐船离开。②经阿那克西比奥斯极力劝阻,色诺芬才同意先与其他人一起渡过博斯弗鲁斯海峡,然后他再离开。

---

① 色诺芬在别处都未使用过"爱士兵"(philostratiōtēs)这个单词,但在卷七使用过两次: 7.6.4, 7.6.39。这个单词如此罕见,以至于此处的使用"非常引人注意",见 Gray, *Xenophon's Mirror of Princes*: *Reading the Reflections*, p.42。然而, philostratiōtēs 这个单词不好译。没有任何一个恰当的英语单词与之相对应。做一个"爱士兵"的人就是拥有一种德性或品质,一般而言,这种德性或品质,类似于一名治邦者或一名城邦民身上的"爱同胞"(philopolitēs, "Love-of-Fellow-Citizen")或者可能是"爱祖邦"(philopatria, "Love-of-Fatherland",即爱国主义)的那种德性或品质。

② 短语"离开军队"对应的希腊文是 apallassō [...] apo tēs stratiās。在卷七第一章的前四十行左右,作者共四次使用了动词 apallassō,次次都与这支军队有关: 7.1.4(两次), 7.1.5, 7.1.10。作者还在 7.6.2 和 4.3.2 使用过这个动词。动词 apallassō 的意思是"摆脱[重担]"。同参《希耶罗》7.11–12。

在这之后，众士兵渡过了海峡。然而，阿那克西比奥斯并没有付给士兵他所承诺的饷银，反倒宣布士兵们必须马上离开拜占庭。阿那克西比奥斯说，他要先点清人数，之后再送他们走。可以理解，士兵们恼怒了。他们没有钱购买行军所需的给养，便慢吞吞地收拾武器和行李。最终，除了一些人之外，大多数人都撤出了拜占庭。拉刻岱蒙人厄忒奥尼科斯（Eteonicos）站在城门口，做好准备，等最后一个人一出去，就关上城门，还额外插上门闩。然而，当将领们试图决定下一步最佳的行军路线时，士兵获悉阿那克西比奥斯不会给他们给养。他们以后必须行经忒拉刻一处难行且危险的地带，还必须为食物而战斗。这太难承受了。于是，他们抄起武器，全速跑回拜占庭。一边不停地捶门，一边大叫：他们这是被抛给了敌人，他们受到了极其不公正的对待。他们怒气冲冲地破门而入，闯进城中，引发了大范围的恐慌。

看到正在发生的事情，色诺芬担心这支军队要开始抢劫，这样一来，就会有无法弥补的损害降临在"这座城，他自己，还有士兵们"头上(7.1.18)。于是色诺芬奔向拜占庭，和暴乱的人群一起挤进城门。拜占庭人四散而逃，①都觉得自己会被杀掉。许多士兵冲到色诺芬身边，他们说：

> 现在，色诺芬，你可以成为一名男子汉，你有一座城，你有三层桨战舰，你有钱，你有很多这样的男子汉！现在，只要你愿意，你就可以使我们受益，而我们可以使你变得伟大！ (7.1.21)

[262] 这些士兵显然认为色诺芬尚需证明自己是"一名男子

---

① 拉刻岱蒙的舰队司令阿那克西比奥斯与拜占庭人一起逃离了现场。他逃到了一艘渔船上，这样的船与其统治的尊严相称(7.1.20)。

汉"。他决定(在卷六)放弃做这支军队的唯一统治者,他愿意恭顺地服从斯巴达总督克勒安德尔,或看上去是如此,这显然已经给人留下他缺乏男子汉气概的印象。为了让士兵冷静下来,色诺芬宣称自己支持他们的愿望。然而,色诺芬说,他们若想得到这些东西,就必须以最快的速度列队并把武器放在地上。士兵随即主动列队。在短短时间内,重甲兵就排成八列纵深的方阵,轻盾兵跑到两翼就位。这件事发生在拜占庭城中一个名为"忒拉刻广场"的地方,这里没有房子,地面平坦,是个极佳(most beautiful)的列队地点(7.1.24)。小人物可能会陶醉于眼前的景象——这些井然有序且身经百战的部队。但色诺芬没有。

色诺芬开始发言：

> 各位战士,你们生气,还因为受到这样的欺骗,觉得自己正吃尽苦头,这不会让我吃惊。(7.1.25)

然而(他接着警告他们),如果他们恣意发泄怒火,因自己受骗而报复当地的拉刻岱蒙人,再洗劫一座无过错的城,那么,他们就会被视为几乎整个希腊世界的公敌。色诺芬提醒士兵想想雅典帝国的倾覆,尽管她军力和财力丰厚,还是在伯罗奔半岛战争中败在拉刻岱蒙人及其同盟手上。这支军队不可能对抗一个如今应该是比以前更庞大得多的拉刻岱蒙联盟。①

---

① 色诺芬几乎在说,拉刻岱蒙人及其长期盟友会与雅典人(及其先前的盟友)、与提萨斐尔涅斯、与波斯国王结为一个大联盟。但提萨斐尔涅斯被放在中间,暗示出色诺芬知道这样一个联盟的可能性极小(7.1.28)。实际上,不久之后,拉刻岱蒙人将与这位总督交战(7.6.1)。

诸神在上,让我们不要发疯,① 也不要与我们的祖邦、我们自己的朋友和我们的亲人为敌而遭到可耻的毁灭。(7.1.29)

我建议你们,既然你们身为希腊人,就服从那些希腊人的首领,以此来努力获得正义的对待。如果你们无法得到正义的对待,即使蒙冤,我们无论如何也至少必须不失去希腊。(7.1.30)

色诺芬的建议,与他曾经就阿伽西阿斯受审的危机事件给出的建议相同:服从拉刻岱蒙人(6.6)。②[263]不服从,即使是不服从不义的命令,都会危害士兵们的归途,甚至可能危及他们的性命。大多数人将会听从这一建议。然而,这件事后,色诺芬的威望降至低谷。他可能挽救了拜占庭,使其免遭悲惨的下场,但他也坐实了士兵的看法:他不是"一个男子汉"。③ 如果我们要寻找色诺芬离开这支军队时士兵的

---

① 色诺芬在7.1.29的誓言让我们注意到一个事实,即当色诺芬评定双方的力量对比时——一方是这支希腊军队,另一方是拉刻岱蒙和波斯——他只考虑了一种类型的武器(即尘世的武器)。尽管这些希腊人被阿那克西比奥斯给骗了,色诺芬还是这么做。从遭遇的不义中汲取信心,这等于发疯。色诺芬强调,假如拜占庭被洗劫,正义就会在拉刻岱蒙人一方:他这么做正是为了帮助希腊人避免陷入疯狂(7.1.29)。

② 色诺芬还建议士兵派使节去阿那克西比奥斯那里,向他解释他们的行为,表明自己的服从态度(7.1.31)。中间那位使者的名字是忒律洛科斯,透露出这些解释之辞的特点(Thrulochos,7.1.32,见于抄本C、B、A和E,从动词thruleō转变而来,其意思是"胡言乱语",见Dindorf和Hude/Peters的校勘记)。"忒律洛科斯"可能是"欧律洛科斯"(Eurulochos)的重新命名。

③ [原注10]"纵观希腊历史,很少见到这样的事,即一番有效的言词就成了阻止严重罪恶的手段,色诺芬在拜占庭向军队发表的这篇演讲做到了。这是他在领导军队的整个过程中为士兵所做的最重大的一件事。假如这支军队去发泄其好斗的冲动,那么,随之而来的悲惨后果,色诺芬其实还说轻了,而不是说重了。"见Grote, *Greece*, Vol. 9, pp. 160–61.

表达感恩或善意的公开说法,都会徒劳无获。色诺芬的离开是无足轻重的事(7.1.40)。

依然留在军中的那些将领因内讧而分裂。关于怎么处理这支军队,他们无法达成一致。① 其中的两个人,即克勒阿诺尔和弗律尼斯科斯(Phruniskos),希望带军队去忒拉刻军阀色乌忒斯(Seuthes)那里;聂翁则希望带军队前往希腊的刻尔索涅索斯;而提马宋急于航行返回亚细亚,结束流亡返回家园(7.2.1–2)。然而,文本清楚地表明,这些相互冲突的目标都根源于自利:每一位将领都希望把军队带到他相信自己可以前程大好的地方。②

派系纷争导致这支军队陷入瘫痪,开始解散。阿那克西比奥斯听说这支军队正在解体,欣喜万分,他认为这件事将让波斯总督帕尔纳巴兹多斯大为欢心(7.2.4)。阿那克西比奥斯不但漠不关心这支庞大军队的福祉,[264]还乐见这股重要的希腊武装力量被毁。然而,他的

---

① 卷七第一章末尾的这段文字可以反映出,色诺芬和其他将领失去了威望(7.1.33–41)。士兵们正准备接受其他任何人的统治,可以说是除了他们现在的首领之外的任何人。请注意,一名新将领(即弗律尼斯科斯)出现在7.2.1。他显然取代了色诺芬的位置,色诺芬当时刚从军中离开(7.1.40)。

② [原注12]克勒阿诺尔和弗律尼斯科斯已经被色乌忒斯的礼物收买,要带这支军队去色乌忒斯那里;如果这支军队去刻尔索涅索斯的话,聂翁期望能成为整支军队的首领;提马宋急切地要返回他的祖邦,显然是想要依靠士兵的力量使自己成为僭主(比较5.6.21–24)。在7.2.1的将领名单中,来自斐勒西斯(Philēsis)的斐勒西奥斯(Philesios)位于中间,这暗示出一个问题:"爱士兵"在这些将领的统治中发挥着什么作用? 或者毋宁说,它暗示出这些将领并不是爱士兵者(比较7.2.1–2)。

关于这一点,请思考,在7.5.4处,斐勒西奥斯明显被重新命名为斐勒克斯(Philēx,出现在最佳抄本上,参Dindorf的校勘记)。Philēx这个单词暗示出"没有[对士兵的]爱"(out-with-love[of-the-soldiers])。在收到色乌忒斯的礼物之后,"斐勒西奥斯"(Philesios)变成了"斐勒克斯"(Philēx)。

祖邦斯巴达需要这支武装力量,①不过他对祖邦的爱(philopatria)在"礼物"的吸引力面前变得极其脆弱。②在这一点上,他像极了万人军的那些将领,他们没有以爱士兵者(philostratiōtai)的态度来行事。

阿那克西比奥斯从拜占庭航行至库兹科斯(Kuzikos,在亚细亚海岸),在这里会见了拉刻岱蒙人阿里斯塔尔科斯(Aristarchos),此人受命接替拉刻岱蒙人克勒安德尔出任驻拜占庭的斯巴达总督。据说,阿那克西比奥斯自己的继任者,即新任滂沱斯地区海军司令,即将到达赫勒斯滂(Hellespont)。阿那克西比奥斯命令新来的阿里斯塔尔科斯,若发现还有士兵逗留在拜占庭,就统统卖为奴隶。③阿里斯塔尔科斯的前任克勒安德尔不曾卖过任何一个士兵,他甚至还出于怜悯照料病弱者,而阿里斯塔尔科斯第一次就卖了四百人之多。这又是拉刻岱蒙人的一桩罪行。

与此同时,阿那克西比奥斯航行至帕里翁(Parion,位于库兹科斯的西边),据先前的协议派人去找波斯总督帕尔纳巴兹多斯(7.2.7,对比7.1.2)。然而,现在已经是阿里斯塔尔科斯任驻拜占庭的斯巴达总督,阿那克西比奥斯也不再是舰队司令。因此,帕尔纳巴兹多斯就无视阿那克西比奥斯,反倒跟新上任的阿里斯塔尔科斯达成了他与前任

---

① [原注13]很快就会有两名拉科尼亚使者来到军中,态度恭恭敬敬,请求这支军队在斯巴达人与提萨斐尔涅斯的战争中予以援助(7.6.1)。请琢磨一下,居鲁士麾下的这群士兵在这场战争中所作出的贡献(见《希腊志》3.1.6–7),还有他们在科罗内亚战役中为斯巴达的胜利所作出的贡献(见《希腊志》4.3.15–21,这支军队在那被称为"外邦分队")。

② 对于他人奉上的礼物,请比较阿那克西比奥斯(7.1.2–3)与色诺芬(7.1.5–6)的反应。

③ 应该将7.2.6与7.1.34进行对比。阿那克西比奥斯下此命令,可能是为了确保他能够从帕尔纳巴兹多斯那获得贿赂。见Grote, *Greece*, Vol. 9, p. 164。

舰队司令阿那克西比奥斯达成的协议。阿那克西比奥斯立即想尽一切办法报仇。他命令色诺芬(色诺芬正与他一起航行回家)用尽一切方法尽快航行回到那支军队中。他要色诺芬把军队召集起来,尽他所能集合起尽可能多的士兵,带领万人军的这些剩余力量沿着海岸下行至佩林托斯(Perinthos);他将从那里尽快航行返回亚细亚。

色诺芬一声不吭地服从了阿那克西比奥斯:就顺从拉刻岱蒙人而言,色诺芬做到了自己向部下宣讲的事情(7.2.8-9)。① 回到营地时,士兵们开心地迎接色诺芬。他们立即追随他,听到他们要渡海返回亚细亚都很高兴。[265]他们行进至佩林托斯,色诺芬在这里协商获取运输船只的事(7.2.11-12)。但斯巴达总督阿里斯塔尔科斯带着两艘三层桨战舰航行至此。由于收了波斯总督帕尔纳巴兹多斯的贿赂,他不允许船主们将这些士兵载过去。

阿里斯塔尔科斯命士兵不要渡海返回亚细亚。色诺芬解释说,这是阿那克西比奥斯的命令,他派色诺芬来正是为了办这件事的。对方反驳说,阿那克西比奥斯不再是滂沱斯地区的舰队司令了,而他阿里斯塔尔科斯现在是驻拜占庭的斯巴达总督,"如果我在海上抓到你们任何一个人,我就把他沉到水底"(7.2.13)。然后,阿里斯塔尔科斯就进入佩林托斯城墙内。

第二天,阿里斯塔尔科斯召集这支军队的将领和百夫长开会。当将领和百夫长一行人靠近城墙边时,色诺芬收到密报:一旦进去,他就

---

① 阿那克西比奥斯曾让色诺芬以为,只要色诺芬使军队渡过博斯弗鲁斯海峡,就可以航行回家。但阿那克西比奥斯只是在欺骗色诺芬。在《希腊志》(4.8.31-39)中,色诺芬以既批判又公正的笔触记述了阿那克西比奥斯生命的最后时光。

会被抓,当场遭遇不测,或被移交给帕尔纳巴兹多斯处置(7.2.14)。[①]闻听此言,色诺芬便让同僚们先去,他解释说,他想为某事献祭占卜。色诺芬便进行献祭占卜,以了解诸神是否允许他尝试带领军队去投奔忒拉刻军阀色乌忒斯。因为之前色乌忒斯两次试着说服色诺芬带领军队去忒拉刻,色诺芬两次都说不可能(7.1.5-6,7.2.10)。但这一次,色诺芬骑马前去色乌忒斯那里,正是为了尝试做这件事。因为色诺芬看到渡过博斯弗鲁斯海峡有危险,毕竟阿里斯塔尔科斯有三层桨战舰;他也不想向刻尔索涅索斯进军,因为军队在那会遭到封锁,会陷于极度匮乏之中。最重要的是,在刻尔索涅索斯,"他们必须服从驻当地的斯巴达总督"(7.2.15)。色诺芬再也不愿意服从拉刻岱蒙人了。

众将领和百夫长与阿里斯塔尔科斯会面后返回,他们宣称说,阿里斯塔尔科斯命令他们下午再去。从这一点可以看得出来,针对色诺芬的阴谋似乎更加明显了。既然在他和这支军队安全前去色乌忒斯这件事上,祭兆看起来吉利,色诺芬便带上一名信得过的雅典百夫长,还从每位将领(聂翁除外)麾下选出一名各个将领信得过的人同行。他在当晚夜间纵马行至色乌忒斯那。他不再理会阿里斯塔尔科斯。

在穿越了色乌忒斯的夜间防卫网之后,色诺芬来到色乌忒斯身边。一见面,色诺芬就证实了自己的可靠和在军中的威望(7.2.23-31)。[②]之后便开始正式的商谈。色诺芬首先询问色乌忒斯为什么需要这支军队。[266]这位军阀讲述了自己的身世。在色乌忒斯

[①] [原注17]请想象一下,如果波斯总督帕尔纳巴兹多斯抓住那个将波斯军事的无能暴露出来的人,那个总督将会从波斯国王那里获得什么样的奖赏。也想象一下那个人会落得什么样的下场。

[②] 请注意,继色诺芬之后出场的是弗律尼斯科斯(7.2.29),此人已经接受了色乌忒斯的礼物(7.2.2)。弗律尼斯科斯的名字出现在色诺芬与珀吕克拉忒斯的中间。

的孩童时期，他的父亲曾统治着忒拉刻海岸的几个部族。然而，奥得儒西亚人（Odrusians）事件使形势发生了逆转，之后他父亲就失去了自己的王国，最后还丧了命。色乌忒斯成了孤儿，在一个邻国的王宫里被抚养成人。他希望靠这支希腊军队的帮助夺回父亲的遗产。因为他现在过的生活就像强盗，劫掠父亲的国土。其次，色诺芬又问色乌忒斯能够付给希腊人多少报酬。色乌忒斯表明了他承诺付给希腊人的报酬数额。那些陪同色诺芬而来的可信之人将把色乌忒斯的承诺报告给军队。色诺芬的第三个同时也是最后一个问题使我们得以了解他当时的心态。他问，如果他们为色乌忒斯付出了努力但没有成功，并且"有畏惧马其顿人①的情绪在"，那色乌忒斯会接纳任何一个愿意来到他身边的人进入他的地盘吗？（7.2.37）色乌忒斯非常肯定地回答：

> 我会待你们如兄弟，同餐伙伴，②共享我们能据为己有的一切东西。（7.2.38）

---

① ［原注19］在最佳的抄本C、B、A和E上，此处写的是"马其顿人"而非"拉刻岱蒙人"（7.2.37）。"马其顿人"这种读法出人意料，所有的现代校勘者都拒绝这种读法，但我认为原文即如此：色诺芬不希望吓跑色乌忒斯，或完全暴露自己的意图。但毫无疑问，色诺芬的恐惧是因拉刻岱蒙人而起，而不是因马其顿人而起。较差的抄本F和M"正确地"读作"拉刻岱蒙人"。［译按］值得注意的是，Ambler的英译本仍然译作"拉刻岱蒙人"。

② "同餐伙伴"（table-companion）的原文为endiphrios（7.2.38），这是个罕见的单词，还出现在7.2.33。这个单词暗示出，如果色诺芬在忒拉刻避难的话，他在色乌忒斯面前的地位就与色乌忒斯之前在梅多柯斯王面前的地位一样，"盯着另一个人的桌子，像条狗"（7.2.33）。为了理解"像条狗"这个短语的意思，请琢磨下在忒拉刻人的宴席上客人是如何被喂食的（7.3.22）。然而，这个生动的短语只见于较差的抄本。

色乌忒斯还对色诺芬说,他会把女儿嫁给色诺芬,如果色诺芬有女儿的话,他将会娶她。色乌忒斯将来还会把他所拥有的沿海最美的地方给色诺芬。色诺芬意识到,由于他拒绝服从拉刻岱蒙人,这将限制,甚至可能无从补救地毁灭他和军队返回希腊的能力。他(还有他们)也许不得不在忒拉刻的某个地方定居下来。色乌忒斯已经成为一处避难所(对比7.6.34)。

卷七第三章是我们目前正在思考的三章(卷七第一至三章)里最有意思的部分。第三章分成三个明确的部分。在第一部分,色诺芬概述了他如何成功说服士兵追随色乌忒斯并在忒拉刻征战(7.3.1–14);在第二部分,他描述了色乌忒斯为一帮客人举行的宴饮,其中包括这支希腊军队的统治者(7.3.15–33);在最后一部分,色诺芬概述了在忒拉刻征战的开始阶段(7.3.34–48)。宴饮因而是这一章的第二部分,同时也是位于中间的部分。宴饮本身也分成三个明确的时段:[267]进餐(7.3.21–25),祝酒(7.3.26–32),娱乐(7.3.33)。因此,祝酒占了这一章正中间的位置。就连色诺芬(作为这支军队的统治者)也向色乌忒斯祝酒(7.3.29)。

让我们从色诺芬说服士兵开始(7.3.1–14)。色诺芬和陪同者在黎明前返回营地。第一缕晨光照耀之时,阿里斯塔尔科斯就召集万人军的将领和百夫长前往他那里,但他们没理他,反倒集合起军队。所有队伍都集合起来了(聂翁麾下的除外):

> (色诺芬说)诸位男子汉,阿里斯塔尔科斯仗着手中的三层桨战舰阻止我们航行去到我们想去的地方。因此,对我们而言,登船不安全。他自己命令我们强行向刻尔索涅索斯行进,翻越圣山。如果我们成为它的主人并到达那里,他说他就不再会像在拜

占庭那样把你们卖作奴隶,也不会再欺骗你们,相反,你们还可以得到饷银,到时候如果你们需要给养,他也不会再像现在这样忽视你们。这些就是阿里斯塔尔科斯说的话。但色乌忒斯说,你们要是投奔他,他将善待你们。(7.3.3-4,安伯勒译文,我稍作修改)

根据色诺芬的汇报,这支希腊军队只剩下两种选择:行军至刻尔索涅索斯或去色乌忒斯那。色诺芬几乎没有就第二种选择说什么,相反,他选择强调第一种选择的种种困难("强行前进","如果我们成为它的主人"等等)。最重要的是,色诺芬将阿里斯塔尔科斯描述得极为残酷。①然而,色诺芬提议,在他们能够考虑这两个选择之前,可以先去当地能获得食物的村庄。因为他们没有钱,无法从市场上购买食物:

> 在那里,有了给养,再听一听各方对你们有何要求,你们将会做出你们觉得是最好的选择。(7.3.5)

实际上,甚至在士兵们听到阿里斯塔尔科斯的提议之前,色诺芬就呼吁他们与阿里斯塔尔科斯保持一定的距离。色诺芬呼吁他们切断自己在拉刻岱蒙人那的退路。所有人都举手支持(7.3.6)。

这支行进中的军队很快就遇上了色乌忒斯。看见色乌忒斯时,色诺芬便在尽可能多的士兵可以听到的距离内告诉色乌忒斯,这支军队正在前往有食物的地方:

> 要是你把我们带到一个给养很丰富的地方,我们会相信我们受到了你的款待。(7.3.9)

色乌忒斯把这支军队带到那些库存丰富的村庄。在那里,他请求

---

① 见导言,本书英文版页18。

战士们随他征战,同时讲明了他所提议的同盟关系的条件和他所承诺的饷银。士兵们同意追随色乌忒斯(7.3.14)。[268]士兵从未听到阿里斯塔尔科斯的任何提议。①然而,集体的仓促心态导致士兵误判了自己的困境:

> 并且许多[士兵][在大会上]都同样说色乌忒斯的话最有价值。因为,适值冬季,如果有谁想航海回家,那也不可能;如果必须靠购买维持生计,那他们在友邦境内也活不下去。但如果在敌人的地盘上度日并且要养活自己的话,跟着色乌忒斯比落单更安全些,既然有如此之多的好东西;如果他们还可以另外得到一笔饷银,那就像是一笔大的意外收获。(7.3.13,安伯勒译文。我稍作修改)

士兵忽略了下面这种可能性:遵照阿里斯塔尔科斯的命令在希腊的刻尔索涅索斯过冬,期间可以用阿里斯塔尔科斯承诺的饷银来购买给养。诚然,阿里斯塔尔科斯不付军饷的可能性也相当大(7.3.3)。然而,即便如此,在刻尔索涅索斯过冬,比起在敌对且寒冷的忒拉刻过冬,可能还是更安全些,毕竟刻尔索涅索斯是个"美丽且丰饶的地方"(5.6.25,对比《希腊志》3.2.8–11)。因为这些士兵从未掂量过在冬季的忒拉刻进行征战的危险,②而这些危险(还有其他困难)很快就会成为现实(7.4)。

最后也是最重要的一点,士兵想当然地认为与色乌忒斯的结盟只不过是临时之计。他们期待在春天航行回家。但当然,他们的所作所为恰恰使他们航行回家这件事变得困难,即便不是不可能。他们投

---

① 比较7.3.14与7.3.8、7.3.5。

② 比较7.2.21–22,7.2.17–18。同盟一结成,色诺芬就承认存在这些危险,但只是在一个半私人的场合里,见7.3.31。

票决定追随色乌忒斯,而不理睬阿里斯塔尔科斯,这等于自绝于希腊。拉刻岱蒙人可能不会允许他们航行回家。①并不是所有人都没有意识到这种风险。与色乌忒斯结盟的提议付诸表决时,只是大多数人予以支持。②沉默的少数人显然将色诺芬经常重复的劝告铭记在心:必须服从希腊的新统治者。然而,情况已经变了。

[269]与色乌忒斯的同盟关系一达成,各队伍便散开,分部扎营。色乌忒斯邀请众将领和百夫长赴晚宴(7.3.15—33)。一个名叫赫拉克雷得斯(Herakleides)的家伙站在门口迎接这些首领,他努力接近每一个他认为有能力向色乌忒斯送礼物的人(7.3.16)。比如,赫拉克雷得斯靠近一些帕里亚(Parian)使节,他们正要去与内陆的忒拉刻王商谈结盟事宜。他们给这位内陆的王及其妻子带了礼物。但赫拉克雷得斯指出,既然色乌忒斯现在已经将这支希腊军队招入麾下,他必成为沿海一带的统治者:

> 作为你们的近邻,[色乌忒斯]将会是最有能力善待和伤害你们的人。你们要是头脑清醒的话,就把带的东西献给他。这对你们来说是更好的安排,比起把礼物送给那位距离那么远的[内陆的王]梅多柯斯(Medokos)。(7.3.17)

赫拉克雷得斯就这样说服了这些使节。

赫拉克雷得斯也努力接近色乌忒斯的那些希腊客人。他事先已

---

① 请对比以下两者:士兵期待春天航行返回希腊,而色诺芬预期他(还有他们)可能必须无限期地留在忒拉刻(请比较7.3.13与7.2.37—38,以及7.6.34处提及色诺芬的孩子们)。也请琢磨一下,色诺芬在7.3.12处向色乌忒斯提出的那个问题:他让色乌忒斯公开表明,他将来不会带这些士兵远离海边。在希腊人心目中,靠近海就是靠近家乡。

② 7.3.14处是"就这样决定下来";比较7.3.6处意见完全一致的表决。

经听说将领提马宋手里有酒杯和蛮族的地毯,因此便对提马宋说:

> 按照习俗(nomidzomai),只要色乌忒斯请人赴宴,受邀者都会给色乌忒斯送礼物。要是[色乌忒斯]在此地称雄,他将有能力既让你回家,又让你在这里发财。(7.3.18)

赫拉克雷得斯援引了忒拉刻人的一条不成文法,它可以使宴饮的主办者获得财物。① 不过,提马宋若遵守了这条不成文法,也将增进自己的利益(对比7.5.4)。

赫拉克雷得斯当然也走到色诺芬身边。因为色诺芬来自最伟大的城邦,又因为对色乌忒斯而言色诺芬的名声最大(赫拉克雷得斯说),色诺芬可能会认为自己配得上(axioō)在这个地区获得一些坚固的地方和一些土地,就像之前其他雅典人那样。②

> 所以,用最豪气的方式去荣耀色乌忒斯,于你而言,这也是值得的(axios)。我也是出于好意才劝你。因为我很清楚,你现在送给色乌忒斯的礼物越贵重,将来从他那里得到的好东西就越多。(7.3.20)

赫拉克雷得斯再一次援引了忒拉刻的那条不成文法。不过,鉴于

---

① [原注28]作者在卷七第三章共六次用到"法"这个单词(nomos,7.3.22,7.3.28,7.3.37两次,7.3.39,7.3.41)。还三次使用这个单词的同源词(7.3.8,7.3.10,7.3.18)。这是《上行记》中"法"这个单词出现得最多的一章(也参7.2.23,7.2.38)。与"法"这个单词的频繁使用相一致的是,"配得上"(AXIOS)及其同源词也以显著的频率出现(7.3.10两次,7.3.12,7.3.13,7.3.19两次)。

② 这些没有被点名的雅典人当中包括阿尔喀比亚德,他在自愿接受流放后曾住在这些地方(《希腊志》1.5.16–17,2.1.25)。

色诺芬的地位更高,这条不成文法就要求(axios)他用比提马宋的礼物更豪气的礼物去荣耀色乌忒斯。不过与提马宋一样,如果色诺芬听从这一告诫,他将会增进自己的利益:礼物越大,回报就越大。可是,色诺芬不知所措,[270]因为他渡海返回军队时,除了一名男童和旅途所需的足够钱财之外,什么都没带(7.3.20)。

我们正在思考的这条忒拉刻礼法,它不只是一种向不情愿的来客勒索昂贵礼物的工具,还带有高贵色彩,这一点在接下来的宴饮过程中会清晰地显现出来。色乌忒斯的侍者端了一些三脚桌子进宴会厅,桌上摆满了肉片和串在肉上的大片面包。这些桌子总是摆在客人附近,"因为这是[忒拉刻]礼法使然"(nomos gar ēn,7.3.22)。除此以外,色乌忒斯还将摆在自己近旁的食物都分了出去,只留下足够的量给自己品尝。色乌忒斯还掰开面包,将面包块随自己的意思投给来客,肉也是如此。

他的客人很快就纷纷效仿色乌忒斯这种高贵却有些粗野的慷慨行为。期间有一个有趣的插曲,一名被说成是"大食量吃客"(mighty eater)的阿尔卡狄亚人,厌烦了这种投掷食物的做法。他更愿填饱自己的肚子,而不是分发自己的食物。于是,他拿了一片很大的面包还有一些肉片放在自己的膝盖上,然后开吃。这种对忒拉刻之高贵做法的希腊式抵制激起了一阵笑声(7.3.23–25)。①

很快,色乌忒斯的客人就必须要履行忒拉刻礼法赋予他们的义

---

① 作者将这位百夫长"重新命名"为阿律斯塔斯(Arustas),意为"那个停止舀[酒]的人"(He-Who-Stops-the-Drawing-[of-the-Wine],aruō-stas是histēmi的分词形式)。7.3.23–25的情节解释了这个名字的含义(《居鲁士的教育》1.3.9处也以类似的方式使用了aruō[舀]这个单词)。阿律斯塔斯是一个例子,代表了那些为了荣誉向国王献上东西的人(比较7.3.28)。他的礼物使得国王未能报以荣誉这件事情变得更加明显。

务。① 尽管忒拉刻礼法带有高贵色彩，但从中受益最大的还是宴会的东道主。共有六人向色乌忒斯敬酒，其中三人是忒拉刻人，另外三个是希腊人。首先，一名忒拉刻人牵着一匹白马走上前去。他手持斟满酒的兽角杯，说：

> 色乌忒斯，我敬你一杯，并献上此马。骑着它，日后你想追上并逮住谁，都可以做到，撤退时也不会畏惧敌人。(7.3.26)

第二个人举起酒杯，献给色乌忒斯一名男童。第三个人献给色乌忒斯的妻子一件大衣。② 希腊人跟在忒拉刻人后面敬酒。提马宋首先送出一只银碗和价值不菲的地毯。下一个说话的是某个叫格内西波斯(Gnesippos)的雅典人。与提马宋不一样，格内西波斯很穷，没有什么东西可以送给色乌忒斯。因此，他便不顾忒拉刻礼法，而是诉诸更高的礼法，他说：

> 按照一条古老而且极其高贵的礼法，那些有东西的人为了荣誉向国王献上礼物，[271]而国王则赐予一无所有的人东西，好让我将来也能给你献礼物并尊荣你啊。(7.3.28)

这个狡猾的格内西波斯——毕竟是个雅典人——得体地乞求获得一份恩赐，试图以此摆脱窘境。他援引的那条更高的礼法规定了国

---

① 值得注意的是，这场宴会上没有人向诸神献祭或奠酒（比较，例如 6.1.4–5，色诺芬《会饮》2.1)，只有献给色乌忒斯的礼物。实际上，诸神几乎是缺席的(不过请比较 7.3.31)。这是因为宴饮在"库克洛普斯"的山洞里举行吗？关于色乌忒斯是库克洛普斯，参本章原注 36。宴饮一结束，诸神就重新现身了(7.3.36，7.3.43；另见 7.3.39 处的口令"雅典娜")。

② 因此，中间那位忒拉刻人献上的礼物是一名男童。色乌忒斯比一开始看上去更有"希腊范儿"？比较 7.4.7–10。

王与臣民之间的责任。它是"非常高贵的礼法",因为首要的受益者是臣民,这与忒拉刻礼法不同,后者的首要的受益者是东道主。这条更高的礼法要求国王作出高贵的慷慨行为。

格内西波斯这一敬酒,大有将色乌忒斯置于困境之势。鉴于这支希腊军队一无所有,色乌忒斯"王"可能必须缓解一下军队集体的贫困状况。但色乌忒斯当然做不到这一点。色乌忒斯自己也贫穷。他自己曾承认他活得像个强盗(7.2.34)。① 就连色乌忒斯的侍者赫拉克雷得斯也坦承,色乌忒斯还不是一名统治者,也不伟大(7.3.16,7.3.18)。那么,格内西波斯为什么称色乌忒斯为"王"呢?这是对色乌忒斯日后成功的预期吗?还是无耻的奉承?或者,我们在此会想起色诺芬?毕竟,色诺芬现在还是几千号人的领导者。② 在场的人当中,色诺芬是唯一一位真正的"王"。就让我们来思考一下色诺芬如何完成这条"古老又非常高贵的礼法"的要求。③

色诺芬穷,没有任何东西可以送给色乌忒斯。色诺芬的窘境与格内西波斯的类似。然而,色诺芬竭尽全力遵守那条忒拉刻礼法。在这方面他做得更像提马宋。实际上,色诺芬胜过提马宋,并且不仅仅是靠着礼物的贵重。色诺芬起身,大胆自信地接过斟满酒的兽角杯,说:

> 色乌忒斯喔,我现在就把我自己、我的这些同伴献给你,成为你忠实的朋友,没有一个人会不情愿,所有人比我都还更愿意做你的朋友。此刻他们就在这里,不是对你有所求,而是为你而吃苦耐

---

① 请琢磨色乌忒斯跳的舞(7.3.33)。这是一个遭追捕者所跳的舞。

② 7.3.7 表明色诺芬是这支军队的领导者,特别是如果我们把这一节与 7.3.6 的结尾放在一起来看的话。

③ 清楚的是,我们必须这样做:将 7.3.29(timōmenos)与 7.3.28(timē, timaō)放在一起来看。

劳,乐意为你冒险拼搏。[272]有了他们的帮助,如果诸神也乐意的话,你将收复曾经属于你父亲的大片疆土,你还将获得土地,你将获得成群的马匹、众多的男人和美女,这些你都无需劫掠,他们将带着礼物来到你面前。(7.3.30-31,安伯勒译文。我稍作修改)①

色诺芬给色乌忒斯献上的礼物非同凡响:他自己,还有他所有的同伴。从色乌忒斯的反应来判断,他喜欢这份礼物(7.3.32)。然而,尽管我们可能会佩服色诺芬"把自己送给"色乌忒斯,可是,他将同伴作为"礼物",对此我们作何感想?他们是"他"可以送出去的东西吗?(这个情节里中间发言的那位希腊人名为Gnēsippos,意为"这匹高贵的马"!②)

----

① [原注36]赫拉克雷得斯为色诺芬斟满了一兽角杯的酒,这个人在那些最佳抄本上被称为"马戎尼德斯"(Marōnidēs),意为"马戎之子"(7.3.16)。马戎是个神话人物,是狄奥尼索斯之孙,据说马戎曾赠与奥德修斯几罐珍贵的酒,这酒可致人迷醉。奥德修斯借助这酒让库克洛普斯睡着,成功逃出后者的洞穴(《奥德赛》9.197-198)。在《上行记》中,"马戎之子"赫拉克雷得斯也与赠酒有关(7.3.29),色诺芬也借助这酒摆脱了自己的困境。色乌忒斯在某种意义上代表着库克洛普斯?色诺芬在某种意义上代表着奥德修斯?

引人注目的是,色诺芬在这里提到士兵时说的是"我的同伴"(tous emous toutous hetairous,7.3.30),在《上行记》中,这是绝无仅有的一次,但这当然非常容易让人想起奥德修斯(例如《奥德赛》9.172,9.177,9.193,9.224,9.230,9.288及其他多处)。另一方面,在《奥德赛》中,喝醉的是库克洛普斯,而在《上行记》中,是色诺芬微醉,色乌忒斯保持清醒(对比7.3.29与7.3.35)。另外,奥德修斯能够救出他的大多数同伴,而色诺芬却"送出"了他的同伴。色诺芬在某种意义上是库克洛普斯?请琢磨《奥德赛》9.189和9.215;还有9.428。

② [原注38]这个显然经过"重新命名"或完全虚构的角色只在此出现过。我译作"高贵"的那个单词是gnēsios,它也可译作"合法的(lawful)"或"合情合理的(legitimate)"。根据色诺芬的说法,在色乌忒斯即将获得的五种好东西中,第三种即中间的那种是"成群的马匹"(7.3.31)。请琢磨7.3.26处的礼物——那匹白马。

实际上，色诺芬正是为了避免"把自己送给"斯巴达总督阿里斯塔尔科斯，才带领这支军队来到色乌忒斯身边。作为客人，色诺芬遵守了忒拉刻礼法；然而，作为王，他并未遵守那条古老又非常高贵的礼法。他不是将自己送给阿里斯塔尔科斯，也不是冒着生命危险使希腊之门向这支军队敞开，而是把这支军队变成了礼物。而且色诺芬的意图显而易见(7.3.20)。难怪色诺芬强调，他在敬酒时处于微醉状态(7.3.29)。

色诺芬遵守这条忒拉刻礼法，这并不是像当今学者有时倾向于认为的那样，意在表达我们可能称之为多元文化敏感性(multicultural sensitivity)的那种东西，卷七第三章的第三部分同时也是最后一部分证实了这一点(7.3.34—48)。① 色诺芬刚竭尽全力遵守忒拉刻礼法，就转而偏好希腊礼法而摒弃忒拉刻礼法，因为他说希腊礼法更高贵(kallion，7.3.37)。请琢磨下面这一情节。

在宴会尾声，色乌忒斯把众希腊将领召集一旁，建议他们向敌人发动突袭。这样做的话，他们肯定会掳获人和财物。[273]希腊众将领称赞了这一提议，还敦请色乌忒斯带路。色乌忒斯的计划包含夜间行军。然而，色诺芬提出了改良措施："那么，请考虑一下，如果我们要夜间行军的话，希腊礼法(ho hellēnikos nomos)是否［比忒拉刻礼法］更高贵呢。"(7.3.37)色诺芬说，在希腊人那里，白天行军时，由地形决定哪个分队做先锋；"但在夜间，按照希腊人的礼法，最慢的分队在前领头"(7.3.37)。采取这种方式的话，士兵最不可能分散，也最不可能因为不相识而彼此攻击。

色乌忒斯被说服了："你们说得对，你们的礼法说服了我。"

---

① 这场宴饮的第三即最后一个阶段是娱乐。乐师进来了，跟着的还有些负责逗乐的人。但作者没有记述这些负责逗乐的人激起过什么笑声(7.3.33，对比7.3.25)。这一晚是个下降的过程，从不止一个方面来看都是如此。

(7.3.39) 色乌忒斯把他手下最有经验的向导给了希腊人。短暂休息后,联军便在午夜出发。色乌忒斯带领骑兵走在队伍最后面。一个平静无事的夜晚之后,次日清晨,色乌忒斯骑马来到前锋队伍处,称赞了希腊礼法。① 他说:

> 在夜间行军时,我和骑兵已经很多次与步兵失散,尽管只带着为数不多的人马。但是,这会儿,我们发现,天亮了我们显然还是一个整体,我们本来就该如此。(7.3.41)

由于这支军队仍然聚集在一起,联军发动的攻击非常有效。敌人被打个措手不及。掳获相当丰厚(7.3.48)。这条希腊礼法比那条忒拉刻礼法更高贵。

7.2 哲人的宽宏大量

> 世间无人为了作恶而作恶;而是借作恶为自己获取利益、或快乐、或荣誉、或类似之物。那么,我为什么要因为一个人爱他自己胜过爱我而生气呢?
>
> 培根,《论复仇》

为了自救,色诺芬选择危及士兵的回家行程。这一点,他已经说清楚了。但他的行为在道德上难道不是有问题的吗?身为这支军队的统治者,如果由于不承受那些危害自己性命的危险,他将会导致麾

---

① [原注40]这也是"希腊礼法"吗?夜间行军时让最慢的部队领头,这也是波斯的大居鲁士的做法,见《居鲁士的教育》4.2.12和5.3.34–45。

下士兵被拒于希腊之外的话,那么,他不就有责任接受那种毕竟只会危及他一人生命的危险吗?他不是本来就该把士兵的福祉放在最重要的位置吗?更糟糕的是,色诺芬用他的选择或借着他的选择来讨好色乌忒斯。这位苏格拉底式的王难道是个爱得益者(philokerdēs),而非爱士兵者?

[274]针对这种批评,卷七后半部分给出了强有力的回应。这种回应或许可以说在卷七第六章臻于高潮,色诺芬在第六章公开替自己辩护,以反驳下面这条指控:他花言巧语地说服士兵在忒拉刻征战,之后又侵吞他们的饷银(7.6.7–44)。我将在适当的地方讨论这场令人难忘的辩护。我必须首先思考卷七第四章,该章包含了这种回应的一个要素,但这个要素的重要性因第四章内容相对平实而遭到忽视。在某种关键意义上,我们现在已经抵达《上行记》论证的高潮部分。

* * *

忒拉刻的征战很残酷。色乌忒斯将那些村庄烧成平地,目的是激起当地居民的恐惧情绪,让他们恐惧那种不服从色乌忒斯就会有的下场。房子都烧塌了,而忒拉刻的冬天天气又异常严酷(7.4.3–4)。色乌忒斯放出去一些俘虏,让他们放话出去:那些逃走的人必须回自己的家并服从色乌忒斯,否则的话,他们的村庄和食物都会被烧毁。逃走的人当中包括妇女、孩子和老人(7.4.5)。可能最令人震惊的是,当色乌忒斯抓到一群在威胁之下拒绝服从的年轻人时,他丝毫没有留情,而是"残忍地把抓到的人统统杀掉"(7.4.6)。

色乌忒斯的无情与一些希腊人的宽宏大量(generosity)形成对比。正当这个军阀就要杀死我们刚提到的那些忒拉刻青年时,一位名叫厄皮斯忒涅斯(Episthenes)的希腊恋男童者,看到一个刚进入青春期的俊美男童手持一面小盾牌,也即将被杀。厄皮斯忒涅斯跑到色诺芬身边,以乞援人的身份求色诺芬帮助那个俊美的男童。色诺芬便去色乌忒斯那里,请求他不要杀那个男童。色诺芬向色乌忒斯解释了厄皮斯忒涅斯的性情,此人曾招募过一支连队,招募时不看别的,只看是否貌美,与这些俊美的人在一起时,厄皮斯忒涅斯是个好男子汉(7.4.8, anēr agathos):

> 色乌忒斯问道:"厄皮斯忒涅斯呦,你甚至情愿替他受死吗?"厄皮斯忒涅斯伸直脖子说:"动手吧,只要这个童子现在发令,而且日后记着我这份人情。"色乌忒斯转而问男童是否可以杀他而不是那个人。男童不肯让色乌忒斯这么做,而是以乞援人的身份乞求色乌忒斯两个人都不要杀。这时,厄皮斯忒涅斯当然是一把抱住男童,说:"色乌忒斯啊,是时候你我为了他较量一番了,我可不会丢下这童子不管!"这时,色乌忒斯对此一声大笑,准了这件事。(7.4.9-10,安伯勒译文,我稍作修改)

[275] 这个插曲逗得我们面露笑容。俊美的战士在侧时,厄皮斯忒涅斯是个好男子汉,同样,男童的美貌也坚定了厄皮斯忒涅斯的勇气:他伸直脖子,乐意为这位男童受死。厄皮斯忒涅斯献身于美的东西。然而,他的献身并不是纯粹或明确的无私之举。厄皮斯忒涅斯甘愿让色乌忒斯杀死自己(他说)——"只要这个童子现在发令,而且日后记着我这份人情"。厄皮斯忒涅斯期望甜蜜的回报,但如果他必须先死,他又如何享用这位男童的报恩呢?美貌使得厄皮斯忒涅斯勇气满满地要为他人而死,也使他盼望着在这次牺牲中并且通过这次牺牲,他将得到他寻求的情意。他果真乐意为他人受死吗?① 我们必须想

---

① 动词 hiketeuō 意为"作为乞援人乞求",在这一情节中出现了两次。第三次出现在 7.4.22。这个动词的弦外之音可见于例如《希腊志》2.3.52-53。

想:如果那位男童后来并未表现出本应有的感恩之情,厄皮斯忒涅斯会作何反应?他会指责那位男童负恩吗?他会怀恨在心并力图报复吗?我们之前在凯里索弗斯对高贵的爱上看到过这种反应。[①]厄皮斯忒涅斯的勇敢,得到美丽景象的滋养和加固,可能会转而反对他为之献身的对象。爱欲(eros)催生的宽宏大量之举容易沦为残酷和不仁。厄皮斯忒涅斯的宽宏大量并非纯粹或毫无含混的宽宏大量。

卷七第四章余下部分的作用,在于展示另一种更真实的宽宏大量的特性。让我们称之为哲学式的宽宏大量吧。色乌忒斯决定在当地村庄暂时露营,以阻止忒拉刻人继续从这些村庄获得给养。色乌忒斯下行至平原,在那安营扎寨。色诺芬则在位于最高处的那些村庄扎营。然而,色诺芬的营地容易受到敌人的攻击。他向色乌忒斯抱怨此事,而色乌忒斯"请他要有信心"(7.4.13)。色乌忒斯让色诺芬看那些从山上下来商议媾和的忒拉刻人交给色乌忒斯的人质。有一些忒拉刻人甚至请求色诺芬在缔结和约的事情上助他们一臂之力。色诺芬同意了,还"请他们要有信心":色诺芬分有了色乌忒斯的信心(7.4.13)。色诺芬许诺,忒拉刻人只要服从色乌忒斯,就不会受到伤害。然而,与色乌忒斯一样,色诺芬的信心经证明是过度自信。

当天夜里,忒拉刻人就袭击了色诺芬的营地。他的生命安全遭到如此严重的威胁,这种情形只在《上行记》少数其他几个地方出现过。忒拉刻人趁着夜色的掩护溜进村庄,来到一所房舍门前时,就投射标枪棍棒,还纵火点燃房子。忒拉刻人叫色诺芬的名字,让他出来受死,要不然,(忒拉刻人说)就将他当场活活烧死。这时火已经烧透色诺芬

[①] 见6.2.14和本书英文版页235-237。色诺芬引导我们去思考那位男童事后是否对厄皮斯忒涅斯心怀感激。色诺芬对二人随后的关系保持沉默:比较4.6.3。

所在房子的屋顶。[276]色诺芬身边的士兵,当时穿着胸甲,配上盾牌、短剑和头盔,拔出剑,冲出着火的房子。希腊式的军号吹响了,表明他们正遭受危难。驻扎在下方平原的色乌忒斯听到了号角声。发起袭击的忒拉刻人逃了。一些忒拉刻人被俘,另一些在黑暗中迷了路,被杀死了。两名希腊百夫长也负了伤,其他人的衣服和装备烧毁了。但无人被杀死。色乌忒斯终于赶到村庄。他骑马飞奔,带着少数骑兵赶来相救,一路鸣号,他说:"我还以为会看到你们很多人死去呢。"(7.4.19)

色诺芬对忒拉刻人这次袭击的反应发人深思。他请求色乌忒斯把那些忒拉刻人质交给他,并且,如果色乌忒斯愿意的话,就和色诺芬一起在山里征战,如果不愿意,就让色诺芬自己去。色乌忒斯将人质交给色诺芬,并且带着自己的军队一起来了,现在色乌忒斯的军队人数已是原来的三倍。①忒拉刻人从山上望见众多的重甲兵、轻盾兵和骑兵,他们便下山来,以乞援人的身份乞求获准缔结和约。

> 色乌忒斯召来色诺芬,将忒拉刻人的话转告色诺芬,并且色乌忒斯说,如果色诺芬打算报复先前所受的攻击,他就不媾和。这时[色诺芬]说:"不过,如果这些人将从自由民沦为奴隶的话,我相信我现在已经得到充分的正义对待了。"然而,他说,他建议色乌忒斯日后应该扣下那些最具伤害能力的人当人质,可以让那些年纪较大的人留在家中。(7.4.23-24,安伯勒的英译文。我稍作修改)

色诺芬同意签订和约,不去报复那些忒拉刻人质,他们都是年纪

---

① 听说了色乌忒斯正在做的事情后,许多人加入到他的军事行动中,见7.4.21。同参7.5.15。

较大的人。① 色诺芬行事时胸怀非凡的宽宏大量。他相信他现在已经获得充分的正义对待,他说:这些忒拉刻人已经被剥夺自由,此后将沦为奴隶。色诺芬不想再进一步惩罚这些为自由而战的人,他自己也珍视自由。他不想再进一步惩罚他们,尽管他们与他有利益冲突,还利用欺骗和武力来捍卫这些利益。色诺芬并不因他们爱自己胜过爱色诺芬而生气。

色诺芬的宽宏大量当然与色乌忒斯的残酷无情形成对比,② 但色诺芬的宽宏大量也与厄皮斯忒涅斯的宽宏大量形成对比。[277] 色诺芬宽宏大量地对待这些忒拉刻人,但并不期待有什么回报。恰恰相反,色诺芬向色乌忒斯表明,忒拉刻人将来必定会制造更多的麻烦。忒拉刻人将继续制造麻烦,因为他们将继续想要自由。只要瞅到机会,他们就会试图恢复自己的自由。色诺芬弃绝了报复的乐趣,而且对未来的回报不抱任何期待。他的宽宏大量不仅源于内在的信心和力量——这一章展现了这两种品质③——还源自他关于人类行事动机的知识。因为他从苏格拉底那得知,所有人都是在各种可能性当中选出他们认为对自己最有利的东西,然后将之付诸行动(《回忆》3.9.4)。即便那种对回报的期待得不到满足,色诺芬的宽宏大量也不容易沦为残酷和不仁,因为他压根儿没有这种期待。相比之下,厄皮斯忒涅斯的宽宏大量通常会要求得到回报,他认为这种回报是理所应当的。然而,期待甜蜜回报的厄皮斯忒涅斯为苏格拉底的看法提供了活生生的

---

① 比较 7.4.21("如他们所说")与 7.4.24。

② 色乌忒斯无法容忍奴隶般的生活(7.2.33–34)。然而,对于那些与自己一样因为关心自由而抗拒其统治的年轻人,他没有表露出一丝怜悯之心(7.4.6)。

③ 这一章同样说明,内在的信心和力量有可能成为政治上的不利因素。这种品质在卷七第四章差点导致色诺芬被杀。

确证。

在《上行记》中，我们在此可以最清楚地看到，在各自的高贵行为的根基方面，色诺芬与那些热爱高贵者之间存在差异。色诺芬表明：经过开化的对好的追求（the enlightened pursuit of the good）不仅与真正的宽宏大量相容，实际上还是真正的宽宏大量的根基。它是这位哲人的仁慈之心的基础。

7.3 爱士兵者色诺芬

在下一个部分(7.5-7.7)，色诺芬将自己描述成一名philostratiōtēs，即"爱士兵者"，最重要的是在他面向军队所作的一次令人难忘的自我辩护中(7.6.7-44)。现在就让我们来思考这篇辩护词，并思考促成这篇辩护词的情节及其之后的事情。

如我们所见，忒拉刻的征战带来了大量战利品(7.3.48)。色乌忒斯委派侍从赫拉克雷得斯负责变卖战利品。当赫拉克雷得斯返回营地时，色诺芬谢绝了色乌忒斯送给他的东西，对色乌忒斯说：

> 我以后拿点东西就足够了，不过，请送些东西给这些跟随我的将领和百夫长。(7.5.3)

因此，军队的其他首领从色乌忒斯那获得了丰厚的回报(7.5.4)。然而，普通士兵只拿到了二十天的饷银，可他们已经辛苦征战一个月。赫拉克雷得斯声称他无法卖得更多的钱，[278]这时色诺芬恼火了，他责骂道：

> 在我看来，赫拉克雷得斯，你应该对色乌忒斯上心，你却不

第七章 爱士兵(《上行记》卷七) 409

上心。因为如果你上心的话,你就会带着足额的饷银来,即使你是要借钱,要是没有别的办法,你甚至会卖掉你自己的衣裳!(7.5.5)

此后色诺芬的处境迅速恶化。恼火的赫拉克雷得斯害怕失去色乌忒斯的友谊,开始在他的主子面前不遗余力地诽谤色诺芬。士兵则因没有收到全饷而责怪色诺芬。色乌忒斯也被色诺芬惹恼了,因为色诺芬一直在为士兵讨薪。此前,这个军阀还一直向色诺芬提起,在征战结束后,色诺芬将得到沿海那些有防御工事的地方。现在色乌忒斯再也不提这些事情。这次期望的落空一定多多少少刺痛了色诺芬。① 我们已经看到,色诺芬曾预计要在忒拉刻停留一段时间,虽然时间长短未定;他也许还能心满意足地在忒拉刻的沿海地区生活呢(7.2.37–38,对比7.6.34)。②

因此色诺芬"离题"去描写那些驶入滂沱斯的船只如何在忒拉刻的浅滩上撞毁船底,此时的他似乎是在沉思自己的政治船难

---

① 这次征战的最后阶段发生在忒拉刻的萨尔木得索斯(Salmudēssos)地区(7.5.12)。但在较好的抄本中,Salmudēssos被重新命名为Halmudēssos,halmuros的意思是"痛苦的"。

② [原注51]色乌忒斯曾说要给色诺芬三个地方:彼桑忒斯(Bisanthes)、伽诺斯(Ganos)、新忒科斯(Neos Teichos)。见7.5.8,比较7.2.38。位于中间的"伽诺斯"意为"欢乐之地"。这三个地方曾属于阿尔喀比亚德,"只是伽诺斯取代了奥尔诺依(Ornoi)",见Stronk, *The Ten Thousand in Thrace*, Amsterdam: J. C. Gieben, 1995, p. 197, 比较Cornelius Nepos, *Oeuvres*, translated by Anne-Marie Guillemin, Paris: Soviete d'Edition "Les Belles Lettres", 1961, 7.7。"伽诺斯"显然是色诺芬对"奥尔诺依"的"重新命名"。作者提到色诺芬在忒拉刻海岸看见许多书籍,这透露出为什么色诺芬认为他可以心满意足地生活在忒拉刻:他有机会看到希腊的"宝库",见7.5.14,比较《回忆》1.6.14。

(7.5.12–13)。虽然他最终会被色乌忒斯说服而继续跟随色乌忒斯征战,但他显然心怀不满。现在离开军队固然危险,但就连在士兵中间,色诺芬的处境也变得有些危险:他们全体都在生色诺芬的气(7.5.16, pagchalepōs eīchon)。

就在这个时候,两名拉科尼亚人,卡尔米欧斯(Charmios)和珀吕尼科斯(Polunikos),来到营地,宣布拉刻岱蒙人已经决定讨伐提萨斐尔涅斯。统帅提布戎(Thibron)正航行前去指挥作战。提布戎需要这支希腊军队。二人还公布了提布戎打算付给士兵的军饷数额。色乌忒斯的侍者赫拉克雷得斯欢迎拉科尼亚人的到来,把这当作一件大好事:

> 拉刻岱蒙人现在需要这支军队,而您再也不需要它了!(7.6.2)

赫拉克雷得斯分析说,把这支军队转交给拉刻岱蒙人,色乌忒斯将讨得拉刻岱蒙人的欢心,[279]那些士兵也不会再来讨饷,色乌忒斯还可以将他们清出这个地区。因此,当拉科尼亚人告诉色乌忒斯他们二人是为这支军队而来时,色乌忒斯答复说,他会把军队交给他们二人。色乌忒斯补充说,他希望成为拉科尼亚人的友人和同盟。他还邀请他们二人赴宴,隆重招待一番。但他没有邀请色诺芬和其他任何一名希腊将领。在晚宴上,这两名拉科尼亚人问色诺芬是哪类人。色乌忒斯答道:

> 他在别的方面不坏,但他是个爱士兵者(philostratiōtēs, 7.6.4),而且因为这一点,他反倒处境更糟。

就连满口谎言的色乌忒斯,也因此成了"色诺芬行事无私的小小证明"。① 接下来的细问表明,这两个拉科尼亚人担心色诺芬是个煽动分子——会反对拉科尼亚人对这支军队的安排(7.6.4-6)。实际上,色乌忒斯提议与拉刻岱蒙人缔结友谊和同盟关系,对色诺芬来说预示着凶恶的前途。色乌忒斯即将由避难所走向其反面(比较7.2.37)。色诺芬将走向何方呢?②

次日,拉科尼亚人向集合起来的部队宣布:拉刻岱蒙人已经决定与提萨斐尔涅斯开战。拉科尼亚人带来的征用消息,以及将来可以报复波斯总督提萨斐尔涅斯的想法,让士兵们十分高兴。但一名阿尔卡狄亚人立即开始指控色诺芬:

> 拉刻岱蒙人啊,但如果不是色诺芬说服我们并把我们带到这里的话,我们早就去你们身边了,我们在此地的寒冬期间日夜不停地征战,而色诺芬却将我们辛劳所得的成果据为己有。色乌忒斯私下使色诺芬发了财,色乌忒斯还诈取了我们的饷银。因此,如果我作为第一个出来说话的人看到他[色诺芬]被石头砸死,而且为把我们拽来拽去而受到惩罚,那么,在我看来,我就算得到了我的饷银,我也不会再为以前如此吃苦受累而烦恼。(7.6.9-10,安伯勒译文)

另一个人站起来,说的话意思相同。然后又有人站起来。这场面开始看上去像一场死刑审判,色诺芬必须为自己辩护了。他向军队发表的演讲,就是在详细阐释色乌忒斯对他的称赞:他是个"爱士兵者"。他争辩说,那些指控他的人完全傻掉了,或者对他太负恩

---

① 见Grant, *Xenophon*, p. 76。

② 7.6.6的最后一句话反映出这种形势的严重性:"这一天就这样结束了。"

(7.6.23)。实际上,他绝非应该被处以死刑,相反,他是个有献身精神的统治者,为这支军队鞠躬尽瘁:

> 我,就我而言,要说的是,这些惹得你们对我动怒的事,[280]恰恰是你们应该为此感激诸神的好事。(7.6.32,安伯勒的英译文,我稍作修改)

然而,为了正确评价色诺芬的演讲,我们必须充分认识到,这番话不只是讲给士兵听的,更主要是讲给那两名拉科尼亚人听的。显而易见,军中有很多人会赞成用石击的方式处死色诺芬,这产生了一种明摆着的危险:拉科尼亚人会用人血供品来博取这支军队的好感吗?色诺芬必须以某种方式应对这种危险。他应对得相当成功(7.6.39,比较7.6.43)。然而,听众不了解相关情况,这使他更容易成功,我们要注意到这一点才算公正。此外,士兵在他演讲结束后并没有表达任何对他的支持,这次辩护与早先那些辩护(例如,比较5.7.34-35,5.8.26)相比并没有那么成功。①

此后,色诺芬不得不安排贴身护卫(7.7.2,7.7.13;还有7.7.20)。有人转告色诺芬说提布戎对他有敌意。但是,如果我们认为色诺芬需要这种防备措施仅仅是由于提布戎的敌意,那就天真了(7.6.43-44,7.7.54)。

色诺芬开始说道:

> 但凡人必须预料他会碰见一切事情,至少现在我竟然由于某

---

① 我们确实听到两名百夫长欧律洛科斯和珀吕克拉忒斯提出建议,这些建议意在转移士兵的怒火,可以说是在帮助色诺芬。而这二人一直都是色诺芬的铁杆支持者(7.6.40-41)。

件事受到你们怪罪,而我意识到在这件事情上我为了你们倾尽热情,正如看上去的那样。(7.6.11)

首先,色诺芬为了带领士兵进入忒拉刻,不得不推迟自己返回希腊的行程。① 那时他已经离开这支军队,正在航行回家,但他还是折了回来:

> 宙斯在上,当然并非因为我得知你们处境顺利,而是因为了解到你们当时正面临种种困难。(7.6.11)

色诺芬掉头回来是为了施惠于这支军队,如果他能做到的话。② 他承认他确实带领士兵进入忒拉刻。然而,只是当形势变得清楚,即斯巴达总督阿里斯塔尔科斯不允许万人军渡海回到他们想回的亚细亚时,他才这么做的。他先是尝试返回亚细亚:

> 我认为这样做对你们最好,而且我知道你们想这么做。(7.6.12)

当他集合起军队商议怎么做时,所有人都说应该追随色乌忒斯,并且所有人都投票追随色乌忒斯。既然色诺芬只是带领大家前往所有人都认为最好向那里行进的地方,他怎么会是犯了错呢?③ 至于让人恼火的欠薪问题,色诺芬强有力地表明自己是无辜的:他以所有男神、

---

① [原注57] 色诺芬的自我辩护分为三部分。第一部分,他提醒士兵回想一下,自他返回军队以来为他们所做的事情(7.6.11–15);第二部分,色诺芬回应了三条具体的反对意见(7.6.16–30,见本章原注60);第三部分,他对比了士兵的处境与他自己的处境(7.6.31–38)。

② 比较7.2.8–9与7.6.33。

③ 7.6.14,比较7.3.1–14。

所有女神的名义起誓,[281]他什么都没偷,相反,他没有从不可信赖的色乌忒斯那里收到任何东西,就连色乌忒斯私下许诺给他的东西都没有收到,其他将领都得到了的那笔报酬,他也没有接受(7.6.18–19)。

然而,就这么愚蠢地受了骗,难道色诺芬不觉得羞耻吗?色诺芬为什么不事先向色乌忒斯要求抵押品呢?针对第一条质疑,色诺芬回答说,色乌忒斯欺骗朋友,更应该感到羞耻。① 至于没有要求抵押品,色诺芬不情愿地作出回答,而且是寥寥数语② :他无法要求得到抵押品。希腊人需要色乌忒斯与色乌忒斯需要希腊人的程度相当,甚至希腊人更需要色乌忒斯。实际上,当色诺芬回到军队时,他发现士兵饥寒交迫。因为缺乏成建制的骑兵群或轻盾兵群,希腊人没有能力从敌对的忒拉刻人的土地上获取足够的给养。与色乌忒斯的结盟让希腊人获得了安全:

> 如果,当你们遭受这般必然性的压迫时,我没有要求任何报酬,而是只把色乌忒斯拉来成为你们的盟友,你们如此需要他和他的骑兵和轻盾兵,那么,难道我看起来为你们谋划得不好吗?毫无疑问,与这些人共同行事之后,你们从村庄里得到了更加充

---

① [原注60]实际上,这是色诺芬在其发言的第二部分(7.6.16–30)直接回应的三条反对意见中的第二条。每一条反对意见都始于"某人可能会说"这句话的某种不同表达形式,见7.6.16,7.6.21和7.6.23。在回应第二条反对意见时,色诺芬提出正义问题,把它视为免受欺骗的"保护"或"防卫"(PHULAKĒ)。色诺芬的回应涉及正义对统治者的好这一论题(比较7.7.41)。

② 色诺芬之所以不情愿,是因为他知道他的回应将使士兵更难拿回自己的军饷。如果说,在盟友关系存续期间,希腊人需要色乌忒斯与色乌忒斯需要希腊人的程度一样,也许前者还甚于后者,那么,色乌忒斯必然会更不情愿还清所欠希腊人的饷银。色诺芬没有直接说为什么无法向色乌忒斯要求抵押品,但他把意思表达清楚了。

足的粮食,因为忒拉刻人被逼得仓皇出逃[因为有色乌忒斯麾下骑兵和轻盾兵的追击],你们还分到了更多的牲畜和战俘。在骑兵团加入我们之后,我们甚至再也没有见到一个敌人!……那么,如果这个提供这般安全给你们的人,除了这般安全之外,没有另外付给你们一笔相当丰厚的饷银,难道这就是多么残酷的遭遇吗?难道因为这件事,你们就认为无论如何都该置我于死地吗?(7.6.27—30,安伯勒译文)

罗列了一些额外的自我辩护证据之后,色诺芬最后请士兵对比他们目前的处境与色诺芬自己目前的处境,以此结束他的辩护:在经历了匮乏和危险后,他们在忒拉刻相对富足和安全地度过了冬天;[282]他们在打败亚细亚的蛮人后又打败欧罗巴的蛮人,凭此保存乃至增添了自己的荣耀;而且,既然拉刻岱蒙人正要雇佣他们,他们的前途现在看上去也一片大好。反观色诺芬,由于对士兵的爱,他已经成为一大波诽谤之言和强烈敌意的攻击对象。拉刻岱蒙人再也不信任色诺芬,色乌忒斯也恨色诺芬,而色诺芬原本是指望色乌忒斯可以做他和自己孩子的庇护人的。现在,尽管他为士兵遭受了这一切,尽管他仍然尽力为士兵谋取他能够为他们谋取的一切好东西,难道他们就这么看他?

你们已经抓住我了,不是在我正逃跑或藏起来的时候抓住的。如果你们将刚才所言付诸行动,你们要知道,你们就是杀害了这样一个人:他为你们度过了许多不眠之夜;他多次与你们一起共赴辛劳,共同面对危险,不论是分内之事,还是分外之事;在诸神庇佑之下,他和你们一起立起了许多战胜蛮人的胜利纪念柱;他在每一件事情上都为你们尽力而为,就是为了不让你们沦为任何希腊人的仇敌。因而,如今你们才有可能向自己选择的任何地方行进,陆路和海路都可以,而不会遭受攻击或责备。

现在,当这么好的机遇出现在你们面前,当你们正将驶向渴望已久的地方,当那些最有权势的人正需要你们,当饷银已经出现,当拉刻岱蒙人已经来到,人们相信他们是最好的领导者,难道此时此刻在你们看来就是尽快处死我的恰当时刻吗?不,你们那时候可不这么想,当时我们身陷那般困境,你们这些人记忆力好极了!那时你们甚至常常称我为"父亲",你们常常许诺会永远记住我这个恩人!①然而,现在为你们而来的这两位拉刻岱蒙人不缺少判断力;因此,正如我认为的那样,你们这样对我,他们也不会觉得你们更好。

说完这些后,色诺芬停了下来。(7.6.36–38,安伯勒英译文)

卡尔米欧斯立即站起来说:②

在我看来,你们在这里对这个人发火,是没有正当理由的。我本人就可以为他作证。因为当珀吕尼科斯和我向色乌忒斯询问色诺芬是个什么样的人时,色乌忒斯没有在别的事情上指责色诺芬,只说:色诺芬太爱士兵,[283]而且因为这一点,他在我们拉刻岱蒙人这儿和他[色乌忒斯]那儿的处境才更糟。(7.6.39)

拉科尼亚人卡尔米欧斯显然已经被色诺芬争取过来了。然而,就

---

① [原注63]色诺芬的自我辩护始于誓言"以宙斯的名义",结束于作为士兵之"父亲"的色诺芬;比较《尼各马可伦理学》1160b24–28和《居鲁士的教育》8.2.9,8.8.1。同参本书第三章,英文版页122的原注36。在面临困境时,一个父亲做得比另一个父亲更好。

② 在较差的抄本中,卡尔米欧斯"以双生子神的名义"起誓。

在卡尔米欧斯转述——或毋宁说夸大①——色乌忒斯对色诺芬的称赞的同时,他也暗示出斯巴达方面持久的敌意,而色乌忒斯此前是对此保持沉默的。②随后,色诺芬从几个渠道得到警告,说一旦他落入拉刻岱蒙人提布戎手里,他就会被处死(7.6.43-44)。

这个部分(7.5-7.7)的最后一章继续描写"爱士兵者"(philostratiōtēs)色诺芬。其中最有意思的是,色诺芬向色乌忒斯发表了一番讲话,正是凭这番讲话,色诺芬拿回了士兵的薪饷(7.7.20-54)。然而,这一章也让我们重新看待这整段忒拉刻情节,从而修正或调整色诺芬的自我辩护给我们留下的印象。

色乌忒斯已经离开前去征伐更远的地方。希腊人正在当地的村庄里收集给养,以准备他们前往海边的下行之旅。但这些村庄属于得莫萨得斯(Dēmosadēs),这些地方被赐给了他。得莫萨得斯[或梅多萨得斯(Mēdosadēs)]就是最初代表色乌忒斯去找色诺芬的那个人,为的是将这支希腊军队带到色乌忒斯身边(7.1.5,7.2.10)。看到希腊人正在消耗自己村庄的所有储存物资,得莫萨得斯心中不快,遂带上一名有权有势的奥德儒西亚人,还有多达三十名骑兵,叫色诺芬从希腊军营出来:

> 你们在行不义,色诺芬!你们在劫掠我们的村庄。我们警告你们,不仅有我代表色乌忒斯,还有这位从内陆的大王梅多柯斯身边来的男子汉,警告你们离开这些村庄。否则,我们可不会允许你们这样做,如果你们侵害我们的土地,我们将保卫领土,视你

---

① 色乌忒斯说色诺芬是个爱士兵者(7.6.4)。卡尔米欧斯转述说,色乌忒斯说色诺芬"太"或"很"爱士兵(AGAN,7.6.39)。卡尔米欧斯的这种夸大证明了色诺芬言辞的力量。

② 请比较7.6.39与7.6.4。

们为敌人(7.7.3)。

色诺芬回应说:

你这样说话,我还真难以答复你呢!但为了这位年轻人(即那个奥德儒西亚人)的缘故,我就说说,好让他知道,你们是什么样的人,我们又是什么样的人! (7.7.4)

色诺芬接着提醒这两个人回想一下在忒拉刻的征战是如何展开的。就算没有说服得莫萨得斯,色诺芬至少成功说服了那个奥德儒西亚人,因为后者最后说自己感到羞愧——先前居然同意陪同得莫萨得斯来跑这趟差事:"我羞愧得要钻进地缝里去了!"(7.7.11)①

色诺芬又说:

我们在成为你们的朋友之前,我们[希腊人]行经这一地带,愿意去哪儿就去哪儿,想劫掠什么就劫掠什么,[284]想放火烧什么就烧什么(比较7.6.29)。每当你以使者身份来见我们时,你在我们附近宿营,不害怕你的任何敌人。(7.7.6)

相比之下,得莫萨得斯甚至都没有进入过这片土地,或者即便进入过,他也是马笼头都不敢摘下来,为的就是可以避开比自己更强大的敌人之手。但在诸神的助佑之下,经过希腊人的艰苦作战,这片土地已经变成了得莫萨得斯的——"你过去从我们手中接过这片土地,你是靠我们的力量才占有它的"——但现在他却把希腊人赶走,不给他们送任何礼物,也不给他们提供帮助(7.7.7)。得莫萨得斯甚至不允

---

① 引人注目的是,无论是色诺芬的辩护词,还是他对得莫萨得斯说的这一番话,都展示出他如何说服那些对事情没有第一手知识的人。

许希腊人在此临时扎营,这可是他力所能及的事。

你当着诸神和这位男子汉的面说出这样的话来,竟然不觉得可耻,这男子汉现在看见你富裕了,但正如你自己说过的,你在成为我们的朋友之前,是靠打劫为生的。(7.7.9)

可是,你何必跟我说这些事情呢?我不再统治了,现在是拉刻岱蒙人在统治,你们把这支军队转交给他们带走,你们这群非常令人诧异的人,你们甚至没有邀请我,好让我来交还这支军队,我本可以讨得拉刻岱蒙人的欢心,正如之前把军队带到你们这,使他们生气。(7.7.10)

色诺芬当然有理由抱怨他旧日的忒拉刻盟友既表里不一又负恩。然而,平心而论,我们要注意到,色诺芬把色乌忒斯和赫拉克雷得斯的言行归罪到得莫萨得斯的头上。[①]此外,色诺芬的这番话促使我们回过头去重新理解他的自我辩护。[②]色诺芬在此把与色乌忒斯结盟期间的这支希腊军队说得十分强大,而且无所求于这位军阀。色乌忒斯是借着希腊人的力量才接管了这片土地,希腊人是向色乌忒斯施惠的恩人。然而,在其自我辩护中,色诺芬说,希腊人是靠色乌忒斯才得以保全(7.6.30)。这两种说法,何者更准确?当色乌忒斯与希腊人缔结同盟时,双方正好互为补充。色乌忒斯有轻盾兵和骑兵,希腊人有重甲兵,靠着联合起来的力量,也只有靠着联合起来的力量,他们才成为一支强大的军队(7.3.44)。

---

① 请比较7.7.10与7.6.3,比较7.7.9与7.2.34。
② 色诺芬承认,是他把军队带到色乌忒斯那里。正如他自己表明的,他知道此举会触怒拉刻岱蒙人。

*　*　*

  色诺芬在卷七第七章的后半部分拿回了士兵的饷银。色诺芬去到两位拉刻岱蒙人身边说，得莫萨得斯正请他们两位前去，以传达他已经对色诺芬说过的那番话，即这支军队必须离开这片土地(7.7.13)。随后色诺芬为两位拉刻岱蒙人提供了一些建议，[285]说他们二人若对得莫萨得斯说下面这番话，或许可以要回士兵的欠薪：第一，这支军队正要求他们二人从色乌忒斯那要回饷银，不管色乌忒斯情愿与否。①第二，士兵说了，只要能要回饷银，他们就会热切地追随拉科尼亚人；第三，在他们二人看来，士兵说的话是正义的；第四，拉科尼亚人已经向士兵承诺，在士兵得到符合正义的东西之前，他们不会离开。

  色诺芬以此提出了另一种获取军队好感的方式，拉科尼亚人信服了。他们径直去找得莫萨得斯，对他说，如果他有什么要说，就畅所欲言，如果没有，那他们有话对他说。得莫萨得斯十分恭顺，回答说他的村庄遭受友人的损害，这是不对的。拉科尼亚人答复说，士兵什么时候拿回饷银，就什么时候离开村庄。然而，他们俩的这番言词表明，他们二人在外交事务上的受训水平有限。②

---

  ①　[原注72]为了获得饷银，从而获得士兵的好感，色诺芬所提议的正是先前欧律洛科斯提出的策略。尽管色诺芬当时没有公开表示支持这种策略(比较7.6.40与7.6.41)，我们在此看到，他也没有在原则上反对它。但色诺芬不希望自己与这种策略关联在一起，免得切断他与色乌忒斯的沟通桥梁——当时后者正在监听这次讲话(7.6.8，7.6.18-19)——从而彻底毁掉获得饷银的希望。

  ②　[原注73]色诺芬建议两位拉科尼亚人威逼利诱。但二人忘记了利诱，不但没提到士兵说一收到自己的饷银就会热切地追随拉科尼亚人，反而加大力度进行威逼，他们直言威胁说要报复得莫萨得斯。这两个拉科尼亚人还指控得莫萨得斯和他的主子色乌忒斯不守誓言。这纯粹是拉科尼亚人的捏造，因为并不存在什么誓言(7.7.17，比较7.3.10-14)。应该对照7.7.15来读拉科尼亚人的这个指控。关于拉科尼亚人的修辞技巧，我们就说这么多吧。

略微僵持之后，得莫萨得斯说，拉科尼亚人应该直接去找色乌忒斯谈饷银的事，如果说服不了色乌忒斯，两位拉科尼亚人就应该派得莫萨得斯和色诺芬再去。拉科尼亚人根本就没有试着与色乌忒斯谈。他们派色诺芬去找那个忒拉刻人，与色诺芬一同前去的，还有那些看上去最合适的人。

色诺芬对色乌忒斯讲的这番话异常啰嗦。还有一点值得注意，这番讲话并未带有丝毫的愤愤不平或怪罪之意(7.7.20-47)。我们甚至听到色诺芬在事后笑了，这在《上行记》是唯一一次，作者指名道姓地说色诺芬笑了(7.7.54)。

色诺芬一开始就声称，自己此次前来不是要向色乌忒斯索要什么，相反，如果他可以教导色乌忒斯什么的话，那么他是想教导色乌忒斯，不应该因色诺芬一直竭力向他索要他向士兵承诺过的饷银，就生色诺芬的气：

> 因为，我认为，收到饷银对士兵有益，但付给士兵饷银对你同样有益。(7.7.21)

因此，色诺芬尝试教育色乌忒斯其真正的利益究竟何在。这番讲话第一部分的意图就在于此(7.7.20-36)，色诺芬这番话共有两个部分。

他提出了三条理据。[286]第一，色乌忒斯现在已经是个势力强大的王。①无法逃过众人的眼睛，如果不付饷银就打发走自己的恩人，他将显得负恩，还会失去这六千人的称赞。最严重的是，色乌忒斯将

---

① "王"(basileus)、"王权"(basileia)、"以王的身份进行统治"(basileuō)这些单词在色诺芬发言的第一部分共出现四次。

会使自己的话失去信誉,而受人信任对统治者而言是件非常重要的事。① 实际上,色乌忒斯获得的王权要比士兵正在向他索要的那三十塔兰特值钱许多倍,而他能获得王权,是因为他们过去相信他说的是真话,他也有能力说服他们与自己一起征战:

> 首要之物,即受人信任,这份信任为你赢得了王国,你就以这么一点钱的价格把它卖掉了。(7.7.26)

色诺芬的第二条理据是,色乌忒斯若是不付薪,会更难保住他那新近获得的王国(7.7.27–32)。色诺芬说,色乌忒斯的臣民之所以服从,是出于恐惧,而非出于友爱,如果没有了恐惧,这些臣民就会试图重获自由;而如果色乌忒斯的臣民开始怀疑希腊人对他们自己比对色乌忒斯更有好感,他们就没那么恐惧,也不会那么克制。实际上,如果色乌忒斯需要军队的话,那么除了这支希腊军队之外,他很可能再也无法得到别的军队了。由于目前发生的事情,人们不信任他了。忒拉刻人甚至可能会从希腊人当中选出领导者,来领导他们发动反叛;需要这支希腊军队的拉刻岱蒙人也可能接手士兵的讨薪事务。

色诺芬提出的最后一条理据是,如果希腊人决定以敌人的身份继续留在这里,而不是在收到饷银后和平离开,那么,色乌忒斯的国土将会遭受更大的伤害。色乌忒斯可能不得不花更大的价钱雇佣另外一支更庞大的军队来驱赶原先这支军队(7.7.33–36)。还是现在支付欠薪所花的代价要小些。事实上,就筹集和支付的难度而言,色乌忒斯现在欠下的这笔钱的数目,比起他获得王国之前这个数目的十分之

---

① 在色诺芬发言试图说服色乌忒斯的过程中,7.7.24所讲的内容与色诺芬自己的处境相关。

一,还要容易得多。

色诺芬这番话的第一部分并非没有分量,但仅靠这番言辞无法说服色乌忒斯。因为色乌忒斯知道,无论他付不付清饷银,这支希腊军队都将要离开。而且鉴于色乌忒斯的部队在数量上占有优势,那两名拉科尼亚人极不可能发动一场惩罚性的战争来费力讨要士兵的欠薪(7.5.15)。如果色诺芬能够看似合理地宣称他自己可能会亲自发动这样一场战争,那他可能会处于更有利的位置。然而,士兵已经不信任色诺芬(7.7.38)。至于说受人信任对统治者而言是非常重要的事,当然也有些道理。一旦色乌忒斯的言而无信人尽皆知,他招募雇佣军的能力将遭到削弱(对比7.7.50)。但另一方面,[287]说到统治者的言辞,他有显而易见的能力和意愿去实现自己说的话(或发出的威胁),可能与人人都知道他会诚实行事一样重要。统治者培养其臣民或对手的克制,并非主要通过让人们知道他是个诚实守信之人。①

色诺芬发言的第一部分以自利为据,为了增强其说服力,色诺芬在第二部分又以高贵为根基提出论据。这部分内容(7.7.37–47)包含了《上行记》中——甚至是色诺芬所有作品中——关于德性和有德统治者的一些最精彩的说法。色诺芬现在将自己当成色乌忒斯的朋友。他说,他到目前为止所讲的那些话已经讲明了他如何预先为色乌忒斯考虑,好叫色乌忒斯看上去配得上诸神赐给他的那些好东西,也好让色诺芬不被这支军队杀掉。色诺芬让色乌忒斯(还有无所不知的诸神)当证人,以证明他没有从色乌忒斯那里收到给士兵的任何东西,也

---

① 色诺芬悄无声息地承认了这一点:比较7.7.24与7.7.30。除此之外,让我们不要忘记色诺芬是如何开始发言的:"我不是来向你索要什么,色乌忒斯。"(7.7.20)

从未向色乌忒斯索取士兵的东西以中饱私囊,也没有讨要色乌忒斯曾私下许诺给他的东西。他甚至发誓说,他不会接受色乌忒斯的任何东西,除非士兵也获得属于他们的东西:

> 因为,[如果]我办妥了自己的事情,而士兵的事还一团糟,我却坐视不管,这是可耻的,尤其是因为我还受到士兵的敬重。(7.7.40)

色诺芬说,赫拉克雷得斯似乎认为,除了不择手段地捞钱之外,一切都是空话,但他自己的看法与此人不同:

> 我相信,色乌忒斯啊,对于一个男子汉,尤其是一位统治者而言,没有什么财富比德性、正义和宽宏大度更高贵、更华丽。(7.7.41)①

一个展示出这些品质的统治者会有很多朋友,还会有很多人想要成为他的朋友(7.7.42)。如果色乌忒斯无法从色诺芬的行事和言辞当中体会到,色诺芬实际上是发自内心与他为友,那么,他也该想想士兵关于色诺芬的说法(7.7.43)。②因为那些士兵指控色诺芬,说他对色乌忒斯比对拉刻岱蒙人还要上心,说他收了色乌忒斯的礼物。色诺芬体

---

① [原注77]这句漂亮的话应该拿来与《希耶罗》11.5进行对比,在《希耶罗》里,据诗人西蒙尼德斯所言,"最高贵并且最有福的财富",是"幸福同时却不因幸福而遭人嫉妒"。色诺芬在《上行记》说的是"高贵而华丽的财富",不是"高贵又好的财富"(比较,例如《回忆》1.5.1)。参 Strauss, *On Tyranny*, pp. 84–85。

② 色诺芬向色乌忒斯宣称,他是发自内心与色乌忒斯为友(7.7.43);而色诺芬(含蓄地)对士兵宣称,自己是个爱士兵者(7.6.15;另见7.6.39)。可以说,真实的情况位于这两种说法之间。

面地结束发言。色诺芬预料说,时间将会教色乌忒斯明白他应该付清欠款,因为色乌忒斯将来无法承受一个后果,即看着自己的恩人变成控诉自己的人:

> [288]因此,我恳请你,在你支付饷银时,热心地恢复我在士兵当中的地位,就与你任用我时的地位一样。(7.7.47)

听到这些之后,色乌忒斯开始咒骂那个导致薪饷这么久都没有发下去的肇事者。所有人都猜测是赫拉克雷得斯。"我从未想过要赖账,我会付清的",色乌忒斯说(7.7.48)。既然色乌忒斯现在打算支付,色诺芬便请求经他自己的手来支付,以扭转他在军中名誉扫地的现状。色乌忒斯回答说,如果色诺芬只带一千名重甲兵继续留在忒拉刻,那他将来必不会因为色乌忒斯而少得荣誉;色诺芬还将得到沿海那几处地方,并得到色乌忒斯曾承诺的其他东西。色诺芬得体地回绝了这一邀请。坚持一阵之后,色乌忒斯便放弃了:

> "我只有一点点儿现钱,一塔兰特,但我把它给你,还有六百头牛、至多四千只羊以及至多一百二十名俘虏。带上这些,再带上人质,就是曾经对你行过不义的那些家伙里的人质,然后离开吧!"色诺芬笑了,然后说:"假如这些东西并不够发饷银的话,我该说自己是从谁手上得到这一塔兰特的呢?既然这笔钱对我来说实际上是一种危险,我跑掉并且提防遭到石击,难道不是更好吗?你也听过这些威胁。"于是,色诺芬便暂时留在那里了。(7.7.53—54,安伯勒英译文,我稍作修改)

这里记叙了色诺芬的笑声,在《上行记》中是唯一一次,值得注意。色乌忒斯仅愿意支付所欠数额的一小部分,①色诺芬一眼就看穿了色乌忒斯的用意。色诺芬也没有得到色乌忒斯向他承诺的任何东西。然而,色诺芬并没有生气。相反,他笑了。就算是只拿到士兵欠款的一小部分,色诺芬也感到满意?色诺芬为士兵尽了力。他的付出使他配得上"爱士兵者"的称号。但他不可能完全满意。色乌忒斯支付的这一部分饷银势必会引燃士兵的怒火。色诺芬说他会遭受石击,就清楚表明了这一后果(7.7.54)。

我认为,色诺芬的笑声指出并表明,他已经摆脱道德上的义愤而获得了自由。这笑、这自由,与他先前饶恕那些年纪较大的人质的行为,都出于相同的根本原因(7.4.20-24)。②色诺芬知道,他诉诸色乌忒斯的一己私利,对色乌忒斯并没有多少说服力,[289]而他诉诸高贵,也不太可能对色乌忒斯这样一个人有什么效果。无疑,假如他想到色乌忒斯的背信弃义将会陷他于致命险境的话(比较7.5.5),他

---

① [原注80]除了一塔兰特之外,色乌忒斯还给了大约相当于那批战利品三分之一的东西(见7.3.48),而那批战利品先前换得了那二十天的饷银(据赫拉克雷得斯所言,7.5.1-5),也就是说,色乌忒斯给的东西并不比一周的饷银多出多少。而这支军队被拖欠的是超过四周的饷银(比较7.6.1),足足三十塔兰特(7.7.25)。Hirsch未理解这最后一桩欺骗行为,宣称色乌忒斯最终证明自己"配得上色诺芬对他的信任",见Hirsch, *The Friendship of the Barbarians: Xenophon and the Persian Empire*, p. 37. 还是Grote更有见地:色诺芬"什么都没得到,除了欠款总额的一笔少得可怜的利息之外",见Grote, *Greece*, Vol. 9, p. 170。

② 就在色诺芬笑(7.7.54)之前,作者提到了那些忒拉刻人质(7.7.53),我认为,这并非巧合。作者提起忒拉刻人质,让我们想起了先前的事情(7.4.20-24),还有这件事展现出来的色诺芬身上的品质。同样清楚的是,色乌忒斯没有听从色诺芬先前给出的宽厚的建议(7.4.24处提出)。

本会更果决地加以回应的。可是色诺芬显然认为,色乌忒斯支付的这一部分饷银尽管令人气愤,尽管只是哄人的,仍足以挽救他的声誉和生命——至少如果他明智地行事的话。而他就是要继续明智地行事。①

7.4 于开端处收尾:苏格拉底式的人物色诺芬

《上行记》最后一章(7.8)既奇特又令人失望。之所以说它奇特,是因为这一章出现了几个新人,这些人在此前的故事中没起过什么作用,即便在这一章也不是什么明显必要的角色。②之所以令人失望,是因为这一章凸显了色诺芬令人反感的一面。《上行记》的解读者常常以这一章来指责色诺芬的道德品质。

这一章的主要情节是色诺芬绑架了一名波斯显贵,连同此人的妻

---

① 当色乌忒斯说他准备付清欠款时,色诺芬请求经他手来支付,以此扭转他在军中名誉扫地的现状(7.7.49)。但色诺芬一意识到色乌忒斯仅打算支付所欠数额的一小部分,他便把发饷这项荣誉差事转交给卡尔米欧斯和珀吕尼科斯这两名拉科尼亚人(7.7.56)。两名拉科尼亚人接受了这些牲畜和俘虏,继而卖掉这些东西。色诺芬离这事远远的(7.7.57)。两名拉科尼亚人遭到"相当多的责备"(7.7.56)。

② 色诺芬为何要第一次介绍这些无关紧要的人物,为什么要指名道姓地提及他们:毕翁(Bion,7.8.6),阿梅乌希克雷得斯(Ameusikleides,7.8.6),达弗那戈拉斯(Daphnagoras,7.8.9),巴希阿斯(Basias,7.8.10),伊塔梅里西(Itamelisi,7.8.15)?这些是"重新命名"的例子吗?比起绝大多数章节,《上行记》的最后一章更因时间的流逝而受到影响。人名写法上的不同形式在这一章异常得多。有时几乎不可能搞清楚色诺芬是否或者何时使用了"重新命名"的技法。

儿,还劫掠了此人的财产,以此为自己获得财富。①这件事让我们毫不怀疑地认为,色诺芬的统治就是一种金钱上的成功。尽管如此——或者也正是因为如此——这一幕仍令人反感。按照色诺芬的自我辩护,这次袭击并非完全出于自私。色诺芬使那些过去对他最友好、最忠诚的百夫长和士兵获了益,实际上这支军队的其他人也获了益(7.8.11,7.8.22-23)。②[290]色诺芬在其统治期间的最后一次行动配得上"爱士兵者"这一称号,但此番获得的收益是有代价的。③实际上,下面这种说法更准确些:色诺芬着力强调,他在其统治期间的最后一次行动没能遵循高贵原则。

---

① Hutchison 说,这是"强盗"行径,见 Hutchison, *Xenophon and the Art of Command*, London: Greenhill Books, 2000, p. 92。Rood 说,这是"恐怖主义式的袭击",见 Rood, "Panhellensim and Self-Presentation", *The Long March*: *Xenophon and the Ten Thousand*, p. 312。Tuplin 说,这是"一种特别无正当理由的强盗行为",见 Tuplin, "Heroes in Xenophon's *Anabasis*", *Modelli eroici dall'antichita alla cultura europea*, edited by A. Barzano et al. Vol. 4. Rome: L'Erma di Bretschneide, p. 134。Roy 注意到,色诺芬"将其当作一件完全无可指责的事情来讲述",见 Roy, "The Ambitions of a Mercenary", *The Long March*: *Xenophon and the Ten Thousand*, p. 278。

② Grant 为色诺芬统治期间的最后一桩行动做了半心半意的辩护。Grant 提出,那时候希腊人在与波斯人交战,故而这类行动是得到许可的。另外,即便在和平时期,这种针对非希腊人的行动,也为"那时候国际间的道德准则"所允许,见 Grant, *Xenophon*, p. 78。针对 Grant 的说法,我的回应是,当时希腊并未与波斯交战,仅仅是拉刻岱蒙人与提萨斐尔涅斯交战。此外,"那时候国际间的道德准则",即希腊礼法,并未无限放纵希腊人想怎么对待非希腊人就怎么来。我们在本书第五章可以看到这一点。因此,更确切地说,援引 Dillery 的看法,袭击波斯贵人阿西达忒斯这种行为,"正是典型的以逐利为目标的单独行动,色诺芬之前经常谴责这种行为",见 Dillery, *Xenophon and the History of his Times*, p.91。

③ 请思考"孩子们"(paīdas)在 7.8.22 处的中间位置,尤其是对照《阿格西劳斯》的 1.21。

但他为什么要以这种方式来结束《上行记》呢？毕竟，完全不提这次劫掠原本是易事一桩。他本可以让过去的事情过去。但他偏偏选用一件显然令人失望的事情来与读者告别。有些解读者主张《上行记》仅仅是一部自我辩护之书，但他们无法让这种说法与最后这个情节相一致。让我们看看可以怎样来理解这件事。

* * *

色诺芬与这支军队从忒拉刻航行至兰普萨科斯（Lampsakos）。色诺芬在这里遇上了一位名叫厄乌克雷得斯（Eukleides）的家庭卜士，此人与色诺芬一起庆贺他的安全归来（对比 3.1.6）。厄乌克雷得斯问色诺芬得了多少金子。色诺芬发誓说，他甚至连回家的盘缠都不够，除非把马和随身物品卖掉。厄乌克雷得斯不相信色诺芬的话。后来色诺芬收到了兰普萨科斯人送来的表示友好的礼物，并向阿波罗献祭。献祭时，这位卜士就站在一旁，他观看祭牲后说自己信服了：色诺芬没钱。(祭兆必定非常不祥！再说一遍，这些牺牲是献给阿波罗的。)① 厄乌克雷得斯说：

> 因为我知道，每当就要有钱时，某种阻碍就会出现，即使不是别的什么，那你就是你自己的阻碍。(7.8.3)②

---

① ［原注87］在《上行记》中，这是色诺芬唯一一次向阿波罗献祭。并且阿波罗显然对色诺芬不友善。难道这位神还在怨恨色诺芬对阿波罗尼德斯的惩罚吗(3.1.26-32)？《上行记》以提醒读者注意色诺芬与阿波罗之间的疏离来开篇和收尾，正如其篇首和篇尾都提醒读者注意色诺芬与其"父亲"苏格拉底之间的亲密一样。色诺芬再一次成了"弥达斯王"。

② 在抄本 C、B、A 和 E 上，这句话读作："每当就要有钱时，某种阻碍就会出现，即便仅仅是一头猪（sūs）［反对］你。"这种读法尽管奇怪而且有些突兀，但考虑到色诺芬接下来要献上的"小猪"(7.8.5)，也并非完全不可能。

色诺芬同意厄乌克雷得斯的这个评判。厄乌克雷得斯继续说：

> 仁慈者宙斯（Zeus Meilichios）是你的一个阻碍。但你有没有向此神献祭过，就像我在家乡献祭并且焚献全牲时习惯为你做的那样？（7.8.4）

色诺芬说没有祭过：自外出以来，他没有向仁慈者宙斯献过祭。[291]厄乌克雷得斯因而建议色诺芬像他惯常那样献祭，"你会变得更好"（7.8.4）。色诺芬听从了建议。次日，色诺芬去奥弗吕尼翁（Ophrynium）献祭，焚烧了小猪作为燔祭。色诺芬是按照他父亲的礼法来做所有这些事情的。祭兆为吉。正是在这一天，两个给军队送钱的人到了。他们显然是拉刻岱蒙人提布戎派来的。色诺芬招待了他们二人，二人也把色诺芬在兰普萨科斯以高价卖掉的那匹马还给了他。因为他们怀疑色诺芬卖掉这匹马是出于贫穷，他们听说色诺芬很喜欢这匹马。因此，他们大方地把马还给他，不收他的钱。

这支军队行经特罗亚得（Troad），最终到达米西亚（Mysia）的佩尔伽蒙（Pergamon）。色诺芬在此受到一位希腊妇人的款待，她的名字叫作赫拉斯（Hellas），是厄瑞特里亚人（Eretrian）贡居洛斯（Gongylos）的妻子。① 她告知色诺芬，这片平原上有一个名为阿西达忒斯（Asidates）

---

① 这位贡居洛斯是个有名的亲波斯者（Medizer），见修昔底德《伯罗奔半岛战争志》1.128，《希腊志》3.1.6；另见 Xenophon: The Anabasis of Cyrus, translated and annotated by W. Ambler, p. 273。《上行记》最后一章提到几个亲波斯者，比如贡居洛斯和得马拉托斯（Demaratos，7.8.17）。他们，或毋宁说他们的亲人或后代，都是给予色诺芬帮助的人。色诺芬写他们帮助希腊人对抗波斯人，难道他是在用这种方式试着报偿他们的恩情，从而帮助他们净化家族的荣誉吗？

的波斯人,①色诺芬只要夜里带三百人前去,就能拿获阿西达忒斯及其全家和所有财产。赫拉斯派出自己的侄子(无名),还有"她最看重的达弗那戈拉斯(Daphnagoras)"担任色诺芬的向导(7.8.9)。于是色诺芬献祭,这两名向导在他身旁,还有卜士巴希阿斯(Basias)。这位卜士宣布祭兆对色诺芬而言是上上大吉:"那个人将容易拿获。"(7.8.10)但达弗那戈拉斯沉默不语,显然他并不像巴希阿斯那样乐观。抑或达弗那戈拉斯对色诺芬一点都不友好?②

卜士巴希阿斯的预言经证明不灵验。或者,可能更好的说法是,对色诺芬来说,预言结果应验得要晚一些(对比7.8.22)。无论如何,色诺芬必须费力两次才能拿获阿西达忒斯。希腊人的第一次行动几乎彻底失败。色诺芬带上他那些最亲密的百夫长友人,还有那些始终都非常忠诚于他的部队,[292]好让自己可以施惠于这些人(7.8.11)。还有多达六百人试图强行加入这次突袭,但那些百夫长赶开了这些人,

---

① Asidatēs 很可能是一例"重新命名",asidēros-atē。作者在此将这个人描述成毫无防范——"手无寸铁"(比较7.8.14处所使用的临时拼凑的武器,请思考此处对理解《希腊志》3.3.7的启发)。尽管阿西达忒斯毫无防范(这无异于"发疯"),但希腊人的第一次进攻还是失败了。可能这次失败反映出,这次进攻发生在不好战的(unmartial)米西亚(Mysia,7.8.8)。

② [原注91]没有明显的理由要把达弗那戈拉斯纳入这个片段。他没发挥任何作用。或者,他是阿波罗的替身?Daphnagoras="The-Speaker-With-Laurels":daphnē-agoreuō,意为"戴月桂冠的发言者",而月桂冠是阿波罗的一个常见特征。同样引人联想的是,一个名为Hellas的女人据说最看重"达弗那戈拉斯"(7.8.9)。这似乎意味着,Hellas(指希腊这个政治实体)最看重德尔斐的那位神。这就是色诺芬在这一章向阿波罗献祭的原因吗?再重复一遍,这是他在《上行记》中唯一一次向阿波罗献祭(7.8.30)。色诺芬的统治事业始于驱逐阿波罗尼德斯(3.1.26-32)。当他行将返回希腊时,他尝试与阿波罗和解。但这位神拒绝接受和解。

因为他们不想与别人分享他们原以为唾手可得的钱财。

　　对阿西达忒斯的袭击遭到顽强抵抗。阿西达忒斯在一座坚固的塔楼中避难,还得到了该地区的波斯帝国卫戍部队的支援,尤其是他的弓箭手给希腊人造成了大麻烦。色诺芬很快就被迫撤退,他本人和手下被敌人紧追不放。他们当中近一半人受了伤,其中包括英勇的阿伽西阿斯。他们非常艰难才到达了安全区域。但色诺芬拒绝在失败面前就此罢手。他组织了第二次进攻。不过,这一次他动用了整支军队,还使用了诡计。他再次献祭,尽管他并没有说祭兆吉利与否(7.8.20)。①第二次进攻成功了:阿西达忒斯全家被俘。②然后,这支军队回到佩尔伽蒙,色诺芬就在此地向那位神致敬告别。③那些拉科尼亚人、众百夫长、其他将领和士兵共同安排,让色诺芬拿走那些经过挑选的马匹、许多对同轭的牛,还有其他财物。色诺芬从今有能力施惠于他人了(7.8.23)。这个"弥达斯王"发了财。

　　不久之后,提布戎接收了这支军队,与他麾下的其他希腊士兵合编在一起,然后便去攻打波斯总督提萨斐尔涅斯和帕尔纳巴兹多斯。④

---

　　① [原注92]色诺芬是在暗中承认祭兆不吉吗?如果是那样,紧跟吉兆的是一次失败(7.8.19),而紧跟凶兆的是一次成功(7.8.20–22)。

　　② 色诺芬将这次成功与早先巴希阿斯解为吉利的那次献祭(7.8.22)联系起来。然而,他的叙事暗示出一种不同的解释。见上一条注释原注92。

　　③ 这里显然指的是仁慈者宙斯。请对比7.1.8和7.1.40两处使用的aspadzomai(这两处意为"道别")。然而,7.2.23处的用法(意为"问好")显然打破了aspadzomai在这几处的一贯用法。[译按]动词aspadzomai通常意为"问好;致敬;道别;拥抱或亲吻"。

　　④ 想要继续了解"那些跟随居鲁士上行的人"后来的经历,读者就必须转向《希腊志》卷三。

＊＊＊

《上行记》最后一章几次涉及阿里斯托芬的《云》。本次研究中已多次提到，《云》是正确解释《上行记》一系列重要情节的关键。色诺芬在此以一个贫穷的爱马者形象出现，这匹马的价格几乎与斐狄庇得斯（Pheidippides）那匹昂贵的柯帕提阿斯马一样昂贵。[1]色诺芬也忘了向仁慈者宙斯献祭，显然是因为他不上心。[293]仁慈者宙斯正是雅典的宙斯节（Diasia）敬拜的神，而宙斯节正是苏格拉底在《云》中攻击宙斯并败坏那位儿子的大背景。[2]如果我没有弄错的话，色诺芬的作品只有这一次提到仁慈者宙斯。色诺芬在此就是"斐狄庇得斯"，而其父亲"斯忒瑞普西阿得斯"（Strepsiades）又在哪里？

与在《云》中一样，苏格拉底已经代替了父亲斯忒瑞普西阿得斯。因为色诺芬为了弥补对仁慈者宙斯的疏忽，祭献了小猪作为燔祭，他"遵循他父亲的礼法"（tō patrōō nomō，7.8.5，见抄本C、B、A和E）献上这祭物。这是什么意思？祭献"小猪"（choīros）是意指微薄献祭的习惯性讲法。[3]这些小猪是"焚烧的全猪"；这并不会把它们变成肥猪。之所以说这次献祭是"遵循他父亲的礼法"行事，是因为苏格拉底也

---

[1] Stronk评论道，色诺芬卖马得到的那笔巨款（即五十个大流士金币）"似乎价格过高了，高得近乎荒谬"，见Stronk, *The Ten Thousand in Thrace*, p.288。Flower说"惊人的五十个大流士金币（相当于大约1300个雅典德拉克马，一天一德拉克马是当时的标准工资水平）"，见Flower, *Xenophon's Anabasis, or The Expedition of Cyrus*, p.213。Masqueray明确比较了色诺芬价格高昂的马与斐狄庇得斯的马，见Masqueray, *Xénophon: Anabase*, vol. 2, p.190，但他没有意识到其说法的恰当之处。

[2] 见《云》408、864。关于雅典的宙斯节和仁慈者宙斯，同参修昔底德《伯罗奔半岛战争志》1.126。

[3] 例如，比较柏拉图《王制》378a5；另见《奥德赛》14.80-82。

习惯从自己微薄的财产中献上微薄的献祭,而且,就连这种微薄的祭物,苏格拉底也不常献。①《云》本身是滑稽的戏仿,而《上行记》最后一章又是对《云》的这种滑稽戏仿的滑稽戏仿。②《上行记》卷七第八章以幽默但引人注目的方式,证实了色诺芬自认为是一个苏格拉底式的人。色诺芬的上行的确既始于他的"父亲",又终于他的"父亲"(3.1.4–14,7.8.5)。

因而,《上行记》的结尾证实了本次研读的主要论点:必须从色诺芬的苏格拉底主义出发来解读他的统治。但这个结论反倒会使《上行记》的最后一个情节变得比之前更成问题。就眼下而言,我只想补充一点:我相信,色诺芬是有意以一个令人失望的情节来结束《上行记》。他以这种方式收尾,目的是鼓励读者去思考由苏格拉底所代表的那种人生选项。我的这一说法并不像乍听上去那样悖谬。《上行记》的首要读者是那些怀有某种政治抱负的高尚且有天赋的年轻人,不仅这种政治抱负的魅力会激励他们去思考这位哲人的教诲——他们会注意到《上行记》中色诺芬高贵的成功某种意义上与苏格拉底有关(3.1)——[294]他们自身的严肃态度也会激发他们去思考这位哲人的教诲。

---

① 见《回忆》1.3.3。请注意那段文字是没有可比性的:苏格拉底的献祭不仅量微薄,而且几乎是没有。我们可能会倾向于替色诺芬微薄的献祭辩解,说他献祭时极度贫穷。然而,我们必须克制这种倾向,因为在他献祭时,他已经将马卖了五十个大流士金币(比较7.8.6与7.8.5)。微薄的献祭是色诺芬自己的选择。

② [原注100]据我所知,只有Dakyns某种程度上感觉到卷七第八章是这样一种滑稽戏仿,但他仅仅感觉到了,随即就抛诸脑后,见Dakyns, *The March of the Ten Thousand, Being a Translation of the Anabasis Preceded by a Life of Xenophon*, p. iv–v, note 6。

他们将会因最后这个情节而感到不安。也应该如此。最后这个情节意在调动这些读者的严肃态度,以服务于他们自身的教育。他们将转向苏格拉底,不仅仅把苏格拉底当作一名教授政治的教师,还认为苏格拉底会在某种程度上解释高贵在施行统治的过程中的地位。他们将转向苏格拉底,满心希望着他以某种方式缓解他们将要经历的这种可以理解的失望之情。他们将因此而朝哲学生活迈出关键一步。

就这个方面而言,请注意看,色诺芬主要的非苏格拉底作品,《居鲁士的教育》《希腊志》《上行记》和《拉刻岱蒙政制》,都是以失望结尾。《上行记》只是遵循了一个更大的模式。我将这种模式解释如下:在色诺芬看来,真正的政治生活,即献身于政治的生活,最终是令人失望的。相比之下,即便是色诺芬笔下最具"肃剧"色彩的苏格拉底作品——《苏格拉底在法官面前的申辩》——也是以苏格拉底的笑声结尾(第28节)。

现在是时候告别色诺芬了。有证据表明,他准备返家时就已经在构想《上行记》的写作了。① 他在最后一章提到苏格拉底,这清楚表明:

---

① 请思考7.8.1处提到的克勒阿戈拉斯(Kleagoras)。关于这节文字,各抄本多有分歧。不过,如果取那些最佳抄本,特别是抄本C,我们便会看到,克勒阿戈拉斯是一本书的作者,书名为ta enoikia en oikiō。这是个奇怪的书名,其意思是"屋内家事"(The-Household-Things-Inside-the-House)。这本书显然在大力赞美私人生活,是一位叫Kleagoras的人所写。但从其名字来看,人们可能会期待他赞颂政治生活,因为Kleagoras=kleos-agoreuō,意为"荣耀的公开演说者"(The-Glorious-Public-Speaker)。《屋内家事》的作者克勒阿戈拉斯,难道是《上行记》作者色诺芬的另一个自己吗?这可能会与《上行记》的特征相符。在此,我们还必须记住,"房子"(oikia或oîkos)这个单词在《上行记》中多次用于喻指苏格拉底的学校(见3.1.11,还有卷五第四章的"莫绪诺齐亚人",见本书英文版页121–122,页201–204)。在《上行记》的结尾,色诺芬正准备回归私人生活,写一本书,赞美那种以苏格拉底式的哲学为核心的私人生活。

他期望哲学是自己今后生活的核心。①然而,在不远的将来他将遭到流放(7.7.57),从这一角度说,《上行记》又是以失望结尾。但我们没有理由气馁。从阅读色诺芬、思考色诺芬以及写作关于色诺芬的文章中,我们已经享受到莫大的乐趣,受益匪浅。我们不可能认为,色诺芬本人在写作自己这部杰作时没有获得同样的乐趣和裨益——更不用说获得静谧的笑声了。

---

① 请注意,最后一章有两个人物,厄乌克雷得斯和毕翁,都与著名的哲人或追求知识的人(scientist)同名。

结论：《居鲁士上行记》的论证

[295]在这次研读过程中，我分析了三种统治模式，目的是揭示色诺芬如何回答一个在政治上永远重要的问题：道德与利益、高贵与好，能够在施行统治的过程中并且通过施行统治得到统合或调和吗？这三种统治类型，神般的王，虔敬的王和苏格拉底式的王，各有各的迷人之处。然而，我们的分析已经表明，就完成统合或调和道德与利益、高贵与好这个任务而言，每一种统治类型都有其失败之处。但迄今为止，色诺芬是《上行记》中最成功的统治者。这位苏格拉底式的王以高贵的方式，不但拯救了万人军的大多数士兵，也拯救了他自己。他取得了非凡成就。色诺芬所体现的这种统治模式无疑要比其他两种更优越。然而，作品最后一幕也显示出这种成功的局限。古代的与现代的政治现实主义之间——色诺芬与马基雅维利之间——的共识部分得到揭示。这是《上行记》之论证的第一个结论。

我们的研究还揭示出色诺芬与马基雅维利写作方式之间的主要差异。马基雅维利公开谈论君主必须学会有能力不做好人，要根据必然性来使用（或不使用）这一点，而色诺芬止步于暗示相同的结论或教诲。当然，马基雅维利直言不讳的修辞需要另一部详尽的研究来处理，在此必须仅限于谈论色诺芬。我们可以宣称：我们已经证明了一点，即考虑到其两个主要的写作目标，色诺芬的写作方式是可以理解的，这种写作方式突出好的事物，而将坏的事物置于晦暗之中。

色诺芬的第一个写作目标与政治-道德有关(politico-moral)。对于我在第三章所称的德政(a politics of virtue)，色诺芬持赞同态度，而且是其捍卫者。德政可以产生出更大程度的卓越、幸福和自由，[296]因而比它那些主要的替代政治类型更优越，特别是亚细亚的专制主义。万人军的成功撤退就展现出德政的优越性。更宽泛而言，色诺芬是支持德性的人。在《上行记》中，色诺芬满怀同情地描写了一些英勇的战士和政治人物，其中包括玻俄提亚人普罗克色诺斯、斯图姆法利亚人阿伽西阿斯、卢西亚人欧律洛科斯、帕拉西亚人卡里马科斯以及其他几个人，以尊荣和表彰这些人身上体现的品质。《上行记》中的众英雄是好人，而"坏人"，例如梅侬，则遭到色诺芬的谴责。不过，尽管色诺芬是支持德性的人，他却知道德性并不足够。他的写作方式反映出这种洞见。

他批评异教信仰，我相信我已经相当清晰地表明了这一点；但不可否认的是，他表达批评时不动声色。要阐明他内心深处对虔敬和诸神问题的看法的根据——我只是在第二章才开始探讨——以及这个问题的理论意义，需要研究色诺芬的四部苏格拉底作品，特别是《治家者》，它讲述了哲人苏格拉底与贤人伊斯霍马霍斯之间一场意义非凡的对话。已经有其他人在这个问题上开辟出一条极其高贵的道路。①

色诺芬的写作方式所服务的第二个主要目标与教育有关。我们可以说《上行记》是一部编年史和战争回忆录，但它首先是一部哲学导言。色诺芬突出好的事物，而将坏的事物置于晦暗之中，以此吸引

---

① ［译按］尤其参见Strauss, *Xenophon's Socratic Discourse: An Interpretation of the Oeconomicus*, Ithaca: Cornell University Press, 1970; C. Bruell, "Strauss on Xenophon's Socrates," *The Political Science Reviewer* 15(Fall): 263-318, 1984。

那些高尚又有天赋的读者。他吸引像"普罗克色诺斯"那样的人;说得更确切些,色诺芬突出他笔下那些模范统治者身上的德性和品质,以此来滋养这些读者心中抱有的希望。因此,色诺芬接连突出了居鲁士的大度和正义,克勒阿尔科斯的力量与虔敬,色诺芬本人的审慎、高贵和宽宏大量。然而,接下来他也令这些读者失望。

我已经在第一章解释过,色诺芬的这种写作方式最初曾使读者对这些统治者抱有热情,实则意在促使读者重新细读《上行记》。最终,这种写作方式力求鼓励读者思考苏格拉底所代表的那种人生可能性,即研读色诺芬的四部苏格拉底作品(参本书第七章)。色诺芬生前已经以万人军领袖的身份闻名于世,故而,他可以合理地期待许多或大多数读者会首先参看他的作品,以了解他如何最终成功拯救那支希腊军队。他的名声创造了一个写作机会——他充分利用了这个机会:他写作《上行记》,将其作为通向他的苏格拉底叙述的门户。

关于色诺芬的写作方式,我最后要说的一点是,刚刚所概述的两种目标处于紧张之中。①[297]德政的需求或要求,与苏格拉底式教育的需求或要求并不完全一致。苏格拉底这个典型例子表明,哲学与城邦在争夺那些最有前途的青年的爱(色诺芬《会饮》8.41)。我们必须从这种永恒的紧张关系出发,来看待色诺芬的做法,即他选择将自己呈现为一名成功的统治者而不是一名哲人,尽管他也是哲人。色诺芬将自己政治上的成功转化成哲学与城邦之间的桥梁。色诺芬使得最珍视作战勇敢、虔敬和男子气概的希腊主义更加尊敬苏格拉底之"舞"。各个政体常常对哲学理性主义充满敌意,就培养这些政体对哲学理性主义的宽容而言,《上行记》做出了杰出的贡献。

---

① 色诺芬的写作方式也反映出他想要避免遭受迫害。他不想为批评者提供不管是针对哲学还是针对他自己的证据。

* * *

色诺芬相信,处于巅峰状态的政治生活可以成为兴奋之情、高贵的挑战和有价值的奖赏的来源。在《上行记》中,他自己就有很多行动和发言,其中不仅有高超的技巧,而且热情洋溢。在这一点上他与苏格拉底不同,苏格拉底在政治生活中看到的只是负担,还有一种使人从哲学生活分心的不太严肃的东西。

然而,《上行记》终究是对政治生活的批评。我已经在研读过程中分析了这种批评的各种因素:统治者为了公共的好,在必然性的迫使之下,有时候必须采取残酷措施;统治者易受到嫉妒;他们的生命会受到威胁;他们会遭遇被统治者卑劣的负恩,等等。但这种批评最核心的因素还是关涉高贵与好这个问题。《上行记》表明,胸怀政治抱负的人——我采用色诺芬的说法,① 称之为热爱高贵者——声称自己知道做好人(to be good)意味着什么,事实却证明他们在德性问题上是糊涂的。作者通过一系列事例表明,那些追求政治生活的人,对于高贵与好这两者的特性及两者之间的关系都缺乏清晰的理解,这些事例包括本书第二章的克勒阿尔科斯、第四章的克斐索多若斯和安斐克拉忒斯、第六章的阿伽西阿斯和第七章的厄皮斯忒涅斯,还有其他一些人。那些热爱高贵者旨在自我超越(self-transcendence),但他们不会也没有能力达到这个目标,因为他们尚未充分反思"超越"(transcendence)是什么。

更宽泛地说,色诺芬的政治哲学基本上不是"政治理论"或"领袖理论",尽管他也就政制和领袖问题教导过我们很多东西。色诺芬

---

① 确切地说,色诺芬在《回忆》中说的是"那些渴望高贵之物的人"(tous oregomenous tōn kalōn,3.1.1)。

政治哲学的核心其实是灵魂学（psychology），这是psychology这个单词的原初含义。[298] 色诺芬是一位教授自我认识（self-knowledge）的教师。

我还要补充一点，自始至终驱动我们的研读向前推进的那种希望，即希望发现一种可以完美地统合或调和高贵与好的统治模式，本身就根源于热爱高贵者的视野。但这种视野指向自身之外，指向一个超政治的层面。这是《上行记》之论证的第二个重要结论。

在《上行记》中，色诺芬好像为政治而放弃了哲学，但也正是《上行记》，才表明了色诺芬实际上判定政治低于哲学以及他为何如此判定，尽管这听上去可能有些矛盾。苏格拉底式的教育完善了色诺芬的统治能力，但同时也降低了色诺芬的统治意愿。当然，谁也不能否认，色诺芬在一定时间内的确放弃了哲学。他离开苏格拉底，前去与居鲁士交友。但这种选择并非根源于政治抱负，他是在追求安全和金钱。① 还有，谁也不能否认，由于当时的形势造就了色诺芬的处境，色

---

① ［原注4］"抱负或爱荣誉"（ambition, philotimia）及其同源形容词"有抱负的或爱荣誉的"（philotimos），在《上行记》中都没有出现过。这值得注意。这些词是色诺芬的常用词，用于描述几个杰出政治人物的动机，包括大居鲁士（《居鲁士的教育》1.2.1、1.4.1）、阿格西劳斯（《阿格西劳斯》10.4）、阿尔喀比亚德和克里提阿斯（《回忆》1.2.14），以及希耶罗（《希耶罗》7.3–10）。有意思的是，同源动词"有抱负或爱荣誉"（philotimeomai）的确在《上行记》中出现过，但只有一次，用来说明两名统治者的情况——他们二人的抱负致使他们离开了居鲁士和政治生活：在《上行记》的语境中，"抱负"在某种意义上远离政治，或是超越政治（1.4.7）。也请思考苏格拉底在《治家者》1.22处如何使用philotimia这个语词，以及居鲁士在《治家者》4.24处又如何使用动词philotimeomai。《治家者》4.24表明，《上行记》几乎没有出现philotimia这个语词，并不说明小居鲁士缺少抱负。至于《治家者》1.22，这段文字与苏格拉底式的王对抱负的看法有关。

诺芬过的是彻底的政治生活。色诺芬曾一度为两种前景所打动：在黑海岸边建城，或成为万人军的唯一统治者。他比苏格拉底更明显地受到荣誉的吸引。然而，色诺芬首要追求的那类荣誉，最重要的是来自他的朋友，而非来自那些目光短浅的人或走入歧途的人（见《上行记》6.1.20），这些友人有能力判断他的能力和成就。尽管与苏格拉底有所不同，但色诺芬所受的教育已然使他成为一个更高明的统治者和一个更自足的人，使他更少受制于那些不智慧者变化无常的赞同声，使他更有能力在遇到不公正的冷遇时保持宁静和理智。正如我们所见，当这两个前景可能带来危险或者引起不和时，苏格拉底式的教育也帮助他平和地承受其破灭。

在《上行记》的军事行动过后，色诺芬从政治中抽身而去，尽管我们不知道他这么做的确切时间。他最终定居在斯基卢斯，在这里过上一种以哲学思考和写作为核心的生活。[299]吸引色诺芬盛年时期的最佳精力的正是哲学，而非政治。色诺芬成为公众注目的中心的时光，可能与提格拉涅斯的政治生涯非常相似，后者是色诺芬在《居鲁士的教育》的另一个自己。超出自己控制范围的政治强力，将年轻的提格拉涅斯从家里的"狩猎"活动中带走；尽管他热切地追随大居鲁士，但他从未在征伐过程中表露出大的政治抱负；征伐一结束，他就慢慢消失了。提格拉涅斯的男子汉气概甚至遭到大居鲁士的质疑。①

---

① ［原注6］大居鲁士在其征服战争结束时奖励了提格拉涅斯的妻子，而非提格拉涅斯，因为她"以男子汉的方式参加征战"（《居鲁士的教育》8.4.24）！在《上行记》的末尾即7.1.21处，那些士兵也认为色诺芬没有男子汉气概。然而，提格拉涅斯在他非常仰慕的智术师被杀之后就渴望离开亚美尼亚，而色诺芬则提前预见到苏格拉底身上会发生这样的事（《居鲁士的教育》3.1.38-40,3.1.42-43）。这种极其相似的情况暗示出，与苏格拉底的谈话变得

色诺芬则不是通过与后来的那个居鲁士结交为友,而是通过与苏格拉底结交为友并且受到苏格拉底的教育,才被准备好,或者说,才使自己准备好去过一种既高尚又有益、既值得赞美又快乐的生活,这种生活契合人天性中最深切的需求——对知识的需求。高贵与好是可能调和的,但这种可能性存在于超政治的层面。当得到恰当理解时,高贵即好。德性即知识。① 这是《上行记》的论证勾勒出的第三个重要结论。

* * *

我们开始研读《上行记》时有个疑问:居鲁士本人在卷一末尾就死了,色诺芬为何还将全书命名为"居鲁士的上行"?有一位哲人指出了这个疑问的答案,他指出,小居鲁士在《居鲁士上行记》并未完成他的上行,正如大居鲁士在《居鲁士的教育》没能完成他的教育一样。两位居鲁士的失败都以其特有的方式指向苏格拉底所代表的那种成功。关于这一点,请回想一下,爱欲主题在《上行记》中是缺席的。这个语词本身只使用过一次,出自波斯总督提萨斐尔涅斯之口,他当时暗示自己渴望成为国王(erōs, 2.5.22)。②[300]爱欲在此与那种对神般

越来越不可能,这一因素在色诺芬决定离开雅典时起了一定的作用。我不知道色诺芬为何自称为"提格拉涅斯",但《希腊志》的4.8.21很可能有助于解答这个疑问。

① 《回忆》3.8;《会饮》第五章;《回忆》3.9.4-7。

② 在这方面,《上行记》与《居鲁士的教育》截然不同。除了《上行记》2.5.22处使用的erōs之外,这个单词的同源词在此书中仅出现三次(3.1.29,4.6.3,还有7.4.7)。而在《居鲁士的教育》中,EROS及其同源词出现的频率则高得多,特别是在两个相关联的情节中:5.1.1–18处出现了十二次以上,6.1.31–44处出现了四次。

"爱欲"在《上行记》的缺席体现在"灵魂"这个单词的缺席。作者在《上

的王权的渴求关联在一起。①《上行记》中之所以不见爱欲,是因为爱欲受到了抑制;而爱欲受抑制是要反映一个事实,即色诺芬暂时离开了苏格拉底,前去结交居鲁士。另一方面,《上行记》全书以居鲁士命名,是因为居鲁士最显著地表明了"上行"意味着什么,而且因为《上行记》全书是一部哲学的入门导言。

色诺芬的四部苏格拉底作品表明他对爱欲并非漠不关心。②他的其他作品亦然。根据拉尔修的记叙,色诺芬出版了修昔底德的史著,从而使修昔底德名声大振。③《伯罗奔半岛战争志》的作者写道:其志向并不在于为当时的听众撰写一篇慷慨激昂之词,而是要写一部"永世瑰宝"(ktēma es aiei,1.22)。这句话闻名于世是理所当然的。色诺芬也对自己的作品表达过类似的心愿,但没那么为人所知,这也有充分的理由。色诺芬写道:他致力于使他的读者不要成为有智术的人,而是成为既智慧又好的人,因为他希望自己的作品不是看上去有用,而是真的有用,希望它们可以一直屹立不倒,"永远不会被驳倒"

行记》只有五次使用过"灵魂"这个单词(3.1.23两次,3.1.42,3.2.20,7.7.43)。可能并非巧合,五次中的三次都集中出现在苏格拉底现身的那一章(3.1)。"灵魂"这个单词在《居鲁士的教育》出现超过50次。

① [原注9]提萨斐尔涅斯暗示,他"将头巾戴在心上"(2.5.23)。在《会饮》4.28处,"心"(kardia)这个单词明确与爱欲的渴求关联在一起。我相信,在色诺芬的全部作品中,"心"这个单词只出现过这两次。至于头巾,当然是王权的象征,只有国王才可以"笔直地"将头巾戴在头上(《居鲁士的教育》8.3.13,《上行记》2.5.23)。但王位继承人显然也可以戴头巾,即便或许不可以"笔直地"戴(比较《居鲁士的教育》3.1.13)。因此,提萨斐尔涅斯以此暗示,在他心目中,自己是波斯王位的"继承人"。

② 《回忆》1.3.8-15。此外是色诺芬与苏格拉底之间又一个值得注意的区别。同参色诺芬《会饮》全文。

③ Laertius, *Lives of Eminent Philosophers*, 2.57。

(anexelegta eis aei/unrefuted forever)。当他写下这句话时,我们瞥见了他灵魂的一隅。修昔底德不朽的"永世瑰宝"镌刻在其宏伟史著的入口处,而色诺芬那句话则隐藏在《狩猎术》这部短篇作品临近结尾的某个地方(《狩猎术》13.7)。

附录一
为什么色诺芬是"叙拉古的忒弥斯托革涅斯"?

[301]在《希腊志》的前两卷,色诺芬记叙了伯罗奔半岛战争的结局,雅典战败后三十僭主在雅典的统治,以及最终结束三十僭主统治的雅典内战。色诺芬在第三卷开端转向了战后阶段,他以居鲁士起兵反叛波斯国王阿尔塔克瑟尔克瑟斯一事开篇:

> 居鲁士是怎样纠集了一支军队,率领这支军队上行向内陆进发与其兄长交战,战斗如何打响,居鲁士如何死的,以及居鲁士死后希腊人如何安全回到海边这些事,叙拉古的忒弥斯托革涅斯(Themistogenēs of Syracuse)都记叙过。(《希腊志》3.1.2)

这里提到的"叙拉古的忒弥斯托革涅斯"让很多代学者感到困惑。①关于忒弥斯托革涅斯,还有归于他的那部著作,我们一无所知。

---

① 近来一些学者提出的关于"忒弥斯托革涅斯"的各种解释,见 Dillery, "Introduction", *Xenophon*: *Anabasis*, pp. 6-8; Flower, *Xenophon's Anabasis, or The Expedition of Cyrus*, pp. 53-55; Høeg, "Xenophontos Kourou Anabasis. Œuvre anonyme ou pseudonym ou orthonyme?"; Maclaren, "Xenophon and Themistogenes", *Transaction and Proceedings of the American Philological Association* 64,1934, pp. 240-247; Masqueray, *Xénophon*: *Anabase*, pp. 3-5; Prentice, "Themistogenes of Syracuse an Error of Copyist", *The American Journal of Philology* 68 no.1, pp. 73-77; Rood, "Panhellensim and Self-Presentation", p.

除了色诺芬在这里提到过他之外,此人在别处没有出现过。①实际上,早在公元1世纪,普鲁塔克就推测,"忒弥斯托革涅斯"是"色诺芬"的托名。②今日,[302]普鲁塔克的这个判断广为人接受,并且我相信它是正确的。的确,认为色诺芬可能已经创作了《上行记》这样一部杰作,却又只在《希腊志》中向读者推荐另外一部默默无闻的撰述,这种想法完全不合理。

我们也不能躲在下面的想法中求得自安:《希腊志》出版时,《上行记》可能尚未写好或出版,这使得色诺芬无法在《希腊志》中提到《上行记》。《希腊志》是一部较晚的作品,其结尾是关于曼提内亚战役(公元前362年)的叙述。色诺芬在参加居鲁士的军事行动时(公元前401年)才二十几岁或三十出头,那么当他完成《希腊志》并出版时(公元前362年之后的某个时间),他必定已经六十几岁或七十出头。而若《上行记》的写作晚于《希腊志》,那我们就只能设想色诺芬等了

6; Strauss, "Xenophon's *Anabasis*", in *Studies in Platonic Political Philosophy*, p. 106。据我所知,这个谜尚未解开。然而,表明"叙拉古的忒弥斯托革涅斯"与《会饮》那位无名的叙拉古人某种意义上是同一个人,即色诺芬,这是施特劳斯的重大功绩,见 Strauss, *Xenophon's Socrates*, South Bend, IN: St. Augustine's Press, 1998, p. 178。[译按]中译见:施特劳斯,《色诺芬的苏格拉底》,高挪英译,北京:华夏出版社,2011,页164。

① 然而,《苏达斯辞典》(Suidas)简略提到过忒弥斯托革涅斯,但显然是取自《希腊志》。见 Maclaren, "Xenophon and Themistogenes", p. 241。

② 参 Plutarch, "De Gloria Atheniensium", *Moralia* 345e。Maclaren 写道:"至少可以这么说,如果真的曾经有过忒弥斯托革涅斯和他写的一部《上行记》,那他在公元1世纪末之前也已经如此籍籍无名,就连普鲁塔克这样教养优良、博览群书的人都不知道他的存在。色诺芬关于万人军壮举的记述如此著名,而它的姊妹篇居然那么早就湮没无闻,这看上去也难以置信。"见 Maclaren, "Xenophon and Themistogenes", p. 242。

四十年或更长的时间才写作并出版《上行记》,但这不大可能。①《上行记》的叙述鲜活生动,这不支持那种认为《上行记》许久之后才成书的看法。几乎可以确定,《上行记》是在《希腊志》之前写作出版的,无论如何都不是在《希腊志》之后。

因此,我们必须同意,"叙拉古的忒弥斯托革涅斯"就是"雅典人色诺芬"的托名。但这个结论引出了一个更难回答的问题:色诺芬为什么要使用托名?他为什么不在《希腊志》直说《上行记》是由"雅典人色诺芬"所撰?这是最简单不过的做法了。在古代,普鲁塔克就曾推测,色诺芬之所以采用托名,是因为这样就使他看起来是在写别人的事,其目的是使他对自己行为的记叙更加可信。但这种解释显然不能令人满意。任何人都看得出,《上行记》是色诺芬写的。《上行记》里有诸多细节涉及色诺芬的想法与梦境、希望与恐惧、他私下的计议以及远征之后的家庭生活等等。除了色诺芬本人,谁也不可能写出这样一部作品。

托名"忒弥斯托革涅斯"并不会使色诺芬对自己行为的记叙更加可信;以第三人称来谈论自己也不会达到这种效果,而且,他在《上行记》中虽然一般都使用第三人称,但这并不排除他偶尔也采用第一人称(如1.2.5,1.9.22,1.9.28,2.3.1,还有2.6.6)。另外,这个托名只出现在《希腊志》。而它若出现在《上行记》,本可以更好地实现采用托名所要达到的假定目标。一位学者准确指出:

[303]色诺芬运用托名的手法来为他关于自己功绩的叙事增

---

① 为了避免这种困难,有些学者假设,《希腊志》是分两个阶段出版的,第一个阶段包括前两卷和卷三开篇,第二个阶段则是出版剩下的内容。如此假设的依据是这两部分文本在语言表达上的差异,但除此之外,这种假设没有别的证据支撑。

加可信度,可实际上却没有让这个托名出现在《上行记》,这种主张是有些奇怪的。①

因此,关于色诺芬为何采用忒弥斯托革涅斯这一托名,不能用增加其叙述的可信度来解释。

让我来试着全面思考一下这个年代久远的谜题,就从明显之处开始吧。色诺芬出版《上行记》时,他已是个流亡者(5.3.7和7.7.57)。如果他那时想要准确地向公众介绍自己,想必他不得不在《希腊志》的卷三中写明《上行记》是"雅典流亡者色诺芬"所撰。那么,他可能是不愿意将《上行记》置于自己作为一名流亡者的阴影之下?或者,他希望避免使读者产生偏见?

我相信,这是对色诺芬为什么使用托名的部分解释,即色诺芬希望淡化他遭流放一事。然而,我们不能满足于这种解释,毕竟它还面临着有力的反驳。因为修昔底德写作《伯罗奔半岛战争志》(5.26.5)时也是个雅典流亡者,然而,他在此书开篇第一行就说自己是"雅典人修昔底德"(1.1.1),后来又这样描述自己(5.26.1)。是什么阻止色诺芬采取相同的做法呢?

让我们来思考一下《希腊志》提到"忒弥斯托革涅斯"时的语境。我们看到,《希腊志》前两卷记叙了伯罗奔半岛战争的终结、三十僭主的统治以及雅典内战。色诺芬极为清楚地表明,雅典人在这段时期遭受了沉重的苦难。雅典投降之前,拉刻岱蒙人从海陆两面封锁雅典长达几个月,实际上,大批大批的人在围城期间活活饿死。②之后雅典的长城遭拆毁,拉刻岱蒙人又扶植那些不可靠的人,比如克里提阿斯和

---

① Flower, *Xenophon's Anabasis, or The Expedition of Cyrus*, p. 54.
② 《希腊志》2.2.11;还有2.2.14和2.2.21。

卡尔米德,建立了三十人政制,许多无辜的雅典人被这些僭主式的统治者杀害。① 接下来的内战又造成了更大的苦难。

斯巴达在伯罗奔半岛战争中取得胜利,是靠居鲁士的财力支持才得以可能,② 拉刻岱蒙人自己在战后也承认这一点(《希腊志》3.1.1)。因此,假如色诺芬在记述完雅典人所遭受的苦难(《希腊志》前两卷)之后,立即又在《希腊志》中写明自己曾与居鲁士结交为友,还跟随居鲁士一同攻打阿尔塔克瑟尔克瑟斯,那么色诺芬自己的爱国主义就蒙上了一层浓重的阴影。[304]雅典人会想起色诺芬之前结交并帮助过他们不共戴天的敌人。色诺芬必定不愿以这种方式(进一步)惹恼雅典人。故而,色诺芬在《希腊志》卷三开篇处淡化自己作为《上行记》作者这个事实,期待有心的读者会对此加以深思,并理解他为何不得不以"叙拉古的忒弥斯托革涅斯"的身份出现。

前面的解释只是初步阐明了色诺芬为什么要使用托名。我后面会再回头来思考这个问题,因为问题尚未彻底解决。不过,我首先必须解释色诺芬为什么选中这个特别的托名,他也可以选择任何一个他想得出来的名字。我们看到色诺芬在《上行记》中就为自己新造了一个不同的托名——"雅典的忒奥庞普斯"(Theopompos, 2.1.12-13)。色诺芬为什么希望在《希腊志》以"叙拉古的忒弥斯托革涅斯"现身呢?③

---

① 《希腊志》2.3.15-23, 2.4.21。据某种说法,三十僭主"为了私利,在八个月期间所杀的雅典人几乎要多过所有伯罗奔半岛人在十年战争间杀死的雅典人"。见《希腊志》2.4.21。

② 《希腊志》1.5.1-10, 2.1.11-12, 2.1.13-15, 2.3.7-8;同见1.4.1-7。

③ 根据Tuplin的说法,"忒弥斯托革涅斯"这个人名"只在希腊化-罗马时期的忒萨利听闻过",见Tuplin, "Heroes in Xenophon's *Anabasis*", p. 130。根据Erbse的看法,"这个名字的构成独一无二",见Erbse, Xenophon's *Anabasis*, p. 494。因此我们更有理由下结论说,色诺芬是有意选择了这个名字。

附录一 为什么色诺芬是"叙拉古的忒弥斯托革涅斯"？

"忒弥斯托革涅斯"（Themistogenēs）的意思是"法的后代"（the offspring of law），或者"他是'正义'所生"（he who is born of right/themis-gignomai）。这个名字使人注意到色诺芬扎根于正义，或者更确切地说，是扎根于神法（divine law/Themis），还使人注意到他的出身或家世。然而，这个名字的意思令人费解。"忒弥斯"（Themis）这个单词在色诺芬笔下极其罕见。我认为它只出现过三次，但在《希腊志》和《上行记》一次都没有出现过。① "叙拉古"倒是频频出现在《希腊志》和其他作品。因而，可能最好还是从证据最丰富的地方开始：色诺芬为什么希望以"叙拉古人"的身份出现呢？

在伯罗奔半岛战争期间，叙拉古是某种介于雅典与斯巴达之间的城邦。叙拉古与雅典一样，实行民主政体，也是个海军和商业强邦。② 然而，叙拉古是斯巴达的强大盟友。我们在《希腊志》(1.1.18)第一次看见叙拉古人，他们真的焚烧了自己的船只，以免其落入雅典人之手。之后，叙拉古人凭他们对斯巴达事业的热情而享有盛名(1.1.26, 1.2.10)。难道色诺芬是个向往"斯巴达"的雅典人，所以他是一个"叙拉古人"？这种解释看似有道理。时常有人说《希腊志》有一种对"斯巴达"的强烈"偏爱"。[305]然而，无论这种说法怎么样，上述解释都不是特别有说服力。因为色诺芬为什么偏偏要在提到他是《上

---

① ［原注12］Themis这个单词在《治家者》(11.8, 11.11)出现过两次，在《居鲁士的教育》(1.6.6)也出现过一次。Themis的同源词themitos、athemitos（或athemistos）也很罕见，如果我没弄错的话，它们一共出现过六次，见《回忆》1.1.9、《居鲁士的教育》1.6.6和8.8.5、《治家者》11.5和11.6还有11.8。thesmos（神法）这个与之密切相关的名词在《居鲁士的教育》(1.6.6)出现过一次。

② "雅典"与"叙拉古"在色诺芬笔下可以互换，吕基奥斯（Lukios）这个人物可以明确表明了这一点：比较1.10.14和3.3.20。参Strauss, "Xenophon's Anabasis", in Studies in Platonic Political Philosophy, p. 106。

行记》的作者时,强调自己是个"叙拉古人"呢?而《上行记》这本书严厉批评过斯巴达,这一点我在研读过程中已有说明(本书第七章)。

关于色诺芬为什么希望以"叙拉古人"的身份出现,雅典与叙拉古的相似经历暗示出第二种可能的原因:① 他正在暗示他自己与叙拉古将领赫尔莫克拉忒斯(Hermocrates)之间的相似性,此人是《希腊志》(1.1.27–31)中一位不张扬的英雄。

有些文本上的线索鼓励我们进行这番比较。他们二人不仅都被各自城邦判处流放,还都上行到内陆去见波斯大王;或许最引人注目的是,陪伴他们上行的都是他们的"兄弟普罗克色诺斯"! ②

这二人也均是杰出的统治者。对当下的研究目的而言,最重要的是,赫尔莫克拉忒斯的统治特征,我们可以称之为"超群的守法"(superior law-abidingness)。在他遭叙拉古驱逐后,当时他还带着军队在战场上等候城邦新选出的将领到来时,赫尔莫克拉忒斯力诫他的士

---

① 在这场战争后期,雅典民主政体表现出对法律的全然漠视。在这方面,最臭名昭著的事件便是雅典民众审判并处死雅典的十位将军,他们在阿尔吉努塞(Arginusai)海战获了胜,结果却全体被非法判刑并处死(《希腊志》1.6–7)。这种非法之举很快导致雅典舰队在新手的指挥下覆亡,随即导致雅典战败及三十僭主统治的出现(比较《希腊志》2.3.16)。叙拉古民众以相似的方式非法判处流放自己的将军,其中包括赫尔莫克拉忒斯(《希腊志》1.2.27),而这些领导者都有功于叙拉古城(《希腊志》1.1.18,1.1.26)。这种非法之举很快会导致僭主统治在叙拉古的出现(《希腊志》2.2.24,2.3.5)。

② 见《希腊志》1.3.13。紧接着这段之后,我们便发现了明显与《上行记》相照应的几处地方,其中包括提起克勒阿尔科斯,他那时是驻拜占庭的斯巴达总督,在《上行记》中,他在居鲁士死后接管了这支军队(《希腊志》1.3.14–22,比较《上行记》卷二及其他多处)。还提到了柯伊拉塔达斯(Koiratadas),他那时是拜占庭的一名统治者,此人在《上行记》中曾短期当过万人军的将领(《希腊志》1.3.14–22,比较《上行记》7.1.33–41)。在色诺芬拯救了拜占庭之后,柯伊拉塔达斯随即成了万人军的将领。

兵不要向自己的城邦发动内战,因为这些士兵对赫尔莫克拉忒斯遭到流放感到不满。(为了拯救拜占庭,色诺芬也做了类似的事情,当时他说服士兵接受拉刻岱蒙人对他们所行的不义,见《上行记》7.1.7–32)。赫尔莫克拉忒斯虽然谴责民众,认为他们的行为既不义又不合法,却还是极力告诫士兵要克制(《希腊志》1.1.27–28)。难道色诺芬之所以是个"叙拉古人",是因为他特别像赫尔莫克拉忒斯,是一个展现出"超群的守法"的杰出统治者?

这种解释既吸引人,看起来也有道理——色诺芬当然钦佩赫尔莫克拉忒斯。这种解释还有另一个优点,即可以表明为什么所托之名"忒弥斯托革涅斯"强调"法"。但这种解释也面临两个有分量的反驳意见。第一,[306]它未能阐明为何这个托名用的是"神法"(themis)而非"人法"(nomos)。比如,如果色诺芬希望人们关注他"超群的守法"(nomos-abidingness),他为什么不自称"叙拉古的诺弥翁"(Nomion of Syracuse)? (对比例如《伊利亚特》2.871)第二,这种解释没有阐明所托之名为何强调色诺芬的家世。色诺芬为什么是"忒弥斯"的后代呢?

我说过,"忒弥斯"这个单词在色诺芬笔下是罕见之词。但《居鲁士的教育》揭示了这个单词的一个关键含义:遵守"忒弥斯"就等于遵守自己所发的誓言。①在《希腊志》相关语境中,这个含义意义重大,

---

① [原注17]见《居鲁士的教育》8.8.1–5。甚至在《希腊志》中,色诺芬也暗示出,集体审判十位雅典将军是渎神之举,也是非法之举:它是在僭越"忒弥斯"(1.7.19, 1.7.25)。然而,我应该补充一点,色诺芬大多数时候都是在非传统意义上使用"忒弥斯"这个单词。"忒弥斯"这个单词最重要的意思大概是"遵守自己所发的誓言",但色诺芬大多时候都是用这个单词来强调知识在人类生活中的重要性。如我在上文说过的,我相信,"忒弥斯"及其同源词在色诺芬的所有作品一共出现过十次(见上面的原注12),且几乎总是放在苏

因为"忒弥斯托革涅斯"这个名字正好出现在一个重要的誓言之后。在《希腊志》卷二最后几页记述的雅典内战结束之时,雅典寡头派和民主派都发誓"不记[旧]恶"(mē mnēsikakēsein, 2.4.43)。双方和解了,不计前嫌。那时色诺芬就生活在雅典,他肯定像其他雅典城邦民那样发过这个誓。他是"忒弥斯托革涅斯",是因为他遵守了这个誓言吗?然而,色诺芬在什么意义上"不记旧恶"?于是出现了一种恶意的解释:色诺芬是做到了信守誓言,因为"不记"旧恶使得他前去与城邦的死敌结交为友。当他前往亚细亚时,他是带着誓言引发的遗忘在行事。

这么来解"忒弥斯托革涅斯"的话,无疑会将托名转变成某种打趣的东西。但在谈及战争之恶时,用这样轻浮的口气很可能并不适当,更不用说在谈及誓言时了。因此,还是让我们返回《希腊志》,努力揭开"忒弥斯托革涅斯"最重要的含义吧。因为我们必须揭开这个名字的含义。

我在上文讨论了守法的赫尔莫克拉忒斯,并将此人比作色诺芬。但我们在《希腊志》卷一还碰到一个人,从守法的角度来看,这个人甚至更值得注意。伯罗奔半岛战争将近结束之时,苏格拉底卷入了一场激烈争论,[307]争论的主题是如何审判雅典的十位将军,他们打赢了阿尔吉努塞海战,只是未能救出遭船难的船员,随后这些船员淹死了(1.7.15)。苏格拉底和其他执行主席受到那群怒火中烧的群氓的威胁,

---

格拉底之口(或者是苏格拉底式的人物冈比赛斯[Cambyse]之口),一共7次([译按]布泽蒂写的是8次,但实际上其中有一次是色诺芬以自己的名义使用的,见《居鲁士的教育》8.8.5,故改成7次),或者是放在贤人伊斯霍马霍斯之口,共2次。我相信,色诺芬在《居鲁士的教育》8.8.5处唯一一次以自己的名义使用"忒弥斯"的同源词,表示此处具有独特的重要性。色诺芬从未以自己的名义使用过"忒弥斯"(Themis)这个单词。

后者想以违反法律的方式,一票集体审判所有这十位将军。最终,执行主席团(prytanes)向群氓低头——只有一个人除外:

> 恐惧压倒了执行主席团,他们同意[将非法的动议付诸表决],只有索弗罗尼科斯(Sophronikos)之子苏格拉底除外,他说他不会做任何事情,除非是符合法律的事情。(《希腊志》1.7.15,强调符号乃笔者所加)

苏格拉底在《希腊志》中以法律的化身现身,他在该作品中仅露面这一次。他是法律的化身。这是个引人注目的事实,必须与我们在研读《上行记》过程中的另一个发现结合起来。请回想一下,当我们在思考苏格拉底在《上行记》中的唯一一次露面时,我们注意到,色诺芬认为苏格拉底是自己的"父亲"(3.1.4-8)。现在不妨把这两个事实或发现结合起来看。我们一旦这么做,就可以得出如下结论:色诺芬之所以是"忒弥斯托革涅斯",是因为他是"苏格拉底的后代",是因为苏格拉底自己是法律的化身。我相信,这就是"忒弥斯托革涅斯"的含义。

但这个结论可能遭遇两个反驳意见。第一,我莫不是忘了,苏格拉底在《希腊志》中说的是,他不会做任何事情,"除非是符合法律的事情"(nomos,1.7.15,强调符号乃笔者所加)? 也就是说,苏格拉底并没有说到"忒弥斯"这个单词。既然如此,我怎么能够宣称苏格拉底是"忒弥斯"的化身呢? 然而,这一反驳并没乍看上去那么有力。为了认识到这一点,请转向《回忆》(1.1.17-19),关于审判十将军之事,色诺芬在此给出了第二种有些不同的叙述。在《回忆》的相关说法中,苏格拉底拒绝做任何有违法律(nomos)的事,而色诺芬以此来证明苏格拉底的虔敬。之所以能够以此来证明苏格拉底的虔敬,是因为苏格拉底曾发誓（色诺芬强调）"要根据法律（nomoi）来议事"（《回忆》1.1.18）。苏格拉底不愿意违背这个誓言。他显然宁愿选择死亡，也不愿意违背誓言。正是苏格拉底在当时情势下恪守誓言的出色行为，使他成了"忒弥斯"的化身。

而第二个反驳意见强调，色诺芬在《希腊志》从未将苏格拉底与"忒弥斯"联系在一起，也没有提起苏格拉底的誓言。他为什么不这么做呢？倘若苏格拉底与"忒弥斯"之间的联系如我所宣称的那般重要，那为什么色诺芬只在《回忆》而不在《希腊志》中建立两者之间的联系呢？（即便在《回忆》中，这种联系也并非清晰可见。为了充分意识到苏格拉底的确是"忒弥斯"的化身，我们必须将《回忆》1.1.17–19与《居鲁士的教育》8.8.1–5放在一起来读。）针对这种反驳，我的答复是：[308]色诺芬无法在《希腊志》中将苏格拉底与"忒弥斯"明确地联系起来，如果不同时将苏格拉底与忒弥斯托革涅斯明确联系起来的话。但是，如此联系的后果对"忒弥斯托革涅斯"而言将会相当严重。

几乎每一个《希腊志》的读者都知道"忒弥斯托革涅斯"是"色诺芬"的托名。问题不在于谁是"忒弥斯托革涅斯"，而在于色诺芬为什么要自托此名。假如色诺芬在《希腊志》将苏格拉底与"忒弥斯托革涅斯"明确联系起来，那实际上就等于将苏格拉底与色诺芬明确联系起来。但色诺芬不能在《希腊志》中，尤其不能在《希腊志》卷三的开篇处挑明自己与苏格拉底的关系。鉴于色诺芬一直与苏格拉底及其圈子保持不光彩的交往，他需要遮掩。请回想一下，三十僭主之中最臭名昭著的成员包括卡尔米德，特别是克里提阿斯，这两人是苏格拉底的伙伴和苏格拉底圈子的成员。①色诺芬在《希腊志》第二卷结尾着力记述了克里提阿斯的种种罪行,在紧随其后的第三卷开头部分,色诺芬不得不淡化他自己与苏格拉底和苏格拉底圈子的关系,免得引火烧身,遭到公众谴责,尤其是那种指向克里提阿斯的合情合理的谴责。色诺芬就是不能在《希腊志》将自己呈现为一名苏格拉底式的人物,他担不起这样做的后果。

关于这一点,请重温一下我是如何理解民主派战争领袖忒拉绪布洛斯(Thrasuboulos)在雅典内战结束时发表的那篇演讲(《希腊志》2.4.40-42,见本书英文版页115-116)。忒拉绪布洛斯是雅典内战结束时期公认的领袖人物,是一位有着不容置疑的勇气的男子汉,但他对苏格拉底式的人物怀有相当大的敌意,甚至公开称他们为"咬人的狗",需要给他们"上口套"。②

我的结论是,色诺芬有几个理由要以托名身份在《希腊志》现身。前两个理由是:第一,他是个流亡者;第二,他不想让雅典人想起他与居鲁士之间的友谊,这会令雅典人生气。但最重要的理由是,色诺芬认为在《希腊志》的相关语境中,他最好只是悄悄说出他是"苏格拉底的后代"。"忒弥斯托革涅斯"这个托名,反映出色诺芬既想强调又想隐藏自己与苏格拉底的亲密关系。

---

① [原注18]《希腊志》2.4.20处的中间使用了"同学"(sumphoitētai)这个单词,在前面紧挨着的2.4.19处,作者提到了克里提阿斯和卡尔米德,请从这个角度来思考"同学"这个单词的含意。克里提阿斯"是寡头派中最嗜偷窃、最暴力、最凶险的人",指控者援引苏格拉底对克里提阿斯的所谓的教育影响来指控苏格拉底,这种所谓的教育影响导致苏格拉底被执行死刑(《回忆》1.2.12)。

② 关于忒拉绪布洛斯,见亚里士多德《修辞学》1400b20-21;比较《希腊志》4.8.31及其上下文。

* * *

既然"忒弥斯托革涅斯"透露出色诺芬的苏格拉底主义,那么,(我们原打算)比较色诺芬与叙拉古人赫尔莫克拉忒斯之间的相似之处,就不太可能穷尽托名"叙拉古的忒弥斯托革涅斯"中"叙拉古"的含义;[309]说色诺芬是个向往斯巴达的雅典人,也不太可能穷尽"叙拉古"的含义。① 莫非"叙拉古"也以某种方式将色诺芬与苏格拉底关联起来?

为了探究这种可能性,让我们思考下色诺芬的《会饮》。我们必须特别琢磨,那个在《会饮》占据中心位置的无名叙拉古人,他身上有何品质。如此我们就能完整解释,为什么色诺芬是"叙拉古的忒弥斯托革涅斯"。

《会饮》提出了一个显而易见的解释难题。色诺芬在作品开篇处说,他本人参加了他描述的这场会饮。然而,他后来在作品中一次都没提到自己(1.1)。② 色诺芬这个人物既没有说自己最自豪的东西(第三章),也没有为自己最自豪的东西辩护(第四章),而所有其他的参与者都做了这两件事;不仅如此,他本人甚至都没有被列入苏格拉底式的与会者当中(《会饮》1.2-3)。色诺芬好像是委派自己担任隐身的

---

① [原注20]关于"叙拉古人",另一种可能的解释是,色诺芬心中正想着谐剧的西西里起源(比较亚里士多德,《论诗术》,1449b4-9)。在色诺芬的作品中,"叙拉古人"通常与"有趣的虚构"同义。请思考一下作者在《回忆》2.1.20处提到的西西里谐剧诗人厄皮卡尔莫斯(Epicharmos)。除了《希腊志》的"忒弥斯托革涅斯"之外,《上行记》至少还有两个有趣地虚构出来的叙拉古人,见《上行记》1.2.9和1.10.14。关于1.2.9,见附录三;关于1.10.14,见本书英文版页78的原注3。

② 除非我们把一些匿名人物说的话归到色诺芬头上,例如3.12处,还有3.13。

正式观察员,转述了这场会饮,而没有参与其中的任何事情。色诺芬的默不作声,加之他又以强调语气声明色诺芬当时在场,这些现象似乎意味着,我们必须以某种方式去寻找伪装成另一个身份出现的色诺芬。莫非色诺芬在《会饮》以另一个人物的身份出现?但当我们检验这个假设时,我们发现,关于可能存在的替代人物,我们的选择十分有限。这场会饮的大多数参与者都是众所周知的历史人物,色诺芬似乎不可能以他们的身份出现。实际上,只有一个参与者,他既无姓名又被设定为重要角色——那位无名的叙拉古人。他会是色诺芬的替身吗?

在继续推进之前先让我挑明一点。色诺芬与这位叙拉古人并非就是同一个人。例如,这位叙拉古人没有在会饮之初就出场(比较2.1),而色诺芬出场了(例如,1.8-10),这表明色诺芬与无名叙拉古人并非同一个人。此外,这两人还在重要方面有区别:叙拉古人粗俗,色诺芬文雅;叙拉古人嫉妒苏格拉底并对苏格拉底不友善,色诺芬则从不厌烦地赞美苏格拉底。因此,我们要谨慎,切莫直接将色诺芬等同于这位叙拉古人,叙拉古人只是色诺芬的漫画像,而不是色诺芬的另一个自己。

然而,每一幅逼真的漫画像都可以映照出它所讥讽的原型人物。这位叙拉古人喜欢钱(《会饮》2.1,4.55);他享受与他的美貌男孩"整夜,每夜"都睡在一起(《会饮》4.52-55,比较《回忆》1.3.8-15);[310]他甚至在那一晚快结束时变成了苏格拉底的学生(《会饮》7.2-5),而苏格拉底则表达出想要向这位叙拉古人学习"舞蹈步伐"(schēmata,然而,这个单词有很多意思:见2.15-20)。透彻地分析这位叙拉古人,可以阐明色诺芬与苏格拉底之间的关系,还有二人之间的差异。这个题目留待日后再深入研究,因为现在我的分析意图已有限定,即搞清楚色诺芬何以在《希腊志》中提起作为《上行记》作者的他本人时,说自己是个叙拉古人。我认为理解此事的关键在于,《上行记》的作者与《会饮》中那位无名的叙拉古人相像,既是"舞蹈"表演的展示者,又是教授"舞蹈"的教师。我必须解释一下我的意思。

在本书第六章,我探讨了士兵中间的舞蹈场景。① 我认为,这个舞蹈场景传达出色诺芬在《上行记》中呈现自我时所遵循的原则。我们看到,色诺芬视自己为一名舞蹈表演的展示者,他在《上行记》中描述了自己的"舞蹈",这是有德性的战士所跳的舞蹈,但在根本上又是身穿战袍的哲人所跳的舞蹈。《上行记》突显哲学的方式,是意图在希腊诸城邦为哲学赢得几分宽容。与那位叙拉古人相似,色诺芬乐意用引人瞩目的政治或军事奇功来取悦希腊公众,而这些奇功最终是诉诸色诺芬所说的"不节制"(lack of moderation)。② 色诺芬看起来甚至还以这些表演来支撑自己。③ 此外,我们已经看到,在更深层次上,《上行记》是一部通向哲学的导论,色诺芬力求将最优秀的年轻人引向"最好的"舞者苏格拉底。色诺芬通过处理高贵与好的问题来完成这种引导,而本次研读的主要目的便是展示他如何处理这个问题。《上行记》是一部通向哲学的导言,披着编年史和士兵回忆录的伪装。因为"舞蹈"教育根本上是在隐喻德性教育(《会饮》2.9-10,2.11-14)。我们在《会饮》发现,"舞蹈"以两种基本形式出现:"战争"舞蹈与苏格

---

① 《上行记》6.1.2-13;参本书英文版页222-229。

② 那个进行舞蹈演出的叙拉古人引以为豪的是"那些不节制的人,宙斯在上!"(epi nē dia toīs aphrosin,《会饮》4.55,强调符号乃笔者所加)。他的最后一场舞蹈(《会饮》第九章)表演的是狄奥尼索斯神与他心爱的阿里阿德涅的故事。至于"不节制"是什么意思,更全面的说法见《回忆》3.9.4-7。

③ 见《会饮》2.1,4.52-55。请注意,这位叙拉古人如何竭力(但这次并不成功)将"读写"活动转变为令人愉悦的奇观(《会饮》7.3)。这位叙拉古人正拼尽全力寻找一种动人地将心智之作呈现给希腊公众的方式。

拉底式的舞蹈。①舞蹈的双重特性映照出"高贵和好"（kalokagathia）的双重特性。

[311]我的结论是："《上行记》的作者叙拉古的忒弥斯托革涅斯"指的是"苏格拉底式的人物色诺芬，一部哲学导论的作者，这部哲学导论意在为哲学赢得几分宽容"。鉴于苏格拉底与那位叙拉古人在会饮结束时仍存在差异，"叙拉古的忒弥斯托革涅斯"可能还意味着"苏格拉底式的人物色诺芬抵制（resist）苏格拉底式道路的某些方面"。二人的首要差异——此外还有其他差异，但我在此无法充分处理这个主题——是：比起苏格拉底，色诺芬-忒弥斯托革涅斯更愿意用其技艺才能或言辞打动希腊公众。苏格拉底为其"拉皮条"技艺感到自豪——尽管他不愿意实践这种技艺——而这位叙拉古人则进行"舞蹈表演"，通过激起人的爱欲渴望，来有力地打动人。②《会饮》最后一章在这一点上发人深省。

---

① 请对比2.11-14处谈论的"战舞"与2.15-20处谈论的苏格拉底式的舞蹈。这第一种舞蹈由一位女性表演，而第二种是由一位男孩表演。关于这位哲人较弱的男子汉气概，就说这么多吧。

② 见《会饮》3.10和4.56-61。"拉皮条"当然是一种隐喻，意思是什么呢？请留心《希腊志》如下一系列事件的次序：(1)雅典将军在阿尔吉努塞群岛附近赢得一场重要的海战（1.6.27-38）；(2)雅典民众把获胜的将军革职，以违法的方式审判他们（1.7.1-14）；(3)在执行主席团当中，只有苏格拉底拒绝把将军的罪行付诸表决；据说，苏格拉底说他不会做任何事情，除非是符合法律的事（1.7.15）；(4)雅典人厄乌律普托勒莫斯（Euryptolemos）在随后的公民大会上发表演讲，为将军们辩护，力主按照法律行事；没有其他人发表演讲；厄乌律普托勒莫斯是某些将军的亲戚和友人（1.7.16-33）；(5)厄乌律普托勒莫斯的演讲没能救下这些将军（1.7.34）；(6)将军们被处死（1.7.34）；(7)雅典人的新将领是生手；他们任凭雅典舰队遭俘获和毁灭（2.1.22-32）；许多雅典人在围城期间死于饥荒（2.2.11, 2.2.21）；三十僭主统治雅典人，雅典人经历一场内战，在内战中历经苦难（2.3-4）。

尽管色诺芬与苏格拉底之间的上述差异意义重大,我们却不该因此就忽略二人之间根本的一致性。色诺芬–忒弥斯托革涅斯是真正的"忒弥斯"崇拜者,而在审判雅典十将军的那件事情上,苏格拉底也以"忒弥斯"崇拜者的身份出现。献身于"忒弥斯"是苏格拉底主义的公开面相。至少它是色诺芬选择在《上行记》中加以模仿的苏格拉底主义的公开面相。①

我的结论是:"叙拉古的忒弥斯托革涅斯"这个托名证实了本次研读的核心论点,即《上行记》的作者是苏格拉底式的人物,他描写了一位身穿战袍的哲人所跳的舞蹈。

---

① 向"忒弥斯"献身是苏格拉底主义的两个公开面相之一。色诺芬在《上行记》中模仿的是《希腊志》(1.7.15)中虔敬的苏格拉底,而非《苏格拉底在法官面前的申辩》里说大话的苏格拉底。要解释这种选择,必须细解《苏格拉底在法官面前的申辩》。色诺芬在《会饮》的缺席也反映出色诺芬所做的这种选择,因为在《会饮》中,作者展示了苏格拉底圈子的成员对不同的事物"引以为豪",其中包括德性或知识。色诺芬属于苏格拉底的圈子。然而,当他描述这些成员为自己自豪或"自视颇高"(mega phroneō)的倾向时,色诺芬就"不再"属于苏格拉底圈子。为了充分理解"自视颇高"的言外之意,请思考《希腊志》7.1.27。

附录二
论《上行记》七卷五十一章的划分出自色诺芬

[313]许多学者都认为,《上行记》七卷五十一章的划分并非出自色诺芬之手,而是后人为之。但也有少数人持不同意见,特别是赫格,他列出了一系列重磅证据来证明此划分的真实性。①

我已经在这次研究中尽力表明,色诺芬在《上行记》中会将一些特定的卷和章安排"在中间位置",以此透露这些卷章的特殊意义,从而指向他的哲学式论证。读者自会判断我的论点是否合理。当然,就我已经展现出这些卷章的特殊意义而言,我的主张暗示着《上行记》的卷章划分是作者本人所为。更一般而言,我认为我已经揭示出《上行记》的谋篇,也暗示着全书七卷的划分尤其是作者本人所为。我相信,我已经表明,借助我们在导言部分勾勒的《上行记》的谋篇,我们可以解读《上行记》的每个情节和整体论证。我希望在此提醒读者留意《上行记》的一个特征,它尤其支持五十一章划分法的真实性。

一些古代思想学派偏爱那种赋予数字以象征意义的数字命理学,这是人所共知的事实。特别是毕达哥拉斯学派,据说他们给一些数字规定了象征意义。今天,我们对这个数字命理学系统知道得不多,据

---

① 见 Høeg, "Xenophontos Kurou Anabasis. Œuvre anonyme ou pseudonym ou orthonyme?",尤其是 pp.163–164。然而,赫格认为"叙拉古的忒弥斯托革涅斯"不是色诺芬的托名,这无法令人信服。

说它是靠口口相传的。关于这个数字命理学系统,如果我们太过倚重我们自以为知道的内容,那就太鲁莽了。[314]而援用亚里士多德在《形而上学》的严肃记述,这是合理的做法。根据亚里士多德的记述,对毕达哥拉斯学派来说,数字"17"(还有其他的数字)是重要的数字。他们将其视为天球(heavenly sphere)之数,即哲学之数。① 相加之和等于"17"的数字"8"和"9"也被视为这样的象征数字。这些如果是事实的话,那么它们将有助于证明《上行记》五十一章划分法的真实性。

我们已经看到,毕达哥拉斯在《上行记》的开篇处就出现在色诺芬的脑海。色诺芬听到拉刻岱蒙舰队司令的名字萨米欧斯(Samios)时,自然而然想起了毕达哥拉斯这位最著名的萨摩斯(Samos)哲人。于是,"萨米欧斯"就变成了"毕达哥拉斯"(1.4.2)。② 有趣的是,在《上行记》中,数字"17"以引人注意的固定模式与哲学相关联。哲人苏格拉底出现在全书第十七章(3.1),这是苏格拉底唯一一次实名出现在作品中。全书第三部分的主题是苏格拉底式的王的统治,该部分第十七章的主角是"莫绪诺齐亚人"(5.4)。而"莫绪诺齐亚人"是苏格拉底式的人物的替代者。数字"17",还有数字"9"和"8",都一起出现在《上行记》的第二十六章(4.5),③ 即《上行记》全书的中间章,

---

① 比较亚里士多德《形而上学》1093a1至末尾,特别是1093a26–1093b6;985b22–986a13。

② 见本书第一章,英文版页58。

③ 更准确地说,"第9"和"17"出现在第二十六章(4.5.24);"第8"出现在第二十七章的第一行(4.6),但提到的是第二十六章的内容。所有这些数字在各自的语境中都精确得出奇:村长的女儿"出嫁第9天";希腊人在亚美尼亚村庄里俘获了"17"匹公马驹;希腊人在"第8天"离开那些村庄。

其中有个片段，描写的是以"猎人"身份出现的苏格拉底——哲学和数字"17"再一次共同出现。①

[315]我相信，这种联同出现的模式反映出《上行记》的写作技巧，并表明五十一章的划分可以追溯至色诺芬本人。②如果说这种模式本身并没有解决卷章划分这个问题，那么它则直接要求那些否认此划分出自色诺芬本人的人给出反证。每一份完整的《上行记》抄本都划分为七卷五十一章，我们因此认定这种划分是真实的。因为在没有任何证据的情况下，当然不足以断言这样的划分出自后人而非出自色

---

① ［原注5］数字"17"只有两次明确出现在《上行记》：在4.5.24和2.2.11。我在文中解释了4.5.24处的相关含义。但2.2.11处的数字"17"看上去无关紧要。人们会认为这就驳倒了我的论点——色诺芬笔下的数字"17"有其用意。还是让我们更细致地来看一看这段文字吧。

在2.2.11处，波斯人阿里艾奥斯提醒克勒阿尔科斯说，在向巴比伦进军时刚过去的那十七天当中，居鲁士和他的军队未能从土地上获得给养。他们那时穿越的是一片荒漠，作者之前就告诉过我们。实际上，色诺芬不断说此地是"一片荒漠"或"荒凉的"（erēmos, 1.5.1, 1.5.5, 还有 1.5.10）。这种描述意涵丰富。请回想一下，erēmos这个单词还可以译作"独自的"或"独处"（比较本书英文版页97的原注41；请看一看作者在1.5.4处如何使用ERĒMOS，还有1.3.6，该单词在此处第一次出现在《上行记》）。也就是说，代表天球之数的数字"17"，在2.2.11处与"独处"关联在一起。这种关联正好紧跟在整部《上行记》中唯一一场非常详细的发誓情节（2.2.8–10）之后，同时也位于那位虔敬之王的统治的开端处。

下面这个事实也可以反映出作者在2.2.11处使用数字"17"有其用意：居鲁士的军队实际上是行军20天，而非17天，期间都没有从土地上获得任何给养——1.5.5的十三天，1.7.1的三天，1.7.14的一天，1.7.19–20的三天。诚然，在那次行军的最后七天，居鲁士和他的军队不再是行经荒漠，但波斯大王放火烧了那片土地(1.6.1)。［译按］对勘本书英文版正文页88的内容。

② 值得注意的是，五十一章等于3乘17章。数字"3"显然是最高贵的数字，是完美之数：比较亚里士多德《形而上学》1092b26–1093a1。

诺芬。

为了避免任何误解,让我们补充一点,尽管毕达哥拉斯在《上行记》的开端处出现在色诺芬的脑海里,我们也没有理由认为色诺芬相信数字命理学。色诺芬并非毕达哥拉斯式的神秘主义者。

附录三
万人军有多少人?

[317]居鲁士花钱雇的希腊雇佣军有多少人？我们难以确切回答这个问题,一是因为色诺芬在各处提供的数字看上去不一致,二是因为各抄本所记也有分歧。其实,这个问题本身并没有那么重要。然而,恰当地解决这个问题会有助于我们理解色诺芬的写作方式。

我相信,如果我们牢记下面这三条简单的原则,相关的困难是可以解决的。第一,在各抄本有分歧的少数地方,应以最佳抄本C的读法为准;第二,居鲁士公开宣布他的希腊部队的人数时,他想要对数字进行"取整"(他想树立士兵的信心,不想让士兵擅离军队);第三,色诺芬有幽默感。

卷一提到居鲁士麾下各希腊分队的人数,还有各希腊将领的名字。如下表所示：

将领	重甲兵数	轻装兵数
克色尼阿斯（1.2.3）	4000	
普罗克色诺斯（1.2.3）	1500	500
索淮内托斯（1.2.3）	1000	
苏格拉底（1.2.3）	500	
帕西翁（1.2.3）	300	300

将领	重甲兵数	轻装兵数
梅侬（1.2.6）	1000	500
克勒阿尔科斯（1.2.9）	1000	1000（=800+200）
索西阿斯或索西斯（1.2.9）	300	
索淮内托斯（1.2.9）	1000	
总计（在克莱奈：1.2.9）	10,600	2300

[318] 照此统计卷一所说加入居鲁士麾下的士兵，合计为12,900名战士，其中重甲兵10,600，轻装兵2300。这个数字几乎与居鲁士在克莱奈城(1.2.9)公布的官方数字相同，他在此地检阅他的希腊部队，还清点了人数。居鲁士公布的总数是"约"13,000。①此外，12,900这个数字也与巴比伦战役前给出的数字一致，那时又进行了一次检阅式，又一次清点希腊部队的人数(1.7.10)。（然而，在巴比伦的士兵人数的细目与在克莱奈的细目稍微有点不同，即10,400重甲兵和2500轻装兵，而在克莱奈是10,600重甲兵和2300轻装兵。但这个差异或许微不足道。）

各方面的情况到此还算比较一致。但现在我们的难题正式出现。为了得出在克莱奈公布的士兵人数12,900，我们得"两次"计入将领索淮内托斯带来的那支一千重甲兵的分队。这当然是色诺芬文本最奇怪之处：将领索淮内托斯在1.2.3处来到居鲁士身边，然后在1.2.9处"又"来到居鲁士身边，每次都带着(显然相同！)一千重甲兵(见上表)。这当然荒唐得很。因此，《上行记》的校勘者便修改了抄本，将1.2.9处再次出现的"索淮内托斯"改为"哈吉阿斯"或"阿吉阿斯"

---

① 最准确地说，居鲁士在克莱奈公布的总数是1,1000重甲兵和"大约" 2000轻装兵(1.2.9)。

(Hagias 或 Agias)，作者没有提及这位将领的到来，但此人在后来发挥了一些作用(2.5.31)。

但这种做法只是暂时解答了我们的困惑，因为它丝毫无助于解决另一个同样令人疑惑的问题：从在克莱奈的第一次阅兵和清点希腊军队人数(1.2.9)，到在巴比伦附近的第二次阅兵和清点人数，(1.7.10)，其间居鲁士净增了整整一千重甲兵。①然而，这净增的一千人并未体现在巴比伦战役前最后那次计数上，如我们所见，那次计数依旧是12,900。这是怎么回事呢？

有一位学者认为，数字12,900保持不变的确令人困惑，但有一个事实可以解释这个问题，即许多士兵在军队从克莱奈行进至巴比伦的过程中擅自离开了军队：

> 希腊军队中疑心成风，都怀疑这次征战是针对波斯大王的。心怀不满的士兵在繁忙的伊索斯(Issus)港和[319]米利安得如斯(Myriandrus)港有大把机会从海路溜走。②

这种解释也有道理，因为擅离军队在古代雇佣军中是常事。不过，认真想一想，它没有说服力。首先，擅离这支军队是有风险的事情，尤其是因为人们认为居鲁士会极其严酷地惩罚那些擅离军队的人(比较1.4.7)。最重要的是，色诺芬从未提到军中有大规模擅离军队的现象。在克勒阿尔科斯和那些希腊将领死后，色诺芬提到有大约二十

---

① 拉刻岱蒙将领凯里索弗斯后来才加入居鲁士的军队，为居鲁士带来了700重甲兵(1.4.3)。另一群400重甲兵本是受波斯大王的雇佣，但变节投奔了居鲁士(1.4.3)。因此，就多了1,100重甲兵。但梅侬在西里西亚群山间损失了100重甲兵(1.2.25)。于是，在克莱奈和巴比伦之间，就净增了1,000重甲兵。

② R. J. Bonner, "Desertions from the Ten Thousand", *Classical Philology* 15 (1931): 85–88.

人擅离军队(3.3.5)。这其实只是很小的一撮人,但色诺芬的确提到了。倘若加起来足有一千重甲兵擅离军队,几乎占了居鲁士麾下重甲兵的十分之一,色诺芬怎么可能一字不提呢?看上去非常不可能。①

除了擅自修改抄本,难道我们就没有办法理解色诺芬笔下这些数字吗?我尝试提出如下解决方案。从克莱奈到巴比伦,军队人数保持在12,900,个中原因很简单:1.2.9处最初的统计数字有所夸大,②因为居鲁士当时正努力激发士兵的信心,从而试图使更少的人想要擅离军队。色诺芬打趣地"两次"提及索淮内托斯,意在表明,为了凑足经夸大的11,000重甲兵这一统计数字,读者需要"两次"计入索淮内托斯。③(请注意,作者只把第一次而不是第二次清点希腊部队人数的行为归于居鲁士:请比较1.2.9与1.7.10。)此外,请注意,在克莱奈时,居鲁士军中出现了一个名为"索西阿斯"的将领,"索西阿斯"意为"拯

---

① 3.1.10处的hoi polloi这个表达可能暗示出,在居鲁士朝巴比伦进军的过程中,出现了一些擅离军队的现象。在2.2.7处,色诺芬提到四十多名忒拉刻骑兵和大约三百名忒拉刻步兵擅离军队。但这些擅离军队的现象是后来才发生的,不是在居鲁士进军期间,而是在他死后。

② 在《居鲁士的教育》中,大居鲁士也为了政治利益而修改其军队人数,请对照2.1.2与1.5.5。这一点是Nadon观察所得,见Nadon, *Xenophon's Prince: Republic and Empire in the* Cyropaedia, pp. 61-62。

③ [原注6]我推测,色诺芬两次提及这位索淮内托斯,意在透露的东西不只是居鲁士的不诚实:这位平庸的将领,他可能写过一部他自己的《上行记》,算得上是个吹牛的家伙。莫非是索淮内托斯在他自己的著作中自称给居鲁士带去了两千重甲兵?这个问题没法解决,因为索淮内托斯的著作即便存在过,也已经遗失了。不可否认的是,色诺芬用负面的笔触描述这位将领(见本书英文版页35-36的原注88,页104的原注68,页248的原注94)。色诺芬对索淮内托斯的批评如此不动声色又带有玩笑意味,这符合色诺芬的性格。

救者"或"平安者"(1.2.9)。①但作者此处提到的这位将领,他在《上行记》其余的地方再也没有出现过。他是个虚构人物。人们需要一位"拯救者",还需要索淮内托斯"额外的"一千重甲兵,才能凑足居鲁士有所夸大的统计数字。[320]最后,请注意,作者提及索西阿斯和"第二次"提及索淮内托斯时,正好是在1.2.9处人数统计的结尾处。这说得通:这些虚构的部队唯一的作用就是充数,可以说,是在稍微掩盖居鲁士随后的公开说法不真实——当然啦,还有就是逗我们一笑。②

---

① 在一些抄本中,索西阿斯(Sosias)被称为索西斯(Sosis)。但名字拼法上的此类微小变化并不影响我的主要观点:在所有这些情况中,这个人都是"拯救者"。

② 至于前后两次士兵人数细目上的变化,比起早前在克莱奈(1.2.9),后来在巴比伦(1.7.10)有更多的士兵被算作轻装兵:这种异常现象的原因不明,有可能居鲁士在第一次检阅时,将那些实际上只是轻装兵的士兵计作了重甲兵。或者,也可以用兵种上的降级来解释这个变化。

参考文献

1 《居鲁士上行记》的希腊文编本

Brownson, Carleton L. 1998. *Xenophon. Anabasis. With an English Translation.* Revised by John Dillery. Loeb Edition. Cambridge: Harvard University Press.

Couvreur, Paul. 1929. *Anabase: Texte Grec Revu et Publié avec une Introduction et des Notes.* Hachette: Paris.

Dindorf. L. 1855. 2nd ed. *Xenophontis. Expeditio Cyri, Ex Recensione Et Cum Annotationibus.* Oxford: Oxford University Press.

Gemoll. G. 1909. 2nd ed. *Xenophontis. Expeditio Cyri.* Editio Maior. Leipzig: Teubner.

Hude, C. 1972. *Xenophontis. Expeditio Cyri: Anabasis.* Revised by J. Peters. Leipzig: Teubner.

Hug, Arnold. 1886. *Xenophontis. Expeditio Cyri.* Editio Maior. Leipzig: Teubner.

Marchant. E. C. 1904. *Xenophontis Opera Omnia. Expeditio Cyri.* Tomus III. Oxford: Oxford University Press.

Masqueray, Paul. 1930. *Xénophon: Anabase.* Paris: Société d'Édition "Les Belles Lettres" (in two volumes).

2 其他参考文献

Ainsworth, W. F. 1875. *The Anabasis; or, Expedition of Cyrus, and the Memorabilia of Socrates. Literally translated from the Greek of Xenophon by J. S. Watson. With a geographical commentary by W.F. Ainsworth.* London: George Bell and Sons.

Ambler, Wayne. 2008. *Xenophon: The Anabasis of Cyrus.* Translated and Annotated. Ithaca, NY: Cornell University Press.

Amigues, Suzanne. 1995. "Végétation et cultures du Proche-Orient dans l'*Anabase*." In *Dans Les Pas des Dix-Mille: Peuples et Pays du Proche-Orient vus par un Grec.* Edited by Pierre Briant. Toulouse: Presses Universitaires du Mirail, 61–78.

Anderson, John K. 1970. *Military Theory and Practice in the Age of Xenophon.* Berkeley: University of California Press.

Apollodorus. 1996. *The Library.* Translated by James George Frazer. Loeb Edition. Cambridge: Harvard University Press (in two volumes).

Arrian, 1976. *Anabasis of Alexander.* Translated by P. A. Brunt. Loeb Edition. Cambridge: Harvard University Press (in two volumes).

Bacon, Sir Francis. 1952. *Of the Proficiency and Advancement of Learning Divine and Human.* Chicago: Encyclopaedia Britannica.

———. 1985. *The Essayes or Counsels, Civill and Morall*. Edited with Introduction and Commentary by Michael Kiernan. Oxford: Clarendon Press.

Bartlett, Robert C. Ed. 1996a. *The Shorter Socratic Writings*. Ithaca, NY: Cornell University Press.

———. 1996b. "Editor's Introduction." In *The Shorter Socratic Writings*. Ithaca, NY: Cornell University Press, 1–8.

———. 1996c. "On the *Symposium*." In *The Shorter Socratic Writings*. Ithaca, NY: Cornell University Press, 173–196.

Baslez, Marie-Françoise. 1995. "Fleuves et voies d'eau dans l'*Anabase*." In *Dans Les Pas des Dix-Mille: Peuples et Pays du Proche-Orient vus par un Grec*. Edited by Pierre Briant. Toulouse: Presses Universitaires du Mirail, 79–88.

Bizos, Marcel. 1972. *Xénophon: Cyropédie*. Paris: Société d'Édition "Les Belles Lettres" (in three volumes).

Bolotin, David. 1987. "Thucydides." In *History of Political Philosophy*. Edited by Leo Strauss and Joseph Cropsey. Chicago: University of Chicago Press, 7–32.

Bonner, R. J. 1931. "Desertions from the Ten Thousand." *Classical Philology* 15: 85–88.

Bradley, Patrick J. 2010. "Irony and the Narrator in Xenophon's *Anabasis*." In *Xenophon*. Edited by Vivienne J. Gray. Oxford: Oxford University Press, 520–552.

Braun, Thomas. 2004. "Xenophon's Dangerous Liaisons." In *The Long March: Xenophon and the Ten Thousand*. Edited by Robin Lane Fox. New Haven, CT: Yale University Press, 97–130.

Briant, Pierre. 1995. Ed. *Dans Les Pas des Dix-Mille: Peuples et Pays du Proche-Orient vus par un Grec*. Toulouse: Presses Universitaires du Mirail.

Bruell, Christopher. 1984. "Strauss on Xenophon's Socrates." *The Political Science Reviewer* 15 (Fall): 263–318.

———. 1987. "Xenophon." In *History of Political Philosophy*. Edited by Leo Strauss and Joseph Cropsey. Chicago: University of Chicago Press, 90–117.

———. 1994. "Xenophon and His Socrates." In *Xenophon: Memorabilia*. Translated and Annotated by Amy L. Bonnette. Ithaca, NY: Cornell University Press.

———. 1999. *On the Socratic Education: An Introduction to the Shorter Platonic Dialogues*. Lanham, MD: Rowman & Littlefield.

———. 2007. *Happiness in the Perspective of Philosophy*. Public Lecture delivered at the Carl Friedrich von Siemens Stiftung. Munich (unpublished).

———. forthcoming. *Aristotle As Teacher: His Introduction to a Philosophic Science*. South Bend, IN: St. Augustine's Press.

Brulé, Pierre. 1995. "Un nouveau monde ou le même monde?" In *Dans Les Pas des Dix-Mille: Peuples et Pays du Proche-Orient vus par un Grec*. Edited by Pierre Briant. Toulouse: Presses Universitaires du Mirial, 3–20.

Buzzetti, Eric. 2001. "The Rhetoric of Xenophon and the Treatment of Justice in the *Memorabilia*." *Interpretation* 29 no. 1 (Fall): 3–33.

———. 2008. "Introduction: The Political Life and the Socratic Education" In *Xenophon: The Anabasis of Cyrus*. Translated and Annotated by Wayne Ambler. Ithaca, NY: Cornell University Press, 1–35.

Cawkwell, George. 1972. "Introduction." In *The Persian Expedition*. Translated by Rex Warner, with an Introduction and Notes by George Cawkwell. London: Penguin Books.

———. 1979. "Introduction." In *A History of My Times (Hellenika)*. Translated by Rex Warner, with and Introduction and Notes by George Cawkwell. London: Penguin Books.

———. 2004. "When, How and Why Did Xenophon Write the *Anabasis*?" In *The Long March: Xenophon and the Ten Thousand*. Edited by Robin Lane Fox. New Haven, CT: Yale University Press, 47–67.

Chambry, Pierre. 1967. *Xénophon: L' Anabase, Le Banquet, L'Économique, De La Chasse, La République des Lacédémoniens, La République des Athéniens*. Traduction, notices et notes. Paris: Garnier-Flammarion.

Cicero. 1923. *On Old Age, On Friendship, On Divination*. Translated by William Armistead Falconer. Loeb Edition. Cambridge: Harvard University Press.

Dakyns, H. G. 1901. *The March of the Ten Thousand, Being a Translation of the Anabasis Preceded by a Life of Xenophon*. New York: Macmillan.

De Coulanges, Fustel. 1900. *La cité antique*. Hachette: Paris.

Derenne, Eudore. 1976 (reprint of the 1930 edition). *Les Procès d'Impiété Intentés aux Philosophes à Athènes au Vme et IVme Siècles Avant J.-C.* New York: Arno Press.

Dillery, John. 1995. *Xenophon and the History of His Times*. London and New York: Routledge.

———. 1998. "Introduction." In *Xenophon: Anabasis*. With an English Translation by Carleton L. Brownson. Revised by John Dillery. Loeb Edition. Cambridge: Harvard University Press.

Dürrbach, F. 1893. "L'apologie de Xénophon dans l'*Anabase*." *Revue des études grecques* 6: 343–386.

Erbse, Harmut. 2010. "Xenophon's *Anabasis*." In *Xenophon*. Edited by Vivienne J. Gray. Oxford: Oxford University Press, 476–501.

Flower, Michael. 2012. *Xenophon's Anabasis, or The Expedition of Cyrus*. Oxford: Oxford University Press.

Gautier, Léopold 1911. *La Langue de Xénophon*. Geneva: Albert Kündig.

Gibbon, Edward. 1909. *The History of the Decline and Fall of the Roman Empire*. Edited with Introduction, Notes, and Appendices by J. B. Bury London: Methuen & Co. (in seven volumes).

Grant, Alexander. 1871. *Xenophon*. Philadelphia, PA: J. B. Lippincott.

Gray, Vivienne. 2011a. *Xenophon's Mirror of Princes: Reading the Reflections*. Oxford: Oxford University Press.

———. Ed. 2011b. *Xenophon*. Oxford: Oxford University Press.

Grote, George. 1899–1900. *Greece*. New York: Peter Fenelon Collier (in twelve volumes).

Higgins, William E. 1977. *Xenophon the Athenian*. Albany: State University of New York Press.

Hirsch, Steven W. 1985. *The Friendship of the Barbarians: Xenophon and the Persian Empire*. Hanover: University Press of New England.

Høeg, C. 1950. "Xenophontos Kurou Anabasis. Œuvre anonyme ou pseudonyme ou orthonyme?" *Classica et Mediaevalia* 11: 151–179.

Hornblower, Simon. 2004. "'This Was Decided' (edoxe tauta): The Army as polis in Xenophon's Anabasis—and Elsewhere." In *The Long March: Xenophon and the Ten Thousand*. Edited by Robin Lane Fox. New Haven, CT: Yale University Press, 243–263.

Howland, Jacob. 2000. "Xenophon's Philosophic Odyssey: On the *Anabasis* and Plato's *Republic*." *American Political Science Review* 94 no. 4 (December): 875–889.

Hude, C. 1985. *Xenophontis. Commentarii*. Stuttgart: Teubner.

Hutchinson, Godfrey. 2000. *Xenophon and the Art of Command*. London: Greenhill Books.

Kaldellis, Anthony. 2004. *Procopius of Caesarea: Tyranny, History, and Philosophy at the End of Antiquity*. Philadelphia: University of Pennsylvania Press.

Kuhrt, Amélie. 1995. "The Assyrian Heartland in the Achaemenid Period." In *Dans Les Pas des Dix-Mille: Peuples et Pays du Proche-Orient vus par un Grec*. Edited by Pierre Briant. Toulouse: Presses Universitaires du Mirail, 239–254.

Laertius, Diogenes. 1995. *Lives of Eminent Philosophers*. Translated by R. D. Hicks. Loeb Edition. Cambridge: Harvard University Press (in two volumes).

Lane Fox, Robin. Ed. 2004a. *The Long March: Xenophon and the Ten Thousand*. New Haven, CT: Yale University Press.

———. 2004b. "Introduction." In *The Long March: Xenophon and the Ten Thousand*. Edited by Robin Lane Fox. New Haven, CT: Yale University Press, 1–46.

———. 2004c. "Sex, Gender and the Other in Xenophon's *Anabasis*." In *The Long March: Xenophon and the Ten Thousand*. Edited by Robin Lane Fox. New Haven, CT: Yale University Press, 184–214.

Larcher, M. 1778. *L'Expédition de Cyrus dans l'Asie Supérieure et la Retraite des Dix Mille*. Paris: Frères Debure (in two volumes).

Lee, John W. I. 2007. *A Greek Army on the March: Soldiers and Survival in Xenophon's Anabasis*. Cambridge: Cambridge University Press.

Lendle, Otto. 1995. *Kommentar zu Xenophons Anabasis (Bücher 1–7)*. Darmstadt: Wissenschaftliche Buchgesellschaft.

Lucian. 1921. *Works*. Translated by A. M. Harmon. Loeb Edition. Cambridge: Harvard University Press (in eight volumes).

Machiavelli, Niccolò. 1998. *The Prince*. Translated by Harvey C. Mansfield. 2nd ed. Chicago: University of Chicago Press.

———. 1996. *Discourses on [the First Decade of Titus] Livy*. Translated by Harvey C. Mansfield and Nathan Tarcov. Chicago: University of Chicago Press.

MacLaren, Malcolm Jr. 1934. "Xenophon and Themistogenes." *Transactions and Proceedings of the American Philological Association* 64: 240–247.

Mandelstam, Nadezhda. 1999. *Hope against Hope*. Translated from the Russian by Max Hayward, with an Introduction by Clarence Brown and "Nadezhda Mandelstam (1899–1980): An Obituary" by Joseph Brodsky. New York: Modern Library.

Mill, John Stuart. 1998. *On Liberty and Other Essays*. Edited with an Introduction by John Gray. Oxford: Oxford University Press.

Montesquieu, Baron de (Charles-Louis de Secondat). 1951. *De L'Esprit des Lois*. Œuvres Complètes. Texte Présenté et Annoté par Roger Caillois. Paris: Bibliothèque de la Pléiade (in two volumes).

Nadon, Christopher. 2001. *Xenophon's Prince: Republic and Empire in the Cyropaedia*. Berkeley, CA: Berkeley University Press.

Nepos, Cornelius. 1961. *Oeuvres*. Translated by Anne-Marie Guillemin. Paris: Société d'Édition "Les Belles Lettres."

Nussbaum, G. B. 1967. *The Ten Thousand: A Study in Social Organization and Action in Xenophon's Anabasis*. Leiden: E. J. Brill.

Paap, A. H. R. E. 1970. *The Xenophon Papyri*. Leiden: E. J. Brill.

Parker, Robert. 2004. "One Man's Piety: The Religious Dimensions of the *Anabasis*." In *The Long March: Xenophon and the Ten Thousand*. Edited by Robin Lane Fox. New Haven, CT: Yale University Press, 131–153.

Plutarch. 1926. "Life of Artaxerxes." In *Lives: Aratus, Artaxerxes, Galba, Otho*. Vol 11. Translated by Bernadotte Perrin. Loeb Edition. Cambridge: Harvard University Press.

———. 1936. "De Gloria Atheniensium." In *Moralia*. Vol. 4. Translated by Frank Cole Babbitt. Loeb Edition. Cambridge: Cambridge University Press.

Polybius. 2000. *The Histories*. Translated by W. R. Paton. Loeb Edition. Cambridge: Harvard University Press (in six volumes).

Prentice, William K. 1947. "Themistogenes of Syracuse an Error of Copyist." *The American Journal of Philology* 68 no. 1: 73–77.

Proietti, Gerald. 1987. *Xenophon's Sparta*. Leiden: E. J. Brill.

Reynolds, L. D. and N. G. Wilson. 1991. *Scribes and Scholars: A Guide to the Transmission of Greek and Latin Literature*. 3rd ed. Oxford: Clarendon Press.

Rood, Tim. 2004. "Panhellenism and Self-Presentation: Xenophon's Speeches." In *The Long March: Xenophon and the Ten Thousand*. Edited by Robin Lane Fox. New Haven: Yale University Press, 305–329.

———. 2005. "Introduction." In *The Expedition of Cyrus*. Translated by Robin Waterfield, with an Introduction and Notes by Tim Rood. Oxford: Oxford University Press.

Roy, James. 2004. "The Ambitions of a Mercenary." In *The Long March: Xenophon and the Ten Thousand*. Edited by Robin Lane Fox. New Haven, CT: Yale University Press, 264–288.

Ruderman, Richard. 1992. "The Rule of a Philosopher-King: Xenophon's *Anabasis*." In *Politikos II*. Edited by Leslie Rubin. Pittsburgh, PA: Duquesne University Press.

Sandridge, Norman B. 2012. *Loving Humanity, Learning and Being Honored: The Foundations of Leadership in Xenophon's Education of Cyrus*. Cambridge: Center for Hellenic Studies, Trustees for Harvard University.

Siculus, Diodorus. 2000. *The Library of History*. Translated by C. H. Oldfather et al. Loeb Edition. Cambridge: Harvard University Press (in twelve volumes).

Spelman, Edward. 1855. *The Anabasis*. New York: Harper & Brothers.

Strabo. 2000. *Geography*. Translated by Horace Leonard Jones. Loeb Edition. Cambridge: Harvard University Press (in eight volumes).

Strassler, Robert. Ed. 2009. *The Landmark Xenophon's* Hellenika. Translated by John Marincola with an Introduction by David Thomas. New York: Pantheon Books.

Strauss, Leo. 1939. "The Spirit of Sparta or the Taste of Xenophon." *Social Research* 6 no. 4 (November): 502–536.

———. 1983. "Xenophon's *Anabasis*." In *Studies in Platonic Political Philosophy*, with an Introduction by Thomas L. Pangle. Chicago: University of Chicago Press, 105–136.

———. 1998a. *Xenophon's Socratic Discourse: An Interpretation of the* Oeconomicus. Preface by Allan Bloom, Foreword by Christopher Bruell. South Bend, IN: St. Augustine's Press.

———. 1998b. *Xenophon's Socrates*. Editor's Note by Allan Bloom, Foreword by Christopher Bruell. South Bend, IN: St. Augustine's Press.

———. 2000. *On Tyranny. Including the Strauss-Kojève Correspondence*. Edited by Victor Gourevitch and Michael S. Roth. Chicago: University of Chicago Press.

Stronk, Jan. 1995. *The Ten Thousand in Thrace*. Amsterdam: J. C. Gieben.

Stylianou, P. J. 2004. "One Anabasis or Two?" In *The Long March: Xenophon and the Ten Thousand*. Edited by Robin Lane Fox. New Haven, CT: Yale University Press, 68–96.

Tatum, James. 1989. *Xenophon's Imperial Fiction*: On the Education of Cyrus. Princeton, NJ: Princeton University Press.

Thomas, David. 2009. "Introduction." In *The Landmark Xenophon's* Hellenika. Edited by Robert Strassler and Translated by John Marincola. New York: Pantheon Books, ix–lxvi.

Thompson, Sir Edward Maunde. 1912. *An Introduction to Greek and Latin Palaeography*. Oxford: Clarendon Press.

Tuplin, Christopher. 1987. "Xenophon's Exile Again." In *Homo Viator: Classical Essays for John Bramble*. Edited by M. Whitby and P. Hardie. Bristol: Bristol Classical, 59–68.

———. 1993. *The Failings of Empire: A Reading of Xenophon*. Hellenika 2.3.11–7.5.27 Stuttgart: F. Steiner.

———. 2003a. "Heroes in Xenophon's Anabasis." In *Modelli eroici dall'antichità alla cultura europea*. Edited by A. Barzano et al. Vol. 4. Rome: L'Erma di Bretschneide, 115–156.

———. 2003b. "Xenophon in Media." In *Continuity of Empire: Assyria, Media, Persia*. Edited by G. B. Lanfranchi, M. Roaf, and R. Rollinger. Vol. 5. Padua: S.a.r.g.o.n.

———. 2004. "The Persian Empire." In *The Long March: Xenophon and the Ten Thousand*. Edited by Robin Lane Fox. New Haven, CT: Yale University Press, 154–183.

Waterfield, Robin. 2006. *Xenophon's Retreat: Greece, Persia and the End of the Golden Age*. Cambridge: Harvard University Press.

Wylie, G. 1992. "Cunaxa and Xenophon." *L'Antiquité classique* 61: 119–134.

索 引

(所列数字指英文本页码,在内文中以"[ ]"标明)

Achaeans, 235–6
Agasias of Stumphalia, 127, 131n57, 150, 153, 175–6, 186n19, 187, 233–4, 249–56, 262, 292, 296–7
AGATHOS ANĒR, 150n3, 151n5, 153, 156, 274
Agesilaos, 5n5, 56n44, 63n73, 90–1, 116n19, 140n76, 193n33, 197n47, 200n57, 290n86, 298n4
Agesilaos (Xenophon), 5n5, 56n44, 63n73, 91n28, 197n47, 200n57, 290n86, 298n4
Alcibiades, 56n46, 115, 217n104, 219n107, 228, 269n29, 278n51, 298n4
Alexander the Great, 91, 140
Ambler, Wayne, 28, 71n101, 90n27, 96n40, 97n42, 104n69, 111n1, 123n39, 134n62, 136n67, 152n6, 154n10, 159n21, 162n27, 173n48, 176n57, 179n65, 180n71, 189, 194n36, 205n77, 220n12, 231n31, 239n62, 242n72, 248n93, 251n101, 267–8, 272n37, 274n41, 276n45, 279–82, 288n79, 291n89
Amphikratēs, 157–9, 297
Anabasis
    authenticity of the divisions of, 313–15

Book One
    ascent of Cyrus and descent of Xenophon, 50–8
    Battle for Babylon, 59–66
    Cyrus and his friends, 44–50
    Godlike King, 66–79
    overview, 39
    rooting for the noble and good king, 39–43
Book Two
    good without noble, 107–8
    hope and friendship with the divine, 95–104
    noble without good, 104–6
    overview, 77–8
    strength and weaknesses of Klearchos, 85–95
    virtue and weapons, 78–85
Book Three
    overview, 111–13
    success, failure, and divine providence, 141–7
    virtue, piety, and freedom, 129–41
    Xenophon as Socratic, 113–18
    Xenophon, Zeus the King, and Apollo, 119–28
Book Four
    Chalubes, 171–4
    end of necessity, 171–80
    example from piety, 159–65
    Kolchoi, 177–80
    longing for immortality, 153–8
    necessity and noble, 150–71
    overview, 149–50

索 引 479

Anabasis—Continued
  philosophic life, 166–70
  Taochoi, 174–7
  Book Five
    Hellenic laws, founding a city, and the good, 204–17
    justice and the good, 217–20
    justice, private interest, and common good, 182–90
    law and nature, 190–204
    overview, 181–2
  Book Six
    atoning for ingratitude toward gods, 239–48
    gratitude and the good, 248–57
    gratitude, dancing, and philosophy, 222–9
    gratitude of the army and gratitude of Xenophon, 229–34
    ingratitude towards gods and men, 234–9
    overview, 221–2
  Book Seven
    generosity of the philosopher, 273–7
    overview, 259–60
    PHILOSTRATIŌTĒS and the good, 260–73
    Xenophon as PHILOSTRATIŌTĒS, 277–89
    Xenophon the Socratic, 289–94
  recent scholarship on, 29–36
ANAGKĒ/ANAGKAĪON, 147, 149, 153, 161, 171, 173, 207–8, 219n107
ANAPHRONEŌ, 179n67
Anaxibios, 18n35, 183, 230, 232n34, 250, 260–5
ANDRAGATHIA, 186
APALLASSŌ, 261n5
APODEIKNUMI GNŌMĒN, 204n70
APODIDRASKŌ, 47, 239
Apollo, 55–7, 78n3, 85n17, 112–13, 116, 119, 128, 135, 136n66, 144, 192, 194–5, 200n56–7, 290, 291n91

Apollōnidēs, 125–30, 135, 144, 292n91
Apology of Socrates to the Jurors (Xenophon), 7, 56, 117n21, 118n35, 193n33, 227, 238n60, 294, 311n38
APOPHEUGŌ, 47
APOROS, 29n73
APORRĒTOS, 53–4
Arabia, 1, 49, 55n40
Araxes of Armenia, 171n47
Arcadia, 10–11, 80, 103, 151, 153, 156–7, 224–5, 235–46, 270, 279
Archagoras, 157, 158n18
ARCHĒGOI, 126n44
Arēxiōn, 241
Arginousai, 80n6, 305n14, 307, 311n27
Argonauts, 234–5
Ariaīos, 78–9, 81, 86–8, 92–4, 103, 131–2
Aristarchos, 18n36, 264–8, 272, 280
Aristōnumos of Methudria, 153, 175
Aristophanes, 9, 23n49, 118, 121, 134, 147, 150n3, 197n50, 201, 217, 233, 292
Aristotle, 53n35, 58n53, 106n72, 118n25, 132, 159n20, 170, 178n64, 212–13, 217n102, 234n46, 308–9, 314–15
Armenia, 22, 29, 51, 118n23, 140n77, 149, 159, 161, 163, 166–71, 218–19, 299, 314n5
Arrian, 91n29
Artaozos, 93, 103n65
Artapates, 22, 52, 71n100
ARTAPOU, 22
Artaxerxes, 12, 39–42, 52–3, 55n40, 58n58, 66–8, 87, 90–1, 95n37, 97n42, 123–5, 128, 143, 146, 301, 303
Artemis, 135, 136n66, 192–3, 195, 197n46
Aruēnis, 145
Arustas, 270n30
Asidatēs, 291
ASPADZOMAI, 292n94

ATASTHALIA, 159n21
Atē, 24n52, 179n67
ATHEMITOS, 304n12
Athens
  Cheirisophos and, 173
  Delphi, 192, 199–200
  Gnēsippos, 270–1
  gods and, 128, 135–6, 200n57, 293
  Lukios, 144n87
  Nikias, 102n61
  Peloponnesian War and, 42, 115–16, 228, 303–5
  Persians and, 135
  Polukratēs, 22, 185
  Socrates and, 8, 57, 59n58, 113, 217, 227–8
  Sparta and, 80, 185n14, 228, 232, 264, 303–5
  stealing and, 173
  Ten Thousand and, 131
  "Theopompos," 80, 85
  Thirty Tyrants, 301, 303
  Xenophon and, 1, 6, 33, 112–18, 122, 137, 192–4, 230, 233, 239, 262, 299n6
AUTOKRATŌR ARCHŌN, 229n27
AXIOŌ, 100, 205–6, 208, 269

Bacon, Francis, 58–9, 91n28, 140, 273
Bartlett, Robert C., 10n18, 56n45, 169n38
Basias the Arcadian, 151, 289n83, 291–2
Battle for Babylon, 3, 39, 42, 46, 58–66, 68–9, 71, 77–8, 90–1, 129, 137, 318
Battle of Issus, 91
Battle of Korōneia, 264n13
Battle of Mantinea, 302
Battle of Marathon, 135
Battle of the Arginousai, 80n6, 305n14, 307, 311n27
Bible, 72n106, 95, 146n95
Biōn, 289n83, 294n102
Bolotin, David, 102n61
Brasidas, 182n3

Brownson, Carleton, 28, 80n2, 199n55
Bruell, Christopher, 6n7, 10n18, 32, 68–9, 155n14, 171, 196n45
Brulé, P., 44n13, 197n47
Byzantium, 18, 35–6, 160n21, 236, 242, 250, 255, 261–5, 267, 305n15

Cawkwell, G. L., 4n2, 13n28, 34–6
Cervantes, Miguel de, 190
Chalubes, 149, 171–4
Cheirisophos, 6n8, 79, 86, 103n66, 129, 131–4, 136, 140–2, 150–1, 162–4, 166–7, 171–4, 183–5, 191, 194n77, 229, 231–2, 234–7, 241, 244, 255, 275, 318n2
Chrysopolis, 257, 259
Cicero, 120
Clouds (Aristophanes), 9n15, 23n49, 117–18, 121–2, 147, 150n3, 201, 203n64, 203n65, 217, 219, 229n25, 292–3
Cobet, C. G., 28, 224n13
Constitution of the Lacedaemonians (Xenophon), 80n5, 131n56, 176n52, 190n28, 294
courage
  fighting nobly against Chalubes, 171–4
  fighting nobly against Kolchoi, 177–80
  fighting nobly against Taochoi, 174–7
  longing for immortality, 153–8
  necessity and, 150–70
  piety and, 159–65
  pointing toward philosophic life, 166–71
Couvreur, Paul, 6n6, 124n41, 199n55
Cretans, 27–8, 189–90
Cyrus
  ascent of, 50–8
  Battle for Babylon and, 59–66
  friends and, 44–50
  Godlike King, 66–73
  noble and the good, 39–43

索引 481

dancing, 5, 170n45, 197–8, 222–9, 297, 310–11
Dante, 222
Daphnagoras, 289n93, 291
Delphi, 56, 112, 114n10, 127–8, 144, 192, 195–6, 199–202, 230, 292n91
democracy, 8–9, 115–16, 181, 304–6
DĒMOCRATĒS, 160n21
demos, 115–16, 305, 311n27
Derkulidas, 118n23, 193n33
Dexippos the Laconian, 184–5, 249–56
DIABALLŌ/DIABALLEIN, 43, 211
Dillery, John, 10n18, 28n72, 57n51, 80n6, 181n1, 190n25, 194n37, 197n46, 199n55, 290n85, 301n1
Dindorf, L., 20–1, 25n58, 27n65, 43n11, 49n24, 80n6, 102–3, 154n9, 160n21, 199n55, 210n86, 214n97, 238n57, 247n89, 252n102, 263n9
Dostoevsky, Fyodor, 177
Drakontion, 179, 254
Drilai, 24, 185–6, 188–90

Ēchēs Mount, 25–6, 177
Education of Cyrus (Xenophon)
 Aglaitadas and, 25n60
 AKLEISTOS and, 23n49
 Armenia and, 168
 ARTAMOS and, 22n45
 Artaozos and, 103n65
 ARUŌ and, 270n30
 ASTRAPĒ and, 120n32
 BASILEUS and, 7n10
 Battle for Babylon and, 64–5
 Cyrus the Elder, 68–73, 319n5
 DECHOMAI and, 64–5
 disappointment and, 294
 eros and, 154
 gods and, 11n20, 59–60, 121–2, 124n41, 143n84, 146n93, 179n67, 217n102, 230n28, 236n50, 282n63
 Hellenika and, 41n5

hunting and, 169–70, 195n41
 ILĒ and, 190n28
 justice and, 42n9, 51n29, 222n3, 256n111
 KENTRIDZŌ and, 164n29
 kingship and, 68–73, 120n32
 Klearchos and, 99–100
 Ktēsias and, 14n29
 law and, 204n70, 273n40
 LOUSASTHAI and, 49n24
 Mēdeia, and, 146n93
 Mossunoikoi and, 198n51
 MUSATTOMAI and, 54n35
 NEMŌ and, 256n111
 omina and, 121n33
 panhellenism and, 34
 PARASTASIS and, 115n11
 password and, 62–4
 PHILOTIMOS and, 298n4
 piety and, 13n24, 140
 Samos and, 61
 scholarship on, 31–2
 Scythian archers and, 27
 Socrates and, 63n72, 118n23, 300n8
 TEMENOS and, 160
 THEMIS and, 304n12, 306–7
 THĒSAUROS and, 199n56
 Tigranēs and, 299
 virtue and, 137
EKKOMIDZŌ, 255n108
ENKRATEIA, 68
Enualios, 65, 187
Episthenēs, 274–7, 297
ERĒMIA, 97n41
eros, 68n88, 154–5, 203n68, 275, 299–300
Eros, 24, 67n85
Eukleidēs, 290–1, 294n102
Eurulochos of Lusia, 150, 157–8, 175, 263n9, 280n56, 285n73, 296

Flower, Michael, 10n18, 33–5, 41n4, 62n66, 69n91, 113n6, 160n21, 185n14, 193n33, 260n3, 292n96, 301n1

Ganos, 278n51
Gautier, Léopold, 10n18, 22n45, 25n60
Gemoll, G., 20–1, 25n58, 27–8, 80n6, 87n21, 160n21, 199n55, 238n57, 242n74
Gnēsippos, 270–2
Golden Fleece, 234
Gorgias of Leontini, 105–6, 108
gratitude
  of army and Xenophon, 229–34
  atonement for ingratitude toward gods, 239–48
  dancing, philosophy, and, 222–9
  good and, 248–57
  ingratitude toward gods and men, 234–9
Gray, Vivienne J., 8n13, 31–3, 35, 260n4
Grote, George, 6n7, 24n55, 61n62, 100n52, 127n46, 263–4, 288n80
Gryllos, 118

Hecatōnumos, 205–10, 253n105
Hellenika (Xenophon)
  Agesilaos and, 91n28, 193n33
  Alcibiades and, 269n29
  Anaxibios and, 264n16
  APORRĒTOS and, 53n35
  ARCHĒGOI and, 126n44
  Chersonese and, 268
  Cyrus and, 41–3, 112n2, 264n13, 292n95
  disappointment and, 294
  "eat men raw" and, 178n64
  ERĒMIA and, 97n41
  Hēraklēs Leader and, 245
  HIKETEUŌ and, 275n42
  Jason of Thessaly and, 91n28, 200n57
  Kardouchoi and, 29n73
  Klearchos and, 84n13
  MEGA PHRONEŌ and, 311n28
  Mossunoikoi and, 197n47
  Mysians and, 139n73

Peloponnesian War and, 115–16, 233n40
renaming and, 58, 291n90, 299n6
Socrates and, 239n60, 306–8
Sparta and, 112n2, 115–18
SUNTHĒMA and, 64
TEMENOS and, 160n21
"Themistogenēs of Syracuse" and, 116, 227, 301–11
Theopompos and, 80n6
THĒSAUROS and, 199–200
Hērakleia, 234–6, 244–6
Hērakleides, 269, 271, 277–8, 284, 287–8
Hēraklēs, 179–80, 232n35, 234, 236–7, 245–6, 248, 255–6
Hermogenēs, 44, 50–1, 99n48, 227n23
Herodotus, 23–4, 27n66, 44n13, 48n23, 55n42, 58n57, 61n62, 120–1, 128n49, 128n50, 145, 182n3, 210n86, 212–13
Hiero (Xenophon), 115n11, 200n57, 261n5, 287n77, 298n4
Hierōnumos, 129, 246n87
HIEROS, 195
Higgins, W. E., 10n18, 31
Hipparchikos (Xenophon), 143n84
Hippias, 221n2
HOI ARCHONTES, 251n99
HOI HĒGOUMENOI, 247
HOI HELLĒNES, 196n43
HOI HUPOLOCHOI, 187n19
HOI POLLOI, 319n4
HOI STRATĒGOI, 251n99
HOI STRATEUSAMENOI, 198
Homer, 24n56, 26, 78n2, 190n28, 203n62
HŌS KRATISTA, 173
Hude, C., 17n34, 20, 25n58, 27n65, 28, 43n11, 80n6, 87n21, 154n9, 160n21, 199n55, 210n86, 238n57, 247n89, 263n9
Hug, Arnold, 20n43, 27–8
hunting, 55, 68, 168–70, 194–6, 215, 299–300
HUPOSTRATEGOI, 126n44

immortality, 150, 153–8, 170–1
Ischomachos, 7, 67n85, 72n105, 99, 196n45, 296, 306n17

Jason of Thessaly, 98n28, 140n76, 200n57
justice
  good and, 217–20
  Hellenic laws, founding a city, and the good, 204–17
  laws, nature, and, 190–204
  private interest, common good, and, 182–90

Kaldellis, Anthony, 120n29
Kallimachos of Parrasia, 150, 153, 175, 296
KALOKAGATHIA, 310
KATABASIS, 185n17
KATAGELAŌ, 67n85
Katarrēktēs, 55n42
KATOIKEŌ, 212n89
KATOIKIDZŌ, 212n89
Kentritēs river, 24, 29n75, 160–1, 163–4, 171
Kēphisodōros, 157–9, 297
King Agesilaos of Sparta, 90–1, 116n19, 140n76
King Darius, 11–12, 39, 41, 69
King Midas, 57, 63, 128, 259, 290n87, 292
Kleander, 236, 242, 248–57, 262, 264
Kleanōr the Orchomenian, 80–1, 85, 103–4, 132–4, 136, 172, 243–4, 263
Klearchos
  Battle for Babylon, 61–2
  capture, 119, 244n80
  Cyrus and, 11–13, 40, 44–6, 48, 51, 70
  death, 101–2, 319
  Hellenika and, 305n15
  hope and friendship with the divine, 95–104
  Kleanōr and, 132
  march on Babylon and, 314n5

Menōn and, 48–50, 107–8
number of hoplites, 317
obituary, 104–5, 241n70
Proxenos and, 49–50, 104–6, 112–14
renaming and, 23–4
rule, 3–5, 7, 77–108
strengths and weaknesses, 85–94
Ten Thousand and, 49, 78–9, 85, 90–2, 94–5, 98, 140
"Theopompos" and, 78–85
Thracians and, 223n6, 236n49
Tissaphernēs and, 95–104, 113
virtue and weapons, 78–85
Xenophon and, 119, 137, 140, 296–7
Klearetos (or Klearatos), 23, 25n59
Kleōnumos, 151
Knights (Aristophanes), 134
Koiratadas, 305n15
Kolchoi, 149, 171, 177–80, 219–20
Kritias, 115, 217n104, 228, 298n4, 303, 308
Krüger, C. G., 27
Ktēsias, 14n29, 34, 41
Kunēgetikos (Xenophon), 117n20, 136n66, 169n37, 194n37, 195–6. See also *On Hunting with Dogs*

Laertius, Diogenes, 28, 118, 300
Lane Fox, Robin, 35–6, 44n13, 169n36
Larissa, 27n67, 145–6
Lee, John W. I., 30–1, 35, 181n1
Leonidas, 85
Life of Artaxerxes (Plutarch), 14n29, 41, 62
Lucian, 120
LUKAONAS (or "LUKARNAS"), 22, 25
Lukios of Syracuse, 78n3, 144, 304n14

Machiavelli, Niccolò, 2–4, 15, 78, 108, 194n37, 222n4, 295
MAINOMAI, 99, 179n67
Marchant, E. C., 25n58, 27–8, 80n6, 87n21, 115n11, 160n21, 199n55, 238n57

Marsyas, 55–8, 116, 128, 226n21
Masqueray, Paul, 6n6, 19n38–9, 20n42–3, 25–8, 44n13, 49n24, 80n6, 87n21, 135n65, 160n21, 171n47, 194n67, 199n54–5, 214n97, 238n57, 241n70, 293n96, 301n1
Medes, 135, 139, 145–6
MEGA PHRONEŌ, 116, 239n60, 311n28
MEGALĒGORĒSANTAS, 238
MEGISTON AGATHON, 102
Memorabilia (Xenophon)
  Diodōros and, 51
  eros and, 300
  gods and, 53n33
  good and, 158n19, 193–4, 204n69
  good nature and, 106n74
  gratitude and, 221–2, 224, 228
  helmets and, 68n87
  hunting and, 169–70
  justice and, 219–20
  KALOS and, 176n58
  KATAGELAŌ and, 67n85
  kingly art and, 2n1, 9n16
  law and, 17
  life of strangers and, 196n43
  LOŪN and, 49n24
  LUKOŪSTHAI and, 22n47
  noble and, 158n19, 176n58, 193–4, 204n69, 287n77, 297–8
  NOMIDZEIN and, 48n22
  PARAITEOMAI and, 256n110
  PARASION and, 43n11
  Peloponnesian War and, 115n12
  PERIPATEIN and, 58n56
  philosophy and, 117n20
  self-knowledge and, 101n59
  SKĒPTOS and, 120n32
  Socrates and, 58n56, 63n71, 99n48, 106n74, 115–18, 130n55, 217n104, 226n19, 293
  Socratic education and, 7, 165
  SOPHIA and, 56n44
  THEMIS and, 304n12, 307–8

"Themistogenēs of Syracuse" and, 307–10
THĒSAUROS and, 199n56
TUCHĒ and, 15n31
virtue and, 130n55, 135, 245n85, 299
Menōn of Thessaly, 13–14, 16, 19, 46n19, 48–50, 67n85, 70, 79, 83n11, 86, 93, 100, 104, 107–8, 223n8, 241n70, 296, 317–18
Mesopotamia, 17, 23, 26, 82, 87, 142, 144
Mespila, 27n67, 145–7
Metaphysics (Aristotle), 169n39, 213n95, 217n102, 314
money, 12, 42, 44, 63, 72, 105, 114, 129, 192–5, 200, 204n70, 210, 214, 235, 259, 261, 267, 270, 278, 286–8, 290–2, 298, 309
morality
  acquisitiveness and, 182n4
  advantage in rule and, 2–7
  Delphi and, 201
  "international morality of the day," 289–90
  Klearchos and, 24, 100–3
  knowledge and, 14n30, 95–103, 253, 297
  law and, 190–220
  Menōn and, 19, 107
  noble and, 164–5
  piety and, 8–9, 95–103, 129–41
  politics and, 14, 295
Mossunoikoi, 24n56, 121n35, 191, 197–204, 212, 314
MUSATTOMAI, 54n35
Mysians, 52, 54, 97, 139, 189–90, 224–6, 29

Nadon, Christopher, 10n18, 31–2, 69n93, 319n5
NEANISKOS, 81n7, 85n15, 93–4, 116
Neōn, 214–15, 217n102, 236, 241n70, 244–6, 263, 265, 267
Nepos, Cornelius, 278n51

索引 485

Nicomachean Ethics (Aristotle), 53n35, 106n72, 118n25, 159n20, 170, 178n64, 282n63
Nietzsche, Friedrich, 36
numerology, 313–15

obituaries, 12, 33, 64n78, 66, 68–71, 104–5, 107–8, 241n70
OIKIA (or OĪKOS), 121, 294n101
Oikonomikos (Xenophon), 7, 11n20, 49n25, 56n44, 58n56, 63, 67n85, 69n91, 70n95, 72n105, 86n20, 117n20, 180n69, 195–6, 296, 298n4, 304n12
On Horsemanship (Xenophon), 68n87, 164n29, 199n56, 224n11
On Hunting with Dogs (Xenophon), 169, 196, 300. See also *Kunēgetikos*
On Revenues (Xenophon), 160n21
Orontēs, 42, 51–4, 71

PAĪDAS, 290n86
PAIDEIA, 173
PARAITEOMAI, 256n110
PARASTASIS, 115n11
PARRASION (or PARASION), 43n11
Parysatis, 11–12, 39–40, 124n41
Peloponnesian War, 42, 80n6, 115, 122, 228, 233, 262, 301, 303–6
Peloponnesian War (Thucydides), 300, 303
Pericles, 219n107
PERIPATEIN, 58n56
Persian Wars, 128, 135–8
Peters, J., 20, 25n58, 27n65, 28, 43n11, 80n6, 87n21, 154n9, 160n21, 199n55, 210n86, 238n57, 247n89, 263n9
Phalīnos, 79–86
Pharnabazos, 245n83, 260, 263–5, 292
Phasis river, 24, 171–2, 214–15
Pheidippidēs, 219, 292–3
PHILOKERDĒS, 273
PHILOPATRIA, 261n4, 264

PHILOSTRATIŌTĒS
  generosity of the philosopher, 273–7
  good and, 260–73
  Xenophon as, 277–89
PHILOTIMIA, 298n4
PHRONEŌ, 86
PHRONĒSIS, 68
Phruniskos, 263, 265n18
PHUTEUŌ, 201–3
piety
  courage and, 159–65
  Klearchos and, 77–108
  success, failure, and divine providence, 141–7
  virtue, freedom, and, 129–41
Plato, 2, 9–10, 24n53, 53–4, 56, 58n57, 63n72, 67n85, 88n25, 106n72, 108, 118n25, 150n3, 155n13, 169n37, 225n17, 293n98
Plutarch, 14, 34, 41, 62, 301–2
Politics (Aristotle), 58n53, 212n89, 234n46
Polukratēs, 22, 185, 265n18, 280n56
Poseidon, 128n52
PRATTEIN, 212
Proietti, Gerald, 10n18, 42n8, 112n2
Proxenos of Boeotia, 6, 17–19, 30, 45n15, 50, 57–9, 63, 70, 80, 83, 85–6, 92–3, 104–8, 112, 114, 119, 122–3, 125–6, 129–31, 134, 192, 241n70, 296, 305, 317

renaming, 21–8, 49n24, 55, 58, 102–3, 115–16, 128, 141n79, 164, 172, 190, 214n97, 246n86, 263, 270, 272n38, 278n50, 289n83, 291n90
repetition, 15–16, 29, 129, 246n88
Republic (Plato), 9–10, 56, 67n85, 88n25, 293n98, 300n12
Rousseau, Jean-Jacques, 155n14
Ruderman, Richard, 133n58

Samios, 58, 116, 314
Satyre, 57n50

Seuthēs, 18, 263, 265–89
Siculus, Diodorus, 14, 34, 42n7, 56n43, 58n54, 85n18, 259n1
Silene, 55–8, 194n37
Sinopeans, 179, 192, 204–10, 213, 234
Skilloūs, 5, 191–4, 196, 198, 201, 298
Socrates
   Anabasis of Cyrus and, 2, 6, 34–6, 113, 117–18, 121–2, 147, 309–11, 314
   audiences and, 130–1, 135
   Clouds and, 117–18, 121–2, 147, 150n3, 201, 203n64, 203n65, 217, 219, 292–3
   "dancing" and, 225, 297
   gods and, 8, 56, 293–4
   good and, 158n19, 221n2
   good nature and, 106n74
   Hellenika and, 239n60, 306–9
   hunting and, 168–9
   Ischomachos and, 296
   KATAGELAŌ and, 67n85
   law and, 17, 306–8
   MEGALĒGORĒSANTAS and, 238–9
   in *Memorabilia*, 50–1, 68, 221n2, 224n12
   money and, 63
   Mossunoikoi and, 204
   names and, 24n56
   noble and, 2
   politics and, 2, 6–7
   self-knowledge and, 101
   sophistry and, 168
   Symposium and, 56, 225, 308–11
   trial and execution, 6, 8, 56, 193n33, 217, 227–8
   Xenophon and, 1, 6–7, 30–1, 56–9, 86, 99, 108n77, 112–17, 223–8, 277, 290n87, 296–300
Sophainetos, 35–6, 45, 104, 247–8, 317–20
SOPHIA, 56, 68, 226n21
SŌPHROSUNĒ, 68, 220n11

Sparta
   Athens and, 80, 185n14, 232, 264, 303–5
   Battle of Thermopylae and, 85
   Cheirisophos, 6
   Cyrus and, 42, 112
   dancing and, 224–5
   Drakontion, 179, 254
   exile of Klearchos, 44–5
   harmosts, 206n75
   King Agesilaos, 90–1, 116n19, 140n76
   gods and, 80n5, 86
   paternal influence and, 118n25
   patriotism, 264
   Peloponnesian War and, 42, 115–16, 228, 303–5
   Persia and, 85, 91–2, 289n85
   Pythagoras, 58, 314
   sacrifices before battle, 80n5
   Seuthēs and, 283
   stealing and, 173n52
   Ten Thousand and, 222n5
   Theopompos and, 80n6
   virtue and, 137
   Xenophon and, 30, 185n14, 193n33, 229–30, 309
   see also Klearchos
Stephanus of Byzantium, 35–6, 160n21
STRATEIA, 114n9, 198
Strauss, Leo, 8, 10n18, 12–13, 16n33, 31, 33, 44n12, 58n55, 115n11, 147n76, 168–9, 202n60, 212n91, 215n100, 217n102, 231n33, 287n77, 301n1, 304n13
Strepsiadēs, 219, 293
Stylianou, P. J., 35–6
SUMPHOITĒTAI, 308n18
SUSTRATEUOMAI, 92n31
Symposium (Xenophon)
   "dancing" in, 170n45, 201, 225–6, 308–11
   freedom in, 199n53
   heart and, 300n9
   Hermogenēs and, 99n48
   "hunting" in, 169

Symposium (Xenophon)—*Continued*
  KENTRIDZŌ in, 164n29
  kingship and, 54n37
  MEGA PHRONEŌ in, 116n16, 239n60
  noble and, 154–5, 158n19, 194n37, 204n69
  philosophy and city in, 297n2
  Socrates and, 56
  "Themistogenēs of Syracuse" and, 301n1, 308–11
  virtue in, 44, 299n7
Syracuse, 160n21, 243, 304–6, 308–9

Taochoi, 18, 171, 174–7, 206
Tatum, James, 31
TAXIARCHOI, 126n44
TELOS, 186, 189–90, 208, 223–9, 247n90, 250
Ten Thousand
  Alexander the Great and, 91
  analyses of, 30–1, 33, 35–6
  Apollōnidēs and, 126–8
  Armenia and, 166–8, 170–1
  arrival at Black Sea, 177–9
  Artaxerxes and, 90–1, 123–5, 146
  Athens and, 6
  attempts to lead, 3
  Chrysopolis and, 259–60
  as community, 181–2
  eros and, 155
  explained, 1–2
  gratitude and, 248–57
  as Hellenes, 196n43
  Hellenism and, 222, 228
  Hērakleia and, 234–5, 245–6
  home and, 117–18, 139–41
  justice and, 181–4, 188, 217–22
  Kardouchia and, 147, 154
  Kleander and, 248–57
  Klearchos and, 49, 78–9, 85, 90–2, 94–5, 98, 140
  Kolchoi and, 177–9
  law and, 190–8, 204–17
  legacy, 91
  Menōn and, 49

  Mossunoikoi and, 197–8
  Mount Ēchēs and, 177–8
  numbers, 317–20
  Persian Wars and, 137–41
  PHILOSTRATIŌTĒS and, 260, 264
  piety and, 111, 122–8, 131–2, 134–5, 137–41, 240–4
  Proxenos and, 134–5
  renaming and, 21–3, 26
  retreat from Mesopotamia, 26, 30–1
  Sparta and, 222n5, 230, 232
  Taochoi and, 174
  TELOS, 186, 189–90, 208, 223–9, 247n90
  Tissaphernēs and, 91–2, 98, 100
  Xenophon and, 6, 15, 17–18, 88, 111, 122, 230, 240–3, 295–6, 298, 302, 305
  Zeus and, 119–20, 123–4, 132, 134, 146, 216n102, 246
Thēchēs Mount. *See* Mount Ēchēs
THEMIS, 304, 306–8, 311
Themistocles, 128
"Themistogenēs of Syracuse" (Xenophon)
  Hellenika and, 116, 227, 301–11
  law and, 305–7
  meaning of name, 301–11
  as pseudonym for Xenophon, 301–11, 313n1
  Socrates and, 305–8
  Symposium and, 301n1, 308–11
"Theopompos" (Xenophon), 78–86, 93, 102, 116, 124–5, 304
Thermopylae, 85
THĒSAUROS, 195, 199
Thibrōn, 193n33, 278, 280, 283, 291–2
Thirty Tyrants, 115–16, 301, 303, 308, 311n27
Thōrax the Boeotian, 211–14
Thrasuboulos, 115–16, 308
"Thrulochos," 263n9
Thucydides, 60–1, 95n38, 102n59, 160n21, 182n3, 223n7, 291n89, 293n97, 300, 303

Tigranēs, 51n29, 115n11, 118n23, 299
Timasiōn, 142n81, 204n70, 211–15, 260n2, 263, 269–71
Tissaphernēs, 24, 26–7, 39–43, 55n39, 79, 82, 90–103, 106–8, 113, 129, 132, 138, 161–2, 262, 264, 278–9, 289n85, 292, 299–300
Tolmidēs, 186n19, 187
Tuplin, Christopher, 31, 44n13, 53n36, 139n74, 145n91, 193n33, 289n84, 304n11
TURANNOS, 115n11

Wall of Media, 92
Waterfield, Robin, 4n2, 30–1, 35, 44n13, 177n60
Wylie, G., 13n25, 62n65, 64n76, 69n90

XENIKOS, 196n43
Xennias of Parrasia, 10–11, 43n11, 45–7
Xenophon
   Athens and, 1, 6, 33, 112–18, 122, 137, 192–4, 230, 233, 239, 262, 299n6
   esotericism
     "being at the center," 16–19
     LEGETAI, repetitions, and omissions, 13–16
     overview, 7–10
     Xenophon's depiction of Cyrus's stance toward the gods, 10–13
   gods and, 119–47
   gratitude, 229–34
   Klearchos and, 119, 137, 140, 296–7
   manner of writing
     emending the manuscripts, 26–9
     overview, 19–21
     primacy of Manuscript C, 21–6
   as PHILOSTRATIŌTĒS, 277–89
   recent scholarship on *Anabasis,* 29–36
   as Socratic, 113–18, 289–94, 301–11
   Sparta and, 30, 185n14, 193n33, 229–30, 309
   success, failure, and divine providence, 141–7
   Ten Thousand and, 6, 15, 17–18, 88, 111, 122, 230, 240–3, 295–6, 298, 302, 305
   "Themistogenēs of Syracuse" and, 301–11
   virtue, piety, and freedom, 129–41
   Zeus and, 132–4, 143–7, 193, 219–20, 280, 282n63
   see also "Themistogenēs of Syracuse;" "Theopompos"
Xerxes, 55, 57, 85, 128, 135, 138

ZAPATAN, 24–5
ZATĒN, 24–5, 102, 144n85
Zeus
   ATĒ and, 24n53
   Klearchos and, 80, 95–103
   PARASION and, 43n11
   Poseidon and, 128n52
   Socrates and, 122n36
   Symposium and, 310n23
   Ten Thousand and, 119–20, 123–4, 132, 134, 146, 216n102, 246
   Xenophon and, 129–47, 193, 219–20, 280, 282n63
   Zeus Lukaion, 10–12, 88
   Zeus Melichios, 290–3
   Zeus of Hosts, 132
   Zeus Savior, 62–4, 77, 133–4, 159, 179, 236, 246
   Zeus the King, 3–4, 54–5, 77–8, 114n10, 119–22, 124, 128, 132, 162, 230–2, 234

图书在版编目（CIP）数据

苏格拉底式的君主色诺芬：《居鲁士上行记》的论证 /（加）布泽蒂（Eric Buzzetti）著；高挪英，杨志城译. -- 北京：华夏出版社有限公司，2020.11

（西方传统：经典与解释）

书名原文：Xenophon the Socratic Prince: The Argument of the Anabasis of Cyrus

ISBN 978-7-5080-9995-8

Ⅰ.①苏… Ⅱ.①布… ②高… ③杨… Ⅲ.①色诺芬（Xenophon 约前431-前355）—哲学思想—研究 Ⅳ.①B502.29

中国版本图书馆 CIP 数据核字（2020）第 145465 号

First published in English under the title
Xenophon the Socratic Prince: The Argument of the Anabasis of Cyrus
by E.Buzzetti, editon: 1
Copyright © E. Buzzetti, 2014*
This edition has been translated and published under licence from SPRINGER Nature America, Inc..
Springer Nature America, Inc. takes no responsibility and shall not be made liable for the accuracy of the translation.

北京市版权局著作权合同登记号：图字01-2020-3195号

苏格拉底式的君主色诺芬——《居鲁士上行记》的论证

作　者	［加］布泽蒂
译　者	高挪英　杨志城
责任编辑	李安琴
责任印制	刘　洋

出版发行	华夏出版社有限公司
经　销	新华书店
印　装	北京汇林印务有限公司
版　次	2020年11月北京第1版 2020年11月北京第1次印刷
开　本	880×1230　1/32
印　张	15.875
字　数	377千字
定　价	118.00元

华夏出版社有限公司　地址：北京市东直门外香河园北里4号　邮编：100028
网址：www.hxph.com.cn　电话：（010）64663331（转）
若发现本版图书有印装质量问题，请与我社营销中心联系调换。

西方传统：经典与解释
Classici et Commentarii
HERMES
刘小枫◎主编

古今丛编

克尔凯郭尔　[美]江思图 著
货币哲学　[德]西美尔 著
孟德斯鸠的自由主义哲学　[美]潘戈 著
莫尔及其乌托邦　[德]考茨基 著
试论古今革命　[法]夏多布里昂 著
但丁：皈依的诗学　[美]弗里切罗 著
在西方的目光下　[英]康拉德 著
大学与博雅教育　董成龙 编
探究哲学与信仰　[美]郝岚 著
民主的本性　[法]马南 著
梅尔维尔的政治哲学　李小均 编/译
席勒美学的哲学背景　[美]维塞尔 著
果戈里与鬼　[俄]梅列日科夫斯基 著
自传性反思　[美]沃格林 著
黑格尔与普世秩序　[美]希克斯 等著
新的方式与制度　[美]曼斯菲尔德 著
科耶夫的新拉丁帝国　[法]科耶夫 等著
《利维坦》附录　[英]霍布斯 著
或此或彼（上、下）　[丹麦]基尔克果 著
海德格尔式的现代神学　刘小枫 选编
双重束缚　[法]基拉尔 著
古今之争中的核心问题　[德]迈尔 著
论永恒的智慧　[德]苏索 著
宗教经验种种　[美]詹姆斯 著
尼采反卢梭　[美]凯斯·安塞尔-皮尔逊 著
舍勒思想评述　[美]弗林斯 著
诗与哲学之争　[美]罗森 著
神圣与世俗　[罗]伊利亚德 著
但丁的圣约书　[美]霍金斯 著

古典学丛编

赫西俄德的宇宙　[美]珍妮·施特劳斯·克莱 著
论王政　[古罗马]金嘴狄翁 著
论希罗多德　[古罗马]卢里叶 著
探究希腊人的灵魂　[美]戴维斯 著
尤利安文选　马勇 编/译
论月面　[古罗马]普鲁塔克 著
雅典谐剧与逻各斯　[美]奥里根 著
菜园哲人伊壁鸠鲁　罗晓颖 选编
《劳作与时日》笺释　吴雅凌 撰
希腊古风时期的真理大师　[法]德蒂安 著
古罗马的教育　[英]葛怀恩 著
古典学与现代性　刘小枫 编
表演文化与雅典民主政制
　[英]戈尔德希尔、奥斯本 编
西方古典文献学发凡　刘小枫 编
古典语文学常谈　[德]克拉夫特 著
古希腊文学常谈　[英]多佛 等著
撒路斯特与政治史学　刘小枫 编
希罗多德的王霸之辨　吴小锋 编/译
第二代智术师　[英]安德森 著
英雄诗系笺释　[古希腊]荷马 著
统治的热望　[美]福特 著
论埃及神学与哲学　[古希腊]普鲁塔克 著
凯撒的剑与笔　李世祥 编/译
伊壁鸠鲁主义的政治哲学
　[意]詹姆斯·尼古拉斯 著
修昔底德笔下的人性　[美]欧文 著
修昔底德笔下的演说　[美]斯塔特 著
古希腊政治理论　[美]格雷纳 著
神谱笺释　吴雅凌 撰
赫西俄德：神话之艺
　[法]居代·德·拉孔波 等著
赫拉克勒斯之盾笺释　罗逍然 译笺
《埃涅阿斯纪》章义　王承教 选编
维吉尔的帝国　[美]阿德勒 著
塔西佗的政治史学　曾维术 编

古希腊诗歌丛编
古希腊早期诉歌诗人　[英]鲍勒 著
诗歌与城邦　[美]费拉格、纳吉 主编
阿尔戈英雄纪（上、下）
[古希腊]阿波罗尼俄斯 著
俄耳甫斯教祷歌　吴雅凌 编译
俄耳甫斯教辑语　吴雅凌 编译

古希腊肃剧注疏集
希腊肃剧与政治哲学　[美]阿伦斯多夫 著

古希腊礼法研究
宙斯的正义　[英]劳埃德-琼斯 著
希腊人的正义观　[英]哈夫洛克 著

廊下派集
廊下派的苏格拉底　程志敏 徐健 选编
廊下派的神和宇宙　[墨]里卡多·萨勒斯 编
廊下派的城邦观　[英]斯科菲尔德 著

希伯莱圣经历代注疏
希腊化世界中的犹太人　[英]威廉逊 著
第一亚当和第二亚当　[德]朋霍费尔 著

新约历代经解
属灵的寓意　[古罗马]俄里根 著

基督教与古典传统
保罗与马克安　[德]文森 著
加尔文与现代政治的基础　[美]汉考克 著
无执之道　[德]文森 著
恐惧与战栗　[丹麦]基尔克果 著
托尔斯泰与陀思妥耶夫斯基
[俄]梅列日科夫斯基 著
论宗教大法官的传说　[俄]罗赞诺夫 著
海德格尔与有限性思想（重订版）
刘小枫 选编
上帝国的信息　[德]拉加茨 著
基督教理论与现代　[德]特洛尔奇 著
亚历山大的克雷芒　[意]塞尔瓦托·利拉 著
中世纪的心灵之旅　[意]圣·波纳文图拉 著

德意志古典传统丛编
论荷尔德林　[德]沃尔冈·宾德尔 著
彭忒西勒亚　[德]克莱斯特 著
穆佐书简　[奥]里尔克 著
纪念苏格拉底——哈曼文选　刘新利 选编
夜颂中的革命和宗教　[德]诺瓦利斯 著
大革命与诗化小说　[德]诺瓦利斯 著
黑格尔的观念论　[美]皮平 著
浪漫派风格——施勒格尔批评文集　[德]施勒格尔 著

美国宪政与古典传统
美国1787年宪法讲疏　[美]阿纳斯塔普罗 著

启蒙研究丛编
浪漫的律令　[美]拜泽尔 著
现实与理性　[法]科维纲 著
论古人的智慧　[英]培根 著
托兰德与激进启蒙　刘小枫 编
图书馆里的古今之战　[英]斯威夫特 著

政治史学丛编
伊丽莎白时代的世界图景　[英]蒂利亚德 著
西方古代的天下观　刘小枫 编
从普遍历史到历史主义　刘小枫 编
自然科学史与玫瑰　[法]雷比瑟 著

地缘政治学丛编
克劳塞维茨之谜　[英]赫伯格-罗特 著
太平洋地缘政治学　[德]卡尔·豪斯霍弗 著

荷马注疏集
不为人知的奥德修斯　[美]诺特维克 著
模仿荷马　[美]丹尼斯·麦克唐纳 著

品达注疏集
幽暗的诱惑　[美]汉密尔顿 著

欧里庇得斯集
自由与僭越　罗峰 编译

阿里斯托芬集
《阿卡奈人》笺释　[古希腊]阿里斯托芬 著

色诺芬注疏集
居鲁士的教育 [古希腊]色诺芬 著
色诺芬的《会饮》 [古希腊]色诺芬 著

柏拉图注疏集
挑战戈尔戈 李致远 选编
论柏拉图《高尔吉亚》的统一性 [美]斯托弗 著
立法与德性——柏拉图《法义》发微 林志猛 编
柏拉图的灵魂学 [加]罗宾逊 著
柏拉图书简 彭磊 译注
克力同章句 程志敏 郑兴凤 撰
哲学的奥德赛——《王制》引论 [美]郝兰 著
爱欲与启蒙的迷醉 [美]贝尔格 著
为哲学的写作技艺一辩 [美]伯格 著
柏拉图式的迷宫——《斐多》义疏 [美]伯格 著
哲学如何成为苏格拉底式的 [美]朗佩特 著
苏格拉底与希琵阿斯 王江涛 编译
理想国 [古希腊]柏拉图 著
谁来教育老师 刘小枫 编
立法者的神学 林志猛 编
柏拉图对话中的神 [法]薇依 著
厄庇诺米斯 [古希腊]柏拉图 著
智慧与幸福 程志敏 选编
论柏拉图对话 [德]施莱尔马赫 著
柏拉图《美诺》疏证 [美]克莱因 著
政治哲学的悖论 [美]郝岚 著
神话诗人柏拉图 张文涛 选编
阿尔喀比亚德 [古希腊]柏拉图 著
叙拉古的雅典异乡人 彭磊 选编
阿威罗伊论《王制》 [阿拉伯]阿威罗伊 著
《王制》要义 刘小枫 选编
柏拉图的《会饮》 [古希腊]柏拉图 等著
苏格拉底的申辩（修订版）[古希腊]柏拉图 著
苏格拉底与政治共同体 [美]尼柯尔斯 著
政制与美德——柏拉图《法义》疏解 [美]潘戈 著
《法义》导读 [法]卡斯代尔·布舒奇 著

论真理的本质 [德]海德格尔 著
哲人的无知 [德]费勃 著
米诺斯 [古希腊]柏拉图 著
情敌 [古希腊]柏拉图 著

亚里士多德注疏集
《诗术》译笺与通绎 陈明珠 撰
亚里士多德《政治学》中的教诲 [美]潘戈 著
品格的技艺 [美]加佛 著
亚里士多德哲学的基本概念 [德]海德格尔 著
《政治学》疏证 [意]托马斯·阿奎那 著
尼各马可伦理学义疏 [美]伯格 著
哲学之诗 [美]戴维斯 著
对亚里士多德的现象学解释 [德]海德格尔 著
城邦与自然——亚里士多德与现代性 刘小枫 编
论诗术中篇义疏 [阿拉伯]阿威罗伊 著
哲学的政治 [美]戴维斯 著

普鲁塔克集
普鲁塔克的《对比列传》 [英]达夫 著
普鲁塔克的实践伦理学 [比利时]胡芙 著

阿尔法拉比集
政治制度与政治箴言 阿尔法拉比 著

马基雅维利集
君主及其战争技艺 娄林 选编

莎士比亚绎读
脱节的时代 [匈]阿格尼斯·赫勒 著
莎士比亚的历史剧 [英]蒂利亚德 著
莎士比亚戏剧与政治哲学 彭磊 选编
莎士比亚的政治盛典 [美]阿鲁里斯/苏利文 编
丹麦王子与马基雅维利 罗峰 选编

洛克集
上帝、洛克与平等 [美]沃尔德伦 著

卢梭集
论哲学生活的幸福 [德]迈尔 著
致博蒙书 [法]卢梭 著
政治制度论 [法]卢梭 著

哲学的自传　[美]戴维斯 著
文学与道德杂篇　[法]卢梭 著
设计论证　[美]吉尔丁 著
卢梭的自然状态　[美]普拉特纳 等著
卢梭的榜样人生　[美]凯利 著

莱辛注疏集

汉堡剧评　[德]莱辛 著
关于悲剧的通信　[德]莱辛 著
《智者纳坦》（研究版）　[德]莱辛 等著
启蒙运动的内在问题　[美]维塞尔 著
莱辛剧作七种　[德]莱辛 著
历史与启示——莱辛神学文选　[德]莱辛 著
论人类的教育　[德]莱辛 著

尼采注疏集

何为尼采的扎拉图斯特拉　[德]迈尔 著
尼采引论　[德]施特格迈尔 著
尼采与基督教　刘小枫 编
尼采眼中的苏格拉底　[美]丹豪瑟 著
尼采的使命　[美]朗佩特 著
尼采与现时代　[美]朗佩特 著
动物与超人之间的绳索　[德]A.彼珀 著

施特劳斯集

论僭政（重订本）　[美]施特劳斯 [法]科耶夫 著
苏格拉底问题与现代性（增订本）
犹太哲人与启蒙（增订本）
霍布斯的宗教批判
斯宾诺莎的宗教批判
门德尔松与莱辛
哲学与律法——论迈蒙尼德及其先驱
迫害与写作艺术
柏拉图式政治哲学研究
论柏拉图的《会饮》
柏拉图《法义》的论辩与情节
什么是政治哲学
古典政治理性主义的重生（重订本）

回归古典政治哲学——施特劳斯通信集
苏格拉底与阿里斯托芬

＊＊＊

施特劳斯的持久重要性　[美]朗佩特 著
论源初遗忘　[美]维克利 著
政治哲学与启示宗教的挑战　[德]迈尔 著
阅读施特劳斯　[美]斯密什 著
施特劳斯与流亡政治学　[美]谢帕德 著
隐匿的对话　[德]迈尔 著
驯服欲望　[法]科耶夫 等著

施米特集

宪法专政　[美]罗斯托 著
施米特对自由主义的批判　[美]约翰·麦考米克 著

伯纳德特集

古典诗学之路（第二版）　[美]伯格 编
弓与琴（重订本）　[美]伯纳德特 著
神圣的罪业　[美]伯纳德特 著

布鲁姆集

巨人与侏儒（1960-1990）
人应该如何生活——柏拉图《王制》释义
爱的设计——卢梭与浪漫派
爱的戏剧——莎士比亚与自然
爱的阶梯——柏拉图的《会饮》
伊索克拉底的政治哲学

沃格林集

自传体反思录　[美]沃格林 著

中国传统：经典与解释
Classici et Commentarii
刘小枫　陈少明◎主编

大学素质教育读本
古典诗文绎读　西学卷·古代编（上、下）
古典诗文绎读　西学卷·现代编（上、下）
《孔丛子》训读及研究 /雷欣翰 撰

论语说义 / [清]宋翔凤 撰
周易古经注解考辨 / 李炳海 著
浮山文集 / [明]方以智 著
药地炮庄 / [明]方以智 著
药地炮庄笺释·总论篇 / [明]方以智 著
青原志略 / [明]方以智 编
冬灰录 / [明]方以智 著
冬炼三时传旧火 / 邢益海 编
《毛诗》郑王比义发微 / 史应勇 著
宋人经筵诗讲义四种 / [宋]张纲 等撰
道德真经藏室纂微篇 / [宋]陈景元 撰
道德真经四子古道集解 / [金]寇才质 撰
皇清经解提要 / [清]沈豫 撰
经学通论 / [清]皮锡瑞 著
松阳讲义 / [清]陆陇其 著
起凤书院答问 / [清]姚永朴 撰
周礼疑义辨证 / 陈衍 撰
《铎书》校注 / 孙尚扬 肖清和 等校注
韩愈志 / 钱基博 著
论语辑释 / 陈大齐 著
《庄子·天下篇》注疏四种 / 张丰乾 编
荀子的辩说 / 陈文洁 著
古学经子 / 王锦民 著
经学以自治 / 刘少虎 著
从公羊学论《春秋》的性质 / 阮芝生 撰

刘小枫集

民主与政治德性
昭告幽微
以美为鉴
古典学与古今之争 [增订本]
这一代人的怕和爱 [第三版]
沉重的肉身 [珍藏版]
圣灵降临的叙事 [增订本]
罪与欠
儒教与民族国家
拣尽寒枝
施特劳斯的路标
重启古典诗学
设计共和
现代人及其敌人
海德格尔与中国
共和与经纶
现代性与现代中国
现代性社会理论绪论
诗化哲学 [重订本]
拯救与逍遥 [修订本]
走向十字架上的真
西学断章

编修 [博雅读本]

凯若斯：古希腊语文读本 [全二册]
古希腊语文学述要
雅努斯：古典拉丁语文读本
古典拉丁语文学述要
危微精一：政治法学原理九讲
琴瑟友之：钢琴与古典乐色十讲

译著

普罗塔戈拉（详注本）
柏拉图四书

柏拉图读本（刘小枫 主编）
吕西斯　贺方婴 译
苏格拉底的申辩　程志敏 译

经典与解释辑刊

1. 柏拉图的哲学戏剧
2. 经典与解释的张力
3. 康德与启蒙
4. 荷尔德林的新神话
5. 古典传统与自由教育
6. 卢梭的苏格拉底主义
7. 赫尔墨斯的计谋
8. 苏格拉底问题
9. 美德可教吗
10. 马基雅维利的喜剧
11. 回想托克维尔
12. 阅读的德性
13. 色诺芬的品味
14. 政治哲学中的摩西
15. 诗学解诂
16. 柏拉图的真伪
17. 修昔底德的春秋笔法
18. 血气与政治
19. 索福克勒斯与雅典启蒙
20. 犹太教中的柏拉图门徒
21. 莎士比亚笔下的王者
22. 政治哲学中的莎士比亚
23. 政治生活的限度与满足
24. 雅典民主的谐剧
25. 维柯与古今之争
26. 霍布斯的修辞
27. 埃斯库罗斯的神义论
28. 施莱尔马赫的柏拉图
29. 奥林匹亚的荣耀
30. 笛卡尔的精灵
31. 柏拉图与天人政治
32. 海德格尔的政治时刻
33. 荷马笔下的伦理
34. 格劳秀斯与国际正义
35. 西塞罗的苏格拉底
36. 基尔克果的苏格拉底
37. 《理想国》的内与外
38. 诗艺与政治
39. 律法与政治哲学
40. 古今之间的但丁
41. 拉伯雷与赫尔墨斯秘学
42. 柏拉图与古典乐教
43. 孟德斯鸠论政制衰败
44. 博丹论主权
45. 道伯与比较古典学
46. 伊索寓言中的伦理
47. 斯威夫特与启蒙
48. 赫西俄德的世界
49. 洛克的自然法辩难
50. 斯宾格勒与西方的没落
51. 地缘政治学的历史片段
52. 施米特论战争与政治
53. 普鲁塔克与罗马政治
54. 罗马的建国叙述
55. 亚历山大与西方的大一统
56. 马西利乌斯的帝国
57. 日本的近代化与朝鲜战争